21世纪市场营销学系列教材

现代推销技巧

第三版

主编　王红　陈新武　曾春中

WUHAN UNIVERSITY PRESS
武汉大学出版社

图书在版编目(CIP)数据

现代推销技巧/王红,陈新武,曾春中主编.—3版.—武汉：武汉大学出版社,2019.8

21世纪市场营销学系列教材

ISBN 978-7-307-11283-4

Ⅰ.现… Ⅱ.①王… ②陈… ③曾… Ⅲ.推销—高等学校—教材 Ⅳ.F713.3

中国版本图书馆CIP数据核字(2018)第287432号

责任编辑:唐 伟 责任校对:汪欣怡 版式设计：马 佳

出版发行：**武汉大学出版社** (430072 武昌 珞珈山)

(电子邮箱：cbs22@ whu.edu.cn 网址：www.wdp. com.cn)

印刷:湖北民政印刷厂

开本:787×1092 1/16 印张:18.5 字数:436千字 插页:1

版次:2004年8月第1版 2009年8月第2版

2019年8月第3版 2019年8月第3版第1次印刷

ISBN 978-7-307-11283-4 定价:45.00元

前　　言

《现代推销技巧》自2004年出版以来，受到了教师和学生们的肯定与赞许，是一本能帮助读者掌握推销理论知识与实际操作技巧的教科书。本书明确提出了以满足顾客需求为中心进行推销活动这样一种现代推销学的核心概念，强调以顾客为中心，根据顾客的需要来组织推销活动，将顾客摆在重要的位置，使现代市场营销理论在现代推销活动中得到贯彻。

《现代推销技巧》立足于学生的营销创新能力和实践能力培养，在认真总结本课程教学实践的基础上，充分吸收国内外有关本学科理论研究和推销实践的新成果与新材料，对现代推销的基本理论、基本方法进行了准确的阐述。

本书在2009年武汉大学出版社出版的《现代推销技巧》（第二版）基础上进行了再次修订。本次根据当前企业经营环境变化的新特点以及营销技术手段创新的新变化，对第二版中已经反映出来的错误之处、过时的提法和内容等进行了修订，并增加了《推销人员素质与礼仪》、《网络推销》两章，补充和增加了部分新案例，力求教材与企业经营发展的现实更贴近，对企业实践更具有现实指导意义。

本书具有以下特点：

1. 结构体系完整。全书分为13章，从推销的产生与发展、推销的特点与作用、推销观念与推销要素、推销职能、推销环境、推销心理与推销模式、推销过程的各个阶段以及推销绩效与评估等方面，进行了具体详尽的阐述，并根据时代发展变化需要，增加了《推销人员素质与礼仪》和《网络推销》两章内容，体系更加完整。

2. 理论实践结合。本书作者既为读者提供了先进的推销理念和指导性的方法，同时，每章又提供了多个推销案例，以帮助读者巩固和消化相关知识。

3. 操作适用性强。本书在体例上力求灵活、适用，包括学习目标、内容摘要、正文、推销案例、本章小结、思考题和案例讨论等，既可以作为市场营销专业学生的教材，又可供企业营销人员和管理者参考。

本书由湖北经济学院王红教授主编并总撰定稿，湖北经济学院陈新武副教授、湖北第二师范学院曾春中副教授作为主编，参与规划并承担了主要修订及协调工作。此次修订中，王红执笔修订第一、二、三章及全书总纂定稿；陈新武负责修订第五、八、十三章；曾春中负责第六、七章的修订，并完成新增第十一章的编写；陈琴弦（武昌首义学院）负责第九、十章的修订；李唯（湖北经济学院法商学院）对第四章进行了修订，并执笔了新增第十二章的编写。在此仍然要感谢第一版、第二版编写者雷雪、李龙星、毛悫歆、王成福、郭宇杰、李剑、王琼等前期所做的工作。

本书在编写过程中参阅了国内外大量文献资料，限于篇幅在此不能一一罗列，编者就此表示诚挚的谢意。

由于作者水平所限，书中多有不当之处，恳请读者批评指正。

编　者

2018 年 8 月于湖北经济学院

目　　录

第一章 导 言

【学习目标】

通过本章学习，要求掌握：

1. 推销的含义及特点；

2. 推销与市场营销的关系；

3. 了解推销学的产生与发展；

4. 掌握推销学的研究对象和研究方法。

【内容摘要】

本章主要阐明推销与市场营销的关系，通过对推销的含义与特点、其定义的理解要点等的分析，明确了推销与市场营销的区别及推销在社会经济生活中的作用；阐述了推销学产生与发展的演变阶段，分析了21世纪推销的新变化；介绍了推销学的研究对象、研究内容，以及学习研究现代推销学的方法与目的。

第一节 推销与市场营销

推销是市场营销组合中的一个重要组成部分，是动态的、系统的营销活动过程的一个环节，是市场营销不可缺少的重要机能。

一、推销的含义

“推销”是一个古老而又年轻的名词，“现代推销”更是一个内涵十分丰富的名词。古老——因为推销自有商品交换以来就有，它与商品交换紧密相连；年轻——因为它是社会化大生产和商品经济高度发达之后，才得以充分发展而十分重要的经营活动名词。随着它们的发展，“推销”的内涵有了极大的丰富。我们可以从广义和狭义的角度来理解。

广义推销是指人们在社会生活中，通过一定的形式传递信息，让他人接受自己的意愿和观念或购买商品和服务。

狭义推销是指推销人员在一定的推销环境里，运用各种推销技术和推销手段，说服推销对象接受推销技术和推销手段，说服推销对象，接受推销客体的活动过程。

现代推销是一种整体活动过程，它最终帮助推销对象解决一定的问题，满足推销对象的一定需要，同时也达到推销人员本身的特定目的。就传递信息进行说服、争取理解和被接受而言，广义的推销与狭义的推销是一脉相通的。我们在本书所阐述的推销理论与技巧主要是建立在狭义的推销定义基础上的。

对推销定义的理解主要把握以下几点：

（1）推销是一个活动过程。推销既是一个传递信息的过程，又是一个传播文明的过程；既是卖的过程，又是买的过程；既是心理活动过程，又是商品交换过程。从现代信息论的角度讲，推销就是一种信息过程，推销人员和购买人员都需要传递、接收、储存、加工、反馈和整理信息。完全可以说，推销活动是传递信息流的主要途径，商业推销活动更是商品信息流的基本媒介和渠道。从推销活动的社会历史作用来看，推销就是一种传播社会文明的过程，在推销过程中，推销人员必须向推销对象传播各种科学技术知识，而且推销品本身就是知识的结晶，是人类文明的化身。

从推销心理学角度讲，推销就是顾客购买活动的心理过程。一般来说，顾客总是先接受推销信息，引起注意和兴趣，认识和了解推销品，引起购买欲望，产生购买行为。推销人员必须利用顾客的购买心理，采取相应的推销策略。从推销活动的发展过程来看，一般要经过寻找、约见顾客、接近顾客和说服顾客等几个阶段，还包括售前服务、售中服务和售后服务过程。更具体地说，现代推销过程是一个寻找顾客、审查顾客资格、接近准备、接近、面谈、处理异议直至最后成交的过程。从现代推销学角度讲，成交并不意味着整个推销过程的结束。一旦达成交易，卖出推销品，推销人员还应该继续为顾客提供各种推销后服务。可见，推销过程是一个循环往复、永无止境的过程，而且，推销也是一个错综复杂的过程，要受到多种因素的影响。

（2）推销的手段重在帮助或说服。推销人员的任务就是要说服推销对象，让推销对象接受推销人员所推销的观点、产品或劳务，并让他人接受自己的产品或劳务。

（3）推销的目的是促成购买行为。促成购买行为是推销人员的任务。因此，推销人员必须在客观上让顾客乐意接受商品。现代推销学研究的核心是“满足需求”，强调在确认顾客需求的前提下才可以尽量运用说服的手段使顾客购买。推销人员要想完成推销任务，达成推销目的，就必须考虑购买人员或推销对象的购买动机和购买目的，就必须设法满足顾客的需要，帮助顾客解决问题。因此，世界著名推销专家海因兹·M. 戈德曼（Heinz M. Goldition）认为，所谓推销，就是要使顾客深信，他购买你的产品是会得到某些好处的，也就是说，要推销商品的使用价值或实际利益。

二、推销的特点

推销是一项专门的艺术，是一种推销人员与消费者面对面的双向沟通活动，是促销的一种有效形式。主要特点有：

（1）特定性。推销是企业在特定的市场环境中为特定的产品寻找买主的商业活动，必须先确定谁是需要特定产品的潜在顾客，然后再有针对性地向推销对象传递信息并进行说服。因此，推销总是有特定对象的，也就是说是向特定顾客进行的推销。任何一位推销人员的任何一次推销活动，都具有这种特定性。

(2) 灵活性。尽管推销具有特定性，但由于影响市场环境和推销对象需求的不确定性因素多，市场环境与需求也在时刻发生着变化，因而，推销活动必须适应这种变化，灵活运用推销原理和技巧，恰当地调整推销策略和方法。可以说，灵活机动的战略战术，是推销活动的一个重要特征。

(3) 双向性。推销不仅是一个商品转移的过程，同时还是一个信息双向沟通的过程。在推销活动中，一方面推销人员应向顾客提供有关企业及售后服务等信息，促使顾客采取购买行为；另一方面推销人员又要通过对顾客的观察、调查和与顾客的接触、交谈，了解顾客对所在企业和推销商品的态度、意见及要求，并及时反馈给企业，为企业领导的正确经营决策提供依据。

(4) 互利性。现代推销是一种互惠互利的活动，必须同时满足推销主体双方的不同要求，否则就难以达到推销的目的。在推销过程中，推销人员不仅要考虑到自己有利可图，还要考虑到购买一方有利可图，这就要求推销人员要从双方的共同利益出发进行推销，尤其要把握好顾客的购买目的和购买动机，帮助顾客解决问题，设法满足顾客的需要。只有双方有利，才能实现买卖双方的“双赢”。

(5) 说服性。推销的中心是人不是物，说服是推销的主要手段，是推销的核心。为了争取顾客的信任，让顾客接受企业的产品，采取购买行动并重复购买，推销人员必须将商品的特点和优点，耐心地向顾客作宣传、介绍，促使顾客接受推销人员所推销的观点、商品或劳务。

【推销实例 1.1】

美国汽车推销大王乔·吉拉德认为，卖汽车，人品重于商品。一个成功的汽车销售商，肯定有一颗尊重普通人的爱心。他的爱心体现在他的每一个细小的行为中。有一天，一位中午妇女从对面的福特汽车销售商行，走进了吉拉德的汽车展销室。她说自己很想买一辆白色的福特车，就像她表姐开的那辆，但是福特车行的经销商让她过一个小时之后再去，所以先过这儿来瞧一瞧。“夫人，欢迎您来看我的车。”吉拉德微笑着说。妇女兴奋地告诉他：“今天是我 55 岁的生日，想买一辆白色的福特车送给自己作为生日的礼物。”“夫人，祝您生日快乐！”吉拉德热情地祝贺道。随后，他轻声地向身边的助手交代了几句。

吉拉德领着夫人从一辆辆新车面前慢慢走过，边看边介绍。在来到一辆雪佛莱车前时，他说：“夫人，您对白色情有独钟，瞧这辆双门式轿车，也是白色的。”

就在这时，助手走了进来，把一束玫瑰花交给了吉拉德。他把这束漂亮的花送给夫人，再次对她的生日表示祝贺。那位夫人感动得热泪盈眶，非常激动地说：“先生，太感谢您了，已经很久没有人给我送过礼物。刚才那位福特车的推销商看到我开着一辆旧车，一定以为我买不起新车，所以在我提出要看一看车时，他就推辞说需要出去收一笔钱，我只好上您这儿来等他。现在想一想，也不一定非要买福特车不可。”

后来，这位妇女就在吉拉德那儿买了一辆白色的雪佛莱轿车。

正是许许多多这样的细小行为，为吉拉德创造了空前的效益，使他的营销取得了辉煌的成功。

推销的要点是，不是在推销商品，而是在推销自己。

——乔·吉拉德

三、推销与市场营销的关系

(一) 市场营销的内涵

市场营销译自英文 Marketing。对市场营销的内涵，理解上有一个不断深化的过程。美国市场营销协会定义委员会在1960年把市场营销解释为："引导商品和劳务从生产者流转到消费者或用户所实施的一切企业活动。" 1985年，该协会对市场营销管理又定义为："市场营销（管理）是为创造、达到个人和机构目标的交换，而规划和实施理念、产品和服务构思、定价、促销和分销的过程。" 美国著名市场营销学教授菲利普·科特勒在1991年的表述是，市场营销是为了满足任何个人和群体的需要与欲望，创造上述交换产品和价值的一种社会管理过程。关于市场营销，还有些学者解释为：发现欲望并满足之；尽你的所能让顾客感到产品的价值、质量和满意程度与所付出的相符合；应该从顾客开始，而不是从生产过程开始；等等。

综观各家之言，可以把市场营销理解为一种动态的管理过程。在市场经济条件下，企业要在激烈的市场竞争中求得生存和发展，必须深入细致地调查、分析市场消费需求和营销环境的变化。根据营销战略规划与营销目标的要求，结合企业内部资源条件，制定和实施以产品、定价、分销、促销为主要内容的营销组合，力求更好地满足消费者和用户经常变化的需要。

现代市场营销不仅包括企业的产品流通过程，而且包括企业的产前活动和售后活动。也就是说，某种产品的市场营销活动过程并不局限于商品交换，而是向前延伸到生产领域，向后延伸到消费领域。但是，企业营销活动的全过程，都与市场、交换紧密联系，都是为了实现潜在交换，市场营销的核心观念就是交换。交换是人们取得满足需求和欲望的产品的多种方式之一，只有当人们决定通过交换来满足需求和欲望时，市场营销才会产生。正常的交换应使双方的景况比交换前更好，或至少不会更差。为使交换成功，市场营销人员必须首先研究对方需要什么，分析双方各希望给予对方和从对方得到什么，力求交换的结果对双方都有利。这就是市场营销活动中著名的"赢—赢"原则。

(二) 市场营销与推销的区别

市场营销是一个含义比推销更广的概念。现代企业的市场营销活动，包括市场营销调研、选定目标市场、产品开发、定价、分销、促销，以及售后服务等。推销仅是市场营销活动的一部分。菲利普·科特勒指出，推销不是市场营销的最重要部分。推销只是"市场营销冰山"的尖端。推销是企业的市场营销人员的职能之一，但不是其最重要的职能。这是因为，如果企业的市场营销人员搞好市场营销研究，了解购买者的需要，按照购买者的需要来设计和生产适销对路的产品，同时合理定价，搞好分销、促销等市场营销工作，那么这些产品就能轻而易举地推销出去。正因为如此，彼得·杜鲁克说，市场营销的目的在于使推销成为多余的。

早期的市场营销与推销几乎是同义语。如第二次世界大战前的英文词典即曾将Marketing释义为“推销”或“销售”，以致迄今国内外仍存在营销即推销的误解。实际上，市场营销与推销存在原则的区别：市场营销重视买方的需要，认真考虑如何更好地满足消费需求，根据顾客的需要设计产品，讲求产品质量，增加花色品种；根据顾客的需要定价，使顾客愿意接受；根据顾客的需要确定分销渠道，处处方便顾客；根据顾客的需要进行促销，及时传播消费者欢迎的市场信息。而传统的推销，还没有把促销当作市场营销的一个组成部分，重视的是卖方的需要，以销售出现有的产品、实现企业赢利为主要目标。可见，市场营销的出发点是市场（需求），传统推销的出发点是企业（产品）；市场营销以满足消费者的需要为中心，传统推销以销售企业现有的产品为中心；市场营销采用的是整体营销手段，传统推销侧重于推销技巧。

现代推销观念视推销为营销组合的组成部分，是动态的系统的营销活动过程的一个环节，但也是市场营销不可缺少的重要机能。

（三）推销是市场营销的重要机能

推销是市场营销不可缺少的重要机能。日本著名企业家松下幸之助曾说过：“营销是为了卖得更好。”推销的重要性首先是由于销售是社会再生产的中心环节，只有通过销售才能实现可从能产品到现实产品的转化，解决社会总产品的实现问题，使社会再生产和扩大再生产顺利进行。其次，由于生产与消费存在时间与空间的差异，并且由于消费需求千门万类，日新月异，生产者难以做到完全适应需求的变化，在质与量上使生产与消费完全一致。最后，生产者与消费者之间的信息沟通，既不充分也不及时，使得同一商品往往是脱销与积压并存，此处积压，彼处脱销。

综上所述，当生产的规模不大，产量不多甚至供不应求，流通范围很小时，生产者可以按一时一地的市场需要去组织生产，只要产品质量、性能符合当地市场的需要，价格合理，则可以自诩“酒好不怕巷子深”，用不着花多大力气去推销。然而，大生产必须形成大市场。每一种商品都必定要投入市场，而真正形成大市场的，只有大量生产的消费品或者是作为工业原料的产品。在生产社会化高度发展的市场经济条件下，生产者力求通过大批量生产去降低成本，赢得竞争优势，流通就必须面向全国以至世界市场，把产品销售到一切对它存在有效需求的地域，这无疑使推销成为市场营销组合的重要一环。只有成功的推销，才能真正做到在适当的时间、适当的地点、以买主乐意接受的价格和方式，把适合需要的产品送到顾客手中。这种成功的推销，既可以是把已生产出来的产品尽快销售出去，也可以尽量争取企业经过努力能够保证供给的订单。在需求相对稳定的情况下，按订单生产无疑最有利于消除生产与消费之间的种种矛盾，也最有利于提高营销各环节的效率和经济效益。但在更多的情况下，生产者并不能完全按订单生产，很多产品生产出来后有待推销，或是中间商按需求预测去订货，货到后也需要推销。

从实现商品（服务）销售的意义上说，推销是指推销人员通过帮助和说服促使潜在顾客采取购买行动的活动过程。推销作为一种复杂的活动过程，既包括由推销人员向顾客传递信息并由买主向卖主反馈信息的双向沟通过程，又包括推销人员向顾客提供技术与咨询服务以及双方情感交流的过程。推销所采用的手段，必须是针对顾客的内在需要和疑虑，进行耐心的说明和说服，传递充分和可靠的信息，充当顾客的导购参谋和服务员，取得顾客的信任。推销的目的是促进顾客购买，达成交易。在顾客购买前要力求让顾客乐意接受该种商品（服务），相信它能给自己带来好处；顾客购买后还要追踪了解顾客在消费过程中的感受，力求消除购后的不和谐感，使顾客不仅在使用中获得一定满足，而且在心理上真正满意，建立品牌忠诚度，成为重复购买者。简言之，推销就是通过说服促成顾客购买的活动过程。

四、推销的作用

（一）推销对社会的作用

（1）推销可以加速社会再生产过程。社会再生产过程包括生产、分配、交换和消费四个环节。其中生产是基础与起点，消费是终点与目的，交换是连接生产与消费的纽带。交换要发挥其在再生产过程中的桥梁和纽带作用，必须借助于各种各样的推销活动，才能把生产和消费联结起来，实现商品从生产领域向流通领域的转移，加速商品流通，促进社会再生产过程的良性循环。从这个角度看，可以说推销是整个社会经济的原动力。

（2）推销能促进社会的进步和繁荣。首先，先进的技术和产品不会自动为市场接受，正是通过推销工作，把现代文明快速地推广到社会的各个角落，从而提高了人民的生活水平，加快了社会前进的步伐。其次，在市场经济条件下，供求矛盾是影响经济发展与进步的主要矛盾，是影响市场繁荣的主要因素，它影响与制约了市场经济条件下其他矛盾的发展与变化。而推销活动一方面能够促进产品交换，把产品推销给目标市场上的顾客，满足顾客需求；另一方面，也能及时把市场需求信息反馈给生产企业，从而引导企业按照市场需求进行生产，合理地配置与使用社会资源，从而促进社会的进步与繁荣。

（3）推销能够有效引导社会消费。通过推销人员的推销活动，一方面把可以满足消费者需求的产品介绍给消费者，另一方面，推销人员也可以向消费者介绍有关商品的知识、价值观念、消费观念以及购买的标准等，进行消费者教育。所以，推销人员在推销活动中，能够起到引导购买、引导消费的作用。

（二）推销对企业的作用

（1）推销是实现企业生产劳动价值的主要手段。在商品经济条件下，推销是联结企业生产与消费的重要环节，企业在生产过程中所创造的产品价值，只有通过推销才能转移到消费者手中，其价值形式才能转化为货币形式，企业在生产过程中的耗费才能得到补偿，企业的销售收入也才能得以实现。

（2）推销可以使企业的生产更好地适应市场需求，提高企业的竞争能力。首先，推销人员熟悉市场、熟悉顾客，可以更好地将产品销售到目标市场。其次，推销人员通过推销，可以及时了解市场上消费者的需求状况及对产品的意见和要求，了解市场上的竞争状况，促使企业改善经营管理、调整生产结构和规模，从而使企业的生产符合市场需求，提高企业竞争能力。最后，通过推销，可以激发顾客的购买欲望，促使其采取购买行为，加速企业的资金周转，提高企业的经济效益。

（三）推销对个人的作用

推销是发挥人们潜力的最好职业之一。因为推销至少给他们提供了如下优越条件：(1) 推销提供了大量的工作机会；(2) 推销可以保证满足人们崇尚自由的个性；(3) 推销具有挑战性；(4) 推销给人们提供更多的提升机会；(5) 推销的报酬一般较为丰厚。推销能力深深影响着每一个人一生的成败，奠定了人们成功的基础。从表 1-1、表 1-2 可以看出推销的相关要素与在个人事业成功中的作用。

表 1-1　　就业成功要素

相关要素	十分重要（%）	重要（%）	不重要（%）
平均等级分	23.7	64.5	11.8
口头沟通技能	68.7	30.3	1.0
书面沟通技能	38.3	52.2	9.5
姿态	42.9	57.1	0
仪表	37.9	56.9	5.2
风度	6.8	64.0	29.2
个性	44.1	51.6	4.3
学校	1.1	51.6	47.3
他人的意见	16.9	52.8	30.3

资料来源：［美］罗纳德·B. 马克斯. 人员推销. 郭毅，等，译. 中国人民大学出版社，2002.

表 1-2　　工作成功与得到提升的要素

相关要素	十分重要（%）	重要（%）	不重要（%）
平均等级分	2.2	32.3	65.5
口头沟通技能	75.3	23.7	1.0
书面沟通技能	61.7	35.1	3.2
姿态	43.0	51.6	5.4
仪表	29.0	68.8	2.2
风度	8.8	61.2	30.0
个性	52.7	44.1	3.2
学校	0	12.9	87.1
他人的意见	11.3	33.7	55.0

资料来源：［美］罗纳德·B. 马克斯. 人员推销. 郭毅，等，译. 中国人民大学出版社，2002.

第二节　推销学的产生与发展

一、推销学的产生

在商品经济条件下，推销是沟通买卖双方经济联系的一个至关重要的环节，它是关系到扩大商品流通规模，加快商品流通的速度，促进生产的发展，提高企业经济效益的头等大事。为了实现企业生产经营由封闭型向开放型转变，为了更好地建立社会主义市场经济运行机制，必须加强对现代推销理论与技巧的研究。

“推销”有狭义和广义之分，狭义“推销”属于商品经济的范畴，它与市场的概念有着密切不可分的联系，如果从历史的角度来考察，严格地说推销活动先于市场的产生，推销随着商品生产的产生而产生，随着商品生产的发展而发展。古代文献《易经》有记载，“神农氏作……日中为市，致天下之民，聚天下之货，交易而退，各得其所”，这是对当时推销活动的一种描述。而市场的产生和发展又促进了推销的发展，市场的发展和变化决定了推销活动的方式方法的变化。

随着推销活动不断发展，人们开始对推销学进行研究。关于推销学的研究与书籍最早出现在美国。早在19世纪末与20世纪初期，富裕起来的美国由于生产相对过剩而导致产品积压滞销，并进一步影响了企业的生存与美国经济的发展。为了解决产品的销售问题，一些大学里出现了关于推销技巧与推销广告的研究和讲演。随后出现了关于推销技巧与推销人员培训的教科书，并把推销学作为一门学科加以研究与认识。随着商品生产竞争的加剧，越来越多的学者与企业家投入对产品推销的研究。各种关于推销的书籍迅速增加。在1958年，世界著名的推销专家海因兹·M. 戈德曼（Heinz M. Goldition）的《推销技巧》（*The Classic Manual of Successful Selling—How to Win Customers*）一书的问世，宣布了现代推销学的产生。海因兹在这本书里系统地总结了他30多年推销生涯的成功经验，把推销工程程序化、公式化，并提出与总结出了后来被誉为推销法则的爱达模式及迪伯达模式，从而奠定了现代推销学的理论基础。

二、推销技术的演变

（一）古老的推销技术（19世纪中叶以前）

自有商品生产和商品交换以来，商品推销就产生了，并形成了古老的推销技术。这个时期，自给自足的自然经济占主导地位，商品经济还不发达。由于社会制度的原因而形成的势力割据，使市场小而分散，加上交通不便，市场规模呈现相对稳定的形态。从事推销活动的人主要是个体生产者和商人。推销技术主要以个人推销技术为主。传统推销技术就是在这个时期发展起来的。它具有以下特点：

第一，推销成功与否带有很大的偶然性。这种特点主要是由推销已生产出来的商品造成的，因为所推销的商品不一定是消费者所需要的。

第二，推销活动带有短期性。以集市、庙会为主，店铺为辅的非连续性的销售方式，使推销主体所进行的推销活动的重点总是放在“这一次”如何尽快将商品卖出去，并不关心“下一次”的推销活动。

第三，推销活动具有欺诈性。偶然性与短期行为的特点必然造成推销活动带有欺诈性，正如马克思所说，只要商业资本是对不发达的共同体的产品交换起中介作用，商业利润不仅表现为侵占和欺诈，而且大部分是从侵占和欺诈中产生。

第四，推销成功主要依赖于个人的作用，它包括个人素质、技术水平、私人关系及社会联系等。

第五，在推销方式、方法上，已出现了现代推销中的一些原始雏形，如销售广告在很早就有了较大发展；一些说服消费者购买的方式、方法已出现。

这些古老的推销技术基本特点，我们仍能在一些集市、庙会上看到。

(二) 生产型推销 (19世纪中叶到20世纪20年代)

这一阶段，商品经济已基本取代了自给自足的自然经济。推销主体由个人转变为企业。在商品经济条件下，如果企业不能把商品卖出去，就不能使企业再生产继续下去，就不能获得利润，就存在着破产的风险。因此，它要求推销摆脱偶然性。可以说，这时现代推销技术已有了它生存、发展的土壤。但是，随着封建市场割据被逐步消灭、发达国家对不发达国家的殖民占领，使市场的空间范围不断扩大，消费需求迅速增长。生产的发展赶不上需求的发展，因此使市场处于供不应求的状况。企业生产的产品都可以卖出去，不存在销售问题。企业的注意力主要集中在降低成本，充分利用现有的设备、技术、原材料来生产更多的产品上，企业以生产为中心，以产定销，对推销活动并不重视。所以，它属于传统的、狭义的推销技术范畴。推销具有短期性和被动性。

市场的扩大使推销活动的范围随之扩大，这个时期推销在方式和手段上都有所发展。广告已从销售现场广告向非销售现场广告发展，印刷品广告成为非销售现场广告的主要形式，营业推广中的一些方式也已逐步形成。但是，从总体上说，以生产为中心、以产定销的格局仍使推销技术的发展比较缓慢。

(三) 销售型推销 (20世纪20年代到50年代)

资本主义国家对世界的瓜分完毕和世界范围内越来越频繁的经济危机，以及资本主义基本矛盾的日益尖锐，客观上要求企业开始重视商品推销，因为它已直接威胁到企业的生存与发展。这个时期推销的特点：

第一，许多企业内部开始设立销售部门，销售活动作为一种职能从企业经营活动中分离出来，它推动了推销技术的迅速发展。但应该看到，在企业中销售部门与生产部门是平行的业务部门，以生产为中心，以产定销的格局使两者的矛盾日益尖锐。

第二，传统推销已从过去那种坐等顾客上门的消极被动的推销方式，逐步转变为“走出去，说服顾客”式的积极推销方式。在生产中，已在过去仅仅注意如何降低生产成本的同时，开始注意产品的差异性。

第三，传统推销在成功率上的偶然性开始暴露出来，它要求借助于新的、更高的推销技术来解决，传统推销的短期性已不能适应企业发展的需要。在这个阶段，人员推销和非人员推销的一些基本手段已形成并逐步完善，有关企业如何销售的学科，即市场学出现了，企业推销技术和推销观念已开始面临一场新的革命性的转变。

（四）市场型推销（20 世纪 50 年代至今）

随着商品生产的进一步发展，资本主义商品和资本的相对过剩在市场上的表现日益明显，以消费者为主导的买方市场形成，企业间竞争日益激烈。在这种形势下，新的推销方式应运而生，它从根本上改变了传统推销的概念，并日益科学化。1958 年，欧洲著名推销专家海因兹·M. 戈德曼（Heinz M. Goldition）的《推销技巧》（*The Classic Manual of Successful Selling—How to Win Customers*）问世，宣告了现代推销学的产生。在这本书里，海因兹认为现代推销主要有以下特点：

第一，从过去以生产为中心、以现有的产品或服务为前提、以产定销，转变为以消费者的需求为中心。消费者需要什么就生产什么，企业以销定产，以需定产，由此彻底改变了传统推销中成功的偶然性。

第二，现代推销具有全局性和系统性的特点。全局性主要表现在现代推销摆脱了传统推销中生产与销售作为平行职能存在的特点，以销售指导生产、指导采购。企业中销售部门发展为综合性市场部门，并占有主导地位，企业的一切经济活动围绕市场来进行。也就是说，企业中的任何局部活动都必须为最终把产品（或服务）卖出去这个影响企业全局的活动服务。系统性的特征表现在推销已不再单纯是销售部门的事情，而是企业经营管理水平的整体体现，也是企业各经营环节配合是否紧密的综合反映。

第三，现代推销使销售成功具有长期性和稳定性的特点。它摆脱了传统推销的短期性特点。企业要生存和发展，要使生产持续地进行，必须使推销的成功长期而稳定。绝不能像传统推销那样靠一次性交易去牟取暴利，靠欺诈手段进行一锤子买卖。

第四，现代推销要求企业注意广泛利用现代科学技术，这是提高竞争能力，使成功的推销具有长期性和稳定性的条件。它包括新的通信手段、信息处理手段、信贷手段、结算手段和科学决策等。企业应特别注意对推销活动科学化的研究。

第五，现代推销改变了企业的经营策略与目标。在策略上，更注意开拓新市场，开发新产品，注意市场占有率的提高，注意使企业的产品、价格、销售渠道、经营方式和促销手段等策略的科学化。在经营目标上，很多企业从过去只注意利润目标转化为更重视“创造顾客”的企业目标。在这里，利润指标仅作为一种限制条件，就如同企业的政治、经济、法律环境一样，即在实现一定利润水平的条件下，争取更多的顾客。这样，企业长期、稳定的发展才有保障。

第六，企业从消极的、被动的推销彻底转向了“进攻”性推销。企业不仅从坐等顾客上门发展为积极开拓市场，而且更注意引导顾客，更注意参与社会生活的设计，更注意在经营中获得主动性。

三、21 世纪的推销

随着全球化经济的发展，削减成本、提高质量、提高企业在世界上的竞争力已成为每个企业必须重视的问题。因而，实时系统（JIT）和全面质量管理（TQM）大行其道，伙伴关系以及关系营销和关系推销正渐成共识；而技术的进步与互联网的运用，也对21世纪的推销产生重大影响。这一切，都使21世纪的人员推销都与以往大有不同。

（一）注重与客户的沟通和持久关系的建立

现代推销人员将更加注重与客户建立持久的、良好的伙伴关系（见表1-3），积极与客户沟通，取得客户信任，树立客户至上的意识，并加强这方面的训练，和客户长期共处。

表1-3

积极的做法	消极的做法
·主动给客户打电话	·只回电话而不主动打电话
·全面客观地介绍产品	·只说产品优点
·坦率直白地介绍语言	·附和迁就的介绍语言
·利用电话推销	·依靠驻外办事员
·主动沟通客户意见	·等待误解的产生
·主动提出服务安排与建议	·等待客户提出服务要求
·主动寻找问题隐患	·出现问题才有反应
·敞开个人意见	·隐匿个人观点
·与客户畅谈“共同的未来”	·只回忆过去
·使用行话	·啰唆、沉闷、外行

（二）从业人员整体素质提高，女性人员大量增加

据媒体报道，我国目前营销队伍有6000万之众，其中80%未经过正规营销培训，这正是导致我国企业销售不力，营销水平低的根源。而在美国，从事销售工作的人大多拥有大学文凭，销售人员拥有较高的学历、较丰富的知识和较高的素质和能力，成为计算机、财务、谈判等方面的专家，从1982年到1994年，持有大学文凭的销售人员增加了几倍，如图1-1所示。

值得庆幸的是，国内企业已注意和加强对销售人员的选聘和培训，逐步提高其理论文化素养；而近年来，随着就业压力的增大和思想观念的转变，越来越多的大学毕业生将营销工作作为他们就业的首选，使得营销队伍的整体素质不断提高。

同时，值得注意的是，如今从事推销工作的女性人数在迅速增长，即使在那些用人较为苛刻的私企和外企中，也出现越来越多的女性从事推销工作的现象。她们更会体察人情，能够更好地与人们相处，比男性更善于理解、执行上司的意图。其行为举止、言谈话语也比男性更加可人，也更有可信赖性，这正成为多数人的共识。

（三）沟通技术现代化

电话、传呼、手机、计算机、电子邮件、微信、微博、可视电话以及有电视功能的个人电话等沟通技术的发展，将对未来的推销产生深远的影响。尽管这些不能替代面对面与客户沟通，进行实地销售，但技术的进步，特别是网络技术的发展为推销员与客户的沟通提供了更多的途径、更快捷方便的方式，减少了私人拜访费用，加强了与客户的联系与沟

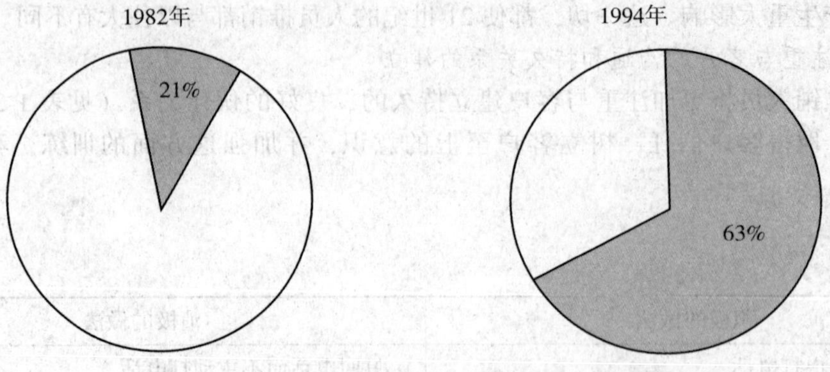

图 1-1　大学毕业生从事销售的比率

资料来源：改编自 Dartnell 28th Sales Froce Compensation Survey.

通，提高了推销人员的工作效率。同时，电子商务与因特网活动的激增已经改变了计算机的使用方法。未来学家、《污点：互联经济中变化的速度》的合作者 San Davis 认为我们现在更多的是通过联系而不是通过计算机来处理资料。这种联系存在于人与人、机器与机器、产品与服务、组织与组织，以及所有这些事物之间。没有这些联系，人们便不能开展工作。在信息技术时代，以多种形式存在的电子商务成为必不可少的商务工具，大数据的处理与运用帮助销售人员与顾客、销售支持人员和其他关键人员保持联系，必将提高战略推销水平。

【推销实例 1.2】

21 世纪市场经营的"通行证"——客户关系管理

如何在瞬息万变的市场中留住老客户，争取新客户，如何在经济全球化和服务一体化的竞争中制胜？人们越来越强烈地感觉到客户资源已是 21 世纪竞争市场经营的至关重要的资源。这是由于市场激烈竞争的结果使得许多商品的品质区别越来越小，产品的同质化倾向越来越强，某些产品从外观到质量已很难找出差异，更难分出高低。这种商品的同质化结果使得品质不再是顾客消费选择的主要标准，越来越多的顾客更加看重的是商家能为其提供何种服务以及服务的质量和及时的程度。为此，客户关系管理系统 CRM（Customer Relationship Management）便应运而生，成为 21 世纪企业竞争获利的"通行证"。

客户关系管理 CRM 是一种解决方案，同时也是一套人-机交互系统，它能帮助企业更好地吸引客户和留住客户，特别是在与客户交流频繁、客户支持要求高的行业。如银行、保险房地产、电信、家电、民航、运输、证券、医疗保健等行业，采用了 CRM 后都会在效率和效益方面获得显著的回报。一个企业级的 CRM 系统通常包括市场管理、销售管理、客户服务和技术支持四部分。

首先，市场管理具有市场分析、市场预测和市场活动管理功能。市场分析可通过各种统计分析，如人口统计、地理区域、收入水平、以往的购买行为等信息来识别和确定潜在的客户与市场群落，更科学地制定出产品和市场策略。预测功能既可为新产品的研制和如何投放市场等决策提供有力的依据，又可为制定销售目标和计划提供参考，还能把相关的信息自动传递到各有关部门，实现协调运转、加强监控的目标。市场活动管理能为市场人员提供制定预算、计划及执行的工具，在执行过程中实施监控和反馈，以不断完善其市场计划；同时，还可对企业投放的广告、举行的会议展览、促销等活动进行事后跟踪、分析和总结。

其次，销售管理能帮助销售部门跟踪众多复杂的销售路线，用自动化的处理过程代替手工操作，既缩短了销售周期，又减少了错误和重复性的工作。通过一个“配置引擎”和一个可共享的“市场推销百科全书”，销售人员可及时获取产品和市场竞争的信息并保存他们的重要业务数据，企业也不会由于某位销售人员的离去而丢失重要的信息。销售管理还提供了各种销售工具，如电话销售、移动销售、远程销售、电子商务等，通过它们，销售人员无论何时何地都可及时地获得有关产品、定价、配置和交货的信息。

再次，客户范围服务。①有由计算机电话集成技术支持的呼叫中心，它是一个由通信网络和计算机网络多种集成功能构建的综合服务系统，能为客户提供每周 7×24 小时不间断的服务和多种方式（语音、IP 电话、E-mail、传真、文字、视频信息等）的交流，将客户的各种信息存入业务数据仓库以便共享；②现场服务的安排与派遣，可根据现场工程师的可用性和技术情况来安排服务的内容和时间；③远程服务解决方案，它可为远程顾客提供完整的服务和支持，无论是契约中的承诺还是顾客其他新的需求都可包括在内。

最后是技术支持。①客户配置化。它可为特定的客户提供个性化服务，为其所需的产品进行配制化和客户化。②客户使用情况跟踪。技术人员会对顾客的使用情况进行跟踪并为其提供预警服务和其他有益的建议，使顾客能安全、可靠地使用产品。③信息检查。用来检查客户是否具有支付服务费用的能力。④协议服务。它对所有的契约提供承诺，如服务合同、服务水平协议和担保关联等，并在记录呼叫时会自动执行授权检查，如果发现某一项目遗漏时，会自动执行调整。

第三节 推销学的研究对象和研究内容

推销学可分为传统推销学和现代推销学两种，一般把 20 世纪 50 年代以前的推销学称为传统推销学，20 世纪 50 年代以后的推销学称为现代推销学，传统推销学与现代推销学最大的区别突出地表现为以谁为中心的问题上，传统推销学强调以推销者为中心，“我推销什么你就买什么”，现代推销学强调以消费者为中心，“你买什么我就推销什么”。我们所介绍的是现代推销学的研究对象和研究内容。

一、现代推销学的研究对象

每一门科学都有自己特定的研究领域，而各门科学的任务就是要研究各种科学的对象和有关现象变化的规律性。因此，我们把现代推销学的研究对象定义如下：

现代推销学所研究的是企业以市场为中心，从消费者需求出发所开展的现代推销活动的整体过程及其规律。这个表述强调了两点：

（1）现代推销学的研究范围是推销活动的整体过程。商品的推销活动过程是由多个环节构成的，包括寻找买主、约见、接近买主、洽谈、处理异议、达成交易、提供售中、售后服务等，如果其中某个环节出了问题，推销活动过程就难以顺利进行。

（2）现代推销学的研究目的是总结一些具有普遍意义的推销规律或规律性的东西，以更好地指导推销实践。尽管推销活动是十分复杂的，但并非毫无规律可循，作为一门科学，推销也是有许多规律的。

二、现代推销学的研究内容

现代推销学是在市场营销理论指导下，对人员推销的具体研究。现代推销学的研究对象决定了它的研究内容。现代推销学的具体内容如下：

1. 现代推销的基本理论

推销人员要取得较大的推销成果，必须有科学的理论作指导。因此，掌握现代推销学的基础理论是每一个推销人员的首要任务。具体来说，即要具备现代推销观念，要充分地把握顾客心理和购买行为，了解顾客需求，掌握寻找潜在顾客的方法，等等。作为一个合格的推销人员，必须全面掌握这些知识，以使自己在推销工作中能适应各种环境的变化，取得优异的推销成绩。

2. 推销人员的素质与能力

推销人员是推销活动过程的主体之一，在沟通企业与消费者、传播新产品和新技术的信息、顺利完成推销任务等方面起着重要作用。只有具备较高的素质和能力，推销人员才能更好地掌握推销理论，灵活而有效地实施推销策略与技巧，才能在推销工作中取得优异的成绩。所以，推销人员必须时刻注意提高自我修养，促进自我发展，加强自我完善，明确自我职责，不断提高自身的能力。

3. 推销策略与技巧

掌握各种推销策略与技巧是推销人员达成交易的保证。推销策略与技巧主要包括寻找顾客及顾客资格审查、接近与约见顾客技巧、推销洽谈技术、顾客异议处理与成交策略等。推销人员要保证自己取得更好的推销绩效，就需要掌握推销组织与管理方式。掌握了这些推销策略与技巧，推销人员在推销工作中才能应付各种突发事件，在处理复杂的推销情况时游刃有余。

第四节　现代推销学的研究方法

一、现代推销学的研究方法

现代推销学是一门实践性很强的综合性应用学科，与多种学科密切相关。因此，在研究和掌握这门学科时，首先应当采用综合性的研究方法，即借鉴各有关学科的研究方法来研究现代推销活动过程，掌握其一般规律。现代推销学与市场营销学、市场调查与预测、消费心理学、消费行为学、广告学、公共关系学、现代传播学、社会学、商品学及管理学的关系都极为密切。所以，作为一个合格的推销人员，必须通过各种方式和途径，广泛吸收知识，为我所用。其次，要用理论与实际相结合的研究方法，在现代推销理论的指导下，注重实际应用。当然，这种实际应用可以根据自身情况灵活掌握，如商品推销可以从小商品做起，业务量也可以由小到大，同时，日常生活及与人交往中也应留心观察，积累经验。总之，事物是不断发展、变化的，只要我们一切从实际出发，从现实的推销活动出发，就可以从中总结出正确理论，从而进一步指导推销活动的实践。

尽管现代推销学在其发展过程中强化了学科的边缘性，但它研究的现实领域仍是以经济生活为主的。在现代推销学的研究中，社会心理学占有一定分量，但社会心理学研究在这里还是从属于商品推销中经济因素的变动分析，因而，现代推销学的研究方法不能脱离经济学的基本理论范畴。

现代推销学的研究过程，还必须做到：（1）运用市场营销学的科学方法和理论，尤其是市场营销学中研究市场环境的方法、制定营销战略的方法等，都是现代推销学可借鉴的方法。（2）运用现代科学方法论，例如，系统论、控制论、信息论。现代推销学研究的方法很多，归纳起来，可以概括为以下几种：

（一）产品研究法

产品研究法是一种以人员推销的客体为对象的研究方法，也是一种以物为中心的研究方法。这种方法认为，产品是推销活动的客体，产品研究是推销活动的基础。由此，它以产品为主线，要求在人员推销中按产品及其特性进行分类，并在此基础上分别探讨人员推销时如何根据不同产品、不同产品寿命周期采取不同的推销战略和策略，它更着力于研究产品的设计、质量、价格、品牌、包装等。它认为有了好的产品，推销才能得以顺利进行。

（二）人员研究法

人员研究法是一种以推销人员为中心的推销研究方法。这种方法的基本观点是：没有推销不出去的产品，只有不称职的推销人员。推销人员是现代推销学研究的中心，因而要侧重对推销人员的基本素质、推销人员的培训、推销谈判、推销策略和技巧等内容的研究。

（三）环境研究法

环境研究法是一种侧重研究人员推销环境的方法。它认为推销成功与否的关键在于产品和推销人员的工作是否适应环境。因而，这种方法着力于研究市场的规律、市场的区域特点、消费者的特点等，甚至将谈判对手的心理、用户心理表现等都纳入研究的内容之中。

（四）制度研究法

制度研究法是一种以研究推销制度为出发点的方法。它从企业内部出发，研究如何建立促进推销活动的高效的组织和制度。

二、现代推销学的研究目的

现代推销学是适应商品经济的发展而出现的一门新学科。开展对推销理论与技术的研究，掌握现代推销的策略和方法，对于提高推销人员的素质，起着至关重要的作用，对于促进企业的发展壮大和社会的进步都具有十分重要的意义。

（1）学习和研究现代推销理论与技术，促进企业推销观念的转变。观念是一种社会意识，观念更新和转变，实际上是生产力、生产关系以及相应的社会体制的变革在人们意识形态领域内的反映，因此，观念对实践具有反作用。我国以前是一个以小农经济为主、自然经济的半封建半殖民地的国家。在 1949 年后，又长期处于产品经济模式，商品经济和国内市场都不发达。因此，人们的商品经济意识淡薄，市场观念不强，推销技术和观念仍然跟不上时代发展的需要，尤其在经济全球化和互联网时代，消费者之间的信息越来越透明，迫使很多企业改变销售观念，需要企业销售管理者们时时刻刻去关注这种变化。因此，商品推销观念的转变对于企业十分重要。推销观念转变是推销活动根本转变的基础条件。现代推销的指导思想是以消费者需求为中心来研究推销，因此，通过对现代推销理论的研究和学习，可以增强推销人员以消费者需求为中心的经营意识，丢弃旧的观念。

（2）学习和研究现代推销理论和技术，促进推销人员素质的提高。商品推销工作对推销人员素质提出了很高的要求，一个企业如果拥有一批素质优秀且受过良好训练的推销人员，就能吸引较多的顾客，进而在市场竞争中取得成功。长期以来，推销工作不受重视的直接后果是推销人员素质低下，缺乏现代推销理论与技术的训练，不能适应市场竞争的需要。因此，通过对现代推销理论的研究和学习，可以培养推销人员良好的思想素质、扎实的理论知识、熟练的业务素质。

（3）学习和研究现代推销理论与技术，促使企业提高市场营销和经营管理水平，更好地实现社会主义企业的生产目的。人员推销活动是市场营销的重要组成部分，而市场营销又是企业经营管理的重要组成部分。学习和掌握现代推销理论与技术，一方面，可以提高推销水平，扩大推销规模，占领更大的市场，提高推销效率和管理水平；另一方面，可以更好地了解顾客的意见和要求，了解竞争对手的策略手段和动向，根据顾客的需要推销产品，并不断为顾客排忧解难，满足顾客的需要，实现社会主义的生产目的。

【本章小结】

推销的含义可以从广义和狭义的角度来理解。对推销定义的理解主要从以下几点把握：推销是一个活动过程；推销的手段重在帮助或说服；推销的目的是促成购买行为。

推销的主要特点有：特定性、灵活性、双向性、互利性、说服性。

推销是市场营销组合中的一个重要组成部分，是动态的、系统的营销活动过程的一个环节，是市场营销不可缺少的重要机能。

推销对社会的进步、企业的发展和个人潜力的发挥起着积极的作用。

推销伴随着商品生产的产生而产生，伴随着商品生产的发展而发展。推销技术的演变经过了古老的推销技术、生产型推销技术、销售型推销技术、市场型推销技术等阶段。21世纪更注重与客户的沟通和持久关系的建立。

现代推销学的研究具有许多新的特点。

现代推销学的研究对象是企业以市场为中心，从消费者需求出发所开展的现代推销活动的整体过程及其规律。研究内容包括现代推销的基本理论、推销人员的素质和能力、推销的策略与技巧等。

现代推销学的研究方法很多，主要包括产品研究法、人员研究法、环境研究法、制度研究法等。

【思考题】

1. 什么是推销？应该如何全面把握推销的含义？
2. 推销具有哪些特点？
3. 推销具有哪些作用？
4. 推销技术的演变经过了哪些阶段？现代推销与传统推销有何区别？
5. 现代推销学的研究对象和研究内容是什么？
6. 你是怎样看待推销工作和推销人员的？
7. 当你选择或被委派做推销工作时，你是怎样想的？
8. 21世纪的推销有哪些变化趋势和新特点？

【案例讨论】

约翰逊的窘境

约翰逊就要结束他的市场学专业的大学学习了。他的父亲是底特律一家大型二手车行的老板，很想让儿子帮助自己打理生意。这样，约翰逊面临着选择：是去帮助父亲料理生意，还是走一条也许是属于自己该走的路——去为某家大型制药企业做推销员。他的父亲在经营方面已取得相当的成功，而且他认为如果再有儿子的帮忙，生意一定会锦上添花。约翰逊找来了几位朋友，想听听他们对这件事的看法。有的说："二手车推销员不值一提，他们不过是一些只会施展高压手腕的骗子。"还有的说："去说服别人购买他们并不需要的那些旧货吗？"约翰逊听了这些话后感到很烦恼。请你帮助他分析一下：

1. 现代推销学的知识对于二手车的推销是否同样具有指导意义？

2. 约翰逊应该如何做才能使自己所学的现代推销学知识应用于二手车的推销工作中？

3. 你是否同意约翰逊的朋友对推销员的描述？

第二章　推销观念与推销要素

【学习目标】

通过本章学习，要求掌握：

1. 推销观念的演变及其主要特点；

2. 理解推销人员在推销活动中应遵循的基本准则；

3. 明确推销要素之间的相互关系及其在推销活动中的作用。

【内容摘要】

本章分析了推销观念从以生产、销售为中心的传统推销观念向以消费者为中心的现代推销观念的转变，概括了现代推销观念的主要内容、推销准则和构成推销活动过程的推销人员、推销对象及推销品等内在基本要素。

第一节　推销观念

推销观念是指企业和推销人员在推销实践活动中所遵循的指导思想，是推销人员对待推销活动中各种矛盾和现象的根本态度与思维导向。推销观念随着市场营销环境的变化而变化，有什么样的推销观念，就有什么样的推销活动，现代推销活动必须以现代推销观念作为指导思想，更好地运用现代推销技术和方法，来达到推销的目的。

一、推销观念的演变

推销观念的形成，在很大程度上受到企业市场经营观念的影响。由于市场营销环境不断变化，推销观念也从以生产、销售为中心的传统推销观念向现代推销观念转变。

（一）以生产为中心的推销观念

推销观念的萌芽是与企业经营观念中的生产观念和产品观念相适应的。生产观念和产品观念，指的是企业的一切经营活动均以生产和产品为中心，围绕生产和产品来安排包括销售在内的一切业务活动。这是一种传统的经营观念，盛行于 19 世纪末到 20 世纪 20 年代。当时，由于生产增长的速度慢于市场扩大的速度，社会产品基本上是供不应求，卖方市场普遍存在。在这种条件下，生产企业不必担心产品的销售问题，它们要研究和解决的主要问题是如何增加产品产量、降低产品成本、改进产品质量和性能。我国在经济体制改革之前，由于人口多、底子薄，生产力水平比较落后，各个市场一直是卖方市场，产品供不应求，长期凭计划供应，企业奉行的经营观念是生产观念和产品观念，在经营活动中，只注意生产，不关心市场和销售。

生产观念和产品观念的核心是，企业将主要精力放在与生产和产品有关的要素上，如原材料、劳动力、能源、机器设备等的购买，生产出尽可能多的质量和性能较好的产品，只要能生产出来，就能销售出去。“能生产什么，就卖什么；能生产多少，就卖多少”的经营方针，是这一观念的最集中表现。如美国福特汽车公司在20世纪初的经营口号就是“不论顾客需要什么颜色的汽车，我只有一种黑色的”。我国企业中也流行着“皇帝的女儿不愁嫁”“酒香不怕巷子深”等不关心产品销售的观念。

在生产观念和产品观念的影响下，各类企业不重视产品的推销工作。企业的销售工作，就是简单地接受顾客的订单，在顾客产生需要的情况下，接受顾客的购买要求。例如，当时福特公司的经理曾自豪地说：“我们的汽车是隔着柜台递给顾客的。”这时还没有成形的产品推销观念。在资本主义自由竞争中，各企业为了赚取高额利润，都希望能在较短的时间内把产品销售出去。在某些竞争比较激烈的生产部门，也存在组织推销人员推销产品的企业，只是推销工作并未形成专门的科学，也没有一套行之有效的方法，推销观念还处于原始状态。

（二）以销售为中心的推销观念

从20世纪20年代起，由于科学技术的进步，科学管理和大规模生产组织形式的推广，商品产量迅速增加，市场上逐渐出现商品供过于求、卖主之间竞争日益激烈的情形，长期存在的“卖方市场”逐步向“买方市场”过渡。特别是1929—1933年席卷资本主义世界的大危机，使堆积如山的商品卖不出去，工商企业和银行纷纷倒闭，大量工人失业，市场严重萧条。这些事实使许多企业家认识到，由于企业生存环境的变化，即使有物美价廉的产品也未必能卖出去；要想在竞争日益激烈的环境中求得生存和发展，企业就不能只抓生产，而必须重视市场营销、加强推销工作。在这种情况下，市场销售观念应运而生。我国在经济体制改革之后，企业的生产积极性大大提高，市场商品供应日渐丰富，商品的供求关系逐渐由供不应求转为供过于求，生产企业之间的竞争渐趋激烈，许多企业逐渐改变“等客上门”的经营观念，开始重视产品的销售和推销工作，由此产生了以销售为中心的推销观念。

销售观念的中心思想是：企业应集中力量采用各种手段，刺激消费者购买本企业所生产和出售的产品；或者消费者并不一定购买，但经过推销可以促使消费者产生购买行为。因此，广告和人员推销成为主要的销售手段。

与生产观念和产品观念相比较，销售观念的出现是市场观念的一个进步，但从严格意义上讲，企业的整个经营方针并没有产生本质的变化，销售观念的本质仍是“以产定销”，因为它只着眼于现有产品的销售，只顾千方百计地把产品销售出去，至于售出后顾客是否满意以及如何满足顾客需求，则没有给予足够的重视。

由于人员推销成为销售观念下的重要销售手段，推销观念逐步形成，产生了后来称为“倾力推销观念”的传统推销观念。所谓倾力推销，是指为了招徕顾客，生产经营者重视运用各种推销技术，不择手段地销售产品，以超过竞争者，在市场竞争中取胜。这种推销观念有三个特点：第一，推销人员从事推销活动的目的是推销产品，他考虑的只是把产品卖出去，至于顾客是否需要，则不属于必须考虑的问题。第二，为了达到推销的目的，推销人员应采用一切方法，包括正常的、合法的方法和非正常的、违法的方法，因而往往出现“强行推销”、坑骗顾客的现象。第三，倾力推销往往产生消极影响，顾客常常会抵制这种销售。从长远来看，这不仅会影响产品的销售，而且会损害推销员的职业声誉。倾力推销观念的上述特点决定了这种观念的局限性，因而这种观念和与之相适应的推销方法只存在了较短的时间（20世纪30—40年代），就被摒弃了。

（三）以消费者为中心的现代推销观念

20世纪50年代以来，资本主义发达国家的市场尤其是消费品市场已经变成名副其实的供过于求、卖主之间竞争激烈、买主处于优势地位的“买方市场”。而且，在主要资本主义发达国家，随着科学技术迅速进步和生产迅速发展，人们收入水平及生活水平提高，消费者的需求日益复杂多样，消费观念不断更新。在上述新的市场形势下，企业的经营观念由销售观念转变为“市场营销观念”。20世纪80年代中期以来，社会产品日趋丰富，市场供求状态的主流呈现出供过于求，企业产品的销售在一定程度上成为企业成功经营的关键所在，因而，在企业的经营观念中，市场营销观念取得了主导地位。

市场营销观念的核心是：企业以自己的目标顾客及其需要为中心，集中企业的一切资源和力量，适当进行市场营销组合，从而达到满足目标顾客需要、扩大销售、实现企业经营目标的目的。市场营销观念与销售观念相比，产生了质的飞跃，即企业经营的中心不再是现有产品，而是顾客的需要。它要求企业善于发现和了解目标顾客的需要，然后根据顾客的需要来安排生产和销售，顾客需要什么就生产什么、销售什么，而不是只考虑把企业的现有产品推销出去。

20世纪70年代，发达国家的市场营销观念进一步演化为社会营销观念，即企业在作市场营销决策时，不仅要考虑自己的眼前利益，考虑满足消费者的需要和欲望，而且还要考虑社会利益。因此，社会营销观念要求企业以消费者为中心开展营销活动，必须兼顾消费需要、企业效益和社会利益三者之间的关系。在企业的经营观念发展到社会营销观念的形势下，推销观念随之发生重大变革，即由倾力推销观念转变为现代推销观念。

现代推销观念有三个新的特点：第一，推销人员进行推销活动的出发点是顾客的需要及其愿望，因此，了解顾客的需要是推销人员的首要任务，“顾客是上帝”成为推销人员所要遵循的重要原则。第二，推销的方法不再是推销人员单方面的不择手段地倾力推销，而是通过向顾客证实本企业的产品能满足顾客的需要，为顾客带来物质上和精神上的享受，使顾客主动接受推销人员推销的产品或服务。因而，推销活动是由推销人员与顾客共同参与的能给双方带来利益的活动。第三，推销人员在推销产品或服务时，不仅要注意顾客个人的需要和利益，而且要考虑社会利益，注重顾客利益与社会利益、眼前利益和长远利益相互协调。

二、现代推销观念的内容

现代推销观念是与现代推销活动有关的一系列思想观点的综合，包括下列具体观念：

（一）服务观念

服务观念是指在推销活动中以顾客为中心，根据顾客需要，千方百计为顾客提供各种良好服务的指导思想。服务观念是现代企业和推销人员必须具备的一个根本性观念，是社会主义生产目的所决定的，只有服务周到才能激发顾客的购买欲望，从而促进推销的实现，满足顾客的多方面需求；树立服务观念也是推销品本身的技术服务日益复杂的要求。

首先，要求推销人员认识到为顾客服务的重要性，确立“顾客是上帝”的观念。其次，要求推销人员在推销过程中为顾客真正提供优质服务。推销人员不仅是公司或企业的职工，也是顾客的服务员和顾问，因而要站在顾客的立场上考虑问题，时刻为顾客的利益着想，为顾客做好全方位的服务。全方位服务即指推销前的广告、信息服务、技术咨询服务、培训服务、客户调查服务、产品设计服务；推销中的顾客接待服务、银行贷款服务、产品包装和运输服务等；推销后的安装使用服务、维护修理服务、技术指导服务等。最后，坚决克服“货物出门，概不负责”的旧观念，杜绝一切坑骗顾客的做法。树立现代服务观念，不仅要抛弃过去“以我为主”的传统观念，而且要忠实于顾客，不能欺骗顾客，使顾客在购买中既能得到物质或劳务上的满足，又能感到精神上的满意。

总之，现代推销的服务观念是一切推销活动的出发点，也是一种推销方法论，是制订各种推销计划的理论依据。

（二）教育观念

教育观念是指推销活动首先向顾客推销知识和技术，然后再推销商品，包括帮助顾客了解商品知识，树立新的消费观念，正确选择和使用商品。这就要求推销人员必须重视知识的更新，树立教育观念；不断丰富自己的知识，培养和提高自己的创造力、观察力和处理问题的能力；引导消费，进行消费者教育。

（三）竞争观念

竞争观念是指在现代推销活动中，在产品的质量、品牌、价格等方面针对不同的竞争对手采取不同推销策略以获得成功的观念。

竞争是商品经济的客观规律，是商品经济条件下企业发展的动力。推销人员既是企业产品和服务的销售者，也是市场竞争的直接参与者。因此，推销人员必须树立正确的竞争观念，在推销活动中敢于竞争、善于竞争，注意研究竞争手段，讲究竞争艺术，开展正当的竞争。现代推销竞争主要来自以下几个方面：

（1）来自同类产品或服务的竞争。要在同类产品的竞争中取胜，推销人员要特别注意强调产品的特征和产品差异，进行市场定位。

（2）来自替代产品或服务的竞争。在这方面，推销人员应树立正确的竞争观念，实事求是地向顾客说明替代商品各自的特点，进行科学的消费教育，积极宣传先进的消费观念和生活方式。

（四）信息观念

信息观念要求推销人员能够识别信息，传播和交流信息，加工和处理信息，以及运用信息来加速推销任务完成。

推销实际上是一种信息沟通，在推销活动中，推销人员既要发出各种信息，又要接受各种信息，还要善于捕捉信息，利用信息为推销服务，同时，推销人员还应掌握信息的发出、收集、加工、整理、处理等技术性问题。正确的信息观念包括三层含义：第一，要认识到信息对推销工作的重要性。现代社会是信息社会，信息是企业和推销人员的无形财富，推销人员能否在激烈的市场竞争中取胜，在很大程度上取决于对目标市场信息的掌握情况。第二，对市场信息要有高度的洞察力，重视通过各种渠道收集信息。推销人员对各种市场信息要有职业敏感性，注意随时随地出现的各类信息，并将其收集起来加以归类和整理；同时，在推销工作中应建立稳定、广泛、真实的信息来源渠道，以使自己可以随时随地掌握各种准确的信息。第三，重视分析和利用各种信息。收集市场信息的目的在于对这些信息有效地加以利用，而有效利用的前提，就是准确分析信息。推销人员应具备信息分析处理的有关知识，能够辨别信息的准确性、信息之间的联系及其重要性，同时能够及时、准确地将这些信息应用到推销工作中去。

（五）环境观念

环境观念是指推销人员分析、预测及开展推销活动必然要受各种环境因素的制约和影响，必须分析推销环境。任何推销活动都处于一定的推销环境之中，受到各种企业内部和外部条件或因素的制约和影响。影响和制约推销活动的环境因素包括人口环境、经济状况、竞争程度、地理条件、技术条件、政治和法律、文化背景、道德习俗环境等。不同的推销环境，要求有不同的推销品、不同的推销方式和推销手段、不同的推销观念和消费观念。现代推销人员，必须善于分析和研究推销环境，预测各种环境因素未来的变动趋向，创造理想的推销环境，开展科学的推销。

（六）系统观念

系统观念就是相互联系的观念。现代推销的系统观念，要求在推销活动中，按照系统原理，不仅把推销本身看作一个系统，而且要同各种有关系统紧密联系起来，使各个要素互相作用，互相依赖，结合成为有机的整体。在现代推销活动中，推销系统观念主要体现在两个方面：一是推销活动往往涉及企业内部各个部门；二是顾客、商品、购买行为、消费方式以及市场、市场环境都有系统性。因此，没有系统观念便没有系统的推销方法。

（七）法律观念

法律观念是指在推销活动中，要树立法律意识，合法经营，依法推销，依法律规定来处理有关推销中的问题。

推销活动是一种广泛的社会联系，推销人员是社会联系的媒介，要有效地维系各方面的社会关系，必须遵守一定的社会规范和有关法规、法令（含国家政策）才能保证推销活动顺利地进行。从法律上讲，推销人员所完成的每一笔业务，买卖双方都要同时承担相应的权利和义务，即推销人员与顾客之间产生了法律关系。如果推销人员不懂有关的法律知识，不仅会带来不必要的麻烦，而且还可能给企业和自己带来损失。因此，树立法律观念，严格按照国家有关的法律条令进行推销工作，对于推销人员具有重要的意义。

知法、守法是推销人员进行正常推销业务的必要条件。推销人员在推销工作中树立法制观念，主要表现为三个方面：第一，推销人员首先必须知法、懂法。如了解经济行为是否具有法律效力的原则界限；签订合同的基本原则、程序、主要内容；合同变更和解除的程序；违约责任及其认定；合同的鉴证和公证；代理与担保；产生纠纷时，仲裁和诉讼的程序；银行结算和票据管理法规、税法；对外贸易法律和外汇管理的法律规定等。第二，推销人员应自觉遵守国家有关的法律规定，严格按照这些法律规定从事推销活动。第三，推销人员不仅要懂法和自觉守法，而且要运用法律手段同那些侵犯企业和个人正当权益的行为作斗争，以保证企业和消费者的利益不受损害。

（八）发展观念

发展观念是认为在推销活动中，推销环境、商品和服务本身、顾客购买动机等都是发展着的，推销活动必须适应这种发展。推销人员要树立发展观念，就要有开拓、创新意识，善于观察和分析市场情况的变化，不断开拓新市场，引导消费，创造顾客需求。

【推销实例 2.1】

凭借独特的经营理念和营销模式，雅芳已经发展成为全美500家最大的公司之一。1999年11月，雅芳任命出生于美国中产阶级家庭的华裔女性钟彬娴担任公司的首席执行官。钟彬娴毕业于美国普林斯顿大学英国文学专业，她深知雅芳必须融入网络时代，因为导入电子商务是21世纪所有行业的发展趋势；同时雅芳必须兼顾雅芳直销员的利益。全球300万（其中美国有50万）名直销员的努力，奠定了雅芳今天的基础。然而在网络时代，若没有了直销员，雅芳将沦落为一个普通的零售品牌或者一个寻常的网络公司。

新首席执行官走了一条折中道路，结果巧妙地化解危机，皆大欢喜。首先雅芳向直销员保证关注她们的利益。通过民意调查发现，直销员并非天生憎恶网络，她们迫切需要掌握网络方面的知识，同时她们希望公司网站设计的接口应该人人易用。于是，钟彬娴投入了5000万美元用于重建雅芳网，而且这个网站的主要目的在于方便直销员使用以及介绍雅芳的系列产品。客户在网站上可以从雅芳公司直接订货，也可以在网上寻找离所居社区最近的雅芳销售人员。在美国，现已有11800名直销员与雅芳公司签约，成为电子直销员。

实际上，即使是在点击鼠标几乎能包揽一切的今天，不同类型的顾客，特别是儿童、女性与老人，仍需要面对面的人情化服务与顾问式的销售，需要人际交往、亲情友谊。因而，销售人员仍然不会由于网络时代电子商务的普及而面临失业。人们处于多种销售方式并存的商业社会，电子商务、邮购、电视购物等销售方式仍然无法取代人员销售，今天的社会仍然是销售人员大显身手的舞台。

第二节　推销准则

现代推销和传统推销是在不同的社会经济条件下产生的，因此，指导其活动开展的准则是不同的。推销准则是指商品推销活动的指导思想和基本准则，现代推销准则包括以下几个方面：

一、顾客导向

著名推销专家海因兹·M. 戈德曼（Heinz M. Goldman）认为："推销就是要使顾客深信，他购买你的产品是会得到某些好处的。"美国市场营销学家菲利普·科特勒（Philip Kotler）也认为："顾客需要我们帮助他们解决问题。而一位有效的销售人员就是知道顾客的难处并知道如何帮助他们解决困难的人。"因此，现代推销必须树立新的营销观念，以顾客为导向，在满足顾客对商品或劳务需要的同时，实现推销商品的长期目的。以顾客导向为准则，就是要摒弃传统的推销导向，了解顾客的需求所在，并通过商品推销来满足顾客对商品和劳务的需求。

(一) 摒弃传统的推销导向

从市场营销发展历史来看，现代市场营销观念的确立经历了传统的生产观念、推销观念阶段，到20世纪50年代形成了以消费者为中心的市场营销观念。我国企业在经营中至今仍然存在这三种不同的营销观念。与企业的营销观念相对应，表现出三种不同的推销导向，即生产观念指导下的商品导向、推销观念指导下的销售导向、市场营销观念指导下的顾客导向。要树立顾客导向，就必须弄清商品导向、销售导向的各种表现，以摒弃传统的推销导向。

(1) 商品导向。企业在经营过程中重生产、轻销售，既不注重推销队伍的建设，也不注重推销人员素质的提高。主要表现为：①有货不求人，坐等客上门。他们抱着"酒香不怕巷子深"的老观念，既不宣传自己的产品，又不组织产品的推销，摆出"姜太公钓鱼"的架势，坐等顾客上门。②以我为中心、盛气凌人。对于上门购货者，他们冷眼相对，爱理不理，有时甚至恶语相伤。他们仍然抱着"皇帝的女儿不愁嫁"的传统宗旨，凭着产品的优势、地理位置的优势，或者以往树立起来的较好形象的优势，盛气凌人。③靠天吃饭、怨天尤人。他们仍然按照传统的做法，希望在政府的干预下，资金能保证、原料能配给、产品能包销。面对激烈的市场竞争无所适从，面对变化着的外部环境，他们不是积极地分析、研究市场，寻找新的市场机会，而是坐在那里无所事事、怨天尤人。

(2) 销售导向。企业在经营中注重推销本企业的产品，注重推销术的探讨和研究，但不重视研究顾客的需要，他们的目的只是设法将企业生产的产品推销出去。这些企业抽调大批骨干力量充实推销部门，组成阵容可观、实力强大的推销队伍。他们注重推销人员的选拔培训和推销实绩的考核，以销售量、走访顾客的次数、发展新顾客的数目等作为衡量推销绩效的标准。有的甚至将推销绩效与工资、奖金挂钩，促使推销人员发挥主观能动性，努力钻研推销技巧、提高推销绩效，尽可能将企业生产的产品推销出去。以推销导向为准则的企业主要表现为：(1) 货物出门，概不负责。这些企业的推销人员往往具有两张"面皮"：货物出手之前，对顾客笑脸相迎，热情接待，耐心介绍本企业的产品，让顾客不得不买；然而，一旦货物出手，马上翻脸不认人，对于要求退货换货的顾客冷眼相对，甚至恶语相伤；对于询问商品使用、维修情况的顾客爱理不理，一问三不知；对于未能成交的顾客，更是冷嘲热讽。做的是一锤子买卖，追求的只是短期的销售利润，不考虑企业和产品在顾客心目中的形象，长此以往，必然使顾客不再光顾，逐渐失去顾客。

（2）不顾顾客的利益，强行推销。这些企业组织强大的推销队伍，发动凶猛的广告促销攻势，研究并利用顾客的购买心理，运用各种推销技巧，让顾客高高兴兴地买去那些他们并不需要的、拿着无用弃之可惜的产品。这些顾客冷静下来以后必然会产生后悔情绪，深感上当受骗，下次购买时，就会绕道而行。（3）不注重顾客需要，埋头生产、推销。他们认为搞市场调研是多此一举，是浪费钱财；顾客那么多，众口难调；不管市场需求如何，我只以不变应万变；只要产品过硬、推销得力，不怕产品卖不出去。事实上，随着竞争的日趋激烈，那些不适应市场需求的产品，将会越来越没有市场，终究只得退出市场。

（二）树立顾客导向

以需求为中心的顾客导向，要求企业在推销过程中，不断了解顾客的不足之感、求足之愿及需求的变化趋势，以帮助顾客解决困难与问题为宗旨，急顾客之所急，想顾客之所想，在满足顾客需要的同时达到推销产品的目的。这些企业的销售部门，不仅有强有力的推销队伍，而且设置较庞大的信息情报机构、市场调研机构、公共关系机构、销售服务机构等，将商品销售与信息的传递、反馈，以及为顾客提供服务融为一体。他们认为商品推销不是一项单一的、简单的买卖活动，具有寻找顾客、传递信息、销售商品、提供服务、反馈信息、协调关系等项职能。对推销绩效的考核，不仅以走访顾客、销售产品的多少为标准，而且综合考核各项职能的实施情况，制定综合评价指标。

树立以需求为中心的顾客导向，必须做到注重调查研究、信息的传递和反馈、商品推销策略及售后服务。

（1）注重调查研究，了解顾客的需求所在。只有了解顾客的需求，才有可能通过企业的营销努力，适应和满足顾客的需求，使商品推销与满足需求结合起来。

（2）注重信息的传递和反馈，成为企业与顾客沟通的桥梁。一方面，将企业与产品的有关信息传递给顾客，便于购买者比较、选择，作出购买决定。另一方面，将市场信息反馈给企业，以合理调整企业的经营方向，使企业既能发挥自身优势，又能满足市场需求。

（3）注重商品的推销策略，促进商品销售。根据顾客的需要，在适当的时间、地点，以适当的价格、适当的方式向消费者提供他们所需要的商品，在满足顾客需要的同时，达到推销商品的目的。

（4）注重销售服务，免除顾客的后顾之忧。根据顾客的需要，向顾客提供售前、售中、售后的信息服务和技术服务，以及运输、安装、维修服务，使顾客买得高兴、用得满意、购后放心。

二、锐意创新

锐意创新是竞争取胜的必由之路，是企业发展的源动力。企业只有在调查研究基础上，不断创造更为有效的新的销售战略，不断开拓新的推销市场，不断运用新的推销手段，才能取得推销的成功。创新的过程也就是把社会需要转化为企业获利机会的过程，锐意创新是一个连续的动态活动过程。

商品推销中的锐意创新主要包括：经营观念的更新、经营产品的创新、推销市场的拓新、销售方式的革新等。

（一）经营观念的更新

观念的更新是商品推销中锐意创新的基础。企业要进行成功的推销，首先必须摒弃各种陈旧落后的经营观念，不断树立新的经营观念。

（1）摒弃以商品为核心的传统观念，树立以顾客为导向的销售观念。企业经营中，必须以了解需求、适应需求、满足需求、正确引导需求作为商品推销的宗旨，将商品推销与满足需求统一起来。

（2）摒弃眼睛向上的依赖观念，树立新的市场竞争观念。企业经营中，要转变靠政府统销、靠地方保护主义扶持的懦夫意识，投入市场、参与竞争，到市场上去接受检验，求得生存与发展。

（3）摒弃干了再算的传统意识，树立目标效益观念。企业经营中，不仅要注重事后的销售数量、成本、利润的统计核算，更要注重目标利润下的销售金额、成本等指标的控制，对经营人员实行目标管理、定额管理、成本控制，保证预期效益的实现。

（4）摒弃有产品就有价值的错误观念，树立产品销售的时间价值观念。企业经营中，生产出来的产品只有销售出去，经过了产品变货币这一飞跃，才能成为现实的产品。积压在库的产品，不仅不能通过使用价值的实现而实现它的价值，而且随着时间的推移，保管费用、占压资金的利息、在库商品的损耗等，使产品的价值越来越少。因此，只有及时地将生产出来的产品推销出去，才能保证产品价值的实现。

（二）经营产品的创新

虽然产品的创新主要是产品开发部门和产品生产部门的职能，但与产品的推销有着密切的联系。

第一，产品销售部门通过市场信息的反馈，为新产品的研制和老产品的改进提供了方向和依据，使企业的产品更能适应市场的需要，并按照市场的发展趋势，合理调整产品结构，做到淘汰一代、销售一代、研制一代、开发一代，促进产品的更新换代。

第二，经销部门通过产品的试销和推销，将企业生产的新产品推向市场，促进顾客对产品的认识和了解，使新产品能成功地进入市场，成为有效产品。通过试销、推销中的信息反馈，促使企业对产品进行合理改进，使新产品进一步优质化、完善化。

第三，经销部门通过推销新产品，不断改进推销方法，提高推销水平，促进了推销效果的不断提高。

在产品推销中促进产品的创新，主要有关联配套法、填空补缺法、模仿替代法。

（1）关联配套法。通过观察、分析，及时提供与市场上某些流行、俏销商品配套的新产品，借俏销产品的优势，促进企业产品的销售。如根据流行服装的花色、式样，提供配套的鞋、帽、手套、围巾、提包等，根据企业的能力，提供市场需要的配套新产品。

（2）填空补缺法。寻找市场的空缺，探索市场上尚未满足的需求，提供市场上所缺乏的产品。企业在销售产品的同时，需要不断调查、分析顾客不足之感和求足之愿，发挥企业的潜力，不断满足顾客的潜在需求。

（3）模仿替代法。模仿市场上俏销的产品，发挥企业的优势，以本企业同类产品去取代它。例如，用化纤服装取代各种丝绸、羊毛服装，以发挥抗皱性、色彩、价格方面的优势等。

（三）推销市场的拓新

企业经营中，要不断地寻找新顾客，开拓新市场，扩大产品的销售，提高企业和产品的知名度。推销市场拓新，主要有如下几种方法：

（1）在现有目标市场中寻找新的顾客。通过促销，争夺尚未购买本企业产品的潜在顾客。

（2）在推销地区内拓展新的目标市场。通过开拓产品的新用途，改变销售方向，寻找新的目标市场。

（3）不断拓展销售地区。在巩固现有推销地区的基础上，通过调查研究，改变经营方式，将产品推向国内外其他地区，不断扩大企业的经营范围。

（四）经营方式的革新

根据不同目标市场的特点及需求变化趋势，分别采取不同的经营方式，满足不同目标市场的需求。经营方式的革新主要包括：

（1）销售渠道的革新。分别采取自行推销，与流通部门或企业联合销售，选择某些批发、零售商专营销售，请流通部门代理销售，交给流通部门广为销售等方式进行销售。

（2）销售方式的革新。既可以采用现货销售，也可以通过期货市场销售；既可以通过当面洽谈签订合同，也可以利用电话、电报、传真、邮购等方式进行销售；既可用现金购买，也可通过贷款销售、预销、赊销、顾客信用卡等方式进行销售。

（3）促销方式的革新。根据不同产品、不同时期的特点，分别采用不同的广告宣传方式、销售促进形式来促进企业产品的销售。

三、文明经商

社会的进步创造了物质文明和精神文明，文明经商是现代社会发展的必然要求。企业的经营要适应现代社会的发展，必须以文明经商为准则。

（一）经营环境文明化

随着企业经营的现代化程度的提高，经营场所必须明亮整洁、布局合理、设施齐备、豪华大方，具有现代化气息，给顾客提供方便、舒适、安全的经营环境。在业务洽谈处既要有体现和谐、友好气氛的洽谈场所，还必须具备现代化的电信、金融、交通等配套设施，以及安全、舒适的休息场所。在实物销售点既要有布局合理、整齐清洁的货架、货柜，有吸引顾客的商品陈列，又要有方便顾客挑选、购买、运输的各种便利条件及供顾客休息的场所。适应顾客需要的产品，热情周到的服务，加上现代化、文明化的经营环境，将会促使广大顾客反复光顾，促进产品的销售。

（二）经营方式文明化

企业经营方式随着社会的进步而日趋文明化、现代化。由单一的面对面的钱、货交易，发展到函件交易、电信交易、期货交易；由“货物出门、概不负责”发展到优质服务、讲求信誉；由单一的商品买卖，发展到咨询、培训、销货、运输、安装、维修一条龙的经营，促进了买卖关系的新发展。

（三）经营主体文明化

经营者作为经营的主体，是实现文明经商的重要因素。经营者要树立文明经商的观念，不仅要通过自身的努力促进经营环境、经营方式的文明化，而且要在经营中不断加强自身的文明化建设，实现自身的文明化。在商品经营中，经营者的文明化主要表现为：

（1）庄重的仪表。经营人员的衣着、化妆、行为举止都要做到庄重大方，给人以清新、和谐、亲切的感觉。只有这样，才可能取得顾客的信赖，进行有效的经营。

（2）规范的语言。经营者在与顾客交往中，既要尊重顾客，做到礼貌待人，学会运用各种礼貌语言，取得顾客的好感；又要针对顾客的购买心理，在接近顾客、推销洽谈、处理异议、达成交易等推销过程中，分别运用规范化语言和程序，促进商品的销售，赢得顾客的信赖。

（3）娴熟的业务技能。经营者必须熟悉自己所推销的商品，熟练掌握并不断提高商品经营中报价、示范、度量、包扎、收付款等业务技能，提高经营中的劳动效益，为顾客带来更大的方便。

四、保证满意

社会主义企业生产经营的最终目的，是要最大限度地满足人们日趋增长的物质文化生活的需要。企业经营中，要通过对顾客需要的最大满足，来实现顾客满意，取得顾客的信任、提高企业在顾客心目中的地位。保证满意主要是通过商品经营，保证顾客对商品、价格、经营方式及服务措施等方面都感到满意，成为企业的再次购买者和义务宣传员。企业经营要以保证满意作为推销准则。

（一）销售满意的商品

顾客对商品的需求，不仅注重内在功效，而且注重外观的色彩造型。企业要向顾客提供满意的商品，就必须在调查研究基础上，不断开发新产品、填空补缺，去满足顾客的求足之愿；同时，不断地改进老产品，按照不同顾客的需要，提供不同花色、不同式样、不同规格的产品，去满足各方面顾客的需要。只有以顾客为导向，在不断创新中满足顾客的现实需求和潜在需求，才可能达到保证满意的目的。

（二）制定满意的价格

消费者对不同商品有着不同的价格需求，不同消费者对同一类商品也可能有着不同的价格需求。消费者对于吸引力强、爱不释手的商品，首先考虑的是商品的质量，而将价格放在次要地位；对于名牌、珍奇的商品，则有人愿意付出高昂的代价；现阶段，一般消费者在购买日常用品时，却喜欢通过讨价还价，买到便宜的商品。企业在经营中要掌握好价格水平，一方面要设法引导顾客注重商品的使用价值，较高地估计商品的价值；另一方面，针对不同产品、不同的购买心理，运用不同的价格策略，以顾客愿意接受的价格出售企业的产品，使顾客高兴而来，满意而归。

（三）确定满意的经营方式

企业经营中，要充分了解目标顾客的购买习惯和购买特征，合理调整企业的经营时间；合理安排、布局企业的经销渠道、销售网点；合理制定产品销售的结算方式和交货方式。确定满意的经营方式，就是要方便顾客购买，使顾客在最合适的时间、最方便的地点，以最便利的方式买到他所需要的产品。

（四）提供满意的服务

顾客对销售服务的需求是多方面的，在购买商品前，希望企业提供真实、可靠、及时的信息、咨询、技术培训等服务；在购买商品中，希望达到便利购买，要求企业提供售货、包装、运输服务；购买商品后，希望企业提供使用技术指导、安装、维修、零配件供应及质量保证措施等售后服务。因此，企业经营中，要向顾客提供全方位的整体服务，使顾客做到慕名而来、满意购买、购后放心。

【推销实例 2.2】

世界最伟大的推销员的 250 人法则

《吉尼斯世界纪录大全》内记载的雄踞全世界推销轿车及卡车第一名的推销员是吉拉德，他之所以荣获此项荣誉，是因为他发现了 250 人法则，现将这条使他成为世界最伟大的推销员的法则介绍给各位。

吉拉德初做汽车推销员不久时，为参加朋友母亲的丧事，来到天主教的葬仪场。天主教的葬仪场分送印有已故人的名字并附有照片的卡片。吉拉德忽然有种疑问，于是去问葬仪社的职员："如何决定印几张卡片呢？"

"拿凭吊人的芳名录算算就知道了，一般来说，凭吊人的平均人数是 250 人。"

过了不久，一位经营新教葬仪店的人向他买车，办完卖车手续后，吉拉德便问顾客："参加凭吊的平均人数大约是多少？"

"大约有 2 5 0 人。"新教葬仪店的人说。

又过了几天，吉拉德和妻子参加朋友的结婚弥撒，他询问办理婚礼的组织者："参加结婚弥撒的人数大约是多少？"

"新娘及新郎方面大约各有 250 人。"

综合上述结果，吉拉德认为，一个人一生当中有来往的人大约是 250 人。

250 人，平日不常出门的人，也会认识那么多人吗？或许你会有此种疑问吧。实际上 250 人只是平均数字而已，大部分人认识 250 人以上。一星期中若会晤 50 人，其中有两人不满意你的态度，年终时便影响 5000 人以上的人不满意你的态度。从事汽车推销的人，得罪这么多顾客，那将会是怎样的后果呢？

假定有位顾客到店里来看车子，却被销售人员爱理不理的态度气走了。这位顾客回到公司时，同事们问他："有什么不愉快吗？""还不是××推销员气回来了。"如果他的同事中有想买车的人，他便会告诉那个同事："买车千万别到××推销员那里买，他的态度很恶劣。"

因此，绝不能使和你会谈的其中任何人中有一人不满意地离开，否则后果不堪设想。

人往往很容易说出自己要买的东西，别人一听，便会告诉要买东西的人，某物在某地某价格便可买到。

这些说的人当中若有一个对你不满意，那你的生意岂不是难做了，能在生意上替你宣传、为你大吹大擂的顾客，就是对你的推销工作有利的帮助者。

对顾客采取的行动，应当克服感情成分，不可乱发脾气。生意上，无论顾客是否“光看不买”，或是“令人讨厌”的类型，你都应当仔细思虑，这些人可能会是你生意的来源。

你若得罪一个顾客，那么坏名声便会很快传至250人的耳中。

第三节　推销要素

推销要素是指构成推销活动过程的内在基本因素，它包括推销人员、推销对象、推销品三个基本要素，是推销活动得以实现的必要因素。其中：推销人员和推销对象是商品推销活动的主体；推销品是商品推销活动的客体，是被推销人员所推销、被推销对象所接受的有形或无形的商品。

一、推销人员

推销人员指主动向推销对象销售商品的推销主体。这里主要指专门从事商业性推销的职业推销人员。推销人员的主要任务是通过走访顾客，了解顾客的困难与问题，为顾客提供服务，说服顾客购买企业的产品或劳务。因此，在推销活动中，推销人员要成功地推销产品或劳务，首先要成功地推销自己，使顾客在乐意接受推销人员的基础上接受推销。

推销人员作为企业与顾客间的纽带与桥梁，肩负着为企业销售商品或劳务、为顾客提供服务的双重任务。企业的营销离不开推销人员，顾客的购买也离不开推销人员。推销人员是推销活动的主体，其行为是否合理、有效，决定着推销过程的最终结果。他们不仅是推销活动的主动发起者，而且是整个推销过程的推动者和控制者，推销活动的最大特征在于推销人员主动满足客户的需求。

(一) 推销人员的基本素质

作为一名合格的推销人员，主要应该具备以下基本素质：

1. 思想素质

推销工作是一种创造性的劳动，同时也是一种艰苦的脑力和体力劳动，因此要求推销人员具有强烈的事业心、高度的责任感、坚强的意志和毅力。在推销活动中，任何事情都可能发生。如果一旦遇到困难，就灰心丧气，则推销任务将永远不可能完成。

(1) 强烈的事业心。作为推销员，应该热爱自己所从事的推销事业，有强烈的成就事业之心，并力争成为推销队伍中的尖兵；作为推销员，必须树立正确的推销观念，把满足顾客消费需求作为推销工作的起点，诚心诚意为顾客着想，全心全意为顾客服务，把推销商品与解决顾客的实际问题有机地协调起来；作为推销员，应摒弃推销工作中一切不正当的推销方法与手段，杜绝推销活动中弄虚作假、坑蒙拐骗、以次充好、见利忘义、损公肥私等手段；作为推销员，应该懂法、守法，遵循国家的政策法令，做到合法经营，不能以损害国家利益来换取个人的私利。

（2）高度的责任感。推销人员是企业的推销代表，是企业的代言人，推销人员的一言一行都关系到企业的声誉与形象，同时推销活动也是企业与顾客进行信息沟通的一种有效方式。因此，推销人员首先必须具有高度的责任感，千方百计、想方设法地完成企业的销售任务，这是推销人员的主要工作，只有完成企业的推销任务，才能算得上合格的推销员。其次，推销人员代表的是一个企业，除完成一定的推销任务外，也需要在推销活动中为企业树立良好的形象，与客户建立和保持良好的、融洽的关系，不能为了实现推销定额而以损害企业形象、信誉作为代价。推销任务即使不能完成，还能够依赖其他的促销方式弥补，但企业良好形象遭到践踏与损害，就不是一朝一夕的工夫可以重新建立起来，并获得客户信赖的。最后，推销人员的责任除了表现在完成销售定额与树立企业形象外，也表现在推销人员应向客户负责上，为了符合现代营销观念，推销给顾客的商品应该是真正满足其需求，能够为顾客排除困难、解决实际问题的产品，而把企业销售利润的实现作为顾客需求得以满足的“副产品”。因此，推销人员的责任具有双重性，一方面需要站在公司的角度，为完成销售目标与达成良好形象尽心尽力；另一方面推销人员是顾客的代言人，他们肩负着向生产者诉说和反映顾客意愿的任务，通过推销过程中的调研，把顾客意见反馈给生产者。从这个意义上说，销售人员不能把货款回收作为推销过程结束的标志，应该进一步了解顾客对产品的使用情况以及使用过程中出现的问题，并在较短的时间内排除这些问题。即使不能立即解决，也应提出必要的解决措施，如退款、更换、提供配件和维修等。总之，推销人员的责任体现在企业与客户两个方面，单方面地强调只向某一方负责而忽视另一方，都是不适宜的。作为合格的推销人员，应该明白在推销过程中发生的任何事情，不论是好事还是坏事，都负有不可推卸的全部责任。

2. 文化素质

推销工作是一项极富创造性与挑战性的工作，因而推销人员除需具备过硬的思想素质外，也要求具有较高的文化素质。推销人员被称为“推销工程师”也正因为如此。推销人员所接触的顾客成千上万，各种各样的心态都有，你必须在较短的时间内迅速做出判断，并确定推销的方式与技巧。尽管高的文化素质并不一定意味着有好的推销绩效，但具备丰富的文化知识，获得良好推销成果的可能性要大得多。国外的推销人员一般接受过高等教育，具有较高的素养。许多事例表明，推销人员是未来高层经理的必由之路。

推销人员的文化素质，主要表现在对以下几方面知识的掌握上：

（1）企业方面的知识。主要包括：企业创建的时期、发展的历程、经营的指导思想、有关的规章制度、惯例、营销的战略与策略等。推销人员有必要掌握企业创建与发展方面的背景材料，这样可以使你与顾客交谈时显得知识渊博，而且这些老顾客与企业交往多年，通常喜欢叙旧，有利于培养融洽的谈话氛围。另外，推销人员的头脑中时刻贮存着企业发展壮大的背景知识，也有利于培养推销人员对企业的自豪感与归属感，有利于在同顾客接触时集中精力，尽心尽力地做好推销工作，顾客也乐意与熟悉厂史的销售员做生意。

（2）产品方面的知识。作为称职的推销人员，首先应熟悉产品的生产流程与方法。当顾客因价格或发货时间提出责难时，推销人员就可以用自己所熟悉的产品生产流程，向顾客解释因为要经过很多的生产工序，比其他厂家的同类产品多了哪些工序或特殊处理，而价格略高一些；或因生产周期较长，所以发货就会稍迟一些。其次，应掌握产品的技术性能，包括构成产品的原材料是什么；推销品的性能数据，尤其是向工业用户推销工业品时；产品规格、型号、外观；产品的特色；能满足顾客什么样的用途等。最后，应掌握产品的使用与维修方面的技术与知识，推销一些顾客不常买且价格昂贵的产品时，通常要求销售人员亲自示范操作，并经常走访客户以了解使用情况，对一般性的技术问题应能及时排除。

(3) 市场方面的知识。推销人员应接受一定程度的教育，掌握必要的理论知识与实务技能，包括市场营销理论、市场营销调研的方法、推销方法与技巧等学科方面的知识，熟悉或了解有关市场方面的政策、法令和法规。

(4) 顾客方面的知识。推销人员还要懂得消费者心理与购买行为方面的知识，因此应掌握商业心理学、公共关系学、人际关系学、行为科学和社会学等方面的内容，以便分析顾客的购物心理，并据此运用合适的推销手段。

(5) 竞争方面的知识。要成功地实施推销，还必须掌握同行业竞争状况的信息，包括整个行业的产品供求状况，企业处于什么样的竞争地位，竞争品有哪些优点是本企业没有的，本企业产品有哪些优点是竞争者无法比拟的，竞争品的价格和销售策略等。

3. 身体素质

推销人员的推销工作既是一项复杂的脑力劳动，同时也是一项艰苦的体力劳动。推销人员的工作性质决定了推销人员必须有强健的身体方能胜任，健康的身体也是实施推销活动中一切策略的物质保证。推销人员必须经常外出旅行推销，在必要时还得携带样品、目录、说明书等；对于上门推销的推销人员来说还必须日夜兼程，劳动时间长，劳动强度大；对于工业品的推销，需要推销人员进行安装、操作、维修等较大强度的体力与脑力劳动；与客户接触的整个推销过程更是斗智斗勇，需要充沛的精力作保证。因此，推销人员仅具备过硬的思想素质与文化素质，没有强健的身体、旺盛的精力，则其推销设想与计划只不过是空中楼阁，永远都不可能实现，他也绝对不会成为出色的推销人员。

4. 心理素质

成功的推销人员都比较注重培养一种有利于达成交易的个人心理素养。实践也证明，有些人比较擅长做社交、公关与产品推销的工作，而有些人则擅长做细致的研究工作。推销活动是一种面向千百万人的工作，因而要求推销人员在心理方面具有以下几方面素质：

(1) 性格外向。一般来说，心理性格外向的人易于与他人接洽，也擅长辞令，易接受别人，别人也能较快地接受你，有利于向陌生顾客开展推销工作。而性格内向的人，不善社交与辞令，不容易与顾客接触，掌握的推销对象有限。对推销员来说，主要考虑的是顾客接触面的大小，而不是深交。因此，外向型性格的人比较适合于从事推销工作。

(2) 自信心强。作为一名推销员，应该有这样一种感觉："不管遇到多么大的困难，我都能解决，我都能对付，我都能完成任务。"这样一种感觉就是自信心，这种自信心是在不断获取经验、做事胸有成竹的过程中逐步建立起来的。初涉推销业时，由于根基太浅，尚未积累起足够的经验，不会有多少自信心。但在树立起自信心，才干也得到不断增长的过程中，也必须培养忍耐性和宽容心。

（3）良好的个性品格。作为推销员应履行自己的承诺，让顾客感觉到你确确实实是一个值得信赖的人。诚实、言行一致、不说大话，是推销员优良品格的最基本要求。

【推销实例 2.3】

李嘉诚的生意经

全球华人首富李嘉诚，最初只是一个茶楼的跑堂者，一个五金厂普通的推销员，而且只有初中教育背景；但是，他经过不懈的奋斗，成为商界的风云人物。成功的背后，究竟有什么秘密呢？我国香港一家媒体，曾经做出这样的评价："李嘉诚发迹的经过，其实是一个典型青年奋斗成功的励志式故事，一个年轻小伙子，赤手空拳，凭着一股干劲儿，勤俭好学，创立自己的事业王国。"不过，李嘉诚认为，自己事业有成的真正原因是"懂得做人的道理"。他多次说过这样的话："要想在商业上取得成功，首先要会做人，因为世情才是大学问。世界上每个人都精明，要令人家信服并喜欢和你交往，那才是最重要的。"早年，李嘉诚生产塑胶花，曾有一位外商希望大量订货。不过，对方有一个条件，必须有实力雄厚的厂家作担保。这对白手起家、没有任何背景的李嘉诚来说，无疑是一个严峻挑战。李嘉诚硬着头皮，上门求人为自己担保，最后磨破了嘴皮子，还是一无所获。看来生意要泡汤了，他只得对外商如实相告。外商被李嘉诚的诚实打动了："说实话，我本来不想做这笔生意了，但是你的坦白让我很欣慰。可以看出，你是一位诚实君子。诚信乃做人之道，也是经营之本。所以，我相信你，愿意和你签合约，不必用其他厂商作担保了。"不料，李嘉诚却拒绝了对方的好意，他说："您这么信任我，我非常感激！可是，因为资金有限，我确实无法完成您这么多的订货。所以，我还要遗憾地说，不能跟您签约。"这极富戏剧性的变化，让外商大为感慨，他没有想到，在"无商不奸、无奸不商"的商场里，还有李嘉诚这样的诚实君子。于是，外商当即决定，即使冒再大的风险，也要与这位诚实做人、品德过人的年轻人合作一把。最后，外商预付货款，帮助李嘉诚做成了这笔买卖。做一名成功的商人，有一个精明的头脑还远远不够，还必须在做人处世方面有过人之处。李嘉诚在商业上的成功，与其说来自精于计算，还不如说是做人的胜利，是他诚信待人、广结善缘的结果。李嘉诚能有今天的成就，首先是人缘好，在为人处世方面做得都很到位，能够拿捏好分寸，所以人人都信服他，喜欢和他交往、做生意。在李嘉诚看来，厚道做人，表里如一，讲求信誉，才能赢得合作伙伴和顾客的信赖。如果你的所作所为不能令人信服，那就无法建立信任，也就失去了信用，做生意就成为一句空话。

（二）推销人员的职业能力

一个推销员具有良好的素质固然重要，但如果缺乏搞好推销工作的真实本领，素质再好也无意义。所谓本领就是能力，推销人员所需要的能力是由其工作性质及任务所决定的。一般来说，推销人员应具备以下能力：

1. 观察能力

推销人员的观察能力，主要是指通过顾客的外部表现去了解顾客的购买心理的能力。人的任何行为表现都与内心活动有关联，反映着内心活动的一个侧面。顾客也是这样，推销人员可以从顾客的行为中发现许多反映顾客内心购买活动的信息。

提高观察能力必须从提高观察的质量入手。知识、方式和目的是影响观察质量的三个基本因素。知识是观察顾客、理解顾客的基础，推销人员所具有的知识越精深，那么对顾客的观察也就会越深入、越周全。例如，掌握心理学知识的推销人员就能较快地通过顾客的言行、情绪，了解到顾客的意图与需求。科学的观察方式，要求观察路线力求正确：先上后下、先表后里、先局部后全部、先个别后整体等；注意力的分布要合理，视觉和听觉要密切配合，观察与判断也要有机地结合起来。目的明确是观察取得效果的主要因素。若推销人员的目的明确，事先确定观察的任务和计划，在观察时，就能突出重点，抓住本质。

2. 创造能力

现代推销工作是一项具有高度智慧性的脑力劳动，是一种综合性工作，也是一种创造性工作。推销人员只有具有很强的创造能力，才能在激烈的市场竞争中出奇制胜。创造过程首先是自我斗争过程，要无所畏惧，相信自己的创造力，不因循守旧，看待问题客观公正，养成独立思考的习惯，不亦步亦趋。在推销活动中，推销人员只有创造性地运用各种促销方式，才能发展新顾客，开拓新市场。

3. 社交能力

推销人员应是开放型的，必须具有较强的社交能力。从某种意义上说，推销人员是企业的外交家，需要同各种顾客打交道。这就要求推销人员具备与各种各样顾客交往的能力，即善于与他人建立联系，相互沟通，取得信任，化解和处理各种矛盾，能在各种场合应付自如。为此，在推销活动中，应注意做好以下几点：待人热情诚恳，行为自然大方；能设身处地地站在顾客立场上考虑问题，体谅顾客的难处；有自制能力，能控制自己的感情，能沉着、冷静地处理问题；既有主见，又不刚愎自用。

4. 语言表达能力

语言是表达思想、交流信息的主要工具。优秀的推销人员应讲究语言艺术，善于启发顾客、说服顾客。良好的语言表达能力的修养标准是：清晰、准确、条理井然、重点突出；富于情感，使顾客听了感到温暖、亲切，能感染顾客；诚恳、逻辑性强，能说服顾客，增强信任感；生动形象、风趣幽默，能吸引顾客；文明礼貌、热情友善，能引起顾客由衷的好感，起到增进友谊的作用。

5. 应变能力

在各种复杂的特别是突如其来的情况下，推销人员仅用一种姿态或模式对待顾客是很难奏效的，这就要求推销人员具有灵活的应变能力，做到在不失原则的前提下，灵活实施应变行为，达到自己的目的。推销人员应思维敏捷、清晰，能够快速地分析和综合问题，能够及时察觉顾客需求的变化对推销效果的影响，并针对变化的情况，及时采取必要的推销对策。

综上所述，推销人员的素质及构成如表 2-1、表 2-2 所示。

表 2-1　　推销人员的素质与能力

素质与能力	具 体 体 现
思想道德素质	个人品质：诚实、正直、自信 良好的职业道德：对企业忠诚，对客户诚实，对竞争、竞标公平 强烈的事业心：敬业精神和高度的责任感、成就感 “五个千万”：过千山万水、进千家万户、尝千辛万苦、讲千言万语、想千方百计
业务素质	企业知识、产品知识、客户知识、法律知识、市场知识、推销基本功 职业地开拓客户、公关地接近客户、准确地判断客户、有效地解决客户问题和及时地促成客户交易
文化素质	专业知识、广泛兴趣、语言知识、个性及修养
生理和心理素质	强壮的体魄、端庄的外表、平衡的心态
基本能力	注意力与观察能力、学习能力、记忆能力、演示能力、社交能力、思维与推理能力、语言表达能力、核算能力、自我调控能力、决策能力、应变能力和适应能力、创新能力

表 2-2　　销售人员的整体素质构成

职业心态（50%）	人的素质（25%）	销售技巧（15%）	产品知识（10%）
理念 投入 需求 抗压能力 自我激励 个人愿望 热情 目的 自律 信心 创造力 同情心 自我改造	提问 倾听 沟通风格 心理水准 形体语言	敏感性 洞察力 销售演讲 说服能力 结账 销售预测 销售服务	特点 用途 使用方法 产品的优点 竞争知识 行业知识

【推销实例 2.4】

菲利普·科特勒论营销

在营销行业中，什么样的素质能使优秀的推销员脱颖而出？什么样的素质能使干练的推销员不同于那些平庸之辈？为此，盖洛普管理咨询公司对近 50 万名推销员进行了调查。研究表明，优秀的推销员有四方面的主要素质：内在动力、干练的作风、推销能力以及与客户建立良好业务关系的能力。

1. 内在动力

"不同的人有不同的动力——自尊心、幸福、金钱，你什么都可以列举，"一位专家说，"但是所有优秀的推销员都有一个共同点：有成为杰出之士的无尽动力。"这种强烈的内在动力可以通过锤炼和磨炼形成，但却不是能教会的。动力的源泉各不相同——有的受金钱的驱使，有的渴望得到承认，有的喜欢广泛的交际。盖洛普研究揭示了四种类型（竞争型、成就型、自我实现型或关系型），这四种人都是优秀的推销员，但有各自不同的源泉。竞争型的人不仅想要成功，而且渴望战胜对手——其他公司和其他推销员——的满足感。他们能站出来对一个同行说："你是本年度最佳推销员，我不是对你不恭，但我会与你一争高低的。"追求自我实现的推销员就是为了想体验一下获胜的荣耀。他们不论竞争如何，就想把自己的目标定得比能做到的要高。他们一般能成为最好的营销经理，因为他们只要能使自己的机构完成任务，对他人的成败与否看得不重。最后一种是善于交际型的推销员，他们的长处在于他们能与客户建立和发展好业务关系。他们为人慷慨、周到、做事尽力。"这样的推销员是非常难得的，"美能达公司商务部国内培训经理说，"我们需要那种能够耐心回答顾客可能提出的第十个问题的推销员，那种愿意和客户在一起的推销员。"

没有谁是单纯的竞争型、成就型、自我实现型或关系型推销员。多数优秀的推销员或多或少属于其中的某一种类型。"竞争型的推销员如果有一些关系意识，他可能除在照顾客户方面干得很好外，还能得到大笔业务。"盖洛普管理咨询公司主任认为，"对这样的人，谁还能苛求更多呢？"

2. 严谨的工作作风

不管他们的动机如何，如果销售人员组织不好，凝聚力不强，工作不尽力，他们就不能满足现在的客户越来越多的要求。优秀的推销员能坚持制订详细周密的计划，然后坚决执行。在推销工作中没有什么神奇的方法，有的只有严密的组织和勤奋的工作。"我们最棒的推销员从不拖拖拉拉，"一家小型物资贸易公司的总裁说，"如果他们说他们将在六个月做后续会面，那么你可以相信六个月之后他们肯定会到客户门前的。"优秀的推销员依靠的是勤奋的工作，而不是运气或雕虫小技。"有人说他们能碰到好运气，但那是因为他们早出晚归，有时为一项计划要工作到凌晨两点，或是在一天的工作快结束、人们都要离开办公室时还要与人商谈。"

3. 完成推销的能力

如果一个推销员不能让客户订货，其他技巧都是空谈。不能成交就称不上推销。那么，如何才能成为一名优秀的推销员呢？经理们和推销事务顾问们认为有一点很重要，即一种百折不挠、坚持到底的精神。他们其中有一位认为："优秀的推销员和优秀的运动员一样。他们不畏惧失败，直到最后一刻也不会放弃努力。"优秀的推销员失败率较低的原因就是他们对自己和推销的产品深信不疑。优秀的推销员非常自信，认为他们的决策是正确的。他们十分渴望做成交易——在法律和道德允许的范围内无论采用何种方法也要使交易成功。

4. 建立关系的能力

在当今的关系营销环境中，优秀的推销员最重要的一点就是成为解决客户问题的能手和与客户拉关系的行家。他们能本能地理解到客户的需求。如果你和营销主管谈谈，他们会这样向你描述优秀的推销员：全神贯注、有耐心、够周到、反应迅速、能听进话、十分真诚。优秀的推销员能够站在顾客的立场上，用客户的眼光看问题。当今的客户寻求的是业务伙伴，而不是打高尔夫的伙伴。"问题的根本在于，"达拉斯的一位推销顾问说，"要目的明确。优秀的推销员不是讨别人的喜欢，他们要的就是盈利。"他还补充道："优秀的推销员总是想到大事情，客户的业务将向何处发展，他们怎样才能帮上客户的忙。"

二、推销对象

推销对象又称顾客或购买者，是指接受推销人员推销的推销主体，包括各类顾客和购买决策人等。没有推销对象就不会有推销活动，推销对象是推销人员推销作用的目标，是说服的对象。从现代推销学的意义上讲，所谓顾客和购买人员，是指具有购买决策权或者具有影响购买决策力量并且直接参与购买过程的有关人员，包括各类采购人员、购买决策人以及其他方面的有关人员。购买者不仅包括年龄、教育水平、收入水平和性格各异的个人购买者，也包括不同规模、不同经营范围的中间商，它们为转卖或加工后转卖而购买商品，还包括各种各样的生产企业，它们为生产或管理的需要而购买生产设备、原材料和辅助材料。此外，各种非营利组织如政府机关、学校、社团等也属于购买者。所有上述个人和组织，都可能成为推销的对象。

在现代推销环境里，推销对象不仅以购买人员的身份参与推销过程，许多还以生产决策人的身份参与推销过程，成为名副其实的推销主体。现代企业都十分注意发展顾客关系。据美国某大学研究机构统计，最近几十年里，美国各公司制造出来的产品，尤其是尖端技术产品，有80%以上是在顾客的启发下或者完全根据用户的要求设计出来的。有些产品设计方案就是由用户提供的，生产人员变成了顾客的服务人员。总之，顾客在生产和推销活动中的地位和作用越来越重要。而随着推销环境的不断变化，购买活动本身的技术要求越来越高，各行各业的大批专家直接参与购买活动，制定购买决策，甚至直接参加推销面谈，选购推销品，形成一种专家购买的局面。这是对传统推销方式的挑战。

三、推销品

推销品是推销活动中的客体，是现代推销学的研究对象之一。所谓推销品，是指推销人员向被推销对象推销的各种有形与无形商品的总称，主要包括商品、服务和观念。事实上，这三者是密不可分的，推销产品、服务的同时，也在推销着一种观念。因而，商品的推销活动，是对有形商品与无形商品的推广过程，是向顾客推销某种物品使用价值的过程，是向顾客实施服务的过程，是向顾客宣传、倡议一种新观念的过程。作为推销活动的一个基本要素，推销品必然会影响推销活动的各个方面和环节，如推销品的性质、质量、技术性强弱、体积大小等，都关系到推销活动的具体方式、难易程度等。研究推销品的目的在于了解推销品，掌握推销品方面的有关知识。在实际商品交换过程中，不了解推销品的特性、用途乃至维修保养方面的知识，就无法胜任推销工作（见表2-3）。

商品推销的过程，是各推销要素之间的运动过程。推销人员通过向推销对象提供所需的推销品；推销对象通过洽谈和购买，从推销人员那里获取推销品；推销品要通过推销人员的作用，实现由推销人员向推销对象的转移。

表2-3　**推销品类型的特征比较**

类别＼特征	形态	市场的集中性	需求性质	买卖的复杂性	售后服务要求
工业品	有形	很集中	派生需求	很复杂	高
消费品	有形	分散	直接需求	一般	一般
批发品	有形	较集中	派生需求	较复杂	较高
零售品	有形	分散	直接需求	一般	一般
服务	无形	分散	直接需求	较复杂	较高

【本章小结】

推销观念是指企业和推销人员在推销实践活动中所遵循的指导思想，是推销人员对待推销活动中各种矛盾和现象的根本态度与思维导向。由于市场营销环境不断变化，推销观念也从以生产、销售为中心的传统推销观念向现代推销观念转变。主要经历了以生产为中心的推销观念、以销售为中心的推销观念、以消费者为中心的现代推销观念三个阶段。

现代推销观念认为，现代推销环境要求推销人员主动寻找顾客，了解顾客的需要，善于发现、挖掘买卖双方的共同利益，预先做好充分准备，想方设法去吸引顾客的注意，引起顾客的兴趣和购买欲望，直至成交。

现代推销观念是与现代推销活动有关的一系列思想观点的综合，具体内容包括：服务观念、教育观念、竞争观念、信息观念、环境观念、法律观念、系统观念、发展观念等。

推销准则是指商品推销活动的指导思想和基本准则。推销人员在推销活动中要遵循顾客导向、锐意创新、文明经商、保证满意等准则。

推销要素是指构成推销活动过程的内在基本因素，它包括推销人员、推销对象、推销品三个基本要素，是推销活动得以实现的必要因素。其中：推销人员和推销对象是商品推销活动的主体；推销品是商品推销活动的客体，是被推销人员所推销，被推销对象所接受的有形或无形的商品。

推销人员指主动向推销对象销售商品的推销主体，应具备较强的素质和职业能力。

推销对象又称顾客或购买者，是指接受推销人员推销的推销主体，包括各类顾客和购买决策人等。

推销品，是指推销人员向被推销对象推销的各种有形与无形商品的总称，主要包括商品、服务和观念。

【思考题】

1. 推销观念的演变经历了哪几个阶段？各阶段的本质特征是什么？
2. 举例说明什么是现代推销观念。它与传统推销观念有何本质区别？
3. 现代推销观念主要包括哪些内容？
4. 推销人员应具备哪些基本素质与能力？
5. 在现代社会，一个成功的推销人员在进行推销活动时应遵循哪些基本准则？
6. 推销要素主要有哪些？它们之间的关系如何？

【案例讨论 2.1】

致新展览中心是否需要销售人员

致新展览中心专门承办各种展览业务，如商品展览、房地产展览、艺术展览等，展览中心总经理罗致新正在观看刚制作完成的介绍公司各种业务以及展览会实景的 VCD，这套 VCD 制作精心，可以放映 6 个小时。罗总打算将有关展览会的介绍全部记录下来，一旦有顾客到公司洽谈业务，他们将得到一盘介绍致新公司以及各种展览会的 VCD，利用 VCD 他们就能观看每种展览会的明码标价。为方便顾客询价，致新公司还专门印刷了一本精美的价目表。

致新公司的财务经理方维成对罗总说："为什么我们需要销售人员呢？我们必须每月支付 3000 元给销售人员，但是大部分的时间他们并不直接与顾客打交道，只是在公司打电话，发发电子邮件或者 DM。"

罗致新非常仔细地考虑了方维成的建议，觉得他的话也很有道理，但是他不能想象没有销售人员的情景。

问题讨论：

1. 你认为致新展览中心是否需要销售人员？
2. 你将向罗致新提出什么建议？

【案例讨论 2.2】

陈阿姨特色馄饨连锁店会成功吗

陈阿姨其实已经是一个年近 60 岁的老太太，但是她性格开朗，看似只有 50 岁左右。做了三十多年的计量工作以后，陈阿姨在 50 岁那年退休了。退休以后，陈阿姨在一所大学的附近开设了一家餐馆。长期以来，陈阿姨一直有这样的意愿："如果你有美味可口且价格适中的菜肴，顾客就会来就餐。"刚开张的几年，由于陈阿姨尽心尽力地奉行其诺言，餐馆开得红红火火。然而，由于市政动迁，陈阿姨的餐馆被迫关闭了。重新选择地方开业时，考虑到普通餐馆缺乏竞争力，附近的同类型的小饭馆星罗棋布，所以陈阿姨在精心准备了一年以后改弦更张，开设了馄饨店。陈阿姨馄饨店的品种有数十种，如虾仁、蛋黄、干菜等特色馄饨。陈阿姨选择最新鲜的蔬菜、虾仁与精肉等制成馄饨馅；到专门的面制品工厂加工馄饨皮子，厚度与韧性都有专门标准。陈阿姨的馄饨汤料也很有特色，是她精心研制了两年后方才定下的配方。为了使自己的馄饨店更有特色，陈阿姨还做了两件事：一是经常到竞争者大张馄饨店去品尝他们的馄饨，回店后马上改进与创新；二是经常与品尝馄饨的顾客一起聊天，请他们提提建议与要求，尤其重视顾客的抱怨与不满。陈阿姨说："顾客对我抱怨，说明他们对我有信心，他们对我的期望值高，我必须马上改善。一旦有所改善，我不仅消除了顾客对我的不满，而且与竞争者拉开了距离。"由于陈阿姨的馄饨确实有特色，吃过其馄饨的顾客往往不仅自己重复光临馄饨店品尝，还会带来亲朋好友共同享用，或者带回家给家人品尝。一年后，陈阿姨又在一些大学与居民新村开设了 8 家特色馄饨连锁店。

问题讨论：

1. 你认为陈阿姨遵循了什么推销理念？
2. 陈阿姨是否选择了正确的目标市场？
3. 陈阿姨的馄饨连锁店是否会继续成功？
4. 陈阿姨若要持续发展的话需要注意什么？

第三章　推销程序与推销形式

【学习目标】

通过本章学习，要求掌握：

1. 推销人员承担的推销职能；
2. 了解推销活动的程序；
3. 掌握灵活多样的推销形式。

【内容摘要】

本章概括了寻找新的顾客、传递商品信息、销售企业商品、提供多种服务、反馈市场信息、协调买卖关系等推销职能；介绍了推销程序的基本过程、常用的推销形式和适用范围。

第一节　推销职能

现代推销以追求长远利益为目标，在达到推销产品的过程中，有必要帮助顾客解决困难、满足顾客各方面的需要。有效的推销应该发挥推销的多种职能，并协调各要素之间的关系，以顾客为导向，在满足顾客需要的同时实现推销商品的长远目标。

推销是一种活动，也是一个过程。这个过程，既包括卖者向买者传递信息的活动，又包括买者向卖者反馈信息的活动，从而构成卖者和买者之间信息的双向沟通。买卖双方的信息双向沟通过程也就是寻找新的顾客、传递商品信息、销售企业商品、提供多种服务、反馈市场信息、协调买卖关系等推销职能的体现，如图 3-1 所示。

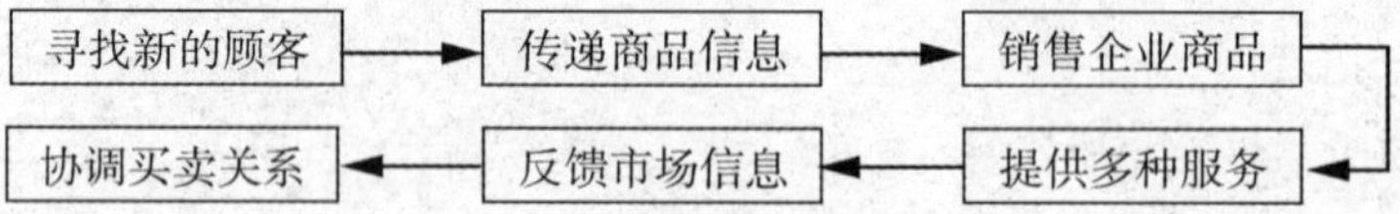

图 3-1　推销职能流程图

一、寻找新的顾客

顾客是企业生命的源泉，企业的发展离不开顾客的参与。为了保证企业持续稳定地发展，就必须积极寻找新的顾客，为企业注入新的血液，增强企业在市场上的竞争力。选择新顾客的步骤如下：

（一）寻找顾客渠道

不同的生产厂商或经销商应拥有各自的顾客来源渠道，这些渠道是多方面的，主要有：自已的公司；通过朋友的交情去找关系；活用各种名录；其他的推销员；与各种团体的协作；利用展示会；随意登门拜访等。推销人员要通过合适的渠道来寻找潜在顾客。

（二）选择顾客标准

推销人员在寻找到许多潜在顾客以后，要对顾客群做分析，并在此基础上进行筛选，从而寻找最有可能购买的顾客。选择顾客可采取系统筛选方法，即遵循“最佳决策”和“最小搜寻费用”原则，先确定目标顾客的主要取舍标准，由粗到细，把不合适的顾客尽早在搜寻过程中剔除，找出重点顾客，将主要精力集中在重点顾客身上，这一筛选的大致过程如表 3-1 所示。

表 3-1 目标顾客筛选模型

初选： 全部顾客	初选标准： 顾客的购买力	问题： 哪些顾客值得进一步分析
二选： 一般顾客	二选标准： 市场需求	问题： 哪些顾客有需求
三选： 种子顾客	三选标准： 购买决定	问题： 哪些顾客有购买的决定权
四选： 重点顾客	四选标准： 适合购买	问题： 哪些顾客适合购买

从表 3-1 的模型中我们可以看出，判定重点顾客的标准有四个方面：顾客是否有能力支付货款；顾客是否有购买商品或服务的欲望或需求；顾客是否有权决定购买；顾客是否适合购买。

（三）建立顾客管理模式

为了有效地进行推销，提高推销的成功率，还必须对重点顾客进行管理。顾客管理的业务流程一般分为三大步，即调查分析、顾客分析和顾客管理（见图 3-2）。

调查分析		顾客分析		顾客管理
1. 公司概况 2. 购买状况 3. 销售状况 4. 经营状况	→	1. 推销方针 2. 决定重点顾客 3. 推销活动方针 4. 设定交易限定额	→	1. 顾客管理 2. 搜集信息 3. 目标实绩的比较 4. 深入评价

图 3-2 目标顾客管理流程

1. 调查分析

这一步推销人员首先必须了解公司的基本概况，包括公司的名称、所在地、占地面积、主要股东、员工人数、主要设备、地理位置及交通运输等状况。同时也要对公司的领导层有所熟悉，为下一步分析做准备。其次推销人员要对公司的各项经营活动开展调查分析，内容包括购买、销售、经营等方面。对购买状况进行调查时，要求掌握购买过程、购买手段及购买频率、购买目的及习惯等。对销售状况的调查，主要是从中了解该公司的生产进度、主要的销售区域及市场占有率等。对经营状况调查时，应当对企业的经济动向、资金收益等情况及时了解并整理出对自己有效的信息。

2. 顾客分析

顾客管理的重中之重就是顾客分析，这一步做得好坏，可能直接影响到推销的实践。通过对上一步所得资料进行汇总分析，将顾客分成不同等级。对不同等级的顾客应当采用不同的方针，在决定出哪些属于重点顾客之后，选择正确而有效的推销活动方针，其重要性是不言而喻的。

3. 顾客管理

顾客管理是在顾客分析的基础上进行的，通过认真分析顾客的购买力、购买欲望、发展前途等问题，判断哪些顾客能发展成为长期顾客或重点顾客。在对顾客进行管理时，可以通过建立顾客档案，并制作一定格式的卡片来记录各种与顾客购买有关的信息，尤其是要了解顾客的意见和要求，以便及时采取对策或加强服务。

二、传递商品信息

市场上的商品成千上万，消费者选择的空间很大，因此，消费者对商品相关信息的要求也更多。消费者希望得到有效的信息来帮助他们比较、评价、选择满意且适用的商品。推销既然是以顾客为导向，当然就应当满足消费者对商品信息的需要，及时向消费者传递真实、可靠的商品信息。因此，要求传递信息的内容和传递方式要严格规范。

推销人员向顾客传递的商品信息应包括以下几部分：

（1）商品的一般信息。推销人员应当告知消费者商品的功效、性能、使用期限、品牌、商标等信息，从而有助于消费者的比较和选择。

（2）商品的地位和优势。推销人员需要向消费者宣传企业商品在同类商品中所处的地位及特殊功能，并针对不同重点顾客的不同需要，突出宣传所推销商品的某些特征，以激起消费者的爱好和兴趣，促使消费者作出购买决定。

（3）商品的发展信息。推销人员可以通过为消费者报道企业产品的发展动态，如新材料的运用、新产品的开发、老产品的改进等信息，而引导顾客改变购买习惯，愿意去购买企业的新产品。

（4）商品的经营信息。推销人员应当适应消费者的需求，将商品的销售价格、经营方式、服务措施等信息及时准确地传递给消费者，以便他们购买商品。

三、销售企业商品

推销的核心职能是：通过接近顾客、推销洽谈，进而与购买者达成交易，销售企业商品。销售企业的商品是一个过程，也是推销人员最关注的问题，如果推销人员能够按部就班做好每个步骤，那么这个问题也就简单多了。

（1）销售商品的前提是接近顾客。推销人员在正式接近顾客之前，应当分析重点顾客的有关资料，了解重点顾客的需求所在及需求特征，掌握其购买力和购买行为，以便积极、能动地刺激需求、创造需求，从而满足顾客需求。在充分掌握顾客资料的基础上，要有针对性地利用如介绍接近法、利益接近法、问题接近法、产品接近法、好奇接近法、表演接近法、求教接近法和调查接近法等方法来接近顾客。

（2）销售企业商品的关键是推销洽谈。推销过程中最重要的就是推销人员与顾客进行洽谈、交流。推销人员在接近顾客的时候，其实已经与顾客开始了洽谈的第一步。在适当的时候、适当的地点接近顾客是取得顾客好感并保证推销洽谈成功的基础。在洽谈的过程中，要通过信息传递，向顾客提供他所需要的信息，同时也要有针对性地就产品、价格、销售方式等敏感问题进行洽谈，本着互惠互利、共同满意的原则保证双方洽谈的成功。另外，推销人员应当学会处理好洽谈过程中出现的异议和矛盾，消除双方的误会，避免不必要的冲突。

（3）销售企业商品的手段是达成交易。推销人员的推销的目的就是为了达成交易，这也是推销洽谈的最后阶段。这一阶段要求推销人员不失时机地促成交易，达到销售企业商品的目的。在与消费者洽谈的过程中，推销人员要对顾客的反应作出灵敏的反应，适时报出商品的价格和一系列的优惠条件及商品的优势，使双方的交易成为可能。

四、提供多种服务

推销服务的内容很广泛，按照不同的分类方法，所划分出的服务类别也各有差异。目前常用的分类标准有四种，即按服务时间、形式、对象、性质等来分，如表 3-2 所示。

表 3-2 推销服务分类

类型	主要内容
服务时间	推销前、推销中、推销后
服务形式	定点服务、巡回服务、免费服务、收费服务
服务对象	对批发商、对零售商、对消费者个人
服务性质	技术性服务、非技术性服务

这里，我们主要从推销服务时间上的分类来讨论推销服务，即把推销分为推销前、推销中、推销后三类。

1. 推销前服务

推销前服务是指在正式推销工作开始之前的准备阶段，为重点顾客所提供的服务，主要包括：

（1）编制产品说明书。产品说明书是生产厂商向顾客提供的介绍本公司产品详细资料。一般包括产品的结构、工作原理、产品性能、技术参数、安装程序、使用方法、维修方法、故障排除、主要的设计图纸和零件一览表等内容，并附有产品外观图和结构图等。产品说明书的编制是很重要的，它是推销人员进行推销宣传的一种形式，同时也是顾客购买商品时的重要参考资料，还能辅助顾客安装、使用，所以一般公司都很注意编制的格式和内容，尽可能制作得精美一些。

（2）做好技术咨询服务。顾客在购买商品之前，应由推销人员向其提供各种有关技术方面的咨询服务。不同的顾客会就产品不同方面的技术指标向推销人员提问，这时推销人员应该耐心细致地为他们进行讲解，赢得消费者的好感与信任。在讲解的过程中也要本着实事求是的原则，也可实地勘察，热情周到地为顾客着想。推销人员通过示范或引导顾客去参与已购本公司产品的顾客的使用情况，为顾客当好技术参谋。

（3）搞好技术培训工作。搞好技术培训工作的主要任务就是：通过开办技术培训班、现场实习等方式，为顾客免费培训使用、维修等方面的技术。以前，生产厂商或经销商只重视推销后培训，实际上推销前培训比推销后培训更重要，这个工作做好了可以帮助顾客更好地了解和掌握本公司的产品，坚定购买信心，增强对生产厂商的信任感，在一定程度上也可以增加顾客对所购商品使用上的安全感。

（4）充分适应顾客的需要。推销人员在推销商品之前，应该充分了解重点顾客的某些特殊需要。因为每位顾客都有自己的特征，也有自己的特殊要求。推销人员可以根据掌握的资料，帮助顾客设计合适的型号和规格，也可代为选择实用的配套或附属设备等。

2. 推销中服务

推销中服务是指在推销商品的过程当中，由公司或推销人员为顾客所提供的服务，这些服务主要是为顾客在购买商品和运输方面提供方便条件。

（1）进行市场调查研究。推销中服务是推销员与顾客的接触过程，在此过程中，推销员可以利用好这个机会，主动征求顾客对商品、生产公司的意见和要求，做好记录以备日后推销时参考。同时，推销人员可以在推销活动的进行中了解顾客的想法，并及时提供服务，为顾客排忧解难，在以后的推销中可以为更多的顾客提供更好的服务。

（2）为顾客代办各种推销业务。推销人员可以在作推销说明的同时，为顾客代办合同、包装、托运等事项。了解到顾客在购买过程中的需要后，尽可能通过一系列代办活动为他们解决各种问题，以使顾客感到推销员所在公司的产品使用中的方便以及服务的周到，加强其信赖程度，提高商品的竞争力。

（3）建立顾客的信息卡。利用顾客的信息卡积累顾客的各种资料，可以更好地加强和顾客的联系，做好各项服务工作。信息卡可在顾客购买商品或签订订货合同时填写。填写的内容一般有顾客的名称、通信地址、电报挂号、结算银行及账号、订货人姓名、规格型号、需要量、购买日期、其他特殊要求等。信息卡可以帮助推销人员有针对性地为顾客服务。

3. 推销后服务

推销后服务，就是在顾客购买了商品后，公司向顾客提供的各种服务。推销人员促成交易后，并不意味着推销活动的终结，售后服务在销售商品的过程中占有重要地位。推销产品交到消费者手中，公司能否继续为顾客服务、信守承诺是生产厂商或经销商信誉的反映。推销后服务主要包括以下内容：

（1）执行合同，按时交货、发运。推销员在与顾客达成交易后，就应该严格按照合同的要求，保证商品按时、按地、按质、按量地交货、发货。如果向消费者承诺在一定时间内交货，那么无论有多麻烦，都要在规定的时间内送货到消费者手中。而有的实在不具备送货条件的商家，则可以用向消费者贴补运费的方法来促销。

（2）进行安装、调试服务。对于面向个人消费者的一些商品，如空调、热水器、家用电脑等商品，安装、调试已经成为商家销售中必不可少的环节。对于工业消费品，尤其是一些大型精密设备或某些结构较复杂的机器，这些产品的安装技术都要求较高，生产厂商或经销商应该负责为顾客安装、调试，保证消费者能够及时投入使用，发挥商品的效用。

（3）售后跟踪服务。为了扩大销售，商家应当在为消费者进行售后跟踪服务的过程中，赢得顾客信任，并由此扩大商品的销售区域，使得商品有更多、更广的销售途径和范围。具体做法包括：定期或不定期地访问顾客，了解或检查商品的使用情况，帮助顾客进行维修保养，更换易损部件等，并利用机会向顾客宣传本公司的最新产品，激发顾客购买欲望。而且经常上门服务，加强了顾客与推销员之间的交流，也能在一定程度上增加顾客的忠诚度，更有利于商品的销售。

（4）“包式”服务。商家在与顾客达成交易后，可以通过实行如包送、包退、包换、包修、包赔、包培训等一系列“包式”服务，增加顾客的满意度，减少顾客由于某些因素而滋生不满情绪的概率。这样就可以在服务中提高推销活动的知名度和美誉度，以此来巩固与老顾客之间的联系并吸引更多新顾客。

（5）做好索赔处理。推销的过程并不因商品销售出去而告终，有的顾客可能会对到手的商品有一些不满或者意见。这时推销人员不能对顾客的意见无动于衷，更不能因为商品已经卖出而不认账，推销人员应该认真对待顾客的意见，尤其是对于商品质量方面出现的问题要重视，及时进行索赔处理。只有做好这一步，推销的工作才能继续下去，以自身的信用来保证下次推销的顺利进展，使顾客对公司产品及服务有真正的满意，扩大顾客源。

【推销实例 3.1】

当你在东南某城市要购买商品时，人们会介绍你去阳光商场，这是什么原因呢？因为在阳光商场购买商品可退可换，十分方便。

然而在几年前，阳光商场发生了这么一件事：一位顾客购买了一对热水瓶，后来感到图案不够称心，第二天到商场想调换一下，却遭到营业员的拒绝甚至白眼，这位顾客一气之下，砸了热水瓶，并写信给商场经理，发誓再也不到该商场购买任何商品了。阳光商场管理层抓住这一事件，进行了广泛的讨论，而后在东南地区率先实行了退、换商品制度。大到万元的高档家电，小到几分钱的针头线脑，只要顾客说明原因，均可退换。对于退货后获得顾客表扬的营业员将受到嘉奖。在退、换商品的措施上更是灵活多样，可退、可换、可修、可赔、可代卖、可打折买或卖，等等。退一次货，虽然少了一笔交易，却多了一份信誉，退一引十，生意更加红火。

阳光公司之所以能有现在这么好的生意，完全出自他们对于顾客的退货要求百分百满足，给予顾客更多的选择空间，把推销后服务真正地做到家。

五、反馈市场信息

推销是一个双向沟通的过程，表现在推销人员要将有关商品及企业的信息传递给购买者，同时也要将购买者的需求、购买状况、市场竞争状况、产品的使用状况等信息反馈给商家。推销人员就好像是企业通往市场的桥梁，他们能够为企业搜集各种有用的信息，及时将市场信息传递给企业。推销人员作为企业的情报员，向企业反馈的信息主要有以下几个方面：

1. 市场需求信息

（1）现有市场的需求量、销售量、供求平衡状况；

（2）所推销商品在市场上的最大潜在需求量；

（3）不同细分市场的需求状况及发展趋势；

（4）本企业在市场上及各细分市场的绝对市场占有率和相对市场占有率；

（5）企业及同行业竞争者在市场上的地位、作用及优劣势之间的比较；

（6）国内、国际市场的需求变化和发展趋势等。

2. 购买者信息

（1）现有购买者和潜在购买者的特征、经济状况及其变动情况；

（2）不同民族、不同地区的购买者的消费习俗和需求特征；

（3）购买者的购买动机、购买习惯、购买方式、购买频率及购买数量等；

（4）购买者对品牌、商标、购买场所的偏好及原因；

（5）购买者对新产品的反应及其对企业的意见与要求等。

3. 企业商品经营信息

企业在经营的过程中，采取各种不同的营销策略会产生不同的经营效果，包括产品包装的改变、价格的改变、促销方式的改变、销售渠道的改变等策略的实施所带来的销售状况的变化，推销人员应将这部分信息向企业管理者反映，以便他们做出更有效的策略。

4. 竞争者的信息

（1）竞争者的4p运用情况及变化趋势；

（2）目标市场状况及变动趋势；

（3）竞争者市场占有率的变化。

六、协调买卖关系

买卖关系的主体是企业和消费者，而推销人员则是连接企业和消费者的纽带。推销人员不仅要把企业商品、经营等信息提供给消费者，还要将与消费者接触过程中获得的信息传递给企业。他们在消费者心中是企业形象的代表，推销人员的一言一行都会对企业的声誉造成影响，因此，推销人员应当在推销的过程中，积极地担当好企业代表这一重任，努力协调好企业与顾客之间的关系，提升企业在消费者心中的形象，使消费者心甘情愿地购买企业的商品。推销人员协调买卖双方的关系可以从以下两个方面入手：

1. 处理顾客异议

在推销过程中，顾客对推销品、推销人员、推销方式及交易条件产生怀疑、抱怨，提出否定或反面意见，既是常见的又是正常的。正确对待和恰当处理顾客异议，是推销人员必须具备的素养和基本功。

顾客产生异议的原因可从两方面来看：顾客方面，可能是因为没有认识自己的需要，也可能是因为忠于以前的品牌，还可能由于其他顾客的影响等；推销者方面，可能有产品质量、价格等方面的原因，也可能有推销方式、服务等方面的原因。

推销人员应该认真分析顾客异议产生的原因及异议的内容，本着尊重顾客、永不争辩、维护顾客自尊、强调顾客受益等原则，有针对性地采用有效化解价格异议、货源异议、时机异议等方面的策略，用最快的速度恰当处理并化解顾客异议。当然，推销人员可以根据自己与顾客交往的经验，运用灵活巧妙的方法化干戈为玉帛，改变顾客观念，减少产生异议的最初动因。

2. 确保商品的有效供给

推销人员积极推销商品，企业生产部门也在不断提高劳动生产率，力争可以为消费者提供更多的商品。但是企业不可避免会出现产品供不应求的状况，在这种情况下，市场上严重缺货，推销人员无货可销时，推销人员要及时平衡双方关系。对顾客要进行安抚，向他们解释缺货的原因，告知企业补救缺货的计划以安定人心；对企业可以根据自己的销售经验向企业管理层提出物资分配的建议，将供应不足的货物合理地分配给急需的顾客。尽量减少双方因供需不平衡而产生的矛盾。

第二节　推 销 程 序

推销工程作为一种系统工程活动，有着严格的活动程序。按推销程序开展推销活动，可以确保推销工作的可行性、合理性，提高成功率。完整的推销过程包括：寻找潜在顾客、顾客资格审查、约见、接近顾客、推销洽谈、处理顾客异议、达成交易、售后服务、信息反馈等具体步骤（见图 3-3）。

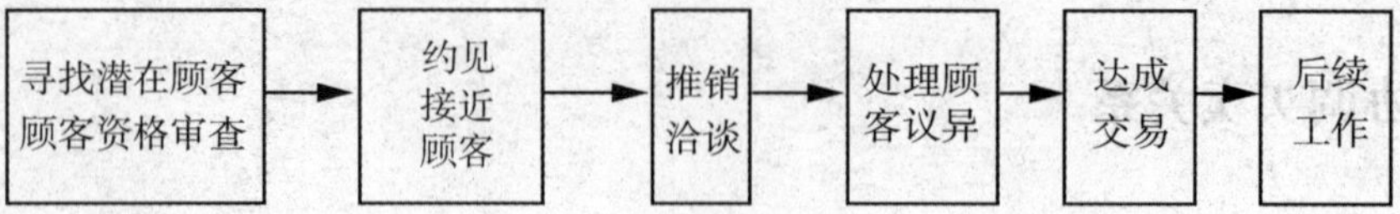

图 3-3　推销程序图

一、寻找潜在顾客

寻找潜在顾客是推销工作的第一步，它是指寻找有可能成为潜在购买者的顾客。这里所说的潜在顾客既具备一定购买能力，又具有购买决策权，并且还应当具有购买动机和欲望。同时具备上述三个条件的人，才能称为潜在顾客。推销人员从事推销首先应该明确向谁推销。

（1）普访法。普访法又称地毯法、逐户寻找法，是推销员在任务范围内或特定地区内，用上门探访的形式，对预定的可能成为顾客的单位、组织、家庭乃至个人无一遗漏地进行寻找并确定顾客的方法。它遵循“平均法则”的原理，即认为在被访问的所有对象中，必定有推销人员所要寻找的顾客，而且分布均匀，顾客的数量与被访问的对象成正比。因此，只要对范围内的可能对象无一遗漏地寻找查访，就一定可以找到。在进行普访法寻找的过程中应注意两点：一是要进行必要的推销工程可行性研究，从而确定一个比较可行的对象范围或地区范围，以减少盲目性。二是要在总结以前经验的基础上，多设计几种谈话的方案与策略。尤其要注意好第一句话的说法和第一个动作的表现方法，以减少被拒绝的可能性。

（2）介绍法。介绍法也称连锁介绍法或无限介绍法，是指推销人员请求现有顾客介绍他认为有可能购买产品的潜在顾客的方法。介绍内容一般为提供名单及简单情况。介绍方法有名片介绍、信函介绍、电话介绍、口头介绍等。而介绍法所依据的原理是相关法则。因为世界上的万事万物都是普遍联系着的，所以事物间都存在着相关关系，这种有相关关系的事物有时会存在着相同的需求或者彼此了解。所以，推销人员完全可以在找到一个顾客以后，通过这个顾客找到与他有联系的、可能具有相同需求特点的其他顾客。应用此法时应该注意以下几点：首先，应该取信于现有顾客。其次，对现有顾客介绍的未来顾客，推销人员也同样需要进行可行性研究与必要的准备。再次，推销人员应该尽可能多地从现有顾客的手中了解关于新顾客的情况，知道得越详尽越好。最后，在推销人员访问过新顾客后，应该及时向现有顾客介绍和汇报情况。一方面是对现有顾客的介绍表示感谢，另一方面是可以继续争取现有顾客的支持与合作。

（3）委托助手法。委托助手法也称推销助手法或猎犬法。这是推销人员通过委托有关人士来寻找潜在顾客的方法。由于所委托的人士分布广泛，而且他们对本行业、本地区的情况以及当地顾客的消费需求和市场行情十分熟悉，所以他们可以很容易地找到大批的潜在顾客，并且提供准确的市场信息，为企业开辟新市场。委托助手法的依据是经济学的最小最大法原则。即利用最小的成本，获得最大的利润。利用委托助手法时，推销人员要注意以下几点：首先，要注意对推销助手的挑选与聘用。可从推销助手所从事行业的特点、职务权限与业务范围以及他的业务能力、社交范围、知识范围等方面来进行判定和挑选。其次，对所选推销助手要进行专业化的培训，从而提高他们的知识和提高收集传递信息的能力。最后，推销人员应该与其助手建立有效的沟通，并采取适当的激励措施来调动他们的积极性。

（4）广告开拓法。广告开拓法是指推销人员利用广告等促销手段，直接向广大消费者告知有关产品推销的消息，刺激与诱导消费者购买。然后，推销人员再向那些被广告所吸引的顾客进行推销活动。广告开拓法所依据的原理是广告学原理。广告学原理说明：利用现代通信手段，能更快、更形象、更真实、更具艺术感染力地向覆盖区域内的视听观众传达产品推销信息，所需支付的单位视听观众费用会更少，效果更好，更符合部分目标市场消费者收集信息的习惯。推销人员只与那些接受广告后自动上门咨询的顾客洽谈，推销效果自然会更好。广告开拓法所需注意事项：因为广告已经成为一门专业性很强的学科与职业，所以对于怎样确定广告主题，怎样选择广告媒体，怎样确定广告播出的时间，怎样确定与实现广告占位策略，广告费用的提取与分配等问题，在做好目标顾客的市场调查后，最好聘请广告专业人士咨询与管理，或者委托广告公司全权代理。

（5）资料查阅法。资料查阅法又称间接市场调查法，即通过查阅各种现有的信息资料来获取顾客的方法。资料查阅法的依据是利用他人或机构内已经存在的可提供线索的资料，可以很快了解到大致的市场行情和潜在顾客的分布情况的资料。总之，在信息时代的今天，我国各类信息资料的收集有了长足进展，而且各种资料门类开始齐全、内容丰富、传播及时准确，这些为推销人员采用资料查阅法提供了极大的方便。当然在实施此种方法时，推销人员还是要注意要对资料的来源与资料的提供者进行分析，以确认资料与信息的可靠性，同时还要注意资料的时效性与完整性。

不过以上所述五种寻找潜在顾客的方法都有优缺点，其比较如表 3-3 所示。

表 3-3 **各种寻找法之间的比较**

比较 寻找方法	优点	缺点
普访法	在推销的同时可了解市场、顾客、社会；销员能得到充分的锻炼	费时费力； 有较大的盲目性
介绍法	避免盲目性，可较容易赢得新顾客的信任，是最好的顾客寻觅法	推销人员地位被取代；很多情况将无法预料，使得推销计划被打乱
委托助手法	可节省大量时间、精力与费用，工作效率高；掌握更多信息，有利于开拓新市场	推销助手难以寻觅；推销人员无主动权；有很强的沟通能力才能合作；业秘密易于被泄密
广告开拓法	信息传递快，覆盖面广，费用少，效果好	高质量广告制作困难，费用越来越高，广告效果测评困难
资料查阅法	以较小的代价获得较准确的资料	时效性差、费时间

二、顾客资格审查

通过对潜在顾客的寻找，推销人员也许会获得一些用户及个人的名单。但确定名单中的人哪些值得花时间和精力进行接触与拜访，是制订推销计划的一个关键性因素。推销人员只有去拜访那些有较大可能性成为推销产品买主的潜在顾客，才能提高推销工作的效益。因此，在开始实际的推销约见与谈判前，应进行顾客资格的审查工作。其审查的内容、方法主要有三种。

(1) 购买需求审查。购买需求审查在于确定推销对象名单上的具体对象是否真正需要推销人员所推销的产品。因为，推销人员应该向顾客推销他们需要的而不是不需要的产品。

(2) 顾客支付能力审查。在市场交易过程中，有些人的潜在的需求，并不等于市场的购买需求，更不等于现实的购买行为。只有那些具有支付能力的购买需求才能构成现实的市场购买需求与实际的购买行为。有需求而没有支付能力的顾客是不合格的顾客，不能纳入推销计划当中。进行顾客支付能力审查还可以打击商业诈骗活动，防止欠账、呆账与坏账的出现；可以提高推销工作的经济效益并有效避免损失。

(3) 购买人资格审查。购买人资格审查的目的有两点：一是寻找与确定真正有购买兴趣的顾客；二是使推销人员能直接面向有购买行为决策权的人开展推销活动。因为，推销要成功必须建立在三个要素上，即：有需求的购买者、有支付能力的购买者、有兴趣而且有决策权力的购买者。三个条件缺一不可，没有购买行为决策权的购买者不能形成真正的购买行为。

三、约见

(1) 约见前的准备。约见前的准备，其实质是顾客资格审查的继续。因为在顾客资格审查工作后，推销人员手中就有了一份较可靠的潜在顾客名单。但推销人员还不能立即与名单上的潜在顾客见面，必须有一个约见前的准备阶段。约见前的准备有利于进一步审查顾客资格；有利于设计与确定约见顾客的策略；有利于推销人员制订面谈推销计划。准备工作越充分，推销人员的信心就越足。

(2) 约见。约见是推销人员征求顾客同意接见洽谈的过程。当推销人员做了必要的准备后，即可以约见顾客。约见是推销接近的开始，能否成功地接近顾客是推销成功的一个先决条件。推销人员不可以轻视约见工作，它是推销工程中不可缺少的一环，它在推销前的准备工作与直接的面谈推销中，起到了承上启下的作用。通过约见，有利于推销人员成功接近顾客；有利于推销人员顺利地开展推销面谈；有利于推销人员客观地进行推销预测；有利于推销人员合理地利用时间，提高推销计划的实施性。

约见的内容主要包括：①确定访问对象。②确定访问事由。③确定访问时间。④确定访问地点。

约见的方法主要包括：①面约。即推销人员与顾客当面确定再见面的时间、地点、方式等。②函约。即推销人员利用各种信函来约见顾客。③电约。即推销人员利用电话、电报、电传等，与顾客约见。④托约。即推销人员委托第二者代为约见。⑤广约。即利用大众传播媒介把约见的目的、内容、要求、时间、地点等广而告之，到时推销人员在告知地点约见顾客。

四、接近顾客

接近顾客是推销人员正式接触推销对象的一个步骤，是正式开展推销面谈的前奏。接近顾客的目的与任务是让顾客认识并注意推销人员，注意到推销人员推销的产品。同时推销人员也可以从接近顾客中了解到更多的关于顾客消费需求的特性，为下一步洽谈做准备。

推销人员接近顾客的方法有：

（1）介绍接近法。包括自我介绍法和他人介绍法。

（2）产品接近法。利用推销的产品来吸引顾客的注意与兴趣。

（3）利益接近法。指推销员简要向顾客说明推销能给顾客带来的实质性的利益，从而达到接近顾客的目的。

（4）好奇接近法。推销人员利用顾客的好奇心理达到接近目的。

（5）震惊接近法。推销人员利用某种令顾客吃惊的或者震撼人心的事物来引起顾客注意与兴趣，从而使见面转入推销洽谈。

（6）戏剧化接近法。也称马戏接近法、表演接近法。

（7）讨论接近法。推销人员直接向顾客提出问题并引发讨论来吸引顾客注意，从而开始洽谈。

（8）调查接近法。推销人员假借调查研究的机会接近顾客。

（9）赞美接近法。推销人员利用顾客的求荣心理，通过赞美拉近与顾客之间的距离。

（10）求教接近法。推销人员利用向顾客请教问题的机会博得好感，并达到接近目的。

（11）馈赠接近法。推销人员利用赠品来引发顾客好感与注意，从而接近顾客的方法。

（12）聊天接近法。推销人员利用各种机会主动与顾客打招呼聊天，并由此转入推销面谈。

（13）其他。

五、推销洽谈

推销洽谈是推销过程中的一个重要环节。推销洽谈又叫面谈，是推销人员利用各种方式、方法去说服顾客购买的过程。推销洽谈也是一个双向交流与沟通的过程。推销洽谈的方法有：

1. 提示法

提示法又分为直接提示法、明星提示法、间接提示法、建议提示法、积极提示法、消极提示法、逻辑提示法、行动提示法等。各种提示法的对比如表3-4所示。

表3-4　　各种推销洽谈提示法比较

方法	定义	优点	缺点
直接提示法	直接劝说	节省时间；效率高；运用广泛	不能充分考虑顾客的个性需求，容易产生异议
明星提示法	借助有名望的人来劝说	明星效应	明星选择不当将产生副作用
间接提示法	运用间接的方法劝说	使顾客感到轻松、合理，减少了顾客的心理压力	不易控制面谈过程，费时间
建议提示法	建议顾客立即采取购买行为	往往能使顾客产生购买冲动	对于性格内向的、自尊心强的、个性强的顾客不适合
积极提示法	用积极的语言或其他积极的方式劝说	可引起顾客的注意，并参与到讨论中来	会引起有逆向思维的那些顾客的反感
消极提示法	采用消极的、不愉快的，甚至反面的语言及方法进行劝说	对敏感的顾客很起作用	对反应迟钝的顾客没有效果
逻辑提示法	运用逻辑推理来劝说	对理智型顾客能起到很好的效果	对倾向于情感型、惠顾型的顾客不适宜
行动提示法	不用语言而是用行动的形式提示，如“哑巴卖刀”	能吸引顾客的注意力，有很强的说服力	如果提示动作不自然，太夸大，容易让人认为是一种骗人的把戏

2. 演示法

（1）产品演示法。产品演示法是指推销人员通过向顾客直接展示产品本身来劝说顾客购买的面谈方法。正所谓百闻不如一见，推销产品本身就是一个沉默的真实的“推销员”，所以推销员利用这个好帮手，可以很快地刺激顾客的感官，在顾客头脑中产生生动形象，使顾客在一个真实可靠的推销情景中接受推销产品，因而产品演示法具有较好的推销效果。

（2）图片与文字演示法。图片与文字演示法是推销人员展示用以赞美与介绍产品的有关图片、文字等来劝说顾客进行购买的方式。在不能与不便直接展示产品的情况下，推销人员通过图片与文字等，能更生动、形象与真实可靠地向顾客介绍产品。当然如果能做到图文并茂，那么推销的效果会更好。

（3）证明演示法。证明演示法是指推销人员通过演示有关证明资料劝说顾客购买的方法。取信于顾客是现代推销的关键。而证明资料则通过对推销产品的证明而使顾客信服。因此证明演示法是几乎所有推销洽谈都要使用的面谈方法。

3. 其他推销洽谈方法

推销洽谈的方法很多，现代科学技术的发展，使推销的提示与演示方法如雨后春笋般层出不穷。例如，电视、广播、电影、网络等的发展为推销洽谈创造了很多现代化的演示方法。

六、处理顾客异议

美国一位著名科学家说过：“全世界的失败，有25%只要继续下去就可以成功，成功的最大阻碍是放弃。”推销工作也是如此。从某种角度来说：推销人员的成功都是从遭受拒绝开始的，遭受拒绝是成功推销之母。所以，推销人员应该认识到：顾客提出异议是很正常的，要把顾客的异议看成是推销的真正开始，要针对顾客异议的类型，制定灵活的处理策略。

顾客异议的类型主要包括：需求异议、财力异议、权力异议、价格异议、产品异议、购买时间异议等。

针对上述异议，推销人员应该采取一定的策略。常见的策略有：欢迎顾客提出异议；避免与顾客争吵和冒犯顾客；向顾客提供有关证据等。

七、达成交易

达成交易是推销过程中的成果和目的，这显然是推销活动中最重要的一个环节。达成交易即顾客接受了推销人员的意见和建议并同意购买。只有成功地达成交易，才算是完成了一次真正成功的推销。在推销活动过程中，推销人员在正确处理顾客的异议时，要说服顾客购买，并帮助他们完成一定的购买手续。

八、售后服务

达成交易后并不是就万事大吉了，它也并不代表推销过程的结束。售后服务同样也是推销过程中不可或缺的内容。成交以及收款、交货后，售货方能否兑现其他承诺，使得顾客满意，这些方面都能比较好地反映一个企业的信誉。所以售后服务关系到企业声誉，千万不可掉以轻心。这也是商家留住老顾客、实行关系营销的关键。

九、信息反馈

推销人员在推销的过程中，不仅要搞好售后服务，进行推销工作的检查与总结，还必须经常与顾客保持联系，以便不断从顾客那里收集需求信息与反馈信息。推销人员要及时反馈信息，因为这样有利于企业不断修订和完善企业的各种决策，如产品决策、服务决策等，从而可以更好地满足顾客的各种需求，适应这个瞬息万变的市场。

十、各推销环节的关系

推销的各个环节，就单一的一项推销业务而言，是一个递进的过程，但是就整个推销工作而言，各环节是互相依存、互相渗透的关系。

（1）推销各个环节的工作，不仅是继起的，而且是并存的。正是因为这样，推销工作的各个环节，都需要团队合作精神，推销成功是各个方面精诚合作的结果。如需要专人收集资料，以便为寻找顾客、作访问准备、向生产部门和企业管理层反馈信息等提供依据。约见顾客、接近顾客、推销洽谈和达成交易，是有专门的推销人员负责的，这样也有利于他们不断提升自身的能力，为以后的工作积累更多的经验。售后服务也更需要有专设和特约的维修站点，从而方便顾客，同时也有利于增强顾客的购买信心。总之各个部门的专人都必须在积极友好的合作关系中共同完成推销任务。

（2）推销各环节的工作是互相渗透和交织的。信息收集是贯穿于推销全过程的任务。不仅寻找顾客、顾客资格审查需要收集和利用信息，而且约见、洽谈、交易、售后服务等过程也是收集信息的过程。例如在约见、推销洽谈中，推销人员通过与顾客的交往，可以获得真实、可靠的第一手资料；交易和售后服务的记录中，也反映了顾客需求和特殊爱好等翔实的资料，而且产品存在哪些方面的问题也一目了然。约见和推销洽谈的过程，不仅是对推销计划和方案的实施，而且是对推销计划与方案的检验，也是重订或修订计划和方案的依据。一次成交，以至兑现承诺、搞好售后服务，既是这一次推销的结果，也是下一次推销的起点。顾客在成交后，特别是在使用中获得利益，对售后服务的满意，是他们以后重复购买的原动力。

【推销实例 3.2】

销售的自我探索

顺德特种变压器厂是红岗工业区的佼佼者之一，被誉为“南粤第一家”。

顺德厂依靠高素质的人才和群体的智慧，从联邦德国、瑞士引进先进的设备和技术，注重消化和吸收，在生产作业中，严格把关，开发出了几百个规格的变压器，满足了国内外用户的各种需求，产品绝缘水平高于国际标准。

顺德厂的特征是“四新”：厂子新、产品新、市场新、销售人员新。面对竞争激烈的市场，该厂以市场为导向，以技术进步为依托，以质量为主导，以提高经济效益为中心，一手抓生产，一手抓管理、求效益。

顺德的领导班子认为，销售工作的对象是人不是物，推销品是物，推销对象是人。要搞好销售工作，必须要求推销人员有理、有利、有力、有节地去宣传企业，宣传产品，宣传自我，把产品的推销过程当作推广企业形象的过程。

重视售前售后服务，是这个厂推销工作的一大特点，服务工作涉及方方面面，对顺德厂来说，核心是技术服务，这就要求推销人员既要懂专业技术又要了解顾客需求，与用户有共同的语言，帮助顾客对推销品树立足够的信心。该厂选用 24 位推销人员，大专毕业的占大多数，思想技术、身体素质都属上乘，成为企业形象推广的一支精干队伍。

该厂利用多种机会，捕捉瞬息万变的市场信息，向社会传播企业产品的信息。他们先后在沈阳、武汉、长沙、海口、天津、昆明等大城市召开产品发布会，在中央电视台“经济半小时”节目中宣传企业和产品，均取得良好的效果。

面对强手如林的竞争性市场，该厂注意摆正自己的位置。一次，一位推销员无意中把自己的产品与另一家同行厂家比较，引起了一场误会，厂领导随即带领一班人分赴全国各地，向同行厂家征求意见，同行中的“老大哥”厂家都称赞顺德这个“小弟弟”不愧为后起之秀。

可靠的质量、成功的推销、周到的服务，使顺德的产品遍布全国，以至远涉重洋，初步占领了预期的市场。上海电视塔、首都钢铁公司、上海大众汽车工业有限公司等，都采用了该产品，用户反映良好，带来了惊人的效益，企业各项指标连年翻番，实现跳跃式发展。

顺德厂的成功是其全体员工共同努力的结果，在其推销活动中尤其重视推销服务，这是吸引顾客的主要原因之一。按部就班选择适合企业产品和经营状况的推销程序为企业的发展壮大奠定了基础。

第三节 推销形式

在推销的过程中，不同的推销形式对推销结果起着不同的作用。对推销人员而言，选择有效的推销形式是至关重要的，常用的推销形式主要有：面谈推销、电话推销、邮政推销、网络推销等。

一、面谈推销

所谓面谈，即人与人之间面对面地进行交流，包括交流信息、改变关系、征求意见、相互磋商。任何经济性的洽谈或谈判，总是要依据既定的方针、原则作为行为规范的准则。而面谈推销重在“推销”，要使面谈双方达成交易协议，“谋求一致”并达到“皆大欢喜”的境界，就必须遵循以下原则：

(1) 诚信原则。“人事无信难立，买卖无信难存”。推销应该是诚实的推销，诚实是现代推销人员起码的行为准则，只有诚实才能取信于顾客，并且赢得顾客的青睐。

(2) 目的性原则。面谈推销应该有明确的目的，这样才能做到“有的放矢”。为此，推销人员应该做到：

①针对顾客实际需求和购买动机进行交谈。顾客的实际需求的是推销商品的使用价值，其购买动机则是多种多样，有的是为了求名，有的是为了求利，有的是为了求廉等。在面对面交谈中推销人员应该就推销商品的效用及针对顾客的具体购买动机进行推销。

②针对顾客的个性心理开展面谈。顾客的不同个性对面谈推销的影响不容忽视，只有针对不同个性、不同职业习惯的顾客对症下药，采用差异性的谈话策略，才能取得面谈推销的实效。

③针对推销商品的特点展开谈话。推销人员应根据推销商品本身的特点来设计谈话的内容，重点突出商品的特色，增强说服力。尤其是在激烈的市场竞争环境中，推销人员更应该善于分析说明商品的特性，突出优势与独特性，这样才能取得推销的成功。

（3）遵守法律原则。遵守国家的法律、法规和政策，推销人员不仅在面谈推销中，就是在运用其他的推销形式时也是要做到的。如果是涉外的推销谈判，还应当遵守国际法规和尊重对方国家的有关法规。

（4）关系融洽原则。面谈推销有其自身的特点，并不是每次推销都会有一个圆满的结局，都能促成最后的交易。不好的气氛影响推销结果在现实中是常有的事情。因此推销人员在推销过程中要善于调节气氛，使双方在一个很融洽的环境里交流，这样双方不容易闹僵，从而为下一次开展面谈推销埋下契机。

二、电话推销

电话推销是一种独立的销售方式，是指推销人员用电话直接向顾客推销商品，这种方法在联系距离较远的顾客，或为现有顾客服务方面有一定的优势，因为推销员可以坐在办公室里开展业务，扩大销售，减少出差和旅行方面的费用。其优点有：节约成本、节约时间、选择性较大等。

1. 电话推销过程

（1）寻找准顾客。所谓准顾客，也称潜在的或可能的顾客，是指可受益于某种推销品，同时又有能力购买这种推销品的团体或个人。对于保险、房地产、报刊的订阅、办公用品等几种行业，都可以使用电话开发新顾客，但是在进行电话联络之前，应做好准备工作，即对将要联系的公司和顾客经过仔细并且合理的选择。实践证明，准备越充分，促成交易的成功率就会越高。准备工作是指推销人员应该尽可能多地了解顾客信息，如：公司名称、业务类型、资金实力、职工人数、联系人姓名、电话号码及地址等。

（2）约定访问时间。在推销过程中，用电话约定访问时间是十分重要的，因为用电话约定访问时间后，可以节省推销人员的宝贵时间，推销人员可以利用这节约下来的时间联系更多的顾客，同时也避免推销人员白跑一趟。在与顾客约定访问时间时，首先要注意把有的问题交代清楚，比如，你的姓名、公司名称以及你所推销商品的有关信息，然后请求对方定下访问时间，并且简明扼要地回答对方的问题（包括对方可以从你的访问中所获得的利益），最后再次请求对方确定访问时间。

（3）促成交易。推销人员要利用电话达到促成交易这种境界，必须在打电话的过程中适当运用一些技巧，让推销对象心悦诚服地接受商品。即使一次不能达成交易，也要在谈话过程中表现出自己的诚意，使得做成下次交易成为可能。有的商品如果不适合用电话推销，应避免使用这种方式，推销人员可以充分发挥想象力和创造力，寻找其他更有效的方式。

2. 电话推销注意事项

用电话交流和与顾客面对面交流在形式上不同。面对面交流时，推销人员需要充满热情，面带笑容对待顾客，而通过电话访谈时，双方互不相见，那是否这样就用不着讲究态度了呢？事实恰恰相反，这是电话推销首先应当注意的：从事电话推销，其态度一定要和蔼，推销人员只有保持特别亲切友好的态度，在拨通电话之后，才能为与顾客沟通创造良好的氛围，增强自身的亲和力。电话推销还应该注意到说话的韵律、节拍和声音的高低，并且说话的速度也要与对方保持接近。有关资料表明，如果通话双方语速差异明显，那么沟通效果会大打折扣。最后，电话推销还应该注意：要借助想象力，使用感情色彩浓厚的词汇，帮助顾客联想到产品的生动形象，从而顾客能够更好地了解商品。

3. 何有效地利用电话

电话推销是一门艺术，如何提高电话推销的效率，是推销人员应该注意的。推销人员必须经过科学的训练与练习，才能掌握这种推销形式的艺术内涵，才能真正学会如何去有效利用这种形式。这也是由电话推销存在着局限性决定的。电话推销中缺乏多种感官的表达，而且顾客很容易就拒绝推销人员，再者如果大量使用电话，电话费昂贵无疑增加了推销的成本。对电话推销存在的种种缺点，推销人员在运用的过程中要尽量克服，必须规划电话推销的谈话内容及时间，并不断加以训练和实践。

（1）推销人员应完整地列出重点顾客的名单。从推销人员的角度看，顾客名单越长越好，但是并不是所有的顾客都能成为购买者，而且推销人员要节省时间和精力来向最有可能购买的顾客推销。所以推销人员必须准备好重点顾客的名单，对重点顾客了解得越多，越容易列出适当的特征和有效的推销方式以促成交易。

（2）推销人员必须彻底了解所推销的商品或服务。不同的商品其特征各不相同，推销人员要对自己所推销的商品特征了解得十分清楚，只有这样才能向顾客作出详细的介绍，尤其对于商品本身的特殊之处更要有重点地突出，吸引顾客的注意。

（3）推销人员应该写出详细的计划。可以把自己的想法写成计划表的形式，把要表达的内容按照顺序依次排列，保证内容完整，有主有次，条理分明。但是在计划写出之后，不能采用阅读或死记硬背的方式来熟悉这部分内容，应该用最自然的方式发挥出来。

（4）推销人员应反复操练所准备的谈话内容。在进行操练时，不要太机械，要尽可能地预测顾客可能提出什么问题，要想出具有弹性的方法来说服顾客。操练可以根据自身条件来进行，可以通过自己录制在录音机上，然后仔细听，不断纠正；也可以请其他人作为你的模仿推销对象，给你提出意见。总之，要将谈话内容操练到自然、随和的程度。

【推销实例 3.3】

日本电话营销公司（又译为日本贩卖株式会社），其创始人小山见邦兴，起初只是利用业余时间代人采购一些著名品牌的商品，他白天出去打工，但在住宿的地方安装了录音电话，记录信息，晚上下班后再根据信息谈生意，一段时间下来，逐渐形成了一个顾客群。到了1977年，小山用20万日元开办了一家自己的公司，专门从事电话推销业务。公司红火了两三年后，到了1980年订单突然减少。为了摆脱危机，小山每天穿着绣有“电话购物”的衣服上下班，吸引了新闻传媒，报刊对此做了报道，使小山及公司提高了知名度，扩大了商品销售。从此，销售额每年以30%的速度增加，在20世纪80年代中期营业额超过了3.7亿日元。

对于推销的商品，小山见邦兴主要选择家电、家具、厨房用品等，且大多为名牌商品。小山的公司实行会员制度，从而形成了一批稳定的顾客，还激励老顾客推荐和发展新顾客，具体做法是：无需任何保证金，只要进行登记就可以成为会员。通常是买过商品的顾客，把自己的购买经验介绍给其他人，若这部分人也加入了购物行列，则公司对介绍的顾客支付报酬予以激励。会员的介绍费是销售额的3%（公司平均利润是10%，其中3%给介绍者），若被介绍者在6个月内继续购买，成为固定顾客，原先的介绍人可获得累进的报酬收入。另外，当介绍人要结婚、搬家、整修店铺、开店或大量采购时还可获得超过3%的优惠价格。

小山成功的秘诀就在于他真正领会到电话推销的艺术，并利用顾客关系网来寻找更多的重点顾客，结合自己经销的商品，更有效地使用电话推销。

三、邮政推销

邮政推销在一定程度上符合消费者的消费习惯。随着经济的发展和产业结构的调整，消费者工作及生活的强度增大了，再加上交通拥挤、商店服务不周到等原因，人们上街购物的时间越来越少。而接受邮政推销，消费者可以免除交通拥挤、排队等候等不便，而且邮购贸易在时间上也比一般交易相对限制少些。

1. 邮政推销的概念及特征

所谓邮政推销是指通过邮政渠道来推销商品，它属于直复式销售，商品销售和商品购买的双方无需见面，顾客不用出门就能购买到商品。

邮政推销的方法并不是适用于所有的商品，它具有一定的选择性，一般而言，适合于邮政推销的商品应具有以下特征：

（1）唯一性。这类商品要具有独特的创意性，使之与大路货区别开来，而且还具有很多其他商品难以模仿的功效或特点，而这些正是吸引顾客的地方。

（2）日常性。即邮政推销的商品是满足人们日常生活的日用品。虽然这些日常用品，消费者在一般的商店也可以买到，但是由于产品价格、品牌和购买的便利性等，仍然有一部分人愿意采用邮购的方式。推销实践证明，某些商品在商店里面无人问津，但是如果刊登到目录上，却是非常走俏。

（3）稀缺性。这类商品在一般的商店里很难买到，对此类商品进行邮政推销，会让消费者产生一种神秘感，能满足一些消费者的独占心理，从而赢得一部分消费者。

（4）时代性。这类商品具有很强的时代感，而且推销人员利用现代化的手段对此类产品进行推销，使产品更具有时代气息，从而吸引消费者。

（5）全面性。即推销的商品应无所不包，无所不有，特别是在邮购商品的目录上更是要做到包罗万象，一应俱全。生活中往往会出现这样一种情况，消费者要买一件商品，而却要面对商场里面五彩缤纷的商品，使得消费者眼花缭乱，无所适从，只得跑了东家跑西家，结果商场跑了不少，却一无所获，浪费了大量时间和精力。而接受邮政推销时，却可以舒舒服服地坐在家里看商品目录，自由地比较，在舒适的环境中挑到自己满意的商品。

（6）流行性。即进行推销的商品应当是现今流行的，能体现一种消费的新潮的商品。这类商品有利于满足那些标新立异的消费者的心理。

（7）收藏性。即具有收藏价值的文物、古董等贵重物品。这些商品由于年代久远，或者发行时是限量发行的，所以数量有限，如纪念币、邮票等。通过邮购的方式，可以找到平时不易找到的特定收藏者，专门为其推荐，或者直接上门服务。

（8）保密性。这类商品是指顾客不好意思在大庭广众之下购买的商品，这也是邮政推销的特色之一。如：医药用品、卫生用品等都是人们不习惯在公共场所购买的，所以通过邮政推销这类商品，可以避免消费者的尴尬，具有保密性。

3. 邮政推销的方式

推销人员从事邮政推销，其主要方式有：商品目录推销、传媒推销和直接邮售。

（1）商品目录推销。商品目录推销是邮政推销中最主要的方法之一，其方法是：公司编制商品目录，并通过一定的途径分发到潜在顾客的手中，顾客填写订货单或通过电话、E-mail 等途径向公司提出购买要求，推销公司在收到订单后，很快将顾客所需商品通过邮购的方式寄到顾客的手中，或者如果顾客是在近距离内，可直接上门送货。当然进行商品目录推销时，首先一定要搞清楚商品的优点，并且在商品目录上真实地反映这些商品的面貌。其次要注意商品目录的设计，这也是很重要的一点，好的商品目录设计，既要考虑到商品的优越性，也要注意版面的设计性。商品目录的分发方式也有很多，如：通过登广告征求索要者；向老顾客免费邮寄；在报刊售卖点售卖；向潜在顾客分发；在邮购站赠送等。

（2）传媒推销。传媒推销是指企业运用广告，在报纸、杂志、广播或者电视上介绍某项商品，从而希望顾客来咨询和订购的一种推销方法。而且网络技术的飞速发展，也为推销员提供了很大的媒介空间。实施传媒推销应该注意，在选择媒体前，推销员要做充分的市场调查，从而确定一个适当的媒介，这样才能达到用最小的费用收获最大的效果的境界。传媒推销适用于书籍、音像制品和小型家用品的销售。在我国，目前在各种大大小小的报刊上都可以看到这些邮购商品的广告。

（3）直接邮售。即推销人员先通过一定的顾客分析，选出那些对有关商品具有较大购买可能性的潜在顾客，然后把单独的邮件如信函、广告传单等，分别邮寄给这些顾客。直接邮购的优点是：可以更灵活地选择潜在顾客，方便顾客；有利于集中火力，直接为重点顾客服务，所以直接邮购较之通过大众媒体做广告，命中率要高。直接邮购适合于推荐图书、销售礼品、征订杂志、销售服装、珠宝首饰、化妆品以及一些工业品等。另外，在推销保险和募集慈善捐款方面利用直接邮购，也可以取得很多意想不到的效果。

4. 网络推销

（1）网络推销的概念。互联网技术的发展为网络推销创造和提供了技术基础，网上推销的确给商家开辟了一条费用较少、风险低的销售途径。所谓网络推销就是在网络时代的背景下，企业推销人员借助计算机及网络技术，向虚拟市场传递有关商品及劳务的信息，以引发消费者需求，唤起购买欲望和促成购买行为的各种活动。具体来说，它是由企业在网络上开设自己的电子商务网站，也就是“虚拟商店”，在“虚拟商店”中陈列、宣传其商品，顾客则可以足不出户，通过计算机和网络进入“虚拟商店”，从浏览、挑选、下订单到 付款都在网上完成，之后就等送货上门的一种推销方式。

（2）网络推销的功能。

①告知功能。网络推销能够把企业的产品、服务、价格等信息传递给目标群体，引起他们的注意。

②说服功能。网络推销的目的在于通过各种 有效的方式，消除目标群体对产品和服务的疑虑，说 服目标群体坚定购买的信心。

③反馈功能。网络推销能够通过电子邮件及时收集和汇总顾客的需求和意见，迅速反馈给企业 的管理层。由于网络推销所获得的信息基本上是文字资料，信息准确，可靠性强，对企业经营决策具有较大的参考价值。具体方法有以下几种：一是利用电子布告栏或电子邮件提供在线售后服务或与消费者做双向沟通。二是设置论坛模块，提供消费者与消费者、消费者与公司在网上共同讨论区，并了解消费者需求、市场趋势等，以此作为公司改进产品的参考。三是提供线上自动服务系统，可依据客户需求，自动在适当时机由线上提供有产品的服务和服务信息。四是万方数据公司各部门人员可经由网络进行线上讨论，将有关产品构思或雏形公告于网络上，以引发全球各地有 关人员的充分讨论。五是通过网络对消费者进行意见调查，借以了解消费者对于产品特性、品质、包装及 样式等的意见，借以协助产品的研发与改进。六是在网上提供与产品相关的专业知识以进一步为消费者服务。这不但可以增加产品的价值，同时还可以提升 企业形象。七是开发电子书报、电子杂志、电子资料等信息化产品，并经由网络提供物美价廉的全球服务。八是可利用网络设计消费者需要的产品，提供定制化的产品与服务。

【推销实例 3.4】

小米手机的网站营销

小米手机官网是小米手机进行网站营销的主阵地，无论是作为官方发布信息最重要的平台，还是作为购买小米手机的唯一通道，抑或小米论坛的所在地，小米手机官网集网站式的发布资源于一身，甚至包含了商城、旗下软件米聊。小米手机的官网具有集中优势兵力的优势，通过一系列的资源整合，不仅大大地给网站访问者提供了方便，也使关于小米手机的各个项目之间相互促进，大大了提升了网站的知名度和扩展度、例如论坛与商城之间的相互扩展、相互联系；购买手机者与配件商城和论坛的交流，使两个模块的访问量大大提升。最基本的功能用户通过注册预订购买，或者不预定，在开放后注册购买，这个途径是购买小米手机的唯一网络途径，也是仅有的购买途径。小米论坛是小米手机最重要的信息发布地，大到手机的整体推广战略，小到手机本身的后盖是否容易掉漆的问题，都有详细的探讨。这种方式类似于苹果的应用商店，不断地为企业创造利润，而在此处，可以说无论是技术支持，还是保养、保修、退换等普通手机服务都得到了广泛的发展。只要是购买了小米手机的人，必然拥有一个小米账号，也由于系统升级、手机维护以及各种各样不可避免的问题，大部分人必然要登录小米论坛。这样一来，手机的购买者和使用者就和网站及论坛的使用者紧密捆绑起来，成为另一个源源不断的资源，手机销售越多和小米推广程度越广，则小米网站与论坛的发展的程度也越高，双方相互促进、共同发展。随着不断发展，小米论坛会成为一些高端智能机发烧友的一个聚集地，这样一来，产生的客户价值是难以估量的。

【本章小结】

推销是买卖双方的信息沟通过程。这个双向信息沟通的过程也就是寻找新的顾客、传递商品信息、销售企业商品、提供多种服务、反馈市场信息、协调买卖关系等推销职能的体现。

一个完整的推销过程包括：寻找潜在顾客、顾客资格审查、约见、接近顾客、推销洽谈、处理顾客异议、达成交易、售后服务、信息反馈等具体步骤。

在推销的过程中，不同的推销形式对推销结果起着不同的作用。常用的推销形式主要有：面谈推销、电话推销、邮政推销等。

【思考题】

1. 推销的职能包括哪些方面？各方面之间的联系如何？
2. 推销程序包括那些步骤？
3. 推销程序各方面的关系是什么？
4. 推销形式有哪些？其各自的适用范围如何？
5. 推销服务与售后服务的相同点和不同点有哪些？
6. 面谈推销和推销洽谈有何异同？

【案例讨论】

笑容推销案例

假如你到一家公司就职不久，被上司安排到市场部做营销工作。或者你刚从事一个不太熟悉的业务，需要出门拜访新的客户。如果对方问及一个有关产品或公司人事方面的问题，你一时答不出来，却不愿说自己不知道，这时候，你就可以给他一个微笑。这一微笑至少蕴含以下五种可能。

1. 问题太简单了，没必要回答。
2. 认可了。因为微笑的沉默等于肯定。
3. 初次相识，不便说。
4. 性格内向，不善言辞，却又不失礼貌。
5. 可能是个新手，还不熟悉业务。

对方破译你的微笑时，往往先排除第五种答案的可能。因为在人们的习惯思维中，不懂业务，岂敢上门推销。而微笑就巧妙地延长了你的那只短臂，胜过千言万语。

不过，人是复杂的感情动物。或多或少都会受自己情绪左右。当工作有障碍的时候，当心绪特别糟糕的时候，当被误会或受委屈的时候，当失意的时候……不论对方持什么态度，你一定要坚持微笑，表现出风度。怎样做到这一点呢，作家李佩甫的中篇小说《学习微笑》中讲了一个方法，即“在一些场合，在一些不想笑而又必须微笑的场合，你就微笑地把嘴张开，露三分之一牙，是三分之一弱，这样就会带出一些笑意”。日本保险推销大王原一平的笑容被誉为“值百万美金的笑容”。与其他同行相比，原一平推销业绩之高，简直不成比例，造成无人与之竞争的场面。1962 年，日本政府特别授以“四等旭日小绶勋章”，表扬他 的非凡成就。原一平使用等身的镜子训练自己的笑容，练就浑身笑意，并列出自己的笑容目录：

微笑。

衷心感到爽朗的大笑。

感动而压住声音的笑。

喜极而泣的笑。

逗人转怒为喜的笑。

感到寂寞或哀伤的笑。

抑制辛酸的笑。

解除对方心理压力的笑。

岔开对方情绪的笑。

使对方放心的笑。

承认挨了一记的笑。

表示自信的笑。

充满优越感的笑。

愣住之后的笑。

言归于好的笑。

与对方意见一致时的笑。

吃惊之后的笑。

感到意外的笑。

瞧不起对方的笑。

感到无聊时的笑。

如在折磨对方的笑。

如在挑战时的笑。

大方的笑。

开朗的笑。

含刺的笑。

如在硬逼对方的笑。

抑郁的笑。

故作迷糊的笑。

愕然一笑。

尖锐的笑。

与对方同喜的笑。

冷淡的笑。

嗤之以鼻的笑。

意外地感到满足时的笑。

问题讨论：试分析推销员应该如何将笑容推销运用到推销程序的各个环节中，并举例说明。

第四章　推销环境与推销工程可行性分析

【学习目标】

通过本章学习，要求掌握：

1. 了解推销环境对推销活动的影响；
2. 熟悉推销环境的主要内容；
3. 认识进行推销工程可行性研究的重要意义；
4. 掌握推销环境分析的基本方法。

【内容摘要】

本章主要介绍了对于推销活动有一定影响的外部环境，在推销活动开展之前需要对此进行详细调查。另外，为了保证推销这项庞大工程的可行性，本章详细介绍了推销工程可行性分析的相关内容。最后，对于制定推销战略的相关指导思想也进行了一定介绍。

第一节　推销环境分析

推销是人类的一项实践活动，和其他任何活动一样，推销活动必然受到各种来自内部和外部的条件或因素的制约和影响。我们把影响和制约推销活动的各种外部因素总称为推销环境。任何推销活动均处于一定的推销环境之中，其活动规律必须适应于一定的推销环境。同时推销环境又不是一成不变的，它总处于不断的变化之中的。不同的推销环境，创造了不同的推销品，创造了不同的推销方式和推销手段，创造了不同的推销观念和消费观念，造就了不同的推销人员和推销对象，最终也改变着环境自身，创造出新的推销环境。不了解推销环境，就不可能避免推销工作的盲目性，不善于分析和研究推销环境，就无法提高推销工作的预见性，无法开展科学的推销。因此，我们必须对构成推销环境的主要环境因素进行认真的研究分析。

一、人口环境

人口即购买者是组成市场的基本要素，有多少人口就有多少消费者。当人均收入一定时，人口就成为市场容量的决定因素。所谓人口环境是指推销市场在人口方面的各种状况。这些不同的状况必然影响到市场购买者的消费需求及其购买行为。人口环境由人口规模与人口的增长速度、人口的年龄结构、人口的性别结构、家庭单位的结构等构成。

（1）人口规模与人口的增长速度。人口的数量规模越大，商品的需求总量就越大，而对人口增长速度的了解，有利于对推销市场的增长潜力进行充分的估计。当前，我国人口增速逐渐放缓，这就说明对单一商品的自然需求量的增速并不容乐观，怎样充分刺激市场的消费需求成了企业营销的一大难题。

（2）人口的年龄结构。所谓人口的年龄结构是指人口总数中各年龄层次的比例构成。人口年龄结构的差别，会对商品和服务产生不同的消费需求，形成各具特色的市场。第一，不同年龄层次的消费者的收入状况不同；第二，不同年龄层次的消费者家庭的大小不同，其消费重点会有所不同；第三，不同年龄层次的消费者对商品的价值观念不同，影响着其购买行为。因此，对人口年龄结构进行研究，摸清各个年龄阶段市场的需求规律和特点，针对不同年龄的消费者，推销不同的产品和服务，是使推销获得成功的基本策略之一。

（3）人口的性别结构。人口的性别差异也必然造成市场需求的差异，男性和女性对于商品的需求以及购买行为都有明显的差别，这是由于男女在生活和工作中的特点不同所引起的。男性消费者在消费的时候相对理性、目的性比较明确、对价格敏感度相对较低，而女性消费者更加感性、冲动型购物较明显、对价格敏感度相对较高。这些都使得人口性别结构对于企业推销活动造成影响。

（4）家庭单位的构成。人口环境中的家庭单位构成问题，主要是指市场中家庭单位的多少和规模的大小。由于家庭是基本的消费单位，因而有些商品特别是以家庭为单位进行消费的商品的购买行为受家庭状况的影响比较大。此外，家庭人口数量的变化，也会引起家庭消费模式的变化，进而影响到市场购买行为。如家庭小型化和家庭户数的增加，会引起对方便食品、家用电器、家具等商品需求的增加。

人口环境对市场的影响往往是整体性和长远性的，对人口环境进行分析研究，是搞好推销工作的最基本要求。针对不同的消费者，采取不同的推销策略，推销不同的产品和服务，是最基本的推销观念。

二、经济环境

经济环境即推销地区的经济状况，主要由该地区的国民收入、个人收入、个人可支配收入、企事业单位的财力等要素构成。经济环境是影响和制约社会购买力形成的主要环境变量。

社会购买力是一系列经济因素的函数，总的来说，社会购买力取决于国民经济发展水平以及由此决定的国民平均收入的水平。它是由消费者个人购买力、社会集团购买力、农业生产资料购买力、和工业生产资料购买力构成。

市场规模的大小不仅取决于人口的多少，还取决于购买力的大小。人们的消费需求要变成现实的消费行动，关键在于是否具有足够的购买能力，在商品经济条件下，无支付能力的消费欲望不构成现实的消费需求，所以我们可以认为市场就是具有消费需求和支付能力的个人或团体。

社会商品购买力的形成、结构、大小、投向等，都会强烈影响到推销效果。例如，随着当前国家拉动内需政策的出台，拉动农村消费成为国家的政策，农民购买力将大幅度上升，从而大大地扩大了农村商品市场。随着社会购买力的不断增强，人民生活水平不断提高，引起购买力投向的不断变化，消费需求日益趋向个性化、高档化。推销人员必须密切注意经济形势的发展，研究各类购买力的大小及其结构变化，并调查预测社会商品购买力投向的变化趋势，掌握消费动向。若做不到这一点，盲目进行推销，势必造成推销工作的极大失误和损失。

三、文化环境

文化就是指在某一社会环境里，人们所共有的由后天获得的各种价值观和社会规范的总和。文化环境主要由价值观、风俗习惯和宗教信仰、审美观等因素构成。文化环境强烈地影响着消费者的消费需求、消费观念与消费行动，左右着人们的购买行为和推销人员的推销活动，从而对推销活动有着十分重大的影响。

(1) 价值观念是文化环境的核心，价值观念就是人们在长期的社会生活中形成的对各种事物的普遍态度和看法。受教育程度的高低、职业的差别，会使消费者产生不同的价值观，进而影响消费需求、消费观念和消费特点的变化。文化程度较高的消费者和教育普及程度较高的地区，对文化商品的需求量比较大，购买行为也较慎重。工人农民购物，较注重商品的品质，而知识分子则较强调商品的外观与艺术性等。

(2) 风俗习惯使人们在一定的社会物质条件下，长期形成的风尚、礼节、习俗、惯例和行为规范的总和。从事市场推销而不了解推销地区的风俗习惯和推销对象的宗教信仰，是推销工作的大忌。风俗习惯的差异，宗教信仰的不同，直接导致消费需求、消费观念的不同。常常有在此地畅销的商品，在彼地却滞销甚至被拒销，其原因往往就是风俗习惯或宗教信仰不同所致。

(3) 审美观通常指人们对某种事物的好坏、美丑、善恶的评价。不同的国家、民族、种族、宗教、阶层等，往往有不同的审美标准、审美意识和审美习惯。例如对时装的审美观就具有地域性、民族性和传统性。审美观直接影响着人们对商品式样、规格、色彩、品种、装潢、包装等的选择。

随着人类文明的进步，文化环境也处在不断发展变化之中。作为一个推销人员，必须对文化环境进行研究，并对文化环境的发展予以极大的关注。推销人员应该在推销产品和服务的同时，推销新的观念，在传播物质文明的同时传播健康向上的理念，促进社会文明的发展。

四、竞争环境

竞争是商品经济的必然产物，竞争环境是在具有独立的经济利益的企业之间，为争取更好的销售条件（或投资、经营条件）而自觉或不自觉地抗衡和较量中形成与发展起来的。

竞争既存在于卖者之间，也存在于买者之间和买卖双方之间。对于推销人员来说，市场竞争主要来自两个方面，一是同类产品或服务的竞争，二是替代产品或服务的竞争。

对于同类产品或服务的竞争，推销人员的工作重点是强调产品的特征和差异性。推销人员应根据产品的价格、品质、用途等特点，将本产品进行市场定位。所谓市场定位，就是要在众多的竞争产品中确立本产品在市场中适当的位置，建立独特的产品形象。在同类产品越来越多，市场竞争日益激烈的情况下，科学合理的市场定位是推销产品的关键。

对于来自替代产品或服务的竞争，推销人员应该实事求是的将产品与消费者的实际需要相联系，说明替代产品或服务的特点，向消费者宣传更适合本企业产品的消费观念和生活方式。

应当注意的是推销人员必须全面地了解竞争对手的情况，明确所处的竞争环境。避免任何贬低竞争对手的言行，否则会引起消费者的反感。当消费者提起竞争对手及其产品或服务时，推销人员应该先从强调自己产品或服务的与众不同之处着手，向消费者推销。这是最基本的推销手段之一。

五、地理环境

地理环境由地理位置、气候、交通、自然条件等要素构成。人们的消费需求与其生活的地理环境有着密切的联系，所以人们的消费需求和生活习惯均表现出地方性。因此，要想顺利地开展推销工作就一定要考虑到地理环境的影响。

各地的气候条件不同，消费需求也就不同。推销人员在进行推销活动时，就必须考虑到推销地区的气候条件，以满足当地对推销品的特殊要求。例如，销往潮湿、多雨地区的产品要注意提高产品的防潮能力或提高电气安全性能；销往寒冷地区的产品须考虑产品的防冻性能；等等。

就地理位置而言，高原与平原，内地与沿海，各地的地理位置不同，消费需求也大不相同。去热带地区推销羽绒服，到寒带地区推销冷气机，这样的推销员恐怕难遇到知音。

由于自然条件不同，各地的自然资源也不尽相同，但任何地区都不是聚宝盆，总存在该地区缺乏的生产或生活用品，这也导致了各地不同的消费需求的存在，推销人员只有了解推销地区的自然条件，才能尽可能地避免做出错误的推销决策。

交通条件也是推销地理环境中的因素之一。从物流角度来讲，商品交换中心一般也是交通枢纽，这些地区社会购买力比较强而且集中，市场竞争激烈。交通不发达地区一般也是商品流通的薄弱环节，社会购买力比较分散，消费者消费选择性较差，市场竞争相对减弱。因此推销人员必须考虑到推销工作所到之处的交通状况，并且要全面分析推销地区水陆空交通条件及其相互替代性。此外推销人员必须考虑到推销工作的各种费用，以利决策。

总之，各种地理环境因素，对推销工作的成败都有重要的影响，推销人员应该树枝推销地区的地理环境，包括当地的气候条件、地理位置、交通条件等。

六、科技环境

科技环境是因科学技术的发展而构成的环境。我国已经进入了信息化时代，科学技术突飞猛进，新产品问世的频率越来越快，从而导致人们的消费观念不断更新，这就给推销工作不断带来了新的问题。

由于推销人员是向具有市场消费需求的消费者推销，所以推销人员所推销的新技术必须适合消费者的需要。科技因素从多种层面影响市场，其中大部分是技术人员应该考虑的问题。但从推销学角度讲，科技因素主要从两个方面影响着推销活动。

（1）推销落后的技术就是落后的推销。无论是推销产品还是服务或观念，推销人员都必须考虑其技术上是先进还是落后。一般来说，技术落后的产品难以推销。但是技术指标是多种多样的，一种产品在技术方面会有先进的地方，也有落后的地方，这种性能差异正是推销人员可以利用的。推销人员可以指出产品的技术优势，并把产品推销给有这方面消费需求的消费者。但是，从根本上讲，推销方应该不断革新技术，尽量不采用落后的生产技术，更不应该推销落后的技术。在人们锐意追求新技术的今天，落后的技术难以在市场找到容身之地。推销落后的技术等于自寻死路。

（2）不要推销市场上不需要的新技术。推销人员不仅不要推销落后的技术，而且应该积极引导新技术的研发和老技术的改进工作，使新产品和老产品能够适应市场的需要。但是不能片面地追求先进技术而忽略了市场消费需求。不管推销的产品在技术上如何先进，如果市场没有消费需求，就是最大的失败。例如美国施乐公司在发明了复印机之后，为了追求利润最大化，为机器增加了一个又一个功能，使产品的价格提高，从而引起了只需要一种简单机器的大多数消费者的不满，当日本佳能公司推出功能较少但是价格较低的同类产品时，很快就占领了美国的市场。

总之，最佳的推销方针是推销市场上需要的先进技术，推销人员应该认真地学习先进的科学技术，了解市场需求，积极促进技术进步，满足市场需要。

七、政治与法律环境

政治环境是由政府、政府的方针政策以及相关联的政治局势等因素构成。法律环境则是由国家和地方的各种法令、法律所构成。

（1）政治环境直接影响到人们的消费需求和推销活动。政治生活的任何细微变化，都会猛烈地冲击其他方面的正常生活。因此，作为一个推销人员应该关心政治，通过各种渠道了解时事和国内外的政治动态。一个好的推销员，应该也是一个头脑清醒的政治家。

（2）国家和地方的法令、法律也直接影响到人们的消费需求和推销活动。国民经济生活离不开法律环境，一切市场活动也不例外，必然受到法律环境的约束。要想从事正当的推销，必须懂法守法。在法律允许范围内从事正当的推销。例如推销食品时，要遵守食品卫生法，广告促销时，就必须遵守广告法规等。

总之，推销活动必须在政治法律环境所规定的范围内进行，而稳定正确的经济政策，健全完善的法律法规，必然促进经济的发展，给推销工作创造良好的环境。

八、道德环境

道德是调整人们相互之间关系以及个人与社会之间相互关系的行为原则和规范的总和。在现实社会里生活的人们之间，必然会形成各种错综复杂的社会关系，包括物质的社会关系和思想的社会关系。人与人之间的道德关系就是一种思想的社会关系，它最终决定于物质的社会关系和人们的社会经济关系。但是，道德关系作为一种思想的社会关系，具有其本身的独立性。道德关系影响广泛，道德规范范围比较稳定。道德既是一种善恶评价，又是一种行为标准。道德关系作为一种思想的社会关系，强烈地影响着人们物质的社会关系。道德观念、道德评价、道德修养、道德教育与人们的世界观和人生观有着不可分割的关系。所有这些构成特定时代和特定民族的道德环境，而道德环境则会影响到人们的思想方式和生活方式，影响到人们的消费需求，最终影响到推销人员的推销工作。

道德是具有时代性的，它随着赖以生存的条件的改变而改变。但是，由于道德观念深入人心，和人们的情感、信念结合起来，形成比较稳定的传统的习惯和风尚，因此，道德观念的改变总是落后于人们生活条件的改变。道德传统一旦与民族的落后社会心理结合在一起，会产生巨大的保守性，甚至可以阻碍历史的进步。因此，作为一个优秀的推销人员，不仅应加强自身的道德修养，树立正确的人生观和道德观，而且必须细心观察社会生活，研究社会的道德传统，利用人们的价值观来推销产品、服务和观念。一方面要避免直接触犯人们的道德习惯，另一方面也要用新的道德观来说服顾客。推销人员不仅应该推销产品，而且应该推销新道德。

【推销实例 4.1】

我国最新《保险法》对保险经纪人进行严格规范

2015 年最新修订的《中华人民共和国保险法》第一百三十一条规定，保险代理人、保险经纪人及其从业人员在办理保险业务活动中不得有下列行为：

（一）欺骗保险人、投保人、被保险人或者受益人；

（二）隐瞒与保险合同有关的重要情况；

（三）阻碍投保人履行本法规定的如实告知义务，或者诱导其不履行本法规定的如实告知义务；

（四）给予或者承诺给予投保人、被保险人或者受益人保险合同约定以外的利益；

（五）利用行政权力、职务或者职业便利以及其他不正当手段强迫、引诱或者限制投保人订立保险合同；

（六）伪造、擅自变更保险合同，或者为保险合同当事人提供虚假证明材料；

（七）挪用、截留、侵占保险费或者保险金；

（八）利用业务便利为其他机构或者个人牟取不正当利益；

（九）串通投保人、被保险人或者受益人，骗取保险金；

（十）泄露在业务活动中知悉的保险人、投保人、被保险人的商业秘密。

第二节　推销工程可行性研究

推销工程可行性分析的内容十分广泛，可以说，凡属企业营销中所需研究的问题就是推销工程可行性分析所需研究的问题。一般来讲，推销工程可行性分析的内容主要有：⑴推销环境的分析；⑵产品市场行情调查和预测；⑶推销对象基本情况研究；⑷市场营销可行性分析；⑸推销策略与推销人员的可行性分析。

本节将着重对以上研究内容中的⑵、⑶进行论述。

一、推销工程可行性研究概述

推销活动之所以被称为推销工程，原因是推销所涉及的市场因素之多、关系之复杂、知识面之广泛，往往不亚于一项具体建设工程。所谓推销工程可行性分析，就是在实施具体推销工程之前，对该推销工程项目进行全面、详细、周密的市场调查研究和综合论证，从而制订出最佳的推销方案的过程。进行推销工程可行性分析的目的是：判断某项推销工程是否切实可行，以抛弃不可行的方案，修正完善可行的方案，以提高推销效率和效果。

（一）开展推销工程可行性研究的意义

推销工程可行性研究问题的提出，是现代推销理论发展的必然结果。随着商品生产的发展，市场的日益成熟，推销工作在企业市场营销管理中的地位日益重要，推销的成败往往决定着企业的成败。如果没有一套科学的现代推销学理论和推销方法，企业和推销人员要在复杂多变的现代市场中求的生存和发展是不可能的。推销工程可行性研究是推销工作科学化的必由之路，是使传统推销术上升为现代推销学的一个重要方面，它能减少推销损失，控制推销风险，为整个推销工作有条不紊地进行打下良好的基础。开展推销工程可行性研究的意义可概括为以下几点：

（1）推销工程可行性研究是企业营销决策和推销人员推销决策的基础。营销决策和推销决策不能建立在主观意愿之上，推销目标、推销渠道、推销方式的选择，关系着推销的成败，只有通过可行性研究，在摸清所处的推销环境、消费者需求、分清利弊并采取相应对策的基础上才能做出切实可行的营销或推销决策。进行推销工程可行性研究，要运用市场学、商品学、心理学等多门学科的有关知识，其研究成果，是多门学科知识在推销工程中综合运用的结果。因此，推销工程可行性研究可为营销或推销决策提供科学的基础。

（2）推销工程可行性研究是提高企业和推销人员竞争能力的有效途径。商品经济条件下，商品经营销售之间的竞争是客观存在，优胜劣汰是企业发展的必然规律。企业和推销人员的竞争能力由产品的性能、推销时机与地点、推销环境等多种因素所构成。通过推销工程可行性研究，对各种竞争因素作仔细分析，可使企业或推销人员在全方位考察自己及竞争对手的优劣的基础上知己知彼、扬长避短，采取灵活有效的推销措施，在竞争中站稳脚跟并谋求发展。

(3) 推销工程可行性研究是满足消费者需要的客观要求。任何推销工程的成败归结为一点，就是消费者对所推销的商品或服务是否认可、接受并感到满足。因此，发现消费者的需要，适应消费者的需要就成为推销商品活动的关键。随着消费者收入水平的提高，消费者对商品的要求日益复杂。企业的经营管理者和推销人员要使企业不断发展，使推销做到有的放矢，就必须认真搞好推销工程可行性研究，掌握消费者需求的变化和要求，进行有针对性的推销，适时周到地满足消费者的需求，一旦把握不准，就会使自己处于被动地位，甚至丧失原有的市场和顾客。

(4) 推销工程可行性研究是保证推销活动经济效益的重要手段。企业经营的好坏最终取决于推销活动的好坏，而作为推销活动前期工作的推销工程可行性研究的好坏，又在极大程度上决定了推销活动的好坏。好的开始是成功的一半。通过推销工程可行性研究，企业和推销人员预见到前面的各种艰险，明确了自己所处的推销环境、面对的推销目标、需抓住的推销时机、应采取的推销策略等，那么企业的人、财、物力资源就能得到合理的配置和使用，推销人员下一步的推销活动就能成为一种自觉主动的高效率的推销活动，推销经济效益的提高将是不言而喻的事情。

(二) 推销工程可行性研究的阶段划分

推销工程可行性研究一般可分为三个阶段：

(1) 机会研究阶段。机会研究阶段的任务主要是为推销活动提出建议，即在某一推销地区范围内，以市场调研预测为基础，选择推销目标市场和推销对象，寻找最有利的推销机会。机会研究一般较粗略，通常只作笼统的估计。

(2) 初步可行性研究阶段。此阶段的主要任务是分析机会研究阶段的结论，并在详细资料的基础上做出推销机会的选择；确定是否应进行下一步详细的可行性研究；确定哪些关键问题需进行辅助性专题研究；判断该推销项目是否有经济效益等。初步可行性研究是机会研究和可行性研究之间的一个过渡阶段，它与机会研究阶段的区别主要在于所获得资料的详细程度不同。如果某项推销活动的经济效益不明显，就有必要进行初步可行性研究来判断其是否切实可行。推销工程的可行性研究中，常需对某项推销工程的一个或几个方面进行辅助研究（如消费心理研究、推销方法研究等)，以此作为初步可行性研究和可行性研究的前提。为争取时间，很多情况下，辅助研究可在可行性研究之前或同时进行。

(3) 可行性研究阶段。此阶段是进行深入论证的阶段。其主要任务有：本推销品的竞争力如何？市场情况如何？推销工程的规模如何？最佳推销时间、地点？宜采用何种推销技术？推销时间多长？成交后的经济效益和社会效益如何？等等。其中经济效益的论证是关键问题，它是推销工程可行性研究的最终目的。

(三) 推销工程可行性研究的步骤

推销工程可行性研究视具体推销工程的规模而有繁有简。若是规模小且常规性的推销活动，很可能无需进行正规的可行性研究。但在推销工程规模较大、市场形势发生变化或面临开拓市场局面等情况时，推销工程可行性研究就成为至关重要的一项工作。一个完整的推销工程可行性研究过程，一般可分为四个步骤进行：

(1) 调查研究。调查研究是推销工程可行性研究的重要方法之一。通过调查研究搞清楚企业或推销人员所面对的推销环境、自己所具有的竞争能力、市场需求状况、市场发展前景、可能的推销目标市场或推销对象以及它们的特点、可能达到的推销效益、可能存在的风险等。总之，对涉及推销工程的各种主要因素和各个主要方面的问题，必须做出详细的调查研究和透彻的分析评价，这是搞好推销工程可行性研究的至关重要的一步。

(2) 拟定推销方案。拟订方案是实现企业经营目标或完成具体推销项目的途径和措施。任何一项推销工程，其解决的方案往往会有多种，因此，在拟定推销方案时应尽可能多提出几个不同的方案，以免最佳推销方案被遗漏，不利于选优。

(3) 优化和选择方案。对于所拟定的各种推销方案，分别使其得以优化，然后根据一定的评判标准，对那些方案加以比较和评判，在比较评价中要突出方案实现的可行性及经济上的合理性，发现不同方案的差别，从中选出最佳推销方案。需要注意的是一个方案很难做到所有方面都最优，往往在一些方面满足要求的某个方案，在另一些方面却并非最优。因此选择方案时要掌握好最佳的标准，权衡利弊，挑选出最令人满意的推销方案。

(4) 优选方案的详细研究。选出最佳推销方案后，需对其进行更详细的分析研究，应对实施方案存在的限制因素，实施该方案的经济效益和在实施该方案中可能出现的问题做出进一步的综合论证分析，特别是对未来可能存在的一些不确定性因素的变化（如价格的变化、销售量的波动、消费热点的转移），对推销效益要作出充分的估计。

经过以上四步之后，即可得出可行性研究的结论，以利推销工程的具体实施。

二、产品市场行情调查

所谓产品（或商品）行情，是指产品的市场销售条件状况。它主要包括五个方面：产品、产品需求、产品供应、产品价格和产品竞争。

(一) 产品调查

产品调查是产品行情调研的基本内容，对产品的创新和改良有重要影响，对企业经营至关重要。产品调查具体包括以下方面：

(1) 产品品种的调查。了解市场上有哪些是本产品的同类产品，流行的品种；有无替代品，它们的特点如何；本产品是否适销对路；市场对该产品品种的需要情况等。

(2) 产品质量的调查。这里包括：产品的质量特性，指产品的功能、技术标准、规范性能是否符合国家规定的标准；产品的安全性，即使用是否安全，对人体健康有无损害；产品的外观，包括包装、式样等是否适应消费者的需要；产品售后服务的质量。

(3) 产品新用途的调查。这里所说的新用途，是指并不改变产品特性而得到的用途，其目的是挖掘市场深度和开拓市场广度。随着科技进步和人们生活实践的发展，产品的用途不仅可能扩大，而且还可能被发现有新的功能，所以进行产品新用途的调查，注意发展变型产品、多功能产品，可为消费者提供新的利益，满足不同层次的需求。

(4) 产品发展的调查。产品发展的调查包括产品的生命周期调查和新产品开发调查两发面。所谓产品的生命周期是指一种产品在市场上出现、发展到最后被淘汰的过程。生命周期是影响产品市场销售量从少到多，再从多到少的决定性因素，据市场中产品销售的变化趋势，判断产品所处的生命周期阶段，便于按其规律及时调整推销策略。在消费者的需求和口味不断变化，技术日新月异、产品生命周期日益缩短以及市场竞争与日俱增的情况下，老产品终归要被淘汰。因此，调查了解新产品的发展趋势，了解新老产品在市场上更替的动态信息能为推销工作赢得主动。

（二）产品需求调查

推销人员进行的产品需求调查，其主要内容包括：调查本企业产品的总体用户、直接用户、最终用户、潜在用户的需求及用户连带的需求情况。

（1）总体用户需求。总体用户指对本产品有需求的所有用户。调查总体用户需求，目的在于掌握市场的需求总量和需求趋势。掌握这些有关情况，有利于估计市场需求潜力，正确选择推销目标和采用正确地推销策略。进行总体用户需求调查，对推销人员来说是比较困难的工作，尤其是推销产品生产厂家多、用户范围广、需求量大时就更困难，对此往往只能有个大概的了解。尽管如此，却绝不能认为此项调查可以马虎了事。推销人员应尽可能收集利用现有资料或采用典型调查、信息交流方法摸清此情。

（2）直接用户和最终用户需求。直接用户指直接购进推销产品的用户，它有两种类型：一种是为转售而购买的商业性用户，另一种是为生产消费与集团消费而购买的用户。最终用户则是最终使用所购产品的用户。调查这两类用户需求，是为了掌握其对产品的质量、花色、规格等方面的意见与要求，进一步调整供求双方关系，巩固老用户，培养新用户。

（3）潜在用户的需求。潜在用户需求是需求调查的重要内容，满足潜在用户需求是推销方扩大销售、提高市场占有率并开拓市场的重要方面，也是推销人员的重要任务。此项调查的具体内容包括潜在用户数量、区域分布、需求潜力、需求特点、满足与吸引潜在用户需求的可能性等。

（4）互补品需求。互补品是指与现有产品在需求上具有互补性质的商品，即顾客购买 A 产品的同时，会对 B 产品产生一定的需求，A、B 两种产品则具有互补性质，如企业推销 A 产品，也应同时了解用户对 B 产品的需求。如生产皮包的企业，在产生对皮革的需求的同时，会连带地产生对皮包装饰零件的需求。互补品需求是用户需求的重要方面，调查用户互补品需求也是发现潜在用户的重要手段，推销人员在推销过程中要对此予以特别注意，这样往往会给自己带来更多的销售机会。

（三）产品供应调查

作为推销人员调查产品市场供应量，主要是调查本产品具体品种及其相关产品的市场供应量、潜在供应量和区域市场供应量。

（1）具体品种的市场供应量。推销人员调查具体品种的市场供应量，目的在于掌握同类品种的生产厂家、生产数量、质量、花色、规格，根据消费者需求，分析不同厂家产品的同中之异与异中之同，从中寻找新的市场机会。

（2）具体品种的潜在供应量。在市场中产品由畅销变为滞销，除受需求变化的影响外，就是源于供应商变化的影响了。在需求不变的情况下，引起滞销的原因当属潜在供应量，推销人员掌握市场的潜在供应量，是正确选择推销策略、有效扩大推销的重要条件。

（3）相关产品的供应量。推销中，其他相关产品的供应情况对本产品的推销会产生直接或间接的影响。例如，电子表供应商的增加，会减少对机械表的需求，相关产品的供应商销售情况既可能会给推销带来良好的机会，也可能给推销设置无形的障碍。相关产品的供应情况及其趋势，是进行市场分析的重要材料。但是，要掌握这方面的情况，对推销人员来说是比较困难的，一是有些产品涉及的相关产品较多，深层次的相关产品不易发现；二是相关产品涉及的范围和领域较广，行情不易掌握；三是有些相关产品的供应情况的分析还要受推销人员知识面的影响，不易把握。因此，调查相关产品的供应量对推销人员来说，任务极为艰巨，但推销人员应广泛收集资料，加强分析判断，尽力掌握相关产品供应情况，从中求得机会，以促进推销。

(4) 区域市场的供应量。市场上常见某产品在 A 地滞销而在 B 地畅销的现象，这往往是市场供应不均衡的表现。作为推销人员，调查掌握不同地域市场的供应情况，对选择区域市场目标、确定推销重点、搞好产品推销是十分重要的。调查区域市场供应量，主要从调查区域内用户进货量、市场供应情况、用户储存量等方面入手。

(四) 价格调查

价格是反映行情的一个最为灵活的指标，所推销的产品能否为消费者或用户接受，不仅仅取决于产品的质量，其价格的高低也会产生极大的影响。合适的价格可以扩大产品的销售，增加所获利润，相反，价格过高可能导致销售市场缩小，严重时甚至会造成产品滞销；而价格过低又会影响预期利润，造成推销损失。推销价格的制定，不仅要以产品的价值为基础，而且还要考虑市场供求状况，消费者及用户心理等影响价格的因素。所以，必须做好以下几个方面的调查：(1) 市场供求的趋势以及对产品价格的影响；(2) 产品的定价是否合理，如何定价才能使企业增加盈利；(3) 同类产品的价格情况及其定价策略；(4) 替代产品的价格情况及其发展趋势；(5) 新产品的价格政策及产品生命周期不同阶段的定价原则；(6) 消费者对什么样的价格容易接受以及接受程度；消费者的价格心理状态如何；等等。

(五) 产品竞争调查

产品竞争调查的重点是了解市场产品竞争的情况和本产品的市场竞争能力，具体包括以下调查内容：

(1) 当前市场产品竞争状况的调查。主要包括同行业、同品种、替代产品、进口产品的竞争，分析竞争态势，以选择本产品的竞争层次和竞争策略。竞争层次包括为稳定现有市场份额的竞争、实现市场领先的竞争和保持市场垄断的竞争三种。

(2) 竞争对手实力及其所采取的竞争策略的调查。主要了解：①主要竞争对手及其市场占有率；②竞争对手的生产经营规模和资金状况；③竞争对手产品的销售对象和变化趋势；④竞争对手技术水平和新产品的开发经营情况；⑤竞争对手产品的定价策略和推销策略；⑥潜在竞争对手及其发展情况等。

(3) 本产品参与市场竞争的条件。主要是本产品的销售量、市场占有率、市场容量、价格竞争力及发展趋势等。推销人员应通过对产品的竞争情况的调查，做到知己知彼，以求在竞争中运用灵活的推销策略与技术，使自己立于不败之地。

关于本产品行情调查的内容既广泛又具体，上述各方面的划分只是相对的，它们之间常常是紧密联系，相互交织在一起的，这些方面的内容综合起来就构成有关本产品推销活动的行情。只有在全面调查并全面掌握这些具体情况的资料基础上，通过定性、定量的方法加以研究，才可能对行情发展的未来趋势做出比较正确的预测和判断，从而取得推销工作得主动权。

三、顾客资格鉴定

通过上述推销环境和推销行情的研究之后，应该说推销人员从总体上对推销工程已做到心中有数，推销战略与策略均已具雏形。但是，若要使推销工程能顺利实施，还有一个问题不可忽视，这就是顾客研究。顾客即推销对象，也就是推销人员进行推销说服的对象。此处所说的顾客研究，是对推销人员欲对之进行推销说服的特定对象的研究，是推销人员根据自己所推销商品的用途、价格及其他各方面特性，对该对象的全面衡量和评价。与推销环境和推销行情研究相比，可以说，顾客研究是更具体的推销工程可行性研究。推销工程的结果，最终由推销人员与顾客打交道的结果决定。即使对推销环境、推销行情研究得再透彻，而对要与之打交道的人却茫然无知，也可能导致推销工程前功尽弃，一无所获。

顾客研究的内容既多又具体，但其中最基本且与推销工作最为利害相关的，当属顾客的需求、财力、购买决策权这三项，以下将重点阐述。

现代推销学基本观念认为，作为顾客的人（Man）是由金钱（Money）、权利（Authority）和需要（Need）这三个要素构成的，只有三要素均具备者才是合格的顾客。现代推销学中把对特定对象是否具备上述三要素的研究称为顾客资格鉴定。顾客资格鉴定是顾客研究的关键，鉴定的目的在于发现真正的推销对象，避免徒劳无功的推销活动，确保推销工程落实到实处。通过顾客资格鉴定，把不具备条件的对象予以剔除，既避免了推销时间的浪费，又可以提高顾客的订（购）货率和订（购）货量，从而提高整个推销工作效率。所以推销员须根据自己的产品特点和宣传优势，从整体市场中选择恰当的推销对象，从而利用有限的时间和费用，说服那些购买欲望强烈、购买量大、社会影响力大的顾客购买，以减少推销活动的盲目性，收到事半功倍的效果。

（一）顾客购买需求鉴定

顾客购买需求鉴定即事先确定某特定对象是否真正需要推销人员所推销的产品或服务，鉴定内容通常围绕是否需要、何时需要、需要多少这三方面问题而进行。

购买需求鉴定是顾客资格鉴定的重要项目。顾客是否存在需求，是推销能否成功的关键。显然，如果推销对象根本就不需要推销人员所推销的产品或服务，那么，对其推销只会是徒劳无功。不可否认，实际生活中存在这种现象：有些人通过软硬兼施的手段，把推销品卖给了无实际需要的顾客。但从现代推销学的观念来看，这种行为不是我们所讨论的真正意义上的推销。那种带有欺骗性的硬性或软性推销方式，只会损害推销者的推销人格，败坏推销者的推销信誉，应予以坚决反对。

顾客的购买需求既多种多样，又千变万化，同时，需求又是一个极富弹性的东西，因此，要想准确把握推销对象的购买需求，并非轻而易举，需推销人员凭借丰富的推销经验和运用有关的知识，进行大量的调查研究才能搞好。有时，单凭个别推销人员还不行，需借助集体的力量甚至需请有关专家来做此鉴定工作。例如，某些生产资料的购买需求鉴定，往往就是一项专业性较强的工作，不具备丰富的专业知识和有关产品、生产方面的知识，则难以胜任。作为一个推销人员，必须加强学习，善于观察，勤于思考，随时注意收集和利用有关资料，寻求有关人员的帮助，尽力搞好购买需求鉴定。

经过严格的鉴定之后，如果推销人员确认某特定对象不具有购买需求，或者发现自己所推销的产品或服务无益于某一特定对象，不能适应其实际需要，不能帮其解决任何实际问题，就不应（或应停止）向其进行推销。而一旦确信顾客存在需要且存在购买的可能性，自己所推销的产品或服务有益于顾客，有助于解决他的某种实际问题，就应该信心百倍地去推销，而不应有丝毫犹豫和等待，以免坐失良机。在考察分析顾客的购买需求时，还应考虑其购买的可能性。例如，某一顾客刚刚购买了一辆轿车，而此时又有推销员向他推销轿车。在这种情况下，尽管推销员有高超的推销技巧，所推销的轿车在各方面也优于该顾客先前买下的那辆，但在既定的事实面前，该顾客一般不会舍弃手中的轿车而再度购买，推销员想达成这笔交易绝非易事。

值得注意的是，需求是可以创造的。现代推销工作的是实质，就是要探求和创造需求。随着科学技术的发展和新产品的问世，使得顾客中存在大量尚未被认识的需求。此外，顾客中往往也存在出于某种原因暂时不准备购买的情况。对于这两类的顾客，推销人员不应将其作为不合格顾客而草率剔除。正是由于存在尚未被顾客所认识的需求，才为推销人员去大胆探求和创造顾客需求提供了用武之地，也正是由于顾客中存在某种困难，才有赖于推销人员去帮助顾客改善生产和生活条件并解决其潜在的问题。消极等待顾客自己去认识需求，不是现代推销所应有的态度。推销人员应勇于开拓，善于开拓，透过现象看实质，去发掘顾客的潜在需求。

当某一特定对象存在购买需求时，推销人员还必须进一步了解其购买时间和购买需求量，从短期和长期两方面来审查顾客对所推销产品的可能需要量，以确定准顾客的级别。在得知顾客具有购买需求后，推销员还应对他的购买需求量有一个全面的了解。对于需求量大，需求稳定而且可建立长期客户关系的顾客，应优先安排拜访的时间，采取优先级客户的推销措施；反之，要从推销时间和费用等多方面进行权衡，合理安排推销计划。

（二）顾客支付能力鉴定

单纯从对商品的需求角度来看，人们几乎无所不需。但是，在商品经济条件下，只要具有支付能力的需求才能构成现实的市场需求。因此，在对顾客购买需求进行鉴定的同时，必须对其支付能力进行鉴定，以避免推销时间的浪费。

顾客支付能力有现有支付能力和潜在支付能力两类。进行支付能力鉴定时，首先是鉴定顾客现有支付能力，具有购买需求及现有支付能力的顾客，是最理想的推销对象。其次应注意对顾客潜在支付能力的鉴定。一味强调现有支付能力，不利于推销局面的开拓，掌握顾客的潜在支付能力，可以为推销提供更为广阔的市场。当顾客可以信任并具有潜在支付能力时，推销人员应主动协助顾客解决支付能力问题，建议顾客利用银行贷款或其他信用方式购买商品，或对其进行赊销（应控制其偿还贷款的时间）。

要准确地鉴定顾客的支付能力并非易事，绝大多数顾客不愿向别人透露自己的财力状况，很多企业内部的财务资料对外保密。因此，要做好顾客支付能力鉴定，需要推销人员做大量的多方面的调查和努力，以便从多方面的资料中对顾客的支付能力做出推算。例如通过对顾客的收入水平、家庭人口或生产规模、经营状况等情况的调查去推断其支付能力，就是一条有效的途径；另外，还可通过有关统计部门、上级单位或内部成员等得到真实资料。

（三）顾客购买决策权鉴定

现代推销注重推销效率，向一个家庭或一个集团客户进行推销，实际上应是向该家庭或集团的购买决策人进行推销，因此，顾客购买决策权的鉴定，也就成为顾客资格鉴定的一项重要内容。若事先不对推销对象的购买决策状况进行了解，不做事前的调查分析，见到谁就向谁推销，很可能事倍功半，甚至一事无成。

现代家庭的购买决策状况比较复杂，除了一些大件商品或高档商品的购买决策权比较集中外，一般商品购买决策权利呈逐渐分散趋势，增加了对其进行鉴定的难度。尽管如此，从现代推销的基本观点来看，正确分析推销对象家庭里的各种微妙关系，认真进行购买决策鉴定，仍是非常必要的。现代推销人员，必须具有善于识别购买决策人的本领。

集团客户是指企事业单位和各种团体组织。对于集团顾客，购买决策权的鉴定尤为重要，否则，推销对象范围太大，势必造成推销的盲目性。作为现代推销人员，必须了解集团客户内部组织结构、人事关系、决策系统和决策方式，掌握其内部各部门主管人员之间的相对权限，向具有决策权或对购买决策具有一定影响力的当事人进行推销。唯有如此，才能有效地进行推销。

如果说推销环境研究与产品行情研究是从宏观角度对推销工程进行可行性研究，那么顾客资格鉴定则是从微观角度对推销工程进行可行性研究。前两项研究均在推销工程开始之前进行，而顾客资格鉴定虽始于推销工程正式开始之前，却必须在寻找顾客获得准顾客名单之后才能进行。同时，顾客资格鉴定又不仅仅是事先研究，而是贯穿于整个推销过程中的一项重要工作，这也是此项研究的特殊之处。推销人员应根据自己的实际情况，制定一些具体的鉴定标准，随时依照所定标准对推销对象进行全面的鉴定，一旦发现问题，立即采取措施或者停止推销活动。对于鉴定后合格的顾客，推销人员应尽一切努力，消除推销障碍，帮助顾客解决实际问题，促成交易。

【推销实例 4.2】

徐成春：一元擦鞋店，酝酿突围

徐成春留意到，现在进店擦鞋的多为男士，穿 800~900 元的皮鞋很普遍，有时还会遇到几万元的鞋。女式凉鞋，五六百元的比比皆是，而长筒靴过千元的更是司空见惯。这些顾客进店擦鞋，特别追求品质。徐成春和顾客交谈了解到，他们并不放心鞋摊上擦鞋的方式，甚至有人开玩笑说“能不能给我设个包间擦鞋”。新的市场变化，让徐成春立志革新。

“目前，擦鞋店已进入瓶颈期，多数店铺都靠低价竞争来吸引顾客，我们如果加入与街头擦鞋工抢生意的阵营，只有死路一条。我个人认为细分客户群，主抓中高端客户的做法是可行的。”接下来的两个月，他将召集全国加盟商进行市场调查。

徐成春算了笔明白账，以武汉循礼门的店面为例，30 平方米的店铺，月租 3500

元，5张擦鞋椅占去了80%的空间，擦鞋占用了一半的员工，产生的收益却不到总营业额的10%，投入和产出完全不成正比。

“这次变革就是要提高店铺的利用率，搬掉擦鞋椅，改变即擦即走的模式，让顾客将鞋留下来保养；多出的空间可做其他用途。”

问题：徐成春是如何鉴定顾客需求的？又是如何分析市场行情的？

资料来源：新浪博客，2008 年 10 月 21 日，http：//blog. sina. com. cn/s/blog _ 59f28e160100bn97. html.

第三节 推销战略

推销过程，通常表现为运用一定的推销方法与技巧达到目的的过程。其实，推销方法与技巧不过是推销过程中的“战术”。推销术运用得得当与否，不仅在于是否熟练地掌握了推销术本身，更取决于是否受到推销战略的支配与指导。在明确企业所面临的推销环境，并进行推销工程的可行性分析基础上，企业要真正取得推销的成功，还必须在正确的推销战略指导下运用推销方法与技巧，才易于做到运用自如，轻车熟路，才能有效地达到预定的推销目的。

一、推销战略及其意义

（一）战略与推销战略

“战略”一词原为军事术语，是指对战争全局的筹划和指导战争全局的策略。后来，战略这一概念被广泛运用于政治、经济、科技、教育、管理等各个领域，其含义便逐步普遍化了。作为广义的范畴，战略一般指有关总体目标与发展方向的重大的、带全局性的、根本性和长远性的谋划与策略。

根据战略的一般特征和推销工作的具体实际，我们将推销战略定义为：企业与推销人员为顺利进行销售活动、依据推销内容、推销能力和推销环境而制定的总体目标、长远规划、重大决策及基本策略。推销战略决定、制约着推销活动的各个环节和整个过程，对于企业和推销人员增强推销能力、提高推销效率、优化推销策略，最大限度地推销产品（或商品），最终实现企业经营总目标有着重要意义。

（二）推销战略的意义

（1）促进企业战略目标的实现。企业战略是企业生产、管理、营销等方面统筹安排和协调发展的总体策划与大体方针。推销战略是企业战略有机的、重要的组成部分，是为企业战略服务的。推销战略的建立以及推销战略计划的实施，将有力地促进企业战略目标的顺利实现。推销战略受制于企业战略，若偏离企业战略来制定推销战略，就会缺乏目的性和长远性。然而企业战略如果没有推销战略作为子战略，则会缺乏完整性和有效性。企业效益总目标的实现过程容易受到推销活动中短期行为的干扰，所以推销战略在企业战略和企业发展中的地位与作用日益增强。

（2）增强企业的市场竞争能力。作为产品价值实现的一种重要途径，作为企业经营活动中一种行之有效的促销手段，人员推销是最古老而在今天仍然生命力很强的促销方法。但是并不是所有的推销人员或企业都能够在现代商战中获得推销的成功，事实上，许多企业及其推销人员在推销活动中被对手击败。究其原因，除了受到某些主客观条件制约外，不能不说与缺少战略有关。现代推销要从推销战略的高度出发来制定推销方案与措施，从而增强企业的市场竞争能力。

以推销战略强化企业的市场竞争能力，还需要推销战略的制定与实施得到人员和组织的保证。十分重要的一条就是提高推销人员的素质和地位。改革开放以来，我国经济迅速发展，但推销人员培养比较薄弱，造成推销人员严重不足，素质较低，而且推销人员地位不高。这种状况远远不能适应我国经济发展的需要，势必影响企业制定推销战略的科学性和实施推销战略的有效性，从而削弱了企业的推销实力和竞争能力。因此，加快推销人才的培养，提高推销人员的决策管理水平，提升推销人员在企业中的地位，是我国企业急需解决的问题。

（3）有助于优化推销策略。这里所说的推销策略，是指解决推销过程中实际问题的方式与办法。在推销战略基础上制定、调整和运用推销策略，便于对推销策略进行优化，而优化的推销策略更利于提高推销成效。

根据推销战略制定诸如激发购买欲望策略、产品示范策略、报价策略、讨价还价策略、接待顾客策略、洽谈策略及成交策略等推销策略，要求无论在内容还是形式上都要符合整体性、长远性、协调性和相容性，都必须服从和服务于实现推销战略的总目标。推销策略的实际运用中也存在着优化的问题。在推销过程中，要以推销战略为指导才能达到最佳的效果。推销策略实现作用，需要具备一定的条件，包括选择一定的途径和手段，遵循一定的程序和要求，还要考虑对象和环境的特殊性等。在实际推销过程中，基于推销战略而综合或交替运用多种推销策略，往往能够强化推销行为的被接受性，收到较好的推销效果。推销活动是在动态的市场环境中进行的，因而当环境发生变化致使原来的推销策略不力或无效时，就应及时进行调整。调整的原则是：既要考虑推销环境，又要服从推销战略。而那些只看眼前、只顾局部的随意改变推销策略的做法，不会取得最后的成功。

二、推销战略的基本特征

科学制定和正确实施推销战略，需要把握推销战略的以下基本特征：

1. 全局性

全局性是推销战略最重要的质的规定性。推销战略以整体为着眼点和出发点，研究影响和制约推销活动全局的各种基本因素及其相互关系。推销战略全局性特征主要表现在下述几个方面：

（1）推销的战略方向，即整个推销活动的基本取向与发展前景。推销的战略方向又包括空间方向和时间方向。空间方向应选择与推销内容相关的最适合的推销地区和最大范围的推销区域；时间方向是指推销远景，推销战略通常要展示出根据现有和将来创造的条件可以或可能变成现实的发展前景，作为企业与推销人员的努力方向。

（2）推销的战略目标，是指企业与推销人员的推销活动在一定时期内所要达到的总体水平和效果。推销的战略目标必须明确，包括有明确的内容、指标和实现时间等。

（3）推销的总体规划，是指为实现推销战略目标而设计的总的蓝图，是推销战略目标的具体化和程序化，从整体上框定了推销业务的发展模式、发展过程和战略步骤、战略措施等。

（4）推销的基本策略，这里讲的基本策略是指战略性策略。推销的基本策略具有观念性、指导性、多样性和艺术性，在推销活动中应正确、灵活地运用，并随着推销内容、形式和环境的变化而加以调整和完善。

（5）推销者与推销对象利益的统一性。推销者的利益和推销对象的利益是密切联系、互为条件的。推销者的利益，既是推销活动的出发点，又是推销活动的归宿。而推销者利益的实现又取决于推销对象的愿望和要求的满足程度。所以，重视推销者的利益和满足推销对象精神和物质的需要在推销战略中都有重要的意义。

2. 长远性

推销战略是为推销活动的未来发展而设计的，是为实现推销者的长远利益而进行的谋划。从时间来看是在一个较长时期内指导和影响推销活动。作为一个正确的推销战略，最终效果是显著的，但有时却不能在短时期内看得清，所以推销人员不能因为眼前利益而牺牲长远利益。为了进一步了解推销战略的长远性特征，推销人员必须把握以下几点：

（1）形象制胜，推销人员的形象是在竞争中取胜的法宝，从顾客的接受心理来看，顾客往往是在认可和接纳了推销人员之后，比较乐意接受其所推销的商品。推销人员的形象包括内在素质和外在形象两个方面。内在素质又包括思想素质、心理素质、知识结构和业务能力等。外在形象主要表现在仪表、风度、举止、谈吐、礼仪等方面。

（2）优质服务，就长远性而言，优质服务也是推销战略的一项重要的内容。优质服务之所以是一种战略考虑，不仅在于它是一种行为，而且更在于它是一个过程。从现代服务的观点来看，推销行为实际上是一种伴随产品销售而产生的服务行为，它应当是高水平的服务贯穿于推销活动的自始至终，保持恒定性和长久性。

（3）广结人缘，对推销人员来说，广结人缘是指能够同尽可能多的顾客建立和保持长期的友好往来关系。当今时代是沟通信息的时代，是需要广泛建立人际关系网的时代。推销人员应该与顾客建立、保持和发展广泛的、长期的友好合作关系，而不是货款收讫后就消失。

（4）开拓未来，推销战略注重推销业务未来的发展，要求推销人员在推销活动中要勇于开拓，积极进取。一方面推销人员要引导消费者的消费观念，把企业新推出的产品介绍给顾客，激发他们的消费欲望和购买行为。另一方面，推销人员要努力发现和发掘消费者的潜在需求，及时反馈给企业，推出适合消费者需要的产品，开辟新的更广阔的市场。

3. 动态稳定性

推销战略是统揽全局和长远发展的战略，因此必然是具有稳定性的战略，但是推销战略又不是绝对静止和稳定的，随着环境条件的变化，须对推销战略进行适时的、合理的调整，以适应推销的对象和市场。正确理解推销战略的动态稳定性，是科学的制定和调适推销战略的一个基本前提。为此，应辩证地把握以下几点：

（1）推销战略的稳定不变性。如果所制定的推销战略是科学和正确的，一般情况下，不会因为内部和外部因素的变化或干扰而失去其整体性质。如果推销战略不稳定就会使推销行为无章可循，易在变化的市场中被对手击败，所以坚持推销战略的稳定性是十分重要的。

（2）推销战略稳定的相对性。推销战略的稳定，只是表明其基本内容与基本性质的确定性，并不意味着绝对不变。由于推销者的内部环境和外部环境在不断变化，尤其是市场环境和社会大环境的瞬息万变，推销战略中不适应的方面就要相应的改变，这是实现推销目标的需要。在正确的推销战略的生命周期内，稳定是基本的，变化是局部的。

（3）推销战略的风险性。在推销领域的任何决策度不可能是在信息绝对充分的条件下做出的，都是对未来所做出的预计性决策。由于推销环境的复杂性和多变性，推销战略的制定和实施具有一定的风险性。推销活动难以完全避免风险，所以，一方面要设法将不利于推销活动的风险降低到最低限度；另一方面，要敢于出击，抓住机会。风险和机会往往可以相互转化，市场机会稍纵即逝，谁能够先抓住机会就可以掌握竞争的主动权。

（4）推销战略的应变性与调适性。由于推销战略是一种动态的、相对稳定的体系，而且有一定的风险，制定推销战略时就应该留有余地，以增强其对新情况的应变性和抗干扰能力。推销战略整体的改变通常有两种原因，一是由于信息、判断或预测不准确而造成的错误的推销战略，一经发现需加以改变。二是推销活动主客观环境发生重大的根本性的变化，推销战略要及时改变。如改变了原有的推销战略，企业和推销人员就要根据新的条件、环境和发展趋势，按照科学的原则和方法尽快制定新的推销战略，促进推销工作不断提高水平，取得更大的成效。

三、推销战略的制定

为了使推销活动在总体目标与总体规划的指导下顺利进行，企业与推销人员应根据推销战略的基本特征，在比较充分地分析研究推销环境与推销能力的基础上，制定出切合自身实际地推销战略，并具体化为阶段性计划与措施，以便在推销工作中付诸实施。

（一）建立推销战略的原则

推销战略应当是科学的、合理的，能促使推销业务有较大发展，并在推销实践中行之有效，为此，在制定推销战略时，需遵循以下基本原则：

（1）系统性原则。这一原则要求企业与推销人员要通过系统地考察研究推销活动的各个方面、各个环节以及影响推销活动的各种因素来制定推销战略。推销战略是全局性的谋划，但全局是由局部构成的，全局的变化发展规律只能存在于各个局部之间的相互制约、相互作用之中。因此，需要把握推销工作全局的规律，需要从局部入手，分析研究推销过程中的各个局部和局部之间、局部与全局之间的相互作用关系，从这些关系中，找出影响全局的问题，揭示支配全局的规律，从而制定出具有针对性、现实性和可行性的推销战略。系统是有层次的，推销工作全局的下面一个层次是具体推销活动中的局部因素，而推销工作全局的上面一个层次是企业各项工作构成的全局。相对于企业的全局工作，整个推销工作又成了局部。局部应服从全局，制定推销战略要有利于企业的整体发展。局部之间要互相协调，制定推销战略必须充分兼顾与企业的生产、供求、技术、管理等工作协同发展。推销战略是一项系统工程，旨在追求整体发展的最大效益。

(2) 科学性原则。推销战略的制定不宜从个人的经验出发，不能凭个人兴趣和想当然，而要以一定的推销理论为指导，以企业的外部环境和内部条件为依据，进行深入的探讨和周密的论证，按照科学的方法和程序来制定，使之符合推销活动的发展规律，在推销活动中切实可行。在实施过程中，还要不断对其进行检验、修正和完善。

(3) 优势性原则。优势是就推销者自身而言的，是企业与推销人员相对于竞争对手的长处。任何推销者都有自己不同于竞争对手的优势和劣势，制定推销战略必须全面考虑怎样有利于发挥自己的优势，避开自己的劣势，克服自己的短处。但并非所有的企业和推销人员都很清楚自己的优劣势。因而，贯彻优势性原则，首先因详尽分析、深入考察自身的推销工作和与之相关的各种因素，并与竞争对手进行比较，从而发现和弄清自己的优势与劣势，长处和短处。然后在制定推销战略目标和总体规划时扬长避短，以便在实施推销战略中以优势取胜。

企业应当分析研究下列优势中具备哪些优势：①产品优势，包括产品的质量优势、品种优势、装潢优势、更新优势等；②资源与资金优势；③人员优势，包括推销人员的数量优势、素质优势、合理构成优势等；④推销策略优势；⑤推销渠道与手段优势，等等。认识自己的优势，根据优势来制定推销战略，就能在实施推销战略的过程中得心应手。

(4) 政策性原则。该原则对制定推销战略有以下要求：①推销战略必须符合国家、地方的政策法令和有关规定，制定推销战略时要学习了解相关的政策知识，推销战略制定之后，应随着政府法令的变化而进行相应的调整；②推销战略还要遵循企业制定的各项经营政策，与本企业的政策相一致，避免出现在本企业内自相矛盾的情况；③在推销战略的基础上进一步制定相应的具体执行政策，建立保障推销战略顺利实现的有关制度，使推销活动有章可循。

(二) 确定推销战略目标与战略重点

(1) 确定推销战略目标。在推销战略方向明确的前提下，制定推销战略的第一步就是确定推销战略目标。企业领导或销售部门负责人应选择具有较好的业务素质和有一定决策能力的推销人员及有关人员，组建成推销战略决策机构，对企业与推销人员的推销能力和外部推销环境以及推销过程中所存在的问题进行系统的调查、分析、研究和归纳概括，然后对推销工作整体的长远发展进行总体构思与策划，并经过严密的科学的推论，进而依据制定战略的基本原则正确地制定推销战略目标。推销战略目标的内容及要求，本章第一节已做了阐述。

(2) 明确推销战略重点。明确了推销战略目标之后，就要根据推销战略目标进一步确定推销战略重点。推销战略重点是实现推销战略目标的关键和突破口，在整个推销战略要素中处于更重要的地位。选择战略重点对于制定和实施推销战略具有重要的意义，选择得当对完成整个推销战略任务将产生重大的推动作用。

【推销实例 4.3】

小米手机：把新营销当作战略，做服务，涨粉丝

米式营销有三板斧，其实也是被逼出来的。

第一板斧是把新营销当作战略。不是试验田，而是主战场。因为没有预算，只能选择社会化营销的手段。很幸运的是，小米碰上了一个大的顺风车，2010 年正好是微博大爆发的时候，小米迅速抓住了这个机会，并变成品牌的主战略。从小米网的组织架构上，你能看到这种战略聚焦，小米网的新媒体团队有近百人，小米论坛 30 人，微博 30 人，微信 10 人，百度、QQ 空间等 10 人。

第二板斧是做服务。客服不是挡箭牌，客服就是营销。小米论坛是这种服务战略的大本营，微博、微信等都有客服的职能。小米在微博客服上有个规定：15 分钟快速响应。为此，还专门开发了一个客服平台做专门的处理。特别是微博上，不管是用户的建议还是吐槽，很快就有小米的人员进行回复和解答，很多用户备感惊讶。

第三板斧是涨粉丝。微博营销，最关键的抓手就是粉丝。小米涨粉丝的秘密武器就是事件营销。小米在微博上做的第一个事件营销是“我是手机控”，从雷军开始，发动手机控晒出自己玩过的手机，大概吸引了 80 万人参与。转发量最高的是“新浪微博开卖小米手机 2”，也是新浪微博 2012 年最高转发纪录保持者，转发 265 万次，涨粉丝 37 万人。

资料来源：CSDN 博客，2014 年 2 月 27 日，http：//blog. csdn. net/ithought/article/details/20055249.

（三）制订推销战略方案与计划

在上述工作的基础上，制定推销战略进一步的程序，就是围绕推销战略目标和根据推销战略重点来拟定推销战略方案。推销战略方案是在推销战略决策机构的成员进行反复思考、深入讨论和认真细致的可行性研究基础上，从若干个备选方案中优选出最佳方案。推销战略方案的制订、评价与选择，仍应遵循建立推销战略的基本原则，并充分考虑其现实可行性、预期效益性和能否达到较先进的水平。

实现推销战略目标往往要经历一个较长的过程，这一过程又由若干个阶段计划组成，每个阶段都有推销战略的阶段目标。所以，优选出的推销战略方案还要具体化为循序渐进的若干个阶段计划，它们是为实现推销战略的阶段目标服务的。阶段目标的实现过程，就是向推销战略的总目标逼近的过程。此外，还要根据推销战略的阶段计划制订相应的战略措施和实施步骤，确定有利于执行计划的方法、途径与手段，才能使推销战略方案得以实现。

推销战略方案是否现实可行需要实践的检验。在实施推销方案与计划的过程中，可以采取典型实验和局部试行的方法，以便发现存在的问题，从而及时修正，避免更大的损失。等到推销战略方案与计划的正确性得到一定的验证及取得一些成功的经验后，再逐步全面实施。同时，在实施推销战略方案与计划时，要做好信息的搜集反馈工作，及时调整

不适合推销业务发展及新的推销环境的部分，使推销战略日益完善。

【本章小结】

推销环境是影响和制约推销活动的各种外部因素的总称。主要包括人口环境、经济环境、文化环境、竞争环境、地理环境、科技环境、政治与法律环境、道德环境等。

推销工程可行性分析，就是在实施具体推销工程之前，对该推销工程项目进行全面、详细、周密的市场调查研究和综合论证，从而制订出具有最佳经济效益的推销方案的过程。进行推销工程可行性分析的目的就在于，判断某项推销工程是否切实可行，以抛弃不可行的方案，修正完善可行的方案，以提高推销效率和效果。

一般来讲，推销工程可行性分析的内容主要有：(1) 推销环境的分析；(2) 产品市场行情调查和预测；(3) 推销对象基本情况研究；(4) 市场营销可行性分析；(5) 推销策略与推销人员的可行性分析。推销工程可行性研究一般可分为三个阶段：机会研究阶段、初步可行性研究阶段、可行性研究阶段。一个完整的推销工程可行性研究过程，一般可分为四个步骤进行：调查研究、拟定推销方案、优化和选择方案、优选方案的详细研究等。

所谓产品（或商品）行情，是指产品的市场销售条件状况。它主要包括五个方面：产品、产品需求、产品供应、产品价格和产品竞争。

顾客研究是更具体的推销工程可行性研究。顾客研究的内容既多又具体，最基本的是顾客的需求、财力、购买决策权这三项。

推销战略是指企业与推销人员为顺利进行销售活动，依据推销内容、推销能力和推销环境而制定的总体目标、长远规划、重大决策及基本策略。推销战略具有全局性、长远性、动态稳定性的基本特征。

【思考题】

1. 什么是推销环境？它包括哪些方面的内容？
2. 推销工程可行性研究有何意义？
3. 推销工程可行性研究分为哪几步？
4. 推销工程可行性研究的内容包括哪些方面？
5. 顾客资格鉴定从哪些方面进行？
6. 制定推销战略对企业有何意义？
7. 如何全面理解推销战略的基本特征？
8. 怎样才能制定科学的推销战略？

【案例讨论】

微信成功背后的“三个圈”

微信作为国内手机 App 老大，已然成为新时代人手必备的互联网产品，腾讯官方最新发布的统计数据表明，截至 2016 年 12 月，微信月活跃用户数达到 8.89 亿人，带动了超过1700亿元的信息消费，占据了2016年中国信息消费总规模的4.54%。有人说，微信的成功，在很大程度上得益于它背后的“三个圈”。

一、朋友圈

通过微信朋友圈，我们可以了解朋友之间的动态并相互交流互动，与此同时，在分享动态的时候，我们会选择让一部分人可见，一部分人不可见，也可以让朋友只看最近某些天的动态，这也给我们的人际交流带来了更多的主动性和选择性。现在朋友圈已经成为我们表达自我和关注朋友近况的必不可少的一个途径。

二、支付圈

目前，微信支付功能占据了中国移动支付市场的半壁江山，我们可以通过微信支付向朋友转账，几乎也可以向任意商家完成付款，甚至现在许多微信用户在城市出门几乎不用带钱包，一部安装了微信的手机几乎可以在任何地方完成付款。同时，微信理财让我们在花钱的同时更多了一个赚钱的渠道。传统的支付方式和理财方式正在受到微信支付理财功能的巨大冲击。

三、服务圈

随着微信的使用大量普及，微信的第三方服务平台大量出现，形成了微信的服务圈。我们可以通过微信的第三方服务平台更便利地完成诸多消费行为——购买电影或演出门票、手机话费充值、家庭水电气的缴费、信用卡还款、医院挂号、购买火车票和机票、订外卖、约出租车等。现在的微信向我们提供了越来越多的生活服务，使得用户对它的依赖程度也越来越高。

思考：

1. 微信这一产品之所以能迅速被市场所接受，你认为原因主要有哪些？
2. 请对微信这一产品的市场推广做可行性分析。
3. 你认为微信想要进一步扩大市场，还需要有哪些改进？

第五章 推销心理与推销模式

【学习目标】

通过本章学习，要求掌握：

1. 明确顾客的购买心理与购买行为是复杂多变的活动过程；
2. 掌握推销方格理论；
3. 理解各种推销模式的特点；
4. 运用推销方格理论和推销模式来研究推销心理活动和过程。

【内容摘要】

本章第一节重点介绍了顾客心理与推销员心理，主要有顾客购买心理活动的四个过程，即认知过程、情感过程、意志过程和购后感受过程，推销员心理品质包括情感品质、意志品质和能力品质；第二节粗略地介绍了美国著名管理学家罗伯特·R. 布莱克教授和J. S. 蒙顿教授提倡的“管理方格理论”，并详细讲解了由此演变的“推销方格理论”(Sales Grid)；第三节从掌握规律的角度介绍了推销模式，重点介绍了“爱达”模式、“迪伯达”模式、“吉姆”模式等。

第一节 顾客心理与推销员心理

在现代推销活动中，由于推销的双重主体——推销员和顾客都是由人构成，买卖之间必然伴有大量的人的心理活动，同时也会出现千姿百态的心理现象。而这些心理活动又将决定双方的交易行为，从而成为决定推销成败的关键性因素。

一、推销心理的含义

（一）推销心理的概念

推销心理是指推销活动中客观现实在推销员与顾客头脑中的反映。在推销活动过程中，推销员和顾客对客观现实的反映各不相同、千差万别，从而形成各自不同的心理现象。把握好这些心理活动规律和特征，有助于推销员有针对性、创造性地开展推销工作，顺利地完成推销任务，实现企业的经营目标。

（二）推销心理的特征

推销过程中错综复杂的心理表现都是由推销员和顾客的心理特征决定的，推销心理具有互动性、趋同性、差异性和不对等性的特征。

1. 互动性

推销过程是由推销员和顾客双向沟通协商的过程，彼此的心理是相互影响、相互制约的。各自不同的心理表现，都会给对方的心理带来微妙的影响，并影响推销结果。故推销活动中了解推销心理的互动性，对企业和推销员是非常重要的，在实际推销中要求企业和推销员不能单方面进行推销工作，要从多方面来考虑。比如有时推销员过分热情会对顾客产生较大的心理压力，从而导致推销的失败；有时过于疏远又会使推销无法顺利地实现。推销心理的互动性要求推销员在推销工作中用自己的热情去鼓舞顾客，用自己的知识去说服顾客，用自己的信心去感染顾客，同时能准确地分析和预测顾客各种行为的表现及反馈的心理信息。

2. 趋同性

推销心理的表现千差万别、各不相同，但又是有规律可循的，我们可以从不同的推销心理表现中找出共性的表现，从而找出其内在的规律，即趋同性。比如顾客的性格在籍贯上表现出一定的趋同性，南方顾客的性格普遍较为含蓄、精明、柔弱；北方顾客的性格普遍较为直率、粗犷、坚强。另外，社区消费中推销心理也具有较强的趋同性。推销心理的趋同性要求推销员能够正确运用顾客的共性有效地展开工作。

3. 差异性

推销心理具有趋同性，同时也具有差异性，主要是推销员和顾客的个体的差异造成的。推销员和顾客在不同的自然和社会环境中形成了不同的心理特征，对客观现实的反映有着不同的认识，这主要体现在年龄、性别、文化、宗教、民族和地域等方面的差异。比如在推销活动中，年轻人接受新产品较快，老年人接受新产品较慢，特别是时尚和流行的产品，这种心理差异就更大；在审美心理上，中国人喜欢菊花，把它与“梅、兰、竹”一起誉为花中的四大君子，而欧洲一些国家却非常忌讳菊花。推销心理的差异性要求推销员在推销工作中根据具体的顾客来进行推销，并树立“推销无定式”的理念。

4. 不对等性

推销心理的不对等性主要表现在推销员和顾客的信息交流过程中的心理表现的不对等性。虽然推销员与顾客在推销活动中存在互动，但由于个性、环境、时机和观念等差异，彼此的心理表现出不对等性。比如在有科技含量新商品的推销中，推销员通过各种方式来教育引导顾客，但许多顾客却一时难以接受。

（三）推销心理的分类

推销心理的分类很多，我们主要根据主体的不同分为：顾客心理和推销员心理。

二、顾客心理

顾客为满足自己的物质、文化生活需要而进行的购买行为，是以千姿百态的心理活动作为基础的。顾客在购买过程中所发生的心理活动，既依存于当时的客观实际，又受大脑神经活动特点制约，尤其是动机与兴趣、情感和意志等方面，更多地包含着购买者本身的成分。因此，顾客在购买过程中所产生的心理活动，是主观需要与客观条件的统一，是顾客对客观事物和自身需要的综合反映，这种心理活动直接支配着顾客的购买行为，影响着购买的过程，从而形成各种不同的购买行为。

（一）顾客购买的心理活动过程

推销活动中，顾客的各种心理现象，都是客观事物在人脑中的反映。顾客从需要到购买商品的过程受各种因素影响，其心理活动是非常复杂的，但又具有一定的规律性，这就是顾客购买心理活动的四个过程，即认知过程、情感过程、意志过程和购后感受过程。

1. 认知过程

顾客在采取购买行为时，总是从对商品的认知开始的，假如顾客对商品一无所知，就不可能采取购买行为。所以顾客对商品的认知过程是其产生购买行为的基础。而顾客对商品的认知过程，就是顾客对商品的个别属性各种不同的感觉加以联系和综合反映的过程，这个过程是通过顾客对商品的感觉、知觉、记忆、思维和想象等心理活动来完成的，这种认知过程可以分为感性认知和理性认知阶段。

（1）感性认知阶段。顾客对商品的认知过程是从感觉开始的。顾客通过感官来接受商品的各种不同的信息，形成对商品个别属性的心理反映。比如颜色、大小、形状、气味、粗细、软硬、冷热和结构等，产生诸如新颖、名贵、美观、鲜美和悦耳等感觉。在感觉的基础上，再通过意识对商品的感觉材料加以整理和综合，在头脑中进一步反映商品的整体，即商品的各种属性的综合，这就是知觉过程。通过知觉过程，顾客对商品形成了较完整的形象，完成了对商品的初级认知——感性认知阶段。

（2）理性认知阶段。顾客对商品的认知过程，只有感性认知是不够的。随着认知的深入，还必须进入理性认知阶段。理性阶段包括记忆、思维、想象等一系列复杂的心理活动。

顾客为了加强对商品的认知，必须借助于记忆把过去生活实践中感知过的商品、体验过的情感和知识经验，在头脑中重复反映出来，否则，必然会影响对商品的认知过程，甚至难以完成这一认知过程。因此，对推销者来说，在推销活动过程中，在商品的造型、色彩、包装、商标、命名、陈列与广告宣传等方面采取强化记忆和技巧手段是十分必要的。鲜艳夺目的装潢色彩，对比强烈的橱窗陈列，富有特色的商品包装，寓意深刻、简明易记的商品名称，生动形象的商品广告等，都会在顾客的头脑中留下深刻的记忆，从而起到深化认识的良好作用。

顾客经过这些心理活动掌握商品的本质属性及其规律联系性，运用分析、综合、比较、抽象、判断和推理等思维方式，从而理解这种商品的制作材料、方法和过程、制作原理，评定判断商品质量，进而预想商品的使用效果，以及获得的心理满足等。由此，顾客还根据文字寓意、说明、图案象征等信息产生丰富的美好的想象，从而引起强烈的购买欲望。

2. 情感过程

顾客对水平经过认知过程之后，并不一定采取购买行为。这是因为顾客是社会人，处于复杂多变的社会环境之中，是否决定购买在很大程度上要受情感的影响，购买过程中，顾客情感的产生和变化主要受以下因素影响：

（1）购买环境的影响。这主要是指商店的布置和环境。如果商店布置得清洁、美观、大方，商品陈列得整齐、井然、充实，就会给购买者愉快、舒适、清新的感觉，从而产生兴奋、喜悦等积极的情绪状态，从而激发购买欲望。否则，就会引起顾客的失望、厌烦、压抑的消极情绪，进而失去购买欲望。

（2）商品自身的影响。这主要是指商品的包装、商标、造型等。色彩鲜艳、搭配协调柔和、包装美观新颖、造型合理的商品会给人以美的享受，从而激发顾客的喜悦情感而产生购买欲望。反之，顾客就可能产生不悦的情感，甚至厌恶而不屑一顾。

（3）个人情绪的影响。不同的顾客有着不同的生理特点、性格倾向、生活习惯和社会经历、事业成功状况、需求的缓急、道德观念、社会地位、信仰及自然环境、身体状况、社会关系等，这些不同的心理状态背景构成了不同的情绪状态，从而产生不同的购买心理与购买行为。

（4）社会情感的影响。由于社会性需要而引起的情感通常被称为高级社会性情感。这种高级社会性情感可归结为道德感、理智感和美感三类。顾客对商品的情感过程一般又分为这样几个阶段：注意→兴趣→喜欢→联想→欲望→激情→比较。这几个阶段的内容在此不做详细介绍。

3. 意志过程

顾客对商品的实际购买行为是在意志决定下起作用的，而意志总是通过行动表现出来。意志行动有各种表现，有时表现为积极的购买行动，有时则表现为行动的抑制或拒绝。当顾客喜欢某种商品时，无论购买欲望多么强烈，但在成交之前，商品还不属于顾客，因此，这时的意志就起着关键作用。顾客的意志过程有的比较简单，有的则很复杂。简单的意志过程，在确定购买目的后就立即付诸购买行动。复杂的意志过程，在确定购买目的后，从拟订购买计划到实际购买，还需要付出一定的意志努力，甚至还经过一个准备阶段，才从决定购买到实际购买。因此，顾客的意志行动的心理过程一般分为三个阶段。

（1）作出购买决定阶段。这是意志行动的初始阶段，或购买前的准备阶段。主要表现是权衡购买动机，确定购买目的，选择购买方式方法和制订购买计划。顾客的购买行为总是由一定购买动机引发的，有些购买行为往往还有许多动机，在多种动机出现时，顾客往往就需要认真地加以权衡，对购买动机作出具体的分析，选择恰如其分的购买动机。正确选择了购买动机之后，一般就能确定购买目的，确定购买动机和目的之后还要拟订实现购买目的的计划和方式方法，在这个过程中，还要经过复杂的心理活动。所以，在这个阶段，顾客主要是克服个人心理上的冲突，战胜主观和客观上的困难，以作出购买决定。

（2）执行购买决定阶段。顾客一经作出购买的决定，即化为购买行动，这就是意识作用的外化和主观见之于客观的阶段。顾客从作出购买的决定过渡到实际购买的阶段，这个过程并不是一帆风顺的。而要克服主观上和客观上的许多困难，即不仅要克服消极情绪情感所造成的困难，还要排除各种外部的障碍，为实现既定的购买目标而付出一定的意志努力。所以，实施购买决定，是真正表现出意志的中心环节。

（3）体验执行效果阶段。完成购买行为后，顾客的意志过程并未结束。通过对商品的使用，顾客还要体验执行购买决定的效果，如商品的性能是否良好，使用是否方便，外观与使用环境是否协调，等等。在上述体验的基础上，顾客将评价购买这一商品的行为是否明智。这种对购买决策的检验和反省，对今后的购买行为有着重要意义，它将决定顾客今后是重复还是拒绝，是扩大还是缩小对该商品的购买。

顾客在购买活动中的认知过程、情绪过程和意志过程是相互联系的。意志过程有赖于认知过程，同时又促进认知过程的发展和变化。如果没有对商品的一定认知，就不可能作出和执行决定；通过意志过程促进认知过程中各种活动的加强，从而使顾客对商品获得更新的认知。意志过程又有赖于情感过程，并且能调节情感过程的发展和变化，如果没有积极情绪的推动，就难以作出购买决定和完成实际购买；意志过程可以控制和调节情绪，从而使内部冲突和外部障碍得到解决，引起情绪情感向积极方向发展变化。

4. 购后感受过程

通过上述过程购买商品之后，亲身的使用或其他人员对该商品评价的影响，使顾客对所购买的商品又重新评价，加深认识，产生买后感受。如果顾客对该商品感到满意，产生好评，那么顾客就会产生重复购买或扩大购买的欲望，并对该商品进行宣传。对某种商品的心理过程完成以后，顾客又根据新的需要，对其他商品开始了认识、情感和意志等一系列活动，这就是顾客购买心理过程的一般规律，如图 5-1 所示。

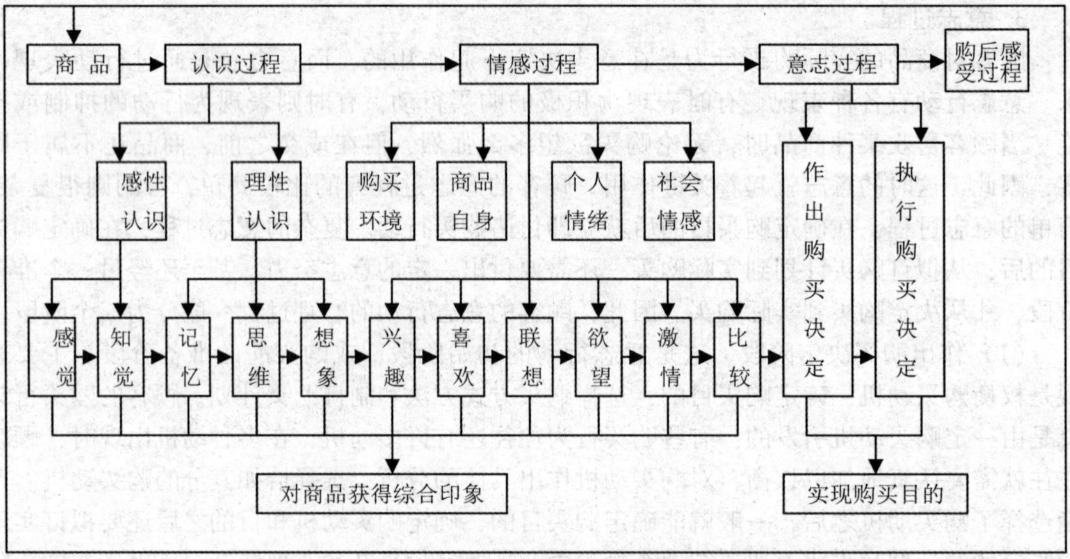

图 5-1　顾客购买心理活动过程

（二）顾客的需要与购买动机

顾客的购买行为是由动机支配的，而动机又是由顾客的某种需要所引起的，所以在研究顾客购买行为的原因时，就要了解顾客的需要。

1. 顾客的需要

需要，从心理上解释就是人们对某种目标的渴望或欲望。欲望是一种心理现象，心理学把促成人的行为的欲望叫需要，需要作为客观需要的反映不是一个消极被动的过程。人的需要总是在人与客观环境的交互作用的过程中，在积极的活动中产生的。需要一旦被意识到，就以动机的形式表现出来，因为需要在主观上常是以一种不满足感或者对某种事物(商品)、现象的必要感被体验着，这种体验越强烈，由它引发的活动（行为）也就越有力、越积极。因此，需要是产生人的行为的原动力或内部驱动力。

当顾客产生某种需要时，就会在心理上产生紧张情绪状态，然后产生寻找适宜的商品目标的心理倾向。当商品目标找到后，就产生满足需要的购买行为，当购买到满意的商品后，需要得到满足，原来的紧张心理就会消失。此后又产生新的需要，如此循环无穷，不断持续下去，如图 5-2 所示。

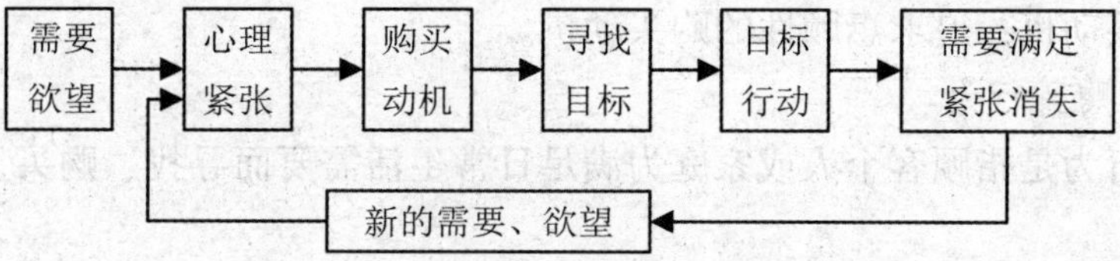

图 5-2　顾客的需要、动机和行为规律

产生需要的条件主要有以下三种：①生理状况引起需要；②外界刺激引起需要；③精神的渴求引起需要。

人类基于自身的本能和人类社会进步发展所产生的需要是多方面的，而且不同的社会、不同的历史时期、不同的人，其需要各不相同。我们可以把人的需要按不同的标准来分类：按需要的作用，可分为社会需要（发展需要）和生理需要（生存需要）；按需要的对象，可分为物质需要和精神需要；等等。

美国著名心理学家马斯洛（Abrahm Maslow）提出的需要层次理论认为：人的需要是有层次的，按其重要程度和发生发展的先后顺序，由低级向高级发展，当低一级需要满足以后，就要求高一级需要的满足。马斯洛把人的多种多样的需要归纳为五类，按照它们的重要性和发生先后顺序排成五个层次。由于马斯洛需要层次理论在管理学中有过详细介绍，在此不再赘述。

在需要理论的基础上，商品分类大体分为六类：功能类商品、渴望类商品、威望类商品、地位类商品、快乐类商品和嗜好类商品。

需要是决定推销的推动力量，研究和掌握顾客的心理需要，对于了解社会消费现象，预测消费趋势，以便在商品经营中，进行周到的产品设计和周到的销售服务，最大限度地满足和创造顾客合理的需要，丰富充实顾客物质文化生活，提高企业效益，具有不可低估的作用。

2. 顾客的购买动机

动机是人们进行各种活动以满足一定需要的愿望与信念，或者说，动机是引起人的行为，维持该行为，引导到一定目标的心理活动过程。所以，动机是驱使和诱发人们从事某种行为的方向，它是产生行为的直接原因。动机的形式多种多样，它可以表现为感觉、兴趣、意图、信念和理想等。动机是在人的需要的基础上产生的，并且是在需要强度达到某种水平以上才能形成并引起行为。

产生动机必须有两个条件，即内在条件（主观需要）和外在条件（外界刺激）。如个体缺乏维持生理需要的要素（衣、食、住、行、医等）或缺乏某种社会心理因素（友谊、荣誉、自尊等）是内在条件；外界的某种刺激，或客观的某种环境条件是外在条件。两个条件同时具备，就会产生购买的动机从而支配购买行为，两者缺一不可。

顾客的购买动机可以做如下划分：追求实用的购买动机；追求安全、健康的购买动机；追求便利的购买动机；追求廉价的购买动机；追求新奇的购买动机；追求美感的购买动机；追求名望的购买动机；追求自我表现的购买动机；追求好胜攀比的购买动机；追求满足嗜好的购买动机；追求惠顾性的购买动机。

（三）顾客购买行为

顾客购买行为是指顾客个人或家庭为满足日常生活需要而寻找、购买、评价商品和劳务的一切活动。

由于顾客的性别、年龄、经济条件、社会地位、业务时间的心理状况不同，购买环境、购买方式、商品类型、供求情况、推销员的接洽服务等方面也不同，顾客的购买行为也会千差万别，但从千差万别的购买行为中，总可以找到规律，作为推销者提供推销策略的依据。

1. 顾客购买行为模式

模式是指某种事物的标准形式。顾客购买行为模式是指用于表述顾客购买行为过程中的全部或局部变量之间因果关系的图式的理论描述。在千差万别的顾客行为中，仍然有着某种带有规律性的东西。心理学家在深入研究的基础上，揭示了顾客行为中的共性或规律性，并以模式的形式加以总结、描述。其中霍华德-希斯模式较实用，也较著名，如图 5-3 所示。

图 5-3　顾客行为的一般模式（霍华德-希斯模式）

这一模式即“刺激→反应”模式，它认为人们行为的动机是一种内在的心理过程，是顾客内部自我完成的，看不见摸不着，像一只“黑匣子”，是一个不可捉摸的神秘东西。外部的刺激，经过“黑匣子”（即心理活动过程）产生反应，引起行为的研究，才能了解心理活动过程。模式本身包括三大变量：营销刺激及其他因素、反应因式、购买者的“黑匣子”。霍华德和希斯认为购买者行为模式是一个外部刺激的输入和由此产生的输出过程，它可以记录由什么刺激而产生什么结果。而顾客的内部过程是顾客信息处理的过程。顾客信息处理过程就是顾客在接受外部刺激时的思想和作出的反应，它可以补充上述顾客购买行为模式中的“黑匣子”，即原来模式的“黑匣子”可以被顾客信息处理过程所代替，而成为更为完善的模式，如表 5-1 所示。

表 5-1　　　　　　　　　　　**顾客行为的模式**

<table>
<tr><td colspan="2">外部世界
输入
各种刺激</td><td colspan="2">顾客的思想
顾客信息处理过程</td><td>外部世界
输出
反应结果</td></tr>
<tr><td>营销刺激</td><td>其他刺激</td><td colspan="2">（原黑匣子）</td><td rowspan="2">产品选择
厂牌选择
卖主选择
购买时机
购买数量</td></tr>
<tr><td>产品
价格
分销
促销</td><td>经济
技术
政治
文化</td><td>顾客特征</td><td>顾客的决策过程</td></tr>
</table>

上述模式表明，影响顾客行为的因素众多，且各种因素之间的联系错综复杂。只有把握多种因素之间的相互关系及连接方式，才能揭示顾客行为的一般规律，解释顾客的行为。

2. 顾客购买行为类型

在购买活动中，顾客购买行为千差万别，各具特色。按照不同的标准对顾客行为进行分类，探索顾客购买行为的差异性，总结其变化规律，有助于我们更好地分析研究顾客的心理活动过程，为全面认识消费者行为奠定基础。顾客购买行为类型主要有：

（1）按顾客购买目标的确定程度分：①确定型。②半确定型。③不缺定型。

（2）按顾客在购买现场的情感反应分：①沉着型。②温顺型。③活泼型。④敏感型。⑤激动型。

（3）按顾客购买态度与要求分：①习惯型。②理智型。③经济型。④冲动型。⑤感情型。⑥疑惑型。⑦随意型。

三、推销员心理

推销员是工商企业中直接从事商品销售的人员的统称。推销员心理是指推销活动在推销员头脑中的反映。推销活动中，推销员面对顾客，表现出各种各样的心理活动和现象，特别是渗透着各种推销员的职业心理，对推销工作同样起着非常重要的影响，其与顾客心理共同构成了推销活动双向互动的整体过程。

（一）推销员的心理素质

良好的心理素质，能使推销员准确地发现或协助买主发现其真正的需求，并设法证实推销的产品符合买主的需求，促使买主接受推销产品，解除买主不急于购买的心理，运用能引起买主注意和兴趣的方法，促使买主作出购买决定。所以推销员的心理素质对推销成败至关重要。推销员的心理素质主要表现为容忍、毅力、幽默等方面。容忍是一种宽容忍耐的心理。人所能承受的心理负荷是有一定限度的，当外界刺激，即心理冲击超过一定限度时会产生心理突变。这个原理就是著名的“心理容量原理”。心理容量是一个变量。容忍，就是心理容量的扩大，正如俗话讲的“虚怀若谷”“宰相肚里能撑船”。能忍受挫折或承受住超过一定限度的外界刺激，仍保持个人心理活动正常的适应能力，叫作挫折容忍力。扩大其心理容量，提高其挫折容忍力，则能保持容忍的大度。如在日本被誉为“推销之神”的原一平曾为一笔大交易，在 4 年中拜访同一客户 70 多次，每次都为一老人挡驾。后天，他了解到那位老人是他要拜访的这家公司的总经理。他忍住了心中的愤怒，重新拜访，终于感动了这位目标顾客，达到了创纪录的推销成果。毅力，是一种坚强持久的意志。一个毅力强的人，为了达到预定目标，在执行决定的道路上，不论遇到什么艰难险阻，都能百折不挠、坚定不移。幽默，又叫诙谐，能使人豁达超脱、生气勃勃，具有影响力。幽默在人际交往中往往是打破僵局、摆脱困境的润滑剂，具有出奇制胜的力量。除此之外，推销员还应有与心理素质相关的业务素质，如敏锐的洞察力、丰富的市场知识、高超的社交能力及基本的法律知识。

（二）推销员心理品质构成

1. 情感品质

情感是指人对客观事物是否符合其需要所产生的态度的体验，是人脑对客观事物与人的需要的反映。构成推销员情感形态的基本因素有：

（1）美感。是指人根据某种美的需要，对一定的客观事物进行评价所产生的情感，是对事物美的体验。美感总有直觉性，即物体的颜色、形状、线条以及声音等方面的特点在美感的产生中起重要作用。美感产生的源泉并不只限于事物的外部特点，起决定作用的是事物的内容。推销员的外在美只有与为顾客的心灵美结合起来，才会产生真正的美感。

（2）理智感。是指人根据某种认识和追求真理的需要，对一定的客观事物所产生的情感。理智感是人在对客观世界的认识过程、科学探索和智力活动中产生的爱憎分明感。如人在认识客观世界，有所发明创造时所产生的喜悦和愉快；在突然遇到某些熟知的规律相矛盾的事实时所产生的疑惑、惊讶等。推销员在推销实践中必须具备理智感。

（3）道德感。是指人们根据一定社会的道德需要和规范，评价自己或别人的言行时所产生的情感。是关于人的行为、举止、思想、意图是否符合社会道德行为准则而产生的情绪体验。假如把“顾客是上帝”作为道德行为标准，推销员的道德感就是对顾客负责，就对顾客有一种义务感、友谊感和责任感，并把这些道德准则贯穿于行为、举止、思想和意图之中，对顾客做到“问心无愧”，并从中体验到满意、喜悦、自豪的情感。反之，在没有为顾客尽到责任和义务时，也能体验到惭愧和内疚的情感，这就是推销员所具有的道德感。

2. 意志品质

意志是指为了实现预定目的而自觉努力的一种心理过程和行动过程，它具有积极的能动性和制约性。构成推销员意志品质的基本因素有：

（1）自觉性。是指人们在行动中具有明确的目的性，并充分认识行动的社会意义，使自己的行动服从社会环境的要求方面的品质。如推销员在推销活动中应自觉遵守各项纪律和职业操守等。

(2) 果断性。具有很强的自信心，处事有胆有识，迅速勇敢，善于观察事物的变化，明辨是非，去伪存真，毫不犹豫地执行决定。推销员在处理各种情况和突发事件时要求理性分析、迅速果断，坚决执行。

(3) 坚毅性。能够经受长期困难磨炼及心理和生理的紧张，遇到任何艰难险阻不气馁，遇到任何挫折不会灰心。推销员在遇到困难和挫折时要求不灰心、不气馁。

(4) 自制力。能冷静地分析各种事物和情况，忍受委屈、痛苦，乃至折磨和凌辱，而不放弃自己所追求的目标。推销员在面对不利情形时能耐心、稳妥地处理各项事务。

3. 能力品质

能力是指直接影响人顺利有效完成活动的主观因素和个性心理特征。能力不仅是人的心理活动形成和发展的重要内部要素，而且是人得以顺利地完成各项实践活动必备的主观条件。

能力一般分为一般能力和特殊能力。一般能力包括观察能力、记忆能力、注意能力、思维能力、想象能力、判断能力、表达能力等，这也是通常所说的智力；特殊能力如节奏、色彩的鉴别能力等，它们只有在特殊活动领域才发挥作用。一般能力和特殊能力有机地结合在一起，就构成了人的能力品质。推销员除了具备一般能力以外，为了适应推销工作，应特别强调观察能力、注意能力、表达能力等。

(三) 推销员的职业心理

1. 服务心理

为顾客服务，让顾客满意是现代营销观念的核心组成部分，推销员的服务心理是指推销员在推销活动中以顾客为中心，根据顾客的需要，千方百计为顾客提供各种良好服务的指导思想。推销员的服务心理是顾客的客观要求、增强企业竞争力的重要手段、提高经济效益的重要途径。推销员要做到全方位服务，第一线的推销员直接面对顾客，其言谈举止、服务态度和质量直接体现了社会文明程度和企业形象。所以推销员需要加强服务心理的培养和锻炼，通过微笑服务和服务艺术来实现企业乃至个人的目标。

2. 交际心理

推销员的工作就是与顾客打交道，没有一定的交际能力是寸步难行的，推销员在与顾客沟通的过程中，应注意商业礼仪、注重顾客管理、增强公关能力，才能通过高质量的服务得到社会的认同，为企业带来效益，为企业树立形象。所以推销员的交际心理是推销过程中必不可少的心理。

3. 宽容心理

推销员在推销活动中难免会遇到一些推销异议，推销异议的存在并不可怕，它是一种必然现象，是顾客对商品感兴趣的指示剂，是企业改进市场营销工作的催化剂。这时，推销员应冷静宽容地对待这些推销异议，避免矛盾扩大化。因为顾客是企业的衣食父母，所以现代企业纷纷推出“顾客至上”“顾客是上帝”“顾客永远是正确的”等口号。就推销员而言更应该树立宽容心理，克服个人情绪。最大限度地满足顾客的需求，以期更好地实现企业目标。

第二节　推销方格理论

推销员与顾客在推销活动过程中，彼此会产生一定的认知和印象，并形成各自的心理状态。不同的推销心理状态往往会带来不同的推销效果。

美国著名管理学家罗伯特·R. 布莱克教授和 J.S. 蒙顿教授曾因提倡“管理方格理论”而颇有建树。他们通过研究推销人员（推销员）和推销对象（顾客）之间的人际关系和买卖关系，建立了“推销方格理论”（Sales Grid），这是推销学基础理论的重大突破之一。

推销方格理论能有效地帮助推销员清楚地认识自己的推销心态，看到自己存在的问题和不足，同时有助于推销员更为深入地了解顾客，掌握顾客的心理特征。便于推销员进一步加强推销能力的培养，更好地完成推销工作。

为了更清楚地研究推销员和顾客之间的关系，推销方格可分为推销员方格和顾客方格，并通过相互关系的组合来研判推销的有效性及揭示其基本规律。

一、推销员方格

根据推销员在推销过程中对买卖成败及与顾客的沟通的重视程度的差别，将推销员对待顾客与销售活动的心态划分为不同类型。将这种划分表现在直角坐标系中，即形成了推销方格。

推销方格中横坐标表明推销员对销售的关心程度，纵坐标表明对顾客的关心程度。坐标值越大，表示关心程度越高。如图 5-4 所示，各个交点代表着不同的推销心态，侧重标明了具有代表性的 5 种基本心态。

（一）“无所谓”型

（1.1）型表明推销员既不关心顾客，也不关心推销任务的心态。具有这种心态的推销员不是合格的推销员，这样的推销员的推销成效也最差。他们抱着“要买就买，不买就拉倒”的无所谓心态，毫无事业心。

（二）“顾客导向”型

（1.9）型是一种较为极端的心态，忽视了推销活动是由商品交换与人际关系沟通两方面内容结合而成的事实，单纯重视并强调人际关系，对顾客以诚相待，可能成为顾客的良好参谋甚至朋友，他们重视“生意不成仁义在”，忽视推销技巧，不关心或羞于谈起货币与商品的交换。这种极端的心态也不是良好的推销心态，它不易取得推销成功。

（三）“推销导向”型

（9.1）型它与“顾客导向”型恰好相反，持这种心态的推销员单纯关心销售任务与买卖本身，忽视商品交换背后的人际关系沟通，从而走向重买卖、轻人情的另一个极端。为了达到推销的目的，甚至可以败坏职业道德，不择手段地推销商品，却很少了解顾客需要，分析顾客心理，这种心态也是不可取的。

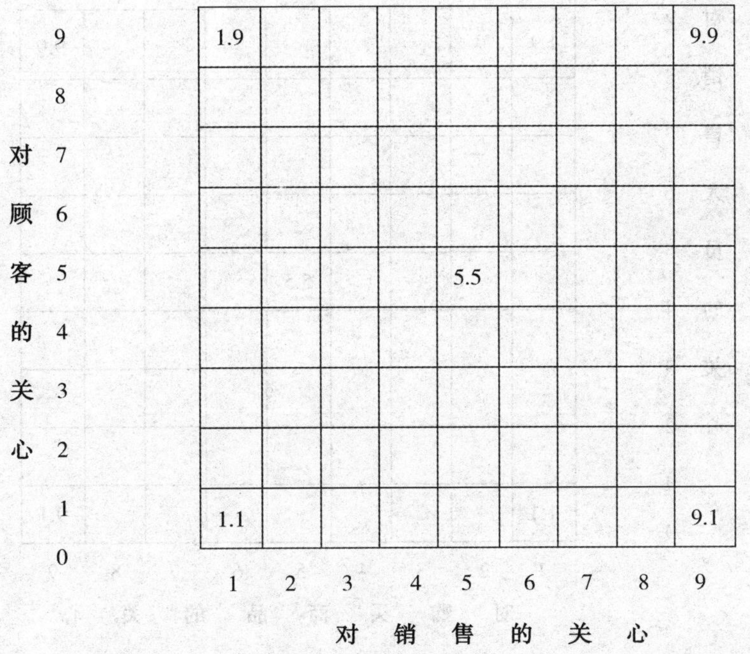

图 5-4　推销方格

(四)“推销技巧导向”型

(5.5) 型这种心态较为折中，既关心销售，又不非常重视推销；既关心与顾客沟通，但不求完全为顾客服务，非常重视两者在一定条件下的充分结合。从现代推销理论分析，这种心态对推销不求甚解，可能成为成功的推销员，但难以创新，不易成为推销专家或取得突破性进展。

(五)“解决问题导向”型

(9.9) 型这种心态是推销心态，将投入全力研究推销技巧，关心推销效果，又重视最大限度地解决顾客困难，注意开拓潜在需求和满足顾客需要，并保持良好的人际关系，使商品交换与人际关系有机融为一体。

二、顾客方格

不同的顾客对待推销和商品购买也有着不同的心态，这种心态在推销方格理论中，也依据他们对待推销员和采购商品的重视程度而划分成不同的类型。从顾客接受推销时的心理状态看，至少是也存在两种念头：其一是希望购买到称心如意的商品；其二是希望得到推销员的诚恳热情而又周到的服务，但是不同的顾客对这两方面的重视程度是不同的。有的顾客可能更注重购买商品本身，有的顾客则更重视推销员的态度和服务质量。

顾客方格中横坐标表示顾客对自己完成购买任务的关心程度，纵坐标表示顾客对推销人员的关心程度，也是从低到高依次划分为 9 个等级、5 种典型顾客心态，如图 5-5 所示。

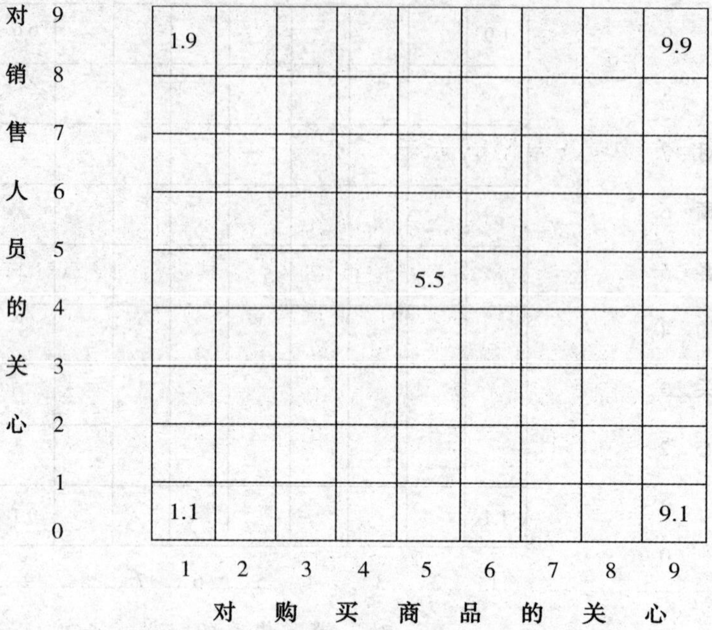

图 5-5　顾客方格

（一）“漠不关心”型

（1.1）型顾客既不关心推销员，也不关心商品购买本身。多数情况下是受人之托而购买，而且不愿意承担责任，往往把购买决策推给别人，而自己愿意做些询问价格或了解情况的事务性工作。对待推销员的态度是尽量躲避，或是敷衍了事。

（二）“软心肠”型

（1.9）型顾客不能有效地处理人情与交易两者的关系，他们更关心推销员对他们的态度。只要推销员对他们热情，表示好感，便盛情难却，即便是一时还不太需要的商品，也可能购买。这是由于他们对所采购商品本身重视不够，这种顾客较容易被说服。

（三）“防卫”型

（9.1）型顾客对所购买的商品非常重视，百般挑剔，但对推销员本身的态度并不重视。大多不相信推销员的话，任凭你花言巧语，他们只相信自己对商品的判断，甚至对推销员怀有较强的防范心态，怕由此而受骗上当。这种顾客一般比较固执，不易被说服。

（四）“干练”型

（5.5）型顾客采购商品时，既注重商品本身，又注重推销员的态度和服务。他们常常凭借自己的知识和经验来选择商品，对购买决策深思熟虑。同时，他们也愿意听取推销员的经验介绍而选择厂牌和商标。这种顾客一般较为理智，又兼顾感情，但对推销员缺乏有诚意的全面合作，一般比较自信，做出购买决策时考虑商品实用性与人际关系的结合。

（五）“寻求答案”型

（9.9）型顾客的特点是注重推销与商品的完美统一，既关心购买，又明确知道自己的需要；既能和推销员保持良好的关系，又能与其进行真诚合作。在购买之前，已经设计了自己的需要数量和需求标准，在购买中愿意接受推销员的帮助与参谋，而且主动与推销员合作，寻找解决困难的途径，一般不提出无理要求。

三、推销方格与顾客方格的关系

在现实的推销过程中，存有各种心态的推销员都会遇到具有各种心态的顾客。推销过程中推销员与顾客双方心态的有效组合是使推销工作顺利进行的重要条件。因为作为推销员，即使是既高度关心销售，对顾客又高度负责的“问题解答”者，也并不能保证每次都顺利完成推销任务。推销员所遇到的顾客心态是不同的，而推销活动本身是一个双向沟通的心理互动和商品交换关系的组合。布莱克和蒙顿教授设计了一个简明的有效组合表，初步揭示了推销员和顾客两种心态的组合与推销能否顺利完成的关系及其基本规律（见表 5-2）。

表 5-2　**推销有效组合表**

推销方格 / 顾客方格	(1.1)	(1.9)	(5.5)	(9.1)	(9.9)
(1.1)	-	-	0	0	+
(1.9)	-	+	+	+	+
(5.5)	-	0	+	+	+
(9.1)	-	-	-	0	+
(9.9)	-	0	0	0	+

注：“+”表示可以完成销售任务；“-”表示不能完成销售任务；“0”表示处于模糊状态。

实践证明，在推销活动中，推销员的主观能动作用是十分重要的，推销心态越是趋向于（9.9）型，推销效果就越好。西方学者的初步调查证实，(9.9) 型推销员的推销效果比（5.5）型推销员高 3 倍，比（9.1）型推销员高 7 倍，比（1.9）型推销员高 9 倍，比（1.1）型则高出大约 75 倍。

值得注意的是，由于外界与内部多种条件的影响，推销员与顾客的心态是十分复杂而多变的，并没有绝对精确的划分。我们可以认为，世界上有多少个推销员，就有多少种推销心态，同样，有多少个顾客，就会有多少种购买心态。推销与购买心态也绝非简单地受关心对方与关心商品两方面因素的影响，故推销方格理论只是大致上概括出两种心态的组合，仅供我们分析时参考，还应结合实践经验的积累，不断加以充实和完善。但千百次推销实践反复证明着这样的理论：推销员心态越好，推销效果相对越好。

第三节　推销模式

所谓推销模式是指根据推销活动的特点及对顾客购买各阶段的心理演变应采取的策略，归纳出的一套程序化的标准推销形式。选择适当的模式开展有针对性的推销有助于推销员出色地完成推销任务。

一、“爱达”模式

（一）“爱达”模式的含义

“爱达”模式是指一个成功的推销员必须把顾客的注意力吸引或者转变到产品上，使顾客对推销人员所推销的产品产生兴趣，这样顾客的购买欲望也就随之而产生，尔后再促使顾客采取购买行为。“爱达”模式是根据顾客的心理发展过程的研究得来的，分为四个阶段，即注意（Attention）、兴趣（Interest）、欲望（Desire）、行动（Action），英文缩写为AIDA 。推销专家海因茨·M. 戈德曼根据上述四个阶段的特点和推销实践把成功的推销总结成四个步骤，即唤起注意→诱导兴趣→激发欲望→促成交易。“爱达”模式是被推销学界普遍认同的推销模式之一，是一种传统推销模式，其总结的四个步骤被认为是成功推销的四大法则。

推销活动复杂多变，推销员在推销过程中，应灵活运用“爱达”模式，其各步骤的完成时间和先后次序也并非固定不变。推销员要把握推销各环节并掌握其规律性，充分运用“爱达”模式来进行推销工作。当然，“爱达”模式并非适合所有产品的推销，其对店堂式推销和生活及办公用品等推销等较为适合。

（二）“爱达”模式的实施步骤

1. 唤起注意

所谓注意是指人们心理活动对一定客体的指向和集中，以保证对客观事物获得清晰的反映。它是感觉、知觉、记忆、思维等心理活动过程的综合特征。在推销活动中，顾客的购买行动通常是从注意开始的，所以推销员如何唤起顾客的注意就至关重要，通过对推销的注意形成好的认知和有利的推销氛围。顾客对推销的注意可分为有意注意和无意注意两种类型。有意注意是指顾客主观能动地对推销活动发生注意，这类顾客常采取完全主动的态度，只要推销员把握好时机，稍加说服就能使顾客实现购买；无意注意是指顾客不由自主地对推销活动产生注意，这类顾客事先没有预定的目的，对推销的注意往往来自于周围环境的变化，若唤起顾客注意的刺激物无法持续影响顾客，则顾客的注意力就会下降从而转移到对其刺激更大的事物上去。

在推销活动中，顾客有意注意的发生比无意注意少得多，因此，设法唤起顾客的注意，主要是实现顾客的无意注意向有意主义转化，使顾客愿意把时间、精力等从其他方面转移到推销活动上来。心理学认为，顾客的无意注意是在主客观特殊条件下，由一定的刺激物直接引起的。引起顾客注意的主观因素主要有：欲望、情感、兴趣；客观因素主要为：强烈刺激、变化刺激和新异刺激，其中，引起顾客注意的客观因素称为推销刺激。

推销活动中，唤起顾客注意受到时空和环境条件等因素的制约而因人而异、因物而异、因时而异、因地而异，但无论怎样，必须把顾客放在推销活动的中心位置上，重视推销给顾客的第一印象，在突出顾客地位的同时宣传自己。唤起顾客注意的方法很多，主要有：

(1) 出奇制胜法。所谓出奇制胜法就是利用顾客的思维模式混乱，在其重新调整时唤起注意的方法。出奇制胜法在推销活动中主要运用在开头，这样能给顾客留下非常深刻的第一印象，有利于推销活动顺利进行。如日本西铁城手表在开拓澳大利亚市场时就采用了从飞机上丢手表的方式来唤起顾客的注意。

(2) 旁征博引法。所谓旁征博引法就是利用顾客熟悉可信且感兴趣的事物（或事件）来言证并唤起顾客的注意的方法。这种方法适合于在开拓市场或企业扩大市场时采用，如四通打字机曾用过中国的一句俗语"不打不相识"来做广告，既不失幽默，让人回味，又达到了唤起顾客注意的目的，从而迅速地打开了市场。

(3) 实物招徕法。所谓实物招徕法就是利用商品本身及其包装、商标等招徕顾客，唤起顾客注意的方法。这种方法加深了人们对商品的感性认识，快速对商品产生注意，如食品、化妆品、服装等商品比较适合用这种方法。

(4) 气氛渲染法。所谓气氛渲染法就是利用顾客感知周围的事物，包括气味、照明、音响、空间等外界刺激，从而唤起注意的方法。这种方法主要在无形产品的推销上非常有效，如商业、餐馆、旅游等。

(5) 计谋引诱法。所谓计谋引诱法就是利用神秘色彩、突出性较强，从而唤起顾客注意的方法。这种方法适合于有一定科技含量的商品，通过制造悬念来达到推销商品、引起注意的目的。

2. 诱导兴趣

所谓兴趣是指一个人对特定事物所抱有的积极态度。在购买过程中，顾客的兴趣与注意有着密切的联系，顾客注意的发生往往以一定的兴趣为先决条件，而顾客购买兴趣的大小又常常为注意程度所左右。顾客购买兴趣的发生和发展是以一定的需要为基础，人们的需要的多样性也决定了购买兴趣的差异性，顾客的购买兴趣可分为四种基本类型：①倾向性购买兴趣。即顾客受生活环境、职业、地位及个性等因素影响，形成不同的购买取向，从而产生偏向于某一销售区域、内容和方式的购买兴趣。②广泛性购买兴趣。即同一顾客因需求的多样性而同时具有多种不同的购买兴趣。③变化性购买兴趣。即顾客在一定时期内，受环境、需要和个性等因素影响而经常改变的购买兴趣。④效果性购买兴趣。即不同顾客受外界的影响，特别是受购后感受的差异，对同一感兴趣的购买表现出不同认知结果的购买兴趣。

在推销活动中，顾客的购买兴趣具有较大的自发性和可诱导性，自发性购买兴趣一般不能解决推销过程的全部问题，必须探索一定的技巧和方法去诱导顾客的购买兴趣。诱导顾客的方法通常有：

(1) 展示表演诱导法。所谓展示表演诱导法就是通过摆设商品样品以唤起顾客注意，当顾客注意后进一步显示商品的主要功能、特点，这就要采用推销品（服务）展示表演的技巧来诱导顾客的购买兴趣。如推销服装时，通过时装秀去诱导顾客的兴趣就是常用的方法。

（2）感情联络诱导法。所谓感情联络诱导法就是通过感情的联络使顾客体验到积极的情感，积极的情感又反作用于兴趣的方法。其可以使兴趣更加明显、广泛和持久。如推销过程中运用真诚的微笑、亲切的问候、注意礼仪等来与顾客沟通，让顾客对推销商品和推销活动感兴趣。

（3）排除干扰诱导法。当顾客对推销的积极情感产生后，其他某些外界刺激会干扰顾客的情绪，此时应通过排除干扰源来保持顾客的兴趣。如家庭购买时时常受到小孩的干扰等。

（4）应变诱导法。所谓应变诱导法就是在顾客对推销产生兴趣时，根据顾客的各种变化来灵活调整推销活动，让推销活动适应顾客的购买，即围绕购买而变化的方法。在推销活动中，会遇到各种各样的推销异议，这时推销员应根据具体情况来诱导顾客的购买兴趣。

（5）顾客亲身体验诱导法。所谓顾客亲身体验诱导法就是让顾客亲身接触商品或身临其境并感受到商品所带来的利益，从而引导兴趣的方法。这种方法在推销能让顾客比较直观感受商品时非常有效，比如推销空调时，让顾客在空调房里待一会儿就可以诱导其购买兴趣。

（6）对比诱导法。所谓对比诱导法就是分析和综合两件事或一个事物的两个方面的特征，找出相同之处和不同之处，并以此来突出自己，诱导顾客兴趣的方法。在对比时需要注意两个问题：一是要突出商品的“特殊好处”，即商品的卖点，这样才能引起顾客的兴趣；二是要注意对比的“可比性”和“优越性”，只有合理的比较才能得到顾客的认同，从而产生兴趣。比如在推销“减肥茶”时，除了要说明茶叶的“一般好处”——提神、解渴等，更要突出这种茶叶的“特殊好处”——降脂、减肥，并通过介绍原理突出其好处，激起顾客的兴趣。

3. 激发欲望

所谓购买欲望是指人们想通过购买某种商品或服务给自己带来特定利益的一种要求。一般来说，顾客对商品发生兴趣后就会权衡买与不买的利益比较，对是否购买处于犹豫之中。这时，推销员必须从认识、需要、感情和理智等方面入手，根据顾客的习惯、气质、性格等个性特征，采取多种方法和技巧，促使顾客相信推销员和商品，不断强化顾客的购买欲望。激发顾客欲望的方法主要有：

（1）利益直陈法。所谓利益直陈法就是通过直接对顾客购后的利益进行充分的陈述来激发顾客购买欲望的方法。这种方法使用时要实事求是，对顾客要晓之以理、动之以情，不断强化顾客的购买欲望。

（2）因势利导法。所谓因势利导法就是利用推销员精心设计的系列提问诱导人们逐渐悟出某些道理的方法。这种方法运用得好，能起到事半功倍的作用，因为顾客在购买之前对商品不一定非常了解，这时推销员能通过一些提问了解顾客的想法，并有针对性地引导，随之激发其购买欲望，即“让顾客明白一个道理，比推销员陈述一百遍这个商品的好处都有用”。

4. 促成交易

所谓促成交易是指推销员运用一定的成交技巧和策略来敦促顾客采取购买行为的过程。有些顾客在产生了购买欲望后，往往不需要任何外在因素的促进而会自己作出购买决策。但在通常情况下，尽管顾客对商品产生了兴趣并有意购买，也会处于犹豫的状态。这时，推销员就应注意成交的信号，把握时机，运用策略和技巧来促成购买，而不是任其发展。促成交易的方法很多，后面会专门介绍。

二、“吉姆”模式

（一）“吉姆”模式的含义

“吉姆”模式是指在推销活动中，顾客接受商品，采取购买行动，实现推销成交是商品、企业和推销员三个因素综合作用的结果，因此，推销员只有充满信心，相信自己的商品、自己的企业和相信自己才能在推销活动中取得成功。“吉姆”是英文商品（Goods）、企业（Enterprise）、推销员（Man）的第一个字母的组合 GEM 的音译。“吉姆”模式的核心特征是“相信”，它对于培养推销员的自信心和说服能力具有重要的作用。

（二）“吉姆”模式的实施步骤

（1）相信自己推销的商品。顾客之所以购买商品是因为它能够给顾客带来利益，推销员若不能向顾客充分展示商品为顾客带来的利益和好处，就无法通过正常途径说服顾客购买。推销员在向顾客推介商品时要表现出对商品的信心，首先对自己商品的性能特点、设计原理、生产过程、成本利润及经营策略等有充分的了解，其次对竞争对手的商品也要有所熟悉，最后还要能有效地发现自己的长处与不足，这样才能满怀信心地帮助顾客选择并购买其真正需要的商品。

（2）相信自己代表的企业。企业的兴衰与企业员工的利益息息相关，企业对员工的关心和重视会使员工对企业产生感情，激励他们维护企业的形象，富于责任感和使命感。企业的成功要靠全体员工的共同努力，企业要有深厚的企业文化和清新的组织风格，让员工了解企业的财力、制度、规模、实力和竞争力等状况，加强员工的参与意识，愿意与企业同舟共济、赢得良好的社会信誉和社会形象，并用自己对企业的荣誉感来吸引和感染顾客。

（3）相信推销员自己。推销商品首先是推销自己，只有推销员自己为顾客所接受，顾客才会接受商品，所以推销员必须自信，并用自己的推销热情去鼓舞顾客，用自己的推销艺术去感染顾客、用自己的推销知识去说服顾客。推销员的自信不是一蹴而就的，必须在长期的实践中逐渐磨炼出来。要做到这一点，一要热爱自己的工作，二要有顽强的意志，三要勇于创新、勤思苦学，四要认识自己的长处。

三、“迪伯达”模式

（一）“迪伯达”模式的含义

“迪伯达”模式是海因茨·M. 戈德曼根据自身推销经验总结出来的新模式，“迪伯达”是把6个英文单词的第一个字母组合为DIPADA，这6个英文单词代表“迪伯达”模式的6个步骤，即准确发现顾客有哪些需要和欲望（Definition），把商品和顾客的欲望结合起来（Identification），证实商品符合顾客的需要和欲望（Proof），促使顾客接受商品（Acceptance），刺激顾客的购买欲望（Desire），促使顾客采取购买行动（Action）。“迪伯达”模式是以需要为核心的现代推销学在实践中的运用，其特点是紧紧抓住了顾客需要这个关键性环节。其被认为是一种创造性的推销方法，是现代推销学在推销实践中的突破与发展，被誉为现代推销法则。“迪伯达”模式一般适合于推销生产资料产品、无形产品以及开展无形交易，也可用于向老顾客和集团购买者的推销等。

（二）“迪伯达”模式的实施步骤

（1）准确发现顾客有哪些需要和欲望。需要是顾客购买的源泉，顾客只有产生需要才会产生购买动机并导致购买行为，因此推销员要善于了解顾客需要变化的信息，利用多种方法寻找与发现顾客现实和潜在的需要和愿望，通过说服启发，刺激与引导顾客认识需求，为推销创造成交机会。

（2）把商品和顾客的欲望结合起来。在发现和指出愿望后，再向顾客介绍推销的商品，并把商品与顾客的需要和愿望联系起来，找到共同点。这样就能非常自然地把顾客的兴趣转移到商品上去，为以后的推销铺平道路。

（3）证实商品符合顾客的需要和欲望。证实不是简单的重复，而是使顾客认识到商品是否符合他的需要的过程。要达到这个目的，推销员必须做好证据、理由的收集和应用等准备工作，熟练掌握展示证据和证实推销的各种技巧。

（4）促使顾客接受商品。有些推销员在使用“迪伯达”模式时，往往忽视向顾客证实他对所推销的商品有需求。顾客只有接受了商品并证实为他所需才可能采取购买行动，因此推销的主要目的是促使顾客接受商品，对商品产生积极的心理取向。

（5）刺激顾客的购买欲望。当顾客接受了商品后，推销员应及时激发顾客的购买欲望，利用各种方式和策略刺激顾客对商品产生强烈的满足愿望，为顾客的购买行动打下基础。这一步与“爱达”模式的“激发欲望”相同。

（6）促使顾客采取购买行动。在顾客产生强烈的购买欲望后，推销员应不失时机地运用各种技巧和方法来强化顾客的购买欲望，并使之作出购买决定，促成购买。这一步骤与“爱达”模式的“促成交易”相同。

四、“爱德帕”模式

“爱德帕”是由5个英文单词的首字母IDEPA组合而成。这5个单词概括了“爱德帕”模式的5个阶段，即：把商品和顾客与愿望结合起来（Identification），向顾客示范商品（Demonstration），淘汰不宜推销的产品（Elimination），证实顾客的选择是正确的（Proof），促使顾客接受商品（Acceptance）。“爱德帕”模式与“迪伯达”模式很相近，主要适合向有明确购买欲望和目的的上门顾客进行推销，也适合向熟悉的中间商进行推销。

五、其他模式

(1)“希斯”模式。“希斯”模式适合于用来推销各种生产资料，它把整个推销过程分为4个发展阶段，即分析购买欲望、判断购买决策者、协调集体决策各个成员的意见分歧、创造有利的市场环境。

(2)“韦伯斯特——温特”模式。“韦伯斯特——温特”模式适宜于向集团推销，它包括4个基本要点，即把握市场环境、了解组织、把握购买核心、熟悉决策参与者。

【本章小结】

推销心理是指推销活动中客观现实在推销员与顾客头脑中的反映。推销心理具有互动性、趋同性、差异性和不对等性的特征。推销心理根据主体的不同分为：顾客心理和推销员心理。

推销活动中，顾客的心理活动是非常复杂的，但又具有一定的规律性，这就是顾客购买心理活动的四个过程，即认知过程、情感过程、意志过程和购后感受过程。顾客的需要是购买的原动力，顾客的需要按作用可分为社会需要和生理需要；按对象可分为物质需要和精神需要。在满足需要时就会产生购买动机，购买动机必须有两个条件，即内在条件(主观需要）和外在条件（外界刺激)，顾客的购买动机很复杂，可以划分为：追求实用的购买动机；追求安全、健康的购买动机；追求便利的购买动机等。心理学家在深入研究的基础上，揭示了顾客行为中的共性或规律性，并以模式的形式加以总结、描述。其中霍华德-希斯模式较实用，也较著名。

推销员心理是指推销活动在推销员头脑中的反映。推销活动中，推销员面对顾客表现出各种各样的心理活动和现象，特别是渗透着各种推销员的职业心理，对推销工作同样起着非常重要的作用，其与顾客心理共同构成推销活动双向互动的整体过程。推销员的心理素质主要表现为：容忍、毅力、幽默等方面。推销员心理品质构成：情感品质、意志品质和能力品质。推销员的职业心理：服务心理、交际心理、宽容心理。

推销方格理论以行为科学为基础，着重研究推销员与顾客之间的人际关系和买卖心态。推销员方格形象地描绘出推销员对顾客的关心程度和对完成任务的关心程度的多种有机组合。典型的推销心态有5种：“无所谓”型、“顾客导向”型、“推销导向”型、“推销技巧”型和“解决问题”型。顾客方格形象地描述了顾客对推销员及自身购买任务的关心程度的多种有机组合。典型的购买心态有5种：“漠不关心”型、“软心肠”型、“防卫”型、“干练”型和“寻求答案”型。布莱克和蒙顿教授设计了一个简明的有效组合表，初步揭示了推销员和顾客两种心态的组合与推销能否顺利完成的关系及其基本规律。

推销模式是指根据推销活动的特点及对顾客购买各阶段的心理演变应采取的策略，归纳出一套程序化的标准推销形式。主要的推销模式有：(1)“爱达”模式，即把顾客购买心理变化过程分为4个阶段：注意、兴趣、欲望、行动。“爱达”模式是最为人们认同的推销模式之一。(2)“吉姆”模式，它的核心特征就是“相信”，即相信自己的商品、相信自己的企业和相信推销员自己。(3)“迪伯达”模式，即把推销分为6个步骤：准确发现顾客有哪些需要和欲望，把商品和顾客的欲望结合起来，证实商品符合顾客的需要和欲望，促使顾客接受商品，刺激顾客的购买欲望，促使顾客采取购买行动。(4)“爱德帕”模式，它与“迪伯达”模式很接近，即把推销分为5个步骤：把商品和顾客与愿望结合起来，向顾客示范商品，淘汰不宜推销的产品，证实顾客的选择是正确的，促使顾客接受商品。

【思考题】

1. 什么叫推销心理？它具有哪些特征？
2. 顾客购买心理活动过程包括哪些环节？
3. 简述推销员心理的内容。
4. 简析5种常见推销心态的具体表现。
5. 比较四种主要推销模式，说明它们之间的联系与区别。

【案例讨论5.1】

一位营销教授的亲身经历

去年我和同事一起去威尼斯旅游。黄昏时分和几个同胞一起去逛市场。临行前一位当地华侨告诉我，威尼斯商人很会做生意，买东西时不要被他们的甜言蜜语所迷惑。我心想，我倒要看看你个商贩怎么把你的商品卖给我这个营销教授！很快发现一个专卖玻璃花瓶的摊子，凑上前去看，一个个色彩斑斓、晶莹剔透，果然非同寻常。

“你好!”摊主一开口把我们吓了一跳，他说的居然是汉语！这位摊主操着不太熟练的汉语，滔滔不绝地介绍起他的花瓶来。看我们有点动心，他同时拿出两个花瓶，神秘兮兮地指着其中一个说:“折（这）个，是真地（的），把踏（它）松（送）给妈妈!”接着又指着另一个花瓶说：“折（这）个，是加（假）地，把踏（它）松（送）给张母良（丈母娘）!”

这个威尼斯商人寥寥数语就道破了中国国情，这时，在场的同胞无不捧腹大笑，然后心领神会地挑选送给母亲与丈母娘的“礼物”。

问题：

1. 这位威尼斯商人是如何获得成功的？
2. 这种推销方法利用了顾客的哪些心理？
3. 从中我们得到了哪些启示？

【案例讨论5.2】

总统“评”书

一名出版商手头积压了一批书卖不出去，眼看就要大亏本了。情急之下，出版商想了一个点子：给总统送去一本，并频频联系，征求意见。忙得不可开交的总统随便回了一句：“这书不错。”这样一来，出版商如获至宝，大作宣传：“现有总统喜爱的书出售。”还把“这书不错”四个字印在封面上。于是手头的书很快被抢购一空。

不久，这个出版商又有一批书，便照方抓药，给总统送去一本，总统有了上次的教训，想借机奚落一番，就在送来的书上写道：“这书糟透了。”总统还是上了套儿，书商又大肆做宣传：“现有总统讨厌的书出售。”人们出于好奇争相抢购，书很快便全部卖掉。

第三次，出版商再次把书送给总统，总统有了前两次被利用的教训，干脆紧闭金口不理不睬。然而出版商还有话说。这次他的宣传词是“现有令总统难以下结论的书，欲购从速”。结果，书还是被抢购一空。

问题：

1. 这位书商在介绍商品时利用了顾客的什么心理？
2. 这位书商是如何激发顾客购买欲望的？

第六章　顾客的寻找及其资格审查

【学习目标】

通过本章学习，要求掌握：

1. 理解准顾客的含义及类型；
2. 掌握准顾客的主要方法；
3. 顾客资格审查的主要内容；
4. 懂得如何对潜在顾客进行管理。

【内容摘要】

本章首先介绍了如何寻找准顾客，以达到稳定、扩大市场的目的。其次是为了避免徒劳无功的推销活动，对准顾客进行购买力、购买决策权和购买需求的鉴定。最后是为了最大限度地提高推销效益而对潜在顾客进行分级管理的介绍。

第一节　寻找准顾客的方法

推销是向特定顾客的推销，所以推销人员必须先确定自己的推销对象，即明确谁是准顾客，然后才能开展实际的推销工作。

一、准顾客的类型

在现代推销学中，通常把那些能够从推销人员所推销的产品中获益，并有能力购买该产品的组织和个人称为准顾客，也称为潜在顾客。

确定谁是潜在的顾客，首先推销人员必须根据自己所推销的商品的特征，提出一些可能成为潜在顾客的基本条件。然后根据这些条件寻找各种可能的线索，拟出一份准顾客名单。之后是进行各种顾客资格审查，确定准顾客。最后是进行顾客分类，建立顾客档案，妥善保管。准顾客一般有以下三种类型：

（1）新开发的准顾客。一般来讲，开发的准顾客数量越多，完成推销任务的概率就越大。根据公式（掌握的准顾客数量/推销区域内的顾客总数量×100%），就可以知道自己所掌握的潜在顾客数量在推销区域内所占的比例。推销人员手上的准顾客不论是属于哪种类型的企业、组织或个人，都有可能成为自己的新客户，所以平时要在这些新开发的准客户身上多下工夫。

（2）现有客户。无论哪一种类型的企业，一般均有数百家甚至上千家现有客户，推销人员应该时常关注这些客户并请它们再度惠顾。利用这些既有的老客户，可实现企业一半以上的产品销售目标。在这些老客户中，有一些客户由于业务量小而被企业忽视了，推销人员应该多拜访这些顾客，调查过去发生的业务量、顾客对产品使用情况以及对售后服务的满意状况、新的成交机会，等等。一旦发现问题，就要设法解决，尽量捕捉到产品销售的机会。

（3）中止往来的老客户。以往的客户由于种种原因没有继续交易，但仍是推销人员重要的潜在顾客。事实上，许多老顾客在期待推销人员的再度造访。推销人员必须鼓起勇气再次拜访他们，并从中探究他们不再购买本企业产品的真正原因，制定出满足他们需求的对策。

二、寻找准顾客的重要性

推销的基本原则是积极开发新顾客。企业若不持续进行市场开拓，每年将会失去30%~40%的客户，如果没有足够的新顾客进行补充，企业将逐渐衰弱。因此，推销人员必须主动去寻找顾客。多数高科技产品、工业用品的用户比较集中，成交率较高，但这并不说明这些产品的推销人员不必在寻找推销对象上下工夫。据美国《工业市场营销》杂志调查，工业用品销售存在这样一个规律：在寻找潜在顾客方面所做的努力越大，销售成绩越好。

三、寻找准顾客的方法

不同行业的推销人员寻找潜在顾客的方法有所不同。例如，寻找房地产、汽车、机械设备等产品的顾客，显然要比寻找冰淇淋、服装、食品的顾客困难得多。表6-1列举了计算机行业的推销人员获得潜在顾客的基本渠道。从中我们发现：寻找潜在顾客的方法非常多。实际上，没有任何一种方法能够普遍适用。只有不断总结，每个推销人员才能摸索出一套适合自己的方法。

表6-1　**计算机推销人员寻找顾客的方法**

寻找顾客的方法	经常或偶尔使用此法的推销员（%）	认为此法十分有效的推销员（%）
从企业内部销售其他产品的推销员处获得信息	93	48
老顾客的介绍	91	50
从企业内部销售同类产品的推销员处获得信息	88	24
与潜在顾客内生产部门的人员联系	85	21
从亲朋好友等个人渠道获得信息	63	25

续表

寻找顾客的方法	经常或偶尔使用此法的推销员（%）	认为此法十分有效的推销员（%）
看到广告后顾客主动求购	59	4
通过展销会发现潜在顾客	57	8
在各种社交场合认识潜在顾客	49	2
与潜在顾客采购部门的人员联系	48	3
查阅公司内部的潜在顾客档案	48	12
查阅企业名录	45	8
阅读报刊	31	1
代理商提供的线索	27	0
顾客所在行业协会或商会提供的线索	21	3
非竞争性企业推销员提供的线索	9	1

（一）逐户寻访法

逐户寻访法也称“地毯”式访问法、普访法、贸然访问法，是指推销人员在特定的区域或行业内，用上门探访的形式，对估计可能成为顾客的单位、组织、家庭乃至个人无一遗漏地进行访问并确定销售对象的方法。

逐户寻访法的理论依据是“平均法则”，即假定在被访问的人群中，总会有一定规模的潜在顾客，发现这些潜在顾客的数量与被访问的人数成正比例关系，且分布均匀。要想获得更多的准顾客，就要访问更多数量的人。

根据这个法则，推销人员所要寻找的顾客是平均地分布在某一地区或所有的人当中。因此，推销人员在不太熟悉或完全不熟悉推销对象的情况下，可以直接访问某一特定地区或某一特定职业的所有的个人或组织，从中寻找自己的顾客。逐户寻访法是最古老的推销方法之一，它可以使销售人员在寻访顾客的同时，了解社会，了解顾客，了解市场。

逐户寻访法最适合于推销各种生活消费品，特别是推销消费者必需的日用工业品和各种服务。

逐户寻访法的优点是：(1) 能够全面、客观反映顾客的需求情况。推销人员原来不认识顾客，顾客可以毫不客气地表明自己的真实看法，而且这种方式接触面比较广，推销人员可以听到各方面的意见。(2) 有利于扩大推销品的影响，使顾客形成共同的商品印象。(3) 有利于争取更多的顾客。(4) 可以锻炼和培养推销人员，积累产品推销工作的经验。

逐户寻访法的缺点：(1) 盲目性较大。如果推销人员过于主观，判断错误，就会浪费大量的时间和精力。(2) 由于难以进行充分的推销准备，容易遭到顾客的拒绝，给推销工作带来阻力。(3) 这种方式的访问对象之间有较紧密的联系，若一方面失误，就会影响整个推销计划的进行。

总之，推销人员在采取这种方法寻找顾客时，必须做好必要的选择和准备工作，并且要在推销行动开始之后适时调整行动方案。由于这种方法固有的缺陷，推销人员最好能够配合使用其他方法，发挥立体攻势，随机应变，才能得到理想的推销效果。

(二) 连锁介绍法

连锁介绍法也叫无限连锁介绍法、顾客引荐法，是指推销人员请求现有顾客介绍有可能购买产品的潜在顾客的方法。

这种方法要求推销人员设法从自己的每一次推销谈话中弄到其他更多的准顾客名单，为下一次推销访问作好准备。在西方，绝大多数推销人员善于利用这种方法，能够从每一次推销谈话中寻找到更多的准顾客名单，为下一次推销访问做好准备工作。

连锁介绍法的理论依据是事物普遍联系的法则，就是根据消费者消费需求和购买动机的相互联系和相互影响，根据各位顾客之间的社会联系，通过顾客之间的连锁介绍，寻找更多的新顾客。

1. 连锁介绍法的主要运用途径

(1) 通过现有顾客去寻找潜在顾客。由于老顾客介绍的新顾客大多是其较为熟悉的单位、组织与个人，他们之间可能存在较为密切的联系，有时甚至具有共同的利益，所以提供的信息准确详细。此法几乎被推销界认为是最好的寻找顾客方法，实际上也是最常用的方法。

(2) 通过朋友的交情去寻找潜在顾客。在诸多的寻求新的潜在顾客的方法中，建立关系网方式可以称得上是最可靠、最有效的。人们往往愿意与他们了解、喜欢、信任的人做生意。建立关系网是重要的，而培养这个网络会带来大量交易。建立关系网的目标是在推销人员现有熟人的心目中划出一个稳固的适当位置，这样当其中的某个人或是他认识的人需要推销的那类产品或服务时，推销人员则是唯一能让他们想到的能提供帮助的人。推销人员的许多朋友都可能成为自己的商业伙伴。如果推销人员和其朋友之间能找到相同的利益结合点，许多朋友都会乐意去帮其寻找顾客。推销人员求助的朋友可包括：同学和校友、家人和亲戚、邻居和同乡、球友、牌友等。

【推销阅读 6.1】

建立推销关系网，大幅度增加引荐业务的几个秘诀：

①重点拜见具有影响力的中心人物。这些人声誉好，有许多有价值的关系。找到你所在行业的重要人物的地方是商业协会、贸易展览会或任何与商业相关的社会活动。

②你与通过关系网找到的潜在顾客进行第一次交谈的内容的99%应该是与他的业务有关的。人们想谈的是他们的业务，而不是你的业务。

③问一些随便的，感觉良好的问题，如“你对你所在行业最喜欢的是什么”。

④一定要问这个问题：“我如何能知道我与我的某个朋友会不会是你理想的潜在顾客?”如果你注意给这个人寻找新的业务，他也会更容易帮你寻求新的业务。

⑤要一张关系网上的潜在顾客的商务名片。这是你与新结识的人继续联系最便利的途径。

⑥当天要寄一封你亲笔写的感谢信："今天上午与你会面很高兴。如果我能引荐一些业务给你，我肯定会这么做。"

⑦当你读报纸和杂志时，应一直把你关系网中的人牢记在心。如果发现某篇文章是你的某个熟人能用到或可能喜欢的时候，把文章寄给他。

⑧每个月给你结识的人寄点东西，让他们记住你，印有你名字和照片的便笺最好。他们会把这些便笺放在桌上，这样会不时地想起你和你的产品或服务。

⑨推荐线索。获取业务和被引荐人的最好方式就是提供业务和被引荐人。

⑩每得到一个线索都要寄去一封亲笔书写的感谢信，不管这个线索能否带来交易。与人相遇时，告诉他们你销售什么。询问他们的职业。互换业务名片，定期与那个人联系。最后你可能会建起一个能相互交谈，情投意合，交流信息的人际网络。当然你也可以运用以前讨论的寻找方法，比如无限连锁方法或影响中心方法，来建立你的关系网络。

资料来源：查尔斯·M. 富特雷尔. 销售学基础——顾客就是生命. 孟韬，译. 东北财经大学出版社，2000：282.

(3) 通过其他推销人员去寻找潜在顾客。每个企业各个事业部销售的产品不同，但有些客户是相同的。推销人员应充分利用其他事业部的推销人员，请他们将某些顾客介绍给自己。如果产品是互补的，是不会引起冲突的，另外一个部门的推销人员是会把相关客户介绍给自己的。例如，卖打印机的推销人员，当他向卖电源的推销人员打探顾客时，卖电源的推销人员会告诉他。如果你能为其他推销人员提供线索，那么作为回报和感激，他们也会给你提供一定的线索。有时，只要推销人员留意，许多竞争对手会无意中将客户信息透露出来。例如，参加竞争对手的产品展示会、竞争对手组织的活动，或与竞争对手闲聊等。

2. 连锁介绍法的方式

(1) 间接介绍。所谓间接介绍，就是推销人员在现有顾客的交际范围内寻找新的顾客。推销人员应主动参与介绍人的社交圈，同一社交圈的人可能都有某种共同的需求，可能是一类顾客，如果推销人员能成为他们的朋友、熟人，就能消除陌生拜访带来的困难。

(2) 直接介绍。所谓直接介绍，就是通过现有熟人直接介绍与其有联系的新客户，即由介绍人把自己的熟人或可能的用户介绍给推销人员作为潜在顾客。这是最常用的一种方式。

连锁介绍法的具体方法：推销人员可以请现有顾客代为推销商品，代转送资料；也可以请现有顾客以书信、名片、便笺、电话等手段进行连锁介绍。

应用连锁介绍法的关键是推销人员必须首先取得现有顾客的信任，同时与现有顾客介绍的未来顾客有一定的联系，也有一定的利害关系。他们之间往往团结一致，互相负责。推销人员只有成功地把自己的推销人格和自己所推销的商品推销给现有顾客，让现有顾客感到满意，才有可能从现有顾客那里弄到未来顾客的名单。

连锁介绍法适用于推销无形商品和高档消费品，如保险、服务等。因为这些商品的销售特别需要友情和信誉。

3. 连锁介绍法的利弊

连锁介绍法的优点：（1）可避免推销人员主观判断的盲目性。一般情况下，介绍人了解潜在顾客的情况，所获得的信息准确、详细，使销售更有针对性。（2）容易取得被介绍顾客或新顾客的信任。经过熟人介绍接触的新顾客，不易产生对推销人员的排斥心理，容易消除心理上的戒备。（3）成功率一般比较高。现有顾客所推荐的新顾客，一般是现在顾客所熟悉的个人或单位，并且他们之间往往存在着某种共同的利益。根据这些顾客之间的内在联系而不是根据某些外部特征来寻找顾客，能取得较高的成功率。

连锁介绍法的缺点：（1）事先难以制订完整的推销访向计划。通过现有顾客寻找新顾客，由于推销人员根本就不知道现有顾客可能介绍哪些新顾客，事先就难以做出准备和安排，有时不得不在中途改变访问路线，打乱整个访问计划。所以推销人员常常处于被动地位，不利于推销准备。（2）现有顾客的心理因素左右其成功。推销人员不能完全寄希望于现有顾客。因为介绍新顾客不是他的义务，是否介绍要受很多其他因素的影响。有的现有顾客不太愿意增加麻烦，更不愿意因介绍不当而给朋友或熟人带去麻烦，所以是否愿意介绍或尽全力介绍是此法能否取得良好作用的关键。有的现有顾客顾及情面给销售人员介绍了客户，但对销售人员评价并不太理想，如果访问失败，给顾客留下不好的印象，不但会牵连现有顾客，还有可能失去许多客户。

4. 利用连锁介绍法应注意的问题

（1）建立良好的顾客和人际关系。人们一般愿意给信誉良好的推销人员介绍新客户，而信誉不好的推销人员则难以得到顾客的合作。

（2）让介绍人感觉轻松。在推销中要避免提出这样的问题："你知道会有别人使用我的产品吗？"或"你知道谁会买我的产品吗？"因为这样使介绍人很难对此做出答复，但可以问介绍人是否知道别人可能对你的产品感兴趣。让介绍人相信推销人员不会给他介绍的人带来麻烦。例如，"你只要告诉我潜在顾客的名字和电话，我将简单地询问一下，如果他们有兴趣，我们才接触，如果没兴趣，我将对占用他们的时间表示歉意，并不再访问他们"。

（3）感谢或回报介绍人。推销人员应该随时向原介绍者汇报连锁推销的结果，一方面表示谢意，另一方面可引起介绍者的关心，继续进行连锁介绍。尤其是介绍人的帮助产生了销售额时，最好能给予介绍人意想不到的回报，这样介绍人会很乐意为推销人员介绍客户。

（三）中心开花法

中心开花法又称名人介绍法、中心人物法、中心辐射法，就是指推销人员在某一特定的推销范围内，取得一些具有影响力的中心人物的信任，然后在这些中心人物的影响和协助下，把该范围内的个人或组织发展成为推销人员的准确性顾客的方法。

实际上，中心开花法也是连锁介绍法的一种推广运用，推销人员通过所谓"中心人物"的连锁介绍，开拓其周围的潜在顾客。

中心开花法所依据的理论是心理学的光辉效应法则。心理学原理认为，人们对于在自己心目中享有一定威望的人物是信服并愿意追随的。因此，一些中心人物的购买与消费行为，就可能在他的崇拜者心目中形成示范作用与先导效应，从而引发崇拜者的购买与消费行为。实际上，在许多产品的销售领域，影响者或中心人物是客观存在的。他们是“时尚”在人群传播的“震源”。只要确定中心人物，使之成为现实的顾客，就很有可能发展与发现一批潜在顾客。

利用中心开花法寻找顾客，关键是取得“中心人物”的信任和合作。中心人物了解其周围环境并能对其他消费者产生一定影响。

中心开花法的优点：(1) 节省时间与精力。推销人员可以集中精力只向少数中心人物做细致的说服工作。(2) 可以扩大商品的影响。某一领域内的中心人物，往往也是该领域顾客，不仅可能通过中心人物的联系了解大批新顾客，而且还可借助中心人物的社会地位来扩大商品的影响。(3) 有利于成交。利用中心人物的名望与影响力可以提高销售人员的知名度、美誉度。人们并不愿意在各方面花很多精力去研究，一般大家都愿意听从专家的意见，专家寻找到的客户，可能更利于成交。

中心开花法的缺点：(1) 中心人物往往较难接近和说服。许多中心人物事务繁忙，难以接近，每个销售人员所认识的中心人物有限。若完全依赖此法，容易限制潜在顾客数量的发展。更关键的是中心人物是否愿意合作。(2) 有时难以确定一定领域内的中心人物是谁。如果选错了消费者心目中的中心人物，有可能弄巧成拙，难以获得预期的销售效果。

【推销实例 6.1】

总统与帽子的故事

1960 年，当从不戴帽子的约翰·肯尼迪即将入主美国白宫时，美国的帽子制造商和经销商要求肯尼迪“挽救制帽业”，请求他在宣誓就职时戴一顶帽子。苦口婆心的劝说结果是，肯尼迪仍旧拒绝戴帽子，但他同意到时将至少手里拿一顶帽子，已经足以使帽子产销商们大大地松一口气。

资料来源：吴金法．现代推销理论与实务．东北财经大学出版社，2002：123.

（四）委托助手法

委托助手法也称猎犬法、推销助手法、推销信息员法，是指推销人员委托有关人员帮助寻找顾客的方法。

发达国家的某些公司，专门雇用一些低级销售人员寻找顾客，以便让那些高级销售人员集中精力从事实际的销售活动。这些低级销售人员往往采用市场调研或提供免费服务等措施，对某些可能性比较大的销售地区发起地毯式访问。一旦发现潜在顾客，立即通知高级销售人员或销售经理安排销售访问。也有一些企业或销售人员专门找特定行业、特定职业的工作人员为其寻找特定顾客，如通信邮电生产销售企业聘请邮电行业内部员工，电梯生产销售企业聘请建筑设计师等。

推销人员与推销助手保持着亲密无间的友好关系。如果推销助手帮助推销人员做成了一笔生意，推销人员不仅立即向推销助手支付报酬，而且要感谢和称赞推销助手的友好合作。当推销助手提供一位准顾客名单时，推销人员应该立即告诉推销助手，这位顾客是否已经列在自己的顾客名册上，尤其要告知是否已经被其他推销人员所掌握。

许多优秀的推销人员经常采用委托助手法。当推销人员时间紧迫，需要在很短时间内拜访太多客户时，或推销人员觉得某些场合自己亲自出面不太合适时，多用此法。

委托助手法的依据是经济学的最小化、最大化原则与市场相关性原理。因为委托一些行业与外单位的人充当推销助手，在特定的推销地区与行业内寻找顾客及收集情况，再利用现代化通信设备传递有关信息，然后由推销人员去接见与洽谈，这样所花费的时间与费用肯定比推销人员亲自外出收集情况在经济上更合算一些。推销人员本身只是接近那些影响大的关键顾客，从而获得更好的推销效果。另外，行业间与企业间都存在关联性，使用其他行业的人可以较早地发现推销产品市场先行指标的变化，可以为推销提供及时、准确的第一手信息。

选用推销助手的标准是其工作岗位或工作性质、业余爱好、交际范围，应与推销品的特点和要求相一致。

委托助手法的优点：(1) 提高工作效率。利用推销助手寻找顾客，可以使推销人员把更多的时间和精力花在有效的推销工作上，避免大量的时间浪费。(2) 节省费用。利用推销助手寻找顾客，可以节省大量的推销费用，主要是访问费和差旅费。(3) 信息来源广。利用此法，可能使推销人员掌握更多的及时而适用的推销信息，有利于开拓新的市场。(4) 避免了陌生拜访的压力。利用推销助手寻找顾客，可以借用推销助手的说服力量。

委托助手法的缺点：(1) 难以选择到理想的助手。采用这种方法寻找顾客，最大的困难在于确定推销助手人选。一般要选到一个能很好胜任销售工作的人较困难，他们大多没有经验，未受过训练，因此需要花费一定的时间、精力。(2) 推销人员较被动。推销业绩往往取决于推销助手的能力与推销人员和推销助手的合作与沟通。(3) 有时不利于市场竞争。如果推销人员与推销助手配合不好，或者推销助手同时兼任几家同类产品制造厂家或经营商家的信息员，不仅可能泄露商业秘密，还可能使企业与推销人员陷于不公平的市场竞争中。

(五) 广告开拓法

所谓广告开拓法是指推销人只是利用种种广告媒介寻找新顾客的方法。

西方国家用于寻找新顾客的广告媒体主要是直接邮寄广告、电话广告、电子邮件广告。美国著名的西尔斯公司曾经发起过一场收买准顾客名单的运动，该公司向社会上有关人士发出推销广告信，广告里列出待售商品的目录，并声称任何人只要根据广告要求向该公司提供一位购买那些待售商品中一件商品的准顾客名单，该公司将向这名顾客提供者赠送一份价值五美元的商品广告赠券，限在该公司使用。西方各国大多设有专门的商业性名单公司，向推销人员出租或出售准顾客名单。无论推销人员想推销什么商品，名单公司都能提供一份准顾客名单，并保证一定程度的可靠性。

广告开拓法所依据的原理是广告学原理。广告学原理说明：利用现代化通信手法，能更快、更真实、更具吸引力与艺术感染力地向覆盖区域内的视听众传达产品推销信息，所需支付的单位视听众费用更少，效果更好，更符合部分目标市场消费者收集信息的习惯。推销人员只与接受广告推销，自动上门询购的顾客洽谈，推销效果自然更好。

利用广告开拓法寻找新顾客，关键在于正确地选择广告媒体，其基本原则是：根据推销品的特点考虑广告媒体的阅读对象，以最大限度地影响潜在顾客。同时，广告媒体的选择要依据国情。

广告开拓法的优点：(1) 借助各种现代化手段大规模地发布推销信息。传统的推销方式是靠推销员个人的嗓子和表演技巧，而现代推销人员则可以利用现代的传播媒体。(2) 不仅可以寻找顾客，而且可以说服顾客购买。因为广告不仅具有传递信息的功能，而且具有推销说服的功能，甚至有人认为广告就是印在纸上的推销术。(3) 节省推销费用，降低单位成本。所谓单位推销成本即每个推销对象的访问成本。(4) 推销人员处于主动地位，由出门找客变成客找上门，推销对象也容易接受。

广告开拓法的缺点：(1) 推销对象的选择性不易掌握。现代广告媒介种类很多，各种媒介影响的对象有所不同。如果媒介选择失误，就会造成极大浪费。(2) 效果不易测定。因此，对其反馈的信息应该分析。

【推销实例 6.2】

位于俄亥俄州伍斯特的鲍尔公司，是一家工业用电梯生产商，它向初步认为合格的潜在顾客邮寄了解释如何安全使用该公司电梯的录像带及小册子。30 天以后，电话推销员打电话给这些顾客，介绍公司电梯的详细情况，然后寄给每位潜在顾客一份邮件，随后又打电话询问是否订货。鲍尔公司的办法非常成功，因为录像带比印刷品的视觉效果好，用它解说产品，能使推销获得最佳的效果。如果想闪电式地登陆目标市场，接触那些难以接近的潜在顾客，如内科医生和高级管理人员，录像带是很理想的，人们可以在方便的时候观看录像带。而且，录像带的价格也已降低，在一般性的促销活动中，每盘成本大约是 2 美元。

资料来源：《推销案例》免费全文阅读［案例 4-17］，https：//max. book118. com/html/2015/1011/27075597. shtml.

(六) 市场咨询法

所谓市场咨询法，是指推销人员利用社会上各种专门的市场咨询服务部门所提供的信息来寻找潜在顾客。

在现代社会，咨询部门是一个专门的行业，可为推销人员提供有关的信息。一般包括：专业性的市场信息咨询公司，其他有关部门，如各类银行、信托公司、研究机构、我国的行政机构等。

市场咨询法的优点：(1) 节省推销人员的工作时间和推销费用。由市场咨询业者专门从事市场调查研究工作，利用丰富的推销经验和知识，能够解决推销人员所遇到的实际问题，提供比较可靠的准顾客名单，从而可以节省推销人员的推销时间，全力以赴进行实际推销。(2) 充分调动有关人员的积极性，发挥各方面专家的一技之长，取得较好的推销效果。(3) 由于咨询部门站在中立的立场，可以提供比较客观的市场信息。

市场咨询法的不足之处：(1) 推销人员处于被动地位。如果推销人员完全依靠市场咨询人员提供信息，容易失掉许多推销机会。(2) 适用范围有限。此法主要适用于寻找某些选择性较强的准顾客。而对于推销普通商品的推销人员来说，尤其是在准顾客的特征容易识别的情况下，最好不使用此法，以节省推销费用。

总之，在利用市场咨询法寻找顾客时，推销人员一定要积极主动，谨慎地选定市场咨询机构，详细介绍有关推销品的基本情况和特点，密切配合，相互协作。同时还要采用其他各种方法，以取得最佳的推销效果。

(七) 资料查阅法

资料查阅法又称间接市场调查法，即推销人员通过查阅各种现有的情报资料来寻找顾客的方法。利用他人或机构内已经存在的可提供顾客线索资料，可以较快地了解到大致的市场容量及准顾客的分布等资料。在一些市场经济发达的地区，各种资料门类齐全，内容丰富，及时准确，为推销人员提供了极大的方便，应加以利用。

可供推销人员查阅的资料主要有：工商企业名目；产品目录；商标公告，专利公告；银行账号及其提供的资信资料；统计资料；年鉴及定期公布的经济资料；各种专业性团体的成员名册；市场简介资料；信息类书报杂志；电话簿、交通图册、时刻表等。

资料查阅法的优点：(1) 寻找潜在顾客费用低，甚至是免费的。(2) 在寻找顾客的同时，可以进行接近顾客的准备工作。因为有些资料不仅提供了潜在顾客，而且还比较详细地介绍了有关顾客的基本情况。(3) 较容易拟定销售计划。因事先了解客户部分情况，工作有针对性。

资料查阅法的缺点：(1) 时效性较差。可供查阅资料多为公开发布的资料。(2) 竞争激烈。别的推销人员也可能利用相同资料来作访问。

使用此法应注意两点：一是要对资料的来源与资料的提供者进行资信分析，以确认资料与信息的可靠性。二是注意资料可能因时间关系而出现错漏等。

(八) 依靠本公司资源法

依靠本公司资源法是指推销人员利用本企业的内部信息而寻找潜在顾客的方法。

许多企业在产品投放前就做过大量的市场调查和潜在顾客的拜访工作，有许多宝贵的资料，推销人员如果能拿到这些记录，就可轻易获得大量潜在顾客的名单。如果企业其他部门的产品与该推销人员的目标顾客相似，其他部门的顾客名单就可以作为该推销人员的潜在顾客名单。

一般企业在各种新闻媒体上会刊登各种广告或宣传材料，结果会有许多人打电话或写信来询问一些情况，甚至索取相关商品资料。这些人通常是对推销人员所在公司的产品比较感兴趣的人，是推销人员的准顾客或合格顾客。推销人员应抓住时机，积极与这些询问人取得联系。有些企业要求电话接线人员一定要想办法留下询问人的联系方式。有些推销人员不愿出去做陌生拜访，却积极应答电话，并取得良好的推销业绩。还有些推销人员喜欢跟随自己的老板或领导出去拜访，推销人员可以充分利用老板的威信，间接地给自己寻找到许多客户。

每个企业都有许多服务和维修人员。他们也是发现预期客户的重要来源，他们定期地去访问各用户公司，了解其设备需求。例如，复印机维修人员可能知道谁在不久的将来或现在需要一台复印机。同样，一个维修汽车的工人一定有许多潜在的客户的名单。例如，彼德是一名杰出的“别克”汽车推销员。公司内的其他推销员非常奇怪为什么那么多客户来了以后直接找他订货。彼德之所以有这么好的生意，靠的是他与公司服务部门保持着良好的关系。每当机械修理师发现有寿命快到期的轿车而且车主有买车愿望时，他们便把这一信息告诉彼德。然后彼德打电话给这名车主，并许诺如果从他这里买车他会提供最大的优惠。当销售成功时，彼德就从佣金中分一部分给机械修理师。

依靠本公司资源法的优点：(1) 快捷。顾客名单容易到手，不用花费许多时间、金钱，并且顾客资料详细。(2) 有效。一般询问人均有一定的需求，销售人员的积极响应很容易使他们与公司达成交易。

依靠本公司资源法的缺点是拓展量有限。如果企业所有的销售人员都采用此法，则该企业的业务就无法扩展。没有人愿意去进行陌生拜访和寻找新用户。

此法适用于一些大公司、企业，或有较长历史的企业，而新创企业就无法利用。

(九) 电信访问法

电信访问法是指从电话簿、电子邮件列表中选出自己商品最易于销售的人员范围，然后一个接一个依次使用电话、传真和电子邮件 (e-mail) 来访问。这一方法是电信技术发展的结果。例如从电话簿的职业分类中，找出医生或建筑师等特定职业的人，然后通过电话来销售某类商品。使用电话推销时特别要注意的是，必须考虑客户职业或生活的情况，以便选定适于打电话的时间，通话时只说明销售员所推销的商品内容，而不要涉及其他无关的事情。电话推销在西方发达国家已成为一种主要的推销方法。随着因特网技术的发展，越来越多的公司利用因特网寻找潜在客户，推销产品，其推销成交率逐年增加。

电信访问法的优点是节省时间。由于使用电话，潜在客户可能一开头就表明态度，这样可以快速转移到下一个客户，特别是通过因特网访问客户，其数量可以非常巨大。

电信访问法的缺点：(1) 易遭拒绝。因不了解潜在客户的情况，遭到拒绝的可能性较大。(2) 推销形式受限制。只能使用对话或网上文字来推销，无法在关键的时候利用其他方式来协助推销活动。因为打电话或发 e-mail 时看不到对方，难以通过观察对方表情来进行推销，所以当销售人员遭到拒绝时，就不会有希望了。

(十) 贸易展览法

贸易展览法是指利用各种贸易展览会或自己举办展览会来寻找顾客的方法。

许多销售经理经常参加各种贸易展览会，一方面可以接触到许多潜在顾客，另一方面又可了解市场信息。销售经理通常也自己组织销售展览会，邀请新、老客户参加。通常我国由某企业自己举办的销售展览会，都配有各种促销或娱乐活动，以吸引潜在客户参加或回报老客户的支持、配合。

展览和演示经常发生在贸易博览会和其他特殊行业的集会上。有关的公司经常在这样的博览会上出资设一个摊位，再配上一个或几个推销人员。当人们走到摊位前仔细观看产品时，推销人员仅有几分钟的时间去认识潜在顾客，记下名字和地址以便日后与他们在家里或在办公室里接触、做示范。虽然推销人员与买主的接触是短暂的，但这样的集会给推销人员提供在短时间里与大量的潜在买主广泛接触的机会。参加贸易展览要注意：陈列设计要有趣，这样可引起人们的注意；运用线索卡片写下潜在顾客信息，供以后进行有效的邮寄跟踪使用。

贸易展览法的优点是效率很高。此法能在最短的时间内接触到最多的很有可能购买某类产品的顾客。因为参加贸易展览会的人本来都对该行业有兴趣，对有兴趣的顾客，销售人员可以充分展示。

贸易展览法的缺点是通常费用较高。参加展览需要交给主办单位一定的展位费。自己举办展览会的费用更高。

四、寻找准顾客的原则

（一）根据产品特征确定推销对象的范围

根据产品的特征来确定哪些是可能的顾客，哪些顾客根本不可能购买推销产品。工业品的主要推销对象是使用者、购买者（通常是企业供应科或设备科）、经销商，而消费品的销售主要是针对用户个人和经销商。工业品的推销要根据该工业品所适用的行业进行推销。如电子仪器产品购买的行业主要有机电行业、各相关研究所、各仪器公司。对电工产品（开关、灯具）你需要拜访的人可能是各装饰公司的负责人、设计院的设计师、各电工电器商店，或某栋大楼的业主。保险则几乎是每个有购买力的个人。

（二）设计或选择一个满足你自己公司具体需要的寻找方法

应根据企业的定位和目标来确定寻找方法。市场竞争的加剧，使有些企业采取了集中战略，它们把主要注意力和精力都用在一个特定的细分市场。如有些企业只在邮电行业寻找客户，而石化等行业就被放弃，或只找达到一定规模的邮电企业，而对小邮电企业，企业不做拜访，顾客自动上门求购又另当别论。先确定推销对象的范围，再有针对性地寻找顾客，保证一定范围里准顾客的相对集中，从而提高寻找准顾客的效率。

企业最好不要抄袭其他公司的做法，而应改进、模仿其他公司的做法，使其适合自己的企业。要综合考虑产品的特点、产品的销售区域、客户群的范围、本企业的形象及传统。如麦肯锡公司从不沿用其他公司的许多做法，不做上门推销，只用发表文章法吸引顾客上门。

（三）建立准顾客档案

为了进一步挖掘顾客和管理顾客，必须建立准顾客档案。根据顾客的实际情况及变化，对准顾客按一定的规律进行分类，然后列出重点推销对象和访问线路，使销售工作标准化、程序化、规范化，加强销售工作的计划性。日本推销大师原一平从事保险工作 50 年，积累的准客户已达 2.8 万个以上。他把这些准客户依照成交的可能性，从 A 到 F 分级归类，建立了准客户档案，对寻找合适的顾客有很大的帮助。

（四）利用各种机会寻找顾客

在实际工作中，寻找顾客的方法是各种各样的，销售人员要注意培养敏锐的观察力和正确的判断力，即养成一种随时随地搜寻准顾客的习惯，不放过任何机会。如果业余时间毫不用心，那么许多潜在的顾客将会与你擦肩而过，丧失销售机会。

第二节　顾客资格鉴定

在产品推销实践中，并非每一位准顾客都能成为推销人员的目标顾客。从准顾客到目标顾客还需要对其资格进行鉴定、选择，分析其是否具备成为目标顾客的条件。只有准顾客具备了一定的资格条件，才能正式将其列入目标顾客名单，建立客户资料卡，作为产品的推销对象。

在对潜在顾客进行评估时，一个积极进取的销售人员，必须不断反省：顾客的需求与期望是什么？对顾客而言，什么是最重要的？这些需求与期望能满足多少？竞争者能满足多少？如何做到不只是单纯地满足顾客，而是真正地取悦他们。为了真正取悦顾客，必须明了下面的问题：①目标顾客是否具有你能够给予满足的需求；②在你满足了其需求之后，他们是否具有提供适当回报的能力；③本公司是否具有或是能够培养比其他公司更能满足其顾客需求的能力。

顾客资格鉴定是推销人员开展市场调研的重要内容之一，鉴定的目的在于发现真正的产品推销对象，避免徒劳无功的推销活动，确保将推销工作落到实处。通过顾客资格鉴定，可以使推销人员节约大量宝贵的时间，也可以提高顾客的订货率和增加顾客的订货量，提高推销人员的工作绩效。

顾客资格鉴定包括顾客购买力的鉴定、顾客购买决策权的鉴定和顾客购买需求的鉴定。

一、顾客购买力的鉴定

顾客购买力就是顾客购买产品时的支付能力。支付能力是判断一个准顾客能否成为目标顾客的首要条件。许多人对产品都有需求，但是只有有一定支付能力的需求才能真正成为市场经济中现实的需求。

顾客支付能力可以划分为现有支付能力和潜在支付能力两种形式。鉴定顾客支付能力时，首先要对顾客的现有支付能力进行鉴定，具有产品购买意向并具备现有支付能力的顾客是最理想的目标顾客；其次，要注意对顾客潜在支付能力的鉴定。掌握具有潜在支付能力的顾客，可以为产品推销开拓更为广阔的市场前景。

当准顾客有一定的购买意向并且有潜在的支付能力时，推销人员应该主动协助准顾客解决现有支付能力方面的问题，例如，建议顾客向银行贷款或者采用分期付款等其他付款方式，促使顾客达成产品交易。

通过鉴定准顾客的支付能力，可以节约推销人员大量的时间，确保其在产品推销过程中有的放矢，提高推销工作的成功率。

（一）个体顾客购买力鉴定

个体顾客的购买能力审查主要是从影响消费者购买力的各种因素，如实际收入、消费支出、消费储蓄与信贷等几个方面进行审查。

消费者收入主要指的是消费者的实际收入。消费者收入的多少决定消费者市场购买水平的高低。消费者收入的可任意支配部分是影响消费需求构成最活跃的经济因素，也是影响高档耐用消费品、旅游等商品销售的主要因素。这部分收入越多，人们的购买力就越强，消费水平也越高，企业的营销机会也就越多。

顾客的购买力除了受消费者收入影响外，还受消费者储蓄和信贷因素的直接影响。居民个人收入在一定时期内不可能全部花费掉，总有一部分以银行存款、公债、股票和不动产等各种形式储蓄起来，这是一种推迟了的潜在的购买力。当消费者的收入一定时，储蓄数量与现实支出数量是成反比关系的。推销人员必须了解影响居民储蓄的诸多因素和储蓄目的的差异，以便准确地预测消费需求的发展趋势和发展水平，寻找市场机会。

另一方面，消费者信贷对顾客的购买力影响也很大。有些经济学家认为，各种形式的赊销、分期付款、延期付款是经济增长的主要动力之一，因为它允许人们购买超过自己现实购买力的商品，可以创造更多的就业机会、更多的收入和更多的需求，为企业创造更多的营销机会，从而刺激经济增长。

（二）团体顾客购买力鉴定

推销人员对团体顾客购买力的审查涉及团体顾客的生产状况、经营状况、资金状况、财务状况、信用状况等方面的内容。这里主要介绍对团体顾客的财务报表的短期偿债能力和营运能力部分进行分析，借以评价其财务状况和经营成果，预测未来的经营报酬和风险，为推销人员审查团体顾客购买力提供帮助。

1. 短期偿债能力分析

短期偿债能力又称支付能力，是企业以其流动资产偿还流动负债的能力。它反映企业偿付日常到期债务的实力。企业能否及时偿还到期的流动负债，是反映企业财务状况好坏的重要标志。企业如果短期偿债能力较弱，供应商将很难甚至无法收回货款。反映企业短期偿债能力的财务指标主要有以下几种：

（1）流动比率。流动比率是流动资产与流动负债的比率，即：

流动比率=流动资产/流动负债

流动比率表明企业每一元流动负债有多少流动资产作为偿还的担保，反映企业用可在短期内转变为现金的流动资产偿还到期流动负债的能力。一般情况下，流动比率越高，说明企业短期偿债能力强，债权人的权益有很好的保证，遭受损失的风险小；反之亦然。一般认为2：1的比例比较理想。

（2）速动比率。速动比率是企业速动资产与流动负债的比率，即：

速动比率=流动资产/流动负债

速动比率是衡量企业流动资产中可以立即用于偿付流动负债的重要指标，比流动比率更能准确地反映企业的短期偿债能力。一般来说，速动比率高，企业的短期偿债能力强；反之，则越弱。根据经验，一般认为速动比率1：1较为合适，企业债务偿还具有安全性。速动比率小于1，表明企业支付能力不足，面临较大的偿债风险；速动比率大于1，说明企业的债务偿还的安全性较高。

（3）现金比率。现金比率又称即付比率，是企业现金类资产与流动负债的比率，即：

现金比率=现金类资产/流动负债

现金比率是衡量企业即时偿付债务能力的比率，在反映企业短期变现能力方面，可以弥补以上两个指标的不足，能更为稳健地衡量企业的短期偿债能力。一般来说，现金比率在20%以上为好。现金比率越高，说明现金类资产在流动资产中所占比例较大，企业应急能力，举债能力较强。

上述三个指标，都能反映企业短期偿债能力。但企业的经营状况总是在不断变化的，要科学、合理、准确地评价企业的短期偿债能力，必须将上述三个指标结合起来加以综合考察。

2. 营运能力分析

营运能力是指通过企业生产经营资金周转速度的有关指标反映企业资金利用的效率。企业生产经营资金周转的速度越快，表明企业利用资金的效果越好，效率越高，企业短期偿债能力越强。反映企业营运能力的指标主要有：

（1）应收账款周转率。应收账款周转率是指企业赊销收入净额与应收账款平均余额之比。这一指标用以测定企业在一定时期内收回赊销账款的能力，反映企业应收账款变现速度的快慢。该比率高，表明收账迅速，账龄较短，减少收账费用和坏账损失，资产流动性强，企业短期偿债能力强。

（2）存货周转率。存货周转率是一定时期企业的销货成本与存货平均占用额之比。这一指标用以衡量企业存货资金占用情况，并可测定企业的销售状况。在正常情况下，存货周转率越高，相应的周转天数则越少，说明存货资金周转快，资金利用效率高。

二、顾客购买决策权的鉴定

有些准顾客既有支付能力，也有购买意向，最终却无法达成产品交易，究其原因主要是他没有购买决策权。因此推销人员在向企业或家庭推销产品时，一定要清楚谁是购买决策者。

在消费品市场中，以家庭为基本单位的购买行为往往由于文化背景、社会环境的差异，使各个家庭的购买决策状况不尽相同。除一些大件商品外，大多数商品的购买决策权都比较分散，这就给推销人员的鉴定工作增加了难度。即便如此，推销人员依然要认真分析准顾客家庭中各种微妙的关系，鉴定出谁是家庭购买行为中起关键作用的决策者，谁是购买产品的倡议者，谁是购买产品的使用者（见表 6-2）。

对于工业品市场来说，鉴定其购买行为的决策者尤为重要，否则就会使产品推销带有很大的盲目性。一般来说，企业购买决策者的购买权限是按不同层次和级别来进行划分的，购买决策者只能在其购买权限范围内购买产品，越权购买的，则必须向上级报请审批，有些项目的购买甚至要高层领导集体讨论之后才能做出决策。推销人员必须了解团体顾客内部的组织结构、人际关系、决策系统与决策方式，掌握其内部管理者的相对权限，向有决策权的管理者推销产品。

表 6-2　**家庭购买所考虑因素的影响者**

考虑因素	汽车	衬衫	电视机	洗衣机
品牌（产地）	H	–	H	W
功能	H	W	H	W
样式	W	H	W	W
规格	H	H	H	W

续表

考虑因素	汽车	衬衫	电视机	洗衣机
维修保证	=	–	H	W
价格	H	W	H	H
商店	H	=	W	H
服务	H	–	H	H

注："H"表示丈夫影响大，"W"表示妻子影响大，"="表示丈夫和妻子影响一样，"–"表示没有意义。

资料来源：吴金法．现代推销理论与实务．东北财经大学出版社，2002：71.

三、顾客购买需求的鉴定

产品推销成功与否还要看顾客对产品是否有购买需求，这就需要推销人员对顾客的购买需求进行鉴定，即事先确定潜在顾客是否真的需要所推销的产品，鉴定内容主要围绕是否需要、何时需要、需要多少等问题来进行。

顾客是否需要所推销的产品，是推销活动能否成功的关键。显然，如果顾客根本就不需要推销人员所推销的产品，那么对其展开推销攻势肯定是徒劳的。顾客的购买需求既多种多样，又千变万化；同时，需求又是一个极富弹性的东西，因此，要想准确把握顾客的购买需求，并非轻而易举。它需要推销人员凭借丰富的推销经验和运用有关知识，进行大量的市场调研才能搞好。有时，仅凭个别推销人员还不行，需要借助集体的力量，甚至需要邀请有关专家来做此鉴定工作。例如，某些生产资料的购买需求鉴定，就是一项专业性很强的工作，不具备丰富的专业知识和有关产品、生产方面的知识，就难以胜任。作为一名产品推销人员，必须不断学习，善于观察，随时注意收集有关资料，寻求有关人员的帮助，尽力搞好顾客购买需求的鉴定工作。

经过严格的鉴定以后，如果推销人员确认某顾客不具有购买需求，或者发现自己所推销的产品无益于该顾客，不能适应其实际需要，就不应该向其推销；相反，一旦确认该顾客存在购买产品的可能性与倾向性，自己所推销的产品有益于顾客，有助于解决顾客的某些实际问题，就应该努力去说服、引导顾客，切勿坐失良机。

第三节　潜在顾客的管理

经过对准顾客资格的鉴定，剔除丢掉不合格的顾客，就可以确定一份合格的准顾客名单。有了合格的准顾客名单，推销人员就可以进行实际推销。但是，一个推销人员不可能同时访问众多顾客，而是有先有后地开展推销。因此，现代推销人员应该运用科学方法对众多合格的准顾客加以分析，并根据一定的标准对现有顾客进行分级管理，以获得最佳的推销效益。

一、ABC 法

所谓 ABC 法，就是指推销人员按照一定的标准对顾客进行分级管理的方法。

对顾客进行分级管理的目的，就是要使日常推销工作程序化、系统化、计划化、有助于推销人员开展重点推销和目标管理，稳定地取得最佳的推销效益。

（一）ABC 法的分级标准

在推销实践中，推销人员可以根据具体的情况来科学地制定不同的分级标准。下面是两种最基本的分级标准。

1. 以顾客的购买概率作为分级标准

A 级准顾客——最有希望购买者，概率在 85%以上；B 级准顾客——有可能购买者，概率在 50%与 85%之间；C 级准顾客——购买希望不大者，概率在 40%以下。

2. 以顾客的购买量作为分级标准

A 级准顾客——购买量最大者；B 级准顾客——购买量不大不小者。数量的绝对额以推销规模而定，或根据具体的推销情况而定。

（二）ABC 法的优缺点

1. 优点

（1）使推销工作标准化、程序化。ABC 法改变了传统推销方式全凭个人经验办事，顾客无级别，推销无重点，工作无计划、效益无保证的缺陷。ABC 法使经验推销方式发生了革命性的变革。

（2）有助于制订推销计划，实行目标管理，开展重点推销，提高了推销效率。

（3）有助于推销人员建立和发展顾客关系，开展售后服务工作，提高推销信用。

2. 缺点

（1）科学合理的分级标准很难制定。

（2）一方面促使推销工作标准化，另一方面使推销工作教条化。

（3）使一些推销人员片面追求推销效率，忽视中低级客户服务工作。

（三）运用中应注意的问题

（1）必须根据自己推销工作的特定需要来制定具体的分级标准。级别档次可多可少，如 ABC 三级、ABCD 四级，具体用哪个标准也视具体情况而定。

（2）根据顾客情况的变化，相应改变分级标准，或调整顾客的级别。由于推销环境变化，顾客的购买情况也会随之变化。针对这些情况变化，推销人员必须采取相应的措施，及时修正不适宜的分级办法和分级标准，调整现有顾客和准顾客的级别，在开拓新顾客的时候，推销人员尤应注意灵活分级，积极开拓发展未来的高级顾客。

（3）既要重点推销，也要兼顾中低级顾客，做到全面提高推销效率。在推销工作量的安排和分配上，要对不同级别的顾客实行差别待遇，以保证重点客户的需要。在推销工作质量和服务态度上，要对所有顾客一视同仁，绝对不可以忽视或歧视低级客户。

（4）在无需对顾客进行分类和不必要分类的情况下，对目标推销区域进行分类管理。

二、潜在顾客的分类管理

潜在顾客虽然都有可能达成交易，但为了获得最大的效益，提高销售业绩，可以将这些潜在顾客分类管理，以提高销售的有效性。

(一) 根据可能成交的紧迫性分类

所谓紧迫性是指顾客对购买公司产品/服务或成交时间长短的迫切程度。1 个月内可能成交的顾客，被称为渴望顾客；3 个月内可能成交的顾客，被称为有望顾客；超过 3 个月才能成交的顾客，被称为观望顾客。对于渴望顾客，销售人员可以增加访问的频率与深度；对于有望顾客，销售人员需要积极争取，主动出击；对于观望顾客，销售人员需要作出进一步的判断与评估，然后安排访问的时间。

(二) 根据顾客的重要性分类

所谓重要性是指顾客可能购买产品的数量的多少，虽然每个潜在顾客对销售人员而言都是重要的，但是根据八二法则，人们更应关注带来 80%利润的 20%的关键顾客。可以将顾客分为 3 类。

(1) A 类顾客，即重要顾客。这类顾客一定要加强访问，因为与销售人员的业绩密切相关，是你短期内最重要的工作，非做不可。

(2) B 类顾客，即次要顾客。这类顾客应该访问，但是不太紧迫，无论是从购买的数量或者获取的利润方面来看，都具有很大的潜力，若能与之成交则可以改善并提高销售人员的销售业绩。

(3) C 类顾客，即普通顾客。这类顾客尚待开发，许多信息还不完善，销售人员若有时间与精力的话，可以去访问这类顾客。但是，销售人员不必给自己太大的压力，而应将精力投入在 A 类和 B 类顾客身上。

【推销阅读 6.2】

80%的财富为 20%的人占有，这种趋势在全世界存在着普遍性——这就是著名的八二法则，后来人们发现在社会上有许多事物的发展都趋向这一轨道，并有其自身的规律。目前，世界上有许多专家学者运用它来研究、解释相关的课题，引申到营销领域，同样具有指导意义。

一、在你刚刚成为一个推销新手的时候，一定要将 80%的时间投入一次次的强化培训，这样你真正走向推销的时候就可以用 20%的精力和时间来取得 80%的业绩，如果你一开始只用 20%的精力和时间来学习新的东西，那么你花了 80%的精力和时间，也只能取得 20%的成绩。

二、在推销的时候，“勤奋”才是你的灵魂，唯有 80%的勤奋和努力，才有 80%的成果。20%的付出，只能有 20%的报答，付出和收获是均等的，所以在你的推销生涯中，80%的时间是工作，20%的时间是休息，你可能用 80%的精力，得来 20%的业绩，但不可能用 20%的精力，得来 80%的辉煌。

三、如果对目标客户能够了解 80%，并对其个性、爱好、家庭、阅历有更好的掌握，那么你与他面对面推销的时候，用20%的努力，可以达到80%的成功。如果对客户全然无知，尽管你在各个方面尽了80%的努力，也只有20%的成功希望。

四、在你的市场上，真正能够成为客户并接受你推销的人只有20%，但这些人却会影响其他人。80%的业绩来自20%的老客户，20%的客户才是最好的客户。

五、上帝给了我们两只耳朵、一张嘴巴就是要我们少说多听，使用80%的耳朵听客户的讲话，用20%的嘴巴去说服客户。如果在客户面前，80%的时间你在唠叨个不停，推销成功的希望就降到了20%。客户的自尊心和耐心也将随着你滔滔不绝的讲解，从80%慢慢滑向20%，客户的拒绝心理将从20%爬向80%。

六、推销员没有第二次机会在客户面前改变自己的第一印象，第一印象80%来自于形体语言——仪表，所以用20%的时间修饰一下自己再出门是必要的。在客户面前，你一定要用80%的努力去微笑，微笑是友好的信号，必定胜过你80%的言辞所建立的形象。如果在客户面前，你20%的时间是微笑的，那么会有80%的客户认为你太严肃，不易接近。

七、推销80%的成功来自交流，即建立感情的成功。20%的成功来自演示，即介绍新产品的成功。如果你用80%的精力接待客户，用20%的时间去介绍产品的利益，就有80%的成功希望了。但你只用了20%的努力与客户谈交情，那么你用80%的努力去介绍产品的话，80%是白费劲。

八、推销是从被拒绝开始的，在你的推销实践中80%的将是失败，20%的将是成功。除非是卖方市场，否则在刚加入推销这一行列的人当中，将有80%的人会四处碰壁知难而退，留下的20%的人将成为推销的精英，这20%的人，将为他们的企业带来80%的利益。

九、80%的客户都说你推销的新产品价格高，因为“杀价”是客户的本能。但你大可不必用80%的口舌去讨价还价，只需用20%的力量去证明你的东西为什么价格高。另外，一定要用80%的力量证明你推销的新产品能够给客户带来好处。

十、想要成功不一定成功，渴望成功一定可以成功。为使你更具有勇气去迎接挑战，请每天用20%的时间，把这首“成功誓言”念上几遍，一定会有所收获。

资料来源：80－20法则工作的指导意义，https://wenku.baidu.com/view/ad2a5aa10029bd64783e2cfe.html.

三、建立顾客档案

为了实现顾客管理的科学化和标准化，推销人员应采用科学的管理手段，如制定顾客卡，建立顾客资料档案，尽量使顾客资料数据化、图表化，在可能的情况下，可利用电子计算机编制顾客管理程序，建立顾客资料库，实现管理的自动化。

（一）顾客分析表

通过长期的资料积累，推销人员可以将自己的顾客按照时间顺序分为三大类，即现有顾客、过去顾客、将来顾客，对每一类顾客都要进行详细的分析，以便从中发现产品销售机会。具体内容见表 6-2。

表 6-2　　**顾客情况分析表**

<table>
<tr><td rowspan="3">现有顾客</td><td colspan="4">哪些人</td><td>向我们买什么</td><td>不可能买什么</td><td colspan="2">能推荐哪些顾客</td></tr>
<tr><td>名称</td><td>地址</td><td>电话</td><td rowspan="2">采购员及主管姓名</td><td>产品</td><td>数量</td><td>其他公司</td><td>朋友、亲戚</td></tr>
<tr><td></td><td></td><td></td><td></td><td></td><td></td><td></td></tr>
<tr><td rowspan="3">过去顾客</td><td colspan="4">哪些人</td><td>为什么失去</td><td>如何挽回</td><td colspan="2">能买什么产品</td></tr>
<tr><td>名称</td><td>地 址</td><td>电话</td><td rowspan="2">采购员及主管姓名</td><td></td><td></td><td></td><td></td></tr>
<tr><td></td><td></td><td></td><td></td><td></td><td></td><td></td></tr>
<tr><td rowspan="3">将来顾客</td><td colspan="4">哪些人</td><td colspan="2">怎样才能向我们订货</td><td colspan="2">他们可能购买什么</td></tr>
<tr><td>名称</td><td>地 址</td><td>电话</td><td rowspan="2">采购员及主管姓名</td><td rowspan="2">他们需要什么</td><td rowspan="2">能满足他们的需要吗</td><td></td><td></td></tr>
<tr><td></td><td></td><td></td><td></td><td></td></tr>
</table>

（二）建立顾客资料卡

在建立了顾客分析表的基础上，推销人员还应对每一个经过鉴定的顾客制作详细的资料卡，对卡中的有关内容做充分的调查和了解，便于将来在接近顾客和面谈时查找，使产品推销工作系统化、表格化，进一步提高产品推销工作的效率。

在实际推销工作中，推销人员可以根据实际需要来设计顾客资料卡的具体格式。表 6-3、表 6-4 就是两种比较常见的顾客资料卡。

表 6-3　　**消费者个人或家庭资料卡**

顾客姓名		性别		住址	
学历		年龄		性格特征	
职业		年均收入			
购买商品			购买日期		
付款方式					
备注					

表 6-4　　顾客（组织）资料卡

组织名称		营业地址	
企业性质			
联系电话		经营规模	
日销金额			
订购商品			
交易日期			
付款方式			
收款日期			
营业状况			
信用等级			
备注			

不论采用哪种形式，一般来讲，客户资料卡应该包括表 6-5 中罗列的内容。

表 6-5　　准顾客资料卡的详尽内容

编号	公司类顾客	编号	个人或家庭
1	公司名称	1	姓名
2	公司地址	2	年龄
3	联系电话	3	住址
4	所属行业	4	联系电话
5	员工人数	5	职业
6	注册资本额	6	职务
7	负责人	7	兴趣
8	业界信用	8	喜爱的运动
9	市场地位（占有率）	9	与本企业开始交易的日期
10	采购主管	10	交易实绩
11	采购协办人员	11	信用情况
12	公司创办日期	12	往来银行
13	与公司开始交易日	13	付款条件
14	交易实绩	14	付款日期
15	信用评级状况	15	
16	开户银行		
17	付款方式		
18	付款日期		
19	付款条件		

根据以上资料，推销人员就可以根据有关标准将准客户分为A、B、C、D级，级别不同，推销人员准备访问的次数也就不同（见表6-6）。

表6-6　**准客户的A、B、C、D四个等级**

项目 等级	具备准客户要求条件的程度	计划访问次数	计划购买产品的时间	计划购买推销产品的数量
A级	具备完整的购买条件	1周访问 1~2次	计划当月就购买产品	
B级	虽未具备完整的购买产品的条件，但是具有访问价值	隔周需访问 1次	2~3个月内购买产品	
C级	尚不具备完整的购买产品的条件，偶尔可以访问	应该每月访问 1次	半年内购买产品	
D级	尚不具备完成购买产品的条件，但从长远看有一定的开拓潜力	顺路访问或电话访问即可	1年内购买产品	

（三）顾客资料卡的利用

在以后的产品推销业务中，推销人员根据顾客资料卡，就可以随时掌握客户购买本企业产品的情况、订货次数，并将顾客的有关资料进行汇总，随时掌握客户的购买进度以及采购时机，可以清楚地分析、控制产品推销业务的成长状况，该客户占总推销的比例是多少，发掘该客户的潜在购买能力。推销人员可以依此分析与每位客户每笔交易所花费的推销费用，将每一笔产品交易的推销费用汇总起来，就可以清楚地了解到推销费用占产品总推销额的合理比例，以此衡量以后推销业务的投入水平与产出效益。

推销人员利用客户资料卡可以定期地对客户进行综合评价，及时发现推销过程中存在的问题，并提出改进措施。表6-7是利用客户资料卡编制的客户综合评价表，对推销人员完成配额任务非常有用。

表6-7　**客户情况的综合评价表**

客户评比资料		评语	存在的问题	改进措施
1	客户的基本情况			
2	每次订购产品的数量			
3	订购产品的次数（每年）			
4	占公司推销总额的比例			
5	推销费用水平			
6	贷款回收情况			

续表

客户评比资料		评语	存在的问题	改进措施
7	客户对本公司的评价			
8	客户对推销业务的支持程度			
9	访问计划			
10	延迟交货的情况			

【本章小结】

顾客的寻找及其资格审查是推销成功的保证，主要包括：如何寻找顾客；如何进行顾客资格审查；怎样进行顾客管理。

寻找准顾客是推销人员的重要工作。寻找准顾客的方法主要有：逐户寻访法、连锁介绍法、中心开花法、委托助手法、广告开拓法、市场咨询法、资料查阅法、依靠本公司资源法、电信访问法、贸易展览法。

顾客资格鉴定主要包括顾客购买力的鉴定、顾客购买决策权的鉴定、顾客购买资格鉴定、顾客购买需求的鉴定。

顾客的管理主要采用 ABC 法、建立顾客档案。

【思考题】

1. 简述地毯式访问法、中心开花法和连锁介绍法的概念及三种寻找方法的异同。
2. 熟悉顾客资格审查的目的和内容。
3. 如何利用 ABC 法进行顾客标准化管理？

【案例讨论】

王刚和李强的销售统计

王刚和李强是浙江温州某电器厂销售部的两位推销员。王刚做电器销售工作多年，经验丰富，客户较多，加之在工作上积极肯干，其销售业绩在本销售部始终是遥遥领先。李强是某高校的市场营销专业的毕业生，到公司销售部不足一年，销售业绩直线上升，当年就微超王刚。两人推销情况如下表所示：

推销员		王刚	李强
原有客户（人）		218	144
推销访问次数	老客户	184	75
	新客户	—	68

续表

推销员		王刚	李强
订货概率	老客户	0.66	0.79
	新客户	—	0.49
平均订货额（元）		7200	8300
总订货额（元）		865000	869700

由表中内容可以看出：王刚的原有客户比李强多，推销访问客户的次数也比李强多，而在客户的订货率和平均订货额方面却低于李强，致使王刚的总销售业绩略低于李强。问及其中缘由，李强解释说："我在拜访客户之前先对客户资料进行分析研究，然后进行有针对性的拜访。我不仅重视拜访老客户，而且更注重新客户的开发与管理工作，尽管新客户的订货率在一段时期内不高，但通过寻找与筛选，与一些新客户和潜在客户建立了关系，对今后的推销工作还是有益的。"

问题讨论：

1. 寻找顾客需要注意哪些方面？
2. 李强的推销业绩为什么会超过王刚？

第七章　顾客的接近准备和约见

【学习目标】

通过本章学习，要求掌握：

1. 明确顾客的接近准备和约见是整个推销过程的一个重要环节；

2. 了解做好接近准备工作以及接近准备的内容；

3. 懂得约见顾客的内容与方式。

【内容摘要】

本章首先介绍了推销人员接近顾客之前的准备内容、准备方法，以做到有的放矢；其次是对为成功约见常顾客、一般顾客和准顾客而进行的约见内容、方式的介绍，最大限度地提高接近顾客的成功率；最后是对从地理上、心理上接近顾客的方法的介绍。

第一节　接近准备

顾客经过严格的顾客资格审查之后，就可以列入合格的准顾客名单。有了一份合格的准顾客名单，推销人员就可以开始进行实际推销。在接近顾客之前，推销人员还必须做好接近准备工作。

一、接近准备的含义

所谓接近准备，是指推销人员在接近某一特定准顾客之前进一步了解该顾客基本情况，设计接近和面谈计划，谋求开展推销洽谈的过程。接近准备阶段，实际上是顾客资格审查工作的延续，其目的主要是搜集准顾客更多的资料，为正式的推销访问和当面洽谈做好准备，以便开展积极主动的推销。

二、接近准备的意义

1. 有助于进一步审查准顾客的资格

经过初步的准顾客资格审查之后，推销人员可能相信某一特定的个人或组织是一位准顾客，但是更多的事实可能会完全推翻推销人员的判断。事实上，那个人或组织可能已经拥有推销人员所推销的商品，或许无钱购买，或许已经有亲戚朋友在推销同一种商品。所有这些事实都可能存在，从而使一个潜在顾客不合格。因此，推销人员在接近准备过程中应该进一步利用有关资料来审查顾客资格。有些推销人员向对方推销了半天，后来听到的回答是："这东西的确很好，但是我已经有了。"如果推销人员利用交谈的头几分钟进行接近准备，继续审查顾客资格，则可及早结束面谈。

2. 有助于拟定接近策略

目标顾客的具体情况和性格特点存在着个体差异，实践证明，推销人员不能毫无区别地用一种方法去接近所有的顾客。推销人员必须进行充分的前期准备，把握目标顾客的特点，根据接近准备所了解的顾客情况来制定接近的策略，以便有的放矢。

3. 有助于制订推销洽谈计划

洽谈是推销工作的关键环节。推销人员在推荐商品时，需要采取多种多样的形式，从产品的各个方面进行说服，要求推销人员介绍商品的侧重点时必须切合顾客的关注点，否则，洽谈介绍商品的工作就失去针对性，推销就难以取得预期的效果。因此，推销人员做好前期准备工作，事先制订切实可行的洽谈计划，深入挖掘准顾客产生购买行为的源头——购买动机，就能找到准顾客对产品的关注点，制订出最符合准顾客特点的洽谈计划。

4. 有助于减少或避免推销工作中的失误

推销人员的工作是与人打交道，要面对个性各异的潜在顾客。每一位潜在顾客都具有稳定的心理特质，有各自的个性特点，推销人员不可能在短暂的推销谈话中予以改变，而只能适应，迎合准顾客的这些个性特点。因此，推销人员必须注意顺从顾客要求，投其所好，避其所恶。推销人员做好接近准备，充分了解准顾客的个性、习惯、爱好、厌恶、生理缺陷等，就可尽量避免触及顾客的隐痛或忌讳而导致推销失败。

5. 增强推销人员的信心

推销人员在毫无准备的情况下贸然访问准顾客，往往会因情况不明、底数不清，总担心出差错触怒顾客，而行动举棋不定，言词模棱两可。顾客对自己推销的商品信心不足的推销员，只会感到担心和失望，进而不能信任推销员所推销的产品。因此，充分的前期准备工作，可以使推销人员充满信心，推销态度从容不迫，言语举措得当，容易取得顾客的信任。

三、接近准备的内容

接近准备工作的主要内容就是收集、整理、分析目标顾客的有关资料，进行推销预测。具体包括顾客资料的准备和推销工具的准备两个方面。

1. 顾客资料的准备

顾客资料是反映顾客基本情况的信息资料，关系到推销人员设计和确定约见顾客的计划与策略，是进一步接近顾客、进行推销洽谈的主要依据。接近不同类型的准顾客，需要进行不同的接近准备。

（1）个体准顾客的接近准备。

个体准顾客是指个人或家庭式的准顾客。对个体准顾客的资料准备一般包括以下内容：

①姓名：推销人员接近个体顾客时，必须首先弄清楚对方的姓名。熟悉顾客姓名，见面后直呼其名，会缩短推销人员与顾客的距离，给对方一见如故的亲切感。在称呼或书写顾客姓名时，要认准读音、写法，避免忌讳，否则会招致顾客反感，影响推销接近。

②年龄：不同年龄的会有不同的个性差异和需求特征，因而会有不同的消费心理和购买行为。在接近顾客之前，推销人员应采取合适的方法和途径了解该顾客的真实年龄，便于分析、研究、把握顾客的消费心理，制定推销接近策略。

③学历。学历代表顾客受教育程度及其文化水平的高低。不同文化水平的顾客具有不同的素质与个性特征，购买商品的选择原则和方式不同。在接近顾客之前了解推销对象的文化水平，有利于制定对应的洽谈计划和洽谈方式，设计合适的洽谈主题，创造有利的接近氛围。

④民族：不同的民族有其不同的宗教信仰和不同的风俗习惯。这些对消费者的消费嗜好、消费模式、消费行为等具有重要的影响。

⑤籍贯：籍贯是顾客的家乡所在地。怀念乡土，人之常情。在推销中，若能利用同乡关系与顾客攀情交友，发展人际关系，对接近顾客大有裨益。

⑥消费需求。推销人员应尽量了解顾客需求的具体情况，如购买需求特点、动机、购买决策期限购买行为的规律性等，便于有针对性地做好推销工作。

⑦家庭情况。主要了解顾客的家庭背景、家庭成员、收入状况、购买权及购买偏好等方面的资料，为接近顾客作好准备。

⑧其他。如职业、通信方式等。

（2）团体准顾客的接近准备。

团体准顾客主要是指那些可能购买推销人员所推销的商品的企事业单位及其他社会团体组织。团体准顾客的最大特点是其购买决策的复杂性、购买执行人和决策人往往是分离的。作为团体准顾客的购买人往往不具有购买决策权，或者只作为该团体的代理人。有些团体准顾客还聘请团体外的有关专家、行家为兼职购买人，委托他们代为选购。此外，团体准顾客购买物的种类、数量、频率也不同于个体准顾客。因此，向团体顾客推销时，就是向该团体的购买执行人和决策人进行推销。而对于团体顾客的接近准备，主要是对团体决策人的接近准备。这些因素，都使团体顾客的接近复杂化。但是，由于团体的购买力大，生产周期与消费周期较长，所以对推销人员，完成团体顾客的接近准备计划显得更有价值。接近团体顾客之前通常应了解、掌握以下情况：

①该组织的基本情况。包括该组织的法人全称及简称、地址、电话、传真号码、邮政编码、交通运输条件等情况；组织的性质和规模：该组织所属产业、投资及生产规模、成立时间与演变经历；组织的人事状况：该组织的近期及远期的组织目标、组织规章制度、办事程序、主要领导人的作风特点、组织结构图及职权范围的划分、人事状况及人际关系

等；决策人的有关情况：决策者的个人基本情况、家庭情况、社会经历、兴趣爱好、性格特点等。

②生产经营情况。包括产品品种、产量；生产能力及发挥水平；设备技术水平及技术改造方向；产品结构调整及执行情况；产品加工工艺及配方产品主要销售地点及市场反映；市场占有率及销售增长率；管理风格与水平；发展、竞争与定价策略；经营业绩及利税水平等。

③购买习惯和购买行为的特点等。首先应摸清该组织的购买习惯。购买习惯是指目标顾客的采购部门及其工作程序和制度、购买信用及购买力集中程度、购买时间、频率及批量、现有进货渠道、支付方式及供求双方的关系及其发展前景等。其次，应掌握该组织的购买行为情况。包括摸清该组织发现需求和提出购买申请的部门、对需求进行核准与说明的部门、对需求及购买进行决策的部门及选择产品及厂家的标准等。

（3）常顾客的接近准备。

常顾客或熟客、老顾客，简称常客，是指推销人员所掌握的熟悉的、比较稳定的顾客，包括个体常顾客和团体常顾客两类。

常顾客的接近准备不同于准顾客的接近准备。准顾客的接近准备是在推销人员对未来顾客的具体情况不太熟悉或全然不了解的情况下进行的，准顾客接近准备的主要内容是潜在买主的基本情况。常顾客的接近准备是准顾客接近准备的延续，是根据已经掌握的基本情况，在现有资料的基础上，进一步搜集常顾客的新资料。因此，常顾客的接近准备主要是其变动、反映的情况。

常顾客接近准备的内容包括：

①常顾客的基本情况。常顾客接近准备的首要任务就是广泛搜集有关资料，进一步了解现有顾客的基本情况。

②常顾客的变动情况。即针对基本情况在新环境下的变动，迅速作出相应的推销方案，加强同顾客的联系。

③常顾客的反映情况。在面对面的推销过程中，顾客会积极主动地提出各种问题，讨价还价，一旦成交或者变成常顾客，就会对推销人员和推销品形成一定的印象和看法，并做出相应的反映。常顾客反映的内容是多方面的，主要包括产品质量、使用效果、供货时间、产品价格、服务态度等。常顾客反映的形式也是各不相同的，有些顾客直接向推销人员及其所属公司反映有关情况，希望及时解决问题；有些顾客喜欢私下议论，评头论足，或自我炫耀，或自我发泄；有些顾客上告有关部门，或表扬，或批评；更有些顾客宁愿投书报社或电台，或称赞某些特殊功能，或表扬某推销人员的工作态度，或批评某厂产品粗制滥造，或揭露某推销人员弄虚作假等。

2. 推销辅助器材的准备

“优秀的推销员一靠推销技巧，二靠各种推销工具。”这是丰田汽车公司推销员的一条不可动摇的原则，这也说明了推销人员在接近顾客之前对各种推销器材准备的必要性和重要性。在实际推销活动中。常用的主要推销器材及其功用如表 7-1 所示。

表 7-1　　主要的推销器材及其功用

类别	内　　容	功　　用
视听器材	商品实体、样品、产品目录、音像制品、图文资料等	展示商品，吸引顾客注意力，促使顾客直观感受商品
宣传器材	广告作品、产品说明书、产品价目表、检验报告、鉴定证书等	增强推销人员说服顾客的效果
签约器材	票据、合同文本、印章等	交易一旦达成，随时履行有关签约手续，不至于贻误时机
其他器材	笔、计算器、笔记本、单位介绍信、身份证等	方便启用取用

四、接近准备资料的方法

进行接近准备最好的方法是编制准顾客和顾客的资料卡片，详细记载，分类管理。其资料来源途径如下：

1. 推销伙伴

（1）推销伙伴是指非竞争对手的推销员。非竞争对手之间的互通有无，可以为对方创造推销机会。如电脑耗材推销员可能与电脑推销员结成推销伙伴；汽油推销员可能与汽车推销员结成伙伴。

（2）有时推销员的竞争对手也可能提供一定的资料，尤其是他们向某位准顾客推销失败时。

2. 顾客

借助现有顾客的帮助，可以获取大量有关其他顾客的接近准备资料。从现代心理学的观点来看，现有顾客通常希望以劝说别人也购买同一种商品来证明其判断的正确性，甚至自以为这样做是在为他人做好事，从而常常建议推销人员去访问其亲朋好友。因此，推销人员可以借机了解其朋友的有关情况，作为接近准备的有用资料。

3. 助销员

推销人员雇用各种形式的助销员寻找潜在顾客时，也能提供准顾客的接近准备资料，在某些方面，推销助手的了解往往比推销员更清楚。

4. 地方报纸

地方报纸可以提供顾客的社会背景和地方的风土人情、风俗习惯等方面的资料；通过地方报刊上刊登的商业广告，可以了解当地的需求情况、供应情况。

5. 词典

为适应商业推销及其他有关方面的需要，西方各国出版社都致力于出版各类供商界人士使用的工具书。如《名人录》《人名词典》。实业界还定期或不定期地出版本行业各有关公司高级经理及其他人员的花名册和传记资料。

6. 自己的观察

通过观察准顾客周围的每一件物品、每一个情况，通过判断、推理、分析、综合，最后能得到准顾客的整体现象。观察顾客的本质，决不能只看表面现象。

7. 准顾客

准顾客本身也是准顾客接近准备资料的一个来源。许多关键的信息只有准顾客本人知道，所以只有准顾客本人才能提供。因此一边接近，一边进行接近准备是可行的。

总之，在实际推销工作中，推销人员应该根据多方面情况来估量准顾客，不可过早地推断某位准顾客没有买意。推销人员既要善于察言观色，当机立断，随机应变，又不可自作聪明，以貌取人，坐失良机。

第二节 约见顾客

在完成必要的接近准备工作之后，推销人员就可以开始接近顾客。为了成功地接近顾客，推销人员应该事先进行约见。

一、约见的定义和目的

所谓约见或称商业约会，是指推销人员事先征得顾客同意接见的行动过程。作为接近的前奏，约见本身就是接近过程的开始。约见是推销中的重要一环，特别是接近某些比较忙碌或难以接近的顾客时，便显得尤其重要。

约见的首要目的在于推销人员成功地接近顾客，顺利地开展推销面谈，作为接近准备的继续，有助于制订科学的面谈计划，推动面谈过程顺利进行；有助于推销人员客观地进行推销预测，制订可靠的行动方案，合理地利用时间，开展重点推销，提高推销效率。在通常情况下，推销人员往往先与顾客约好，然后再登门拜访，与顾客洽谈有关买卖事宜。其具体步骤如图 7-1 所示。

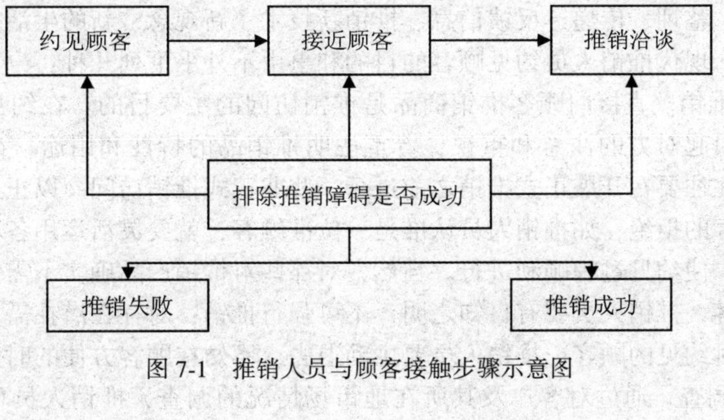

图 7-1 推销人员与顾客接触步骤示意图

从现代推销学的理论上讲，作为整个推销“链条”上的一个环节，约见本身就是一个推销过程。约见不仅与接近和面谈有关，而且与寻找顾客、顾客资格审查、接近准备、处理异议、成交、售后服务等过程有着十分紧密的联系。有时，约见过程是与其他有关过程同时进行的。

二、约见顾客的内容

约见的内容主要有四个方面，即推销访问的对象、事由、时间、地点。如何确定约见的内容，具有一定的规律可循。主要取决于接近和面谈的需要、访问活动的客观要求、推销人员和顾客的关系程度（常顾客、一般顾客、准顾客）。

1. 约见对象的确定

一般来说，推销人员在开始约见之前就已经选定了约见对象。但是，在实际推销工作中，推销人员往往发现自己无法直接访问约见对象。推销人员应该尽量设法直接约见购买决策人及其他对购买决策具有重大影响的要人，避免在无权或无关人员身上浪费时间。以下是必须注意的问题：

（1）充分看重“缓冲的人”的人格，照顾他们的虚荣心，使他们感到自己的权威在于使推销人员顺利约见其上司。缓冲的人包括公务秘书、私人秘书、部下及其有关接待人员，还有门卫等。

（2）访问对象还包括影响购买活动的人，如采购人员、仓库保管人员、财务人员、汽车司机等。

（3）充分利用“门票”如介绍信、引见信、名片及其他通行证件。

确定约见对象的具体方法较多，如追踪调查法、逻辑推理法。所谓追踪调查法是指推销人员从某一特定对象入手，调查与该推销活动有关的人员；逻辑推理法是指推销人员根据有关线索进行判断推理，以确定有关推理对象。

2. 约见事由的确定

在实际推销活动中，约见的首要任务就是要确定特定的访问对象，接着就要向对方说明访问事由。洽谈交易并不是推销访问唯一的目的和事由，而且还有其他，如进行市场调查、搜集信息、整理、传递、反馈信息、推销新技术、新观念、新的生活方式等。

一般来说，现代推销人员约见顾客的目的和事由不外乎下列几种：

（1）正式推销。直接向顾客推销商品是推销访问的主要目的。在约见顾客时，推销人员应该设法引起对方的注意和重视，着重说明推销品的特性和用途。在实际推销工作中，推销人员往往要在开展正式推销之前进行一些非正式推销访问。以正式推销为访问理由容易遭到顾客的拒绝，如推销人员认准是一位准顾客，就要灵活运用各种推销技巧，设法与对方沟通，使约见过程顺利进行。当然，对那些对推销产品确实不需要，而只是出于礼貌应付的顾客，推销人员要有自知之明，不可强行推销；对存在潜在需求，只是出于某种原因不便即时约见的顾客，推销人员要主动退去，不妨在顾客方便的时候，再次约见。

（2）市场调查。通过对客户及其所在地市场情况的调查，推销人员可以搜集和掌握真实、可靠的市场信息，为进一步推销做准备。同时，推销人员以市场调查为访问事由约见顾客比较容易为对方所接受，这既有利于搜集有关资料和情报，又可避免强行推销，往往还由市场调查转变为正式推销。

（3）提供服务。从现代推销学理论上讲，推销本身就是一种服务。服务作为非价格竞争的主要方式，是成功推销的保障，尤其是高新技术产品、高档耐用品以及生产资料的销售。利用提供服务作为访问事由来约见顾客，最受顾客的欢迎，这既可以为推销人员提供许多直接约见顾客的机会，完成推销任务，又可以建立推销人员的商业信誉，扩大影响，为今后的推销工作开辟道路。

（4）走访用户。对于企业和推销人员来说，要保证顾客规模的稳定与增加，不断提高销售业绩，不仅要不断寻找、发现、发展新客户，而且要不断巩固与老顾客的关系。经常走访用户，密切主顾关系，实现顾客固定化策略是公共关系的主要职责，同时也是推销人员约见顾客的主要事由之一，有利于树立良好的社会形象。尤其是贵重商品和大型机器设备的推销员更应该建立用户档案，追踪调查。利用礼节性走访用户约见顾客，使自己处于主动地位，又容易使顾客产生好感。在适当的时机走访用户，也可能使一般性的走访转变为正式推销。

（5）签订合同。有时，推销是反复多次洽谈后达成的，因此，推销人员可以利用签订合同为访问事由，当面约定下次会谈时间。

（6）收取货款。推销人员不能及时、足额地收回货款，不仅是失败的推销，是不完全的推销，而且会给企业的资金周转和经济效益带来一系列不利影响。在现代市场经济条件下，随着交易方式的日益复杂化，货款不回，死、呆、坏账频现。因此，有经验的推销人员在推销开始之前，就应对顾客的资信状况展开调查，在推销过程中，与顾客明确货款收付的具体问题，从而保证货款的及时回收。

（7）其他事由。除了上面列举的几种主要的访问事由以外，推销人员还可以利用一切可以利用的正当理由，不失时机地约见顾客。如“请教问题”“看看您”“送样品”及礼仪拜访、代转口信等一些巧妙的借口。这样做的高明之处是巧妙地变商业约会为私人约会，变主顾关系为朋友关系。需要注意的是推销人员应该理直气壮地约见顾客，而不必拐弯抹角找借口，更不应欺骗顾客。同时应充分尊重顾客的意愿，尽量争取顾客的合作，访问事由言之成理。

3. 约见时间的确定

时间安排是否妥当，直接关系到接近甚至整个推销工作的胜败。在确定约见时间时，推销人员应该尽量替顾客着想，最好是由顾客主动安排约会时间。在推销实践中，并没有一个适合于所有约见对象的标准的最佳约见时间。约见的对象、目的、方式、地点和路线不同，约见的时间也有所不同。

（1）根据约见对象的特点来选择最佳约见时间。推销人员应该考虑约见对象的作息时间和活动规律，尽可能避免在对方工作忙碌或正在休息时访问（见表 7-2）。如星期一不适合访问法人或团体准顾客，买菜做饭的时间不适宜访问家庭妇女，午休时间一般不宜访问。推销人员应考虑约见对象的心境和情绪状态，尽量避免在对方心境不好或情绪不佳时登门造访。

表 7-2　　不同职业的最佳约见时间

行政人员	10:30—15:00
公务员	工作时间内
律师	早上 10:00 前或下午 4:00 后
教师	下午 4:00 之后的放学时间
工薪阶层	晚上 8:00—9:00
银行家	早上 10:00 前或下午 4:00 后
股票从业者	收市后
商人	下午 1:00—3:00
业务人员	最好在雨天或休息日
建筑业人员	清晨或收工后
财会行业人员	每个月的中旬
报纸、印刷业人员	下午 3:00—4:00
饮食业人员	非用餐时间
广告业人员	15:00—16:30
艺术家	早上或中午
理发师	早上 9:00—10:30
不动产代理商	早上 9:00—11:00
批发商	晚上 7:00—9:00
零售商	14:00—15:00 避免周一或周末
医生	11:00—14:00
家庭主妇	最好在 10:00—11:00

资料来源：杨洁．现代推销技术．北京大学出版社，2009：49.

（2）根据约见目的要求来选择最佳约见时间。尽量使约见时间有利于达到约见目的，这是约定约见时间的一条基本准则。不同的约见对象，应该约定不同的约见时间，即使是约见同一对象，约见的目的不同，约见的时间也应该有所不同。如果约见目的是正式推销，应选择有利于达成交易的时间；如果约见目的是市场调查，应选择市场行情变动较大或其他有利时机；如果约见目的是提供服务，应选择顾客需要服务的时候，雪中送炭；如果约见目的是签订正式合同，应选择出现成交信号时；如果约见目的是收取货款，应选择对方银行账户有余额的时候。

（3）根据约见地点和约见路线来选择最佳访问时间。推销人员在约见顾客时，应该使约见时间与约见地点和约见路线保持一致。推销人员在进行接近准备时也要认真研究每一次特定推销访问的环境，拟订一些可行的约定地点和约见路线，尽量节省时间，造成良好的推销气氛。从推销实务的观点来看，不同的推销人员有不同的推销对象，而不同类型的推销对象则划出不同的推销范围和推销区域。推销区域和范围的大小远近直接决定着约见地点和约见路线的安排，也影响到访问时间的选择。

（4）尊重顾客意愿，留有充分余地。推销人员要把困难留给自己，把方便让给顾客，宁肯自己等待一小时，不让顾客等待一分钟。访问时间安排的最佳办法还是双方决定一个妥当的时间。对于约见的准确时间，应该视具体情况而定。一般来说，如果双方都有足够的把握，就可以约定一个固定的时间。如果双方在推销访问后还安排有其他工作，或者考虑到其他原因，则应该约定一个比较灵活的时间。这时推销人员应尽早赶到约会地点，切不可让顾客久等。从推销学理论上讲，由于客观上存在着各种难以预料的意外事件，造成约定约见时间的延迟甚至完全改变，所以推销人员在约见时间上应留有一定余地，而且要做一些附带说明，例如“不见不散”或“过时不候”等。同时，由于各种偶然因素的存在，加上每次访问过程本身的持续时间也难以预料，所以推销人员不应该连续约定几个不同的访问对象，以免一旦前面的会谈延长时间使后面的约会落空。

（5）讲究推销信用，准时赴约。在一般情况下，访问时间一经约定，推销人员应严格守约，准时赴会。约见时间与规定一旦明确，推销人员应立即用笔记本记录在案并复述给对方知照，并严格遵守信用。万一出现意外情况，推销人员也要设法通知顾客，或推迟约会，或改日再会，或另行约见。如果无法及时通知顾客情况有变化，推销人员则应该在事后说明失约的原因，表示歉意。严格守约，可以提高推销信誉，给顾客一个良好的“第一印象”，顺利地由接近转入正式面谈，造成有利的推销气氛，促成交易。

（6）合理利用访问时间，提高推销访问的效率。推销业绩的好坏高低，与推销人员是否合理地安排时间有直接关系。在时间安排上，推销人员应尽量减少各种等待时间，而尽量增加与顾客见面和开展推销时间（见表7-3、表7-4）。但是在实际推销工作中，不管双方约见的时间如何精确，总难免有个先来后到，发生令人焦急不安的等待现象。推销员一方面要尽量避免不必要的时间浪费，另一方面也要合理利用难以避免的等待时间。推销人员应该用积极的态度来度过这等待的时刻，而不应该消极地混过这宝贵的时光。例如，进行接近准备，处理内部事务，整理推销记录，等等。

表7-3 **美国、日本推销员工作分配情况**

	平均每天工作	开会及有关事务性工作	休息	商谈	接近
美国	9小时22分	20%	5%	41%	34%
日本	9小时35分	35.3%	14.8%	24.9%	25%

表7-4 **美国某公司推销员工作分配情况**

	处理日常内部事务	开拓新客户	面谈	闲聊	等待
优秀推销员	21%	22%	40%	11%	6%
一般推销员	13%	11%	21%	43%	12%

【推销实例 7.1】

推销怪杰奥城良治

日本著名汽车推销员奥城良治确实堪称“推销怪杰”。他十分珍惜时间，一旦需要等人，就是几分钟也要加以利用，其方法是：到近处访问；利用近处的公用电话进行电话推销；核对顾客卡；拟订访问计划；想好下次的应对法；向访问公司的有关职员推销，进行市场调查；与司机、女秘书攀交情；革新推销创意；开发推销技巧；等等。

4. 约见地点的确定

选择约见地点的基本原则是方便顾客，有利于推销。从现代推销实践上看，家庭和办公室是主要的推销地点。

为了提高推销效果，在选择推销地点时，推销人员应该遵循现代推销学的基本原理，研究推销区域的推销环境及其变化趋势，综合分析，全面考虑，作出科学的决策。

（1）顾客的工作地点。对于推销对象为法人团体的推销人员来说，最佳的推销地点，一般是约见对象的工作场所。因此，在约见顾客之前，推销人员必须全面地做好接近准备，彻底调查和了解顾客所在的工作场所和工作环境。包括了解：

①工作地点的自然条件、历史、交通运输、宗教、经济状况；

②工作地点的具体情况（如地址、朝向等）；

③准备好通行证件（如名片、介绍信、引见信、请柬、工作证等）；

④了解工作地点的禁忌、规定（如严禁吸烟、换上拖鞋、不得喧哗等）。

（2）顾客的居住地点。对于消费对象为个体顾客的推销人员来说，最佳的约见地点是对方的居住地点。在这种情况下，推销人员应该彻底调查和了解顾客居住地点、居住环境和居住条件等，做到有备无患。一般来说，在居住地点约见顾客比工作地点更复杂多变，而且由于住房拥挤，普通居民都不太喜欢推销人员上门推销。在实际推销工作中，以居住地点为约会地点，一般应由对方主动提出邀请，或者在对方乐于接受的情况下由推销人员先行试约。如果对方不同意或不乐意，则应改约地点，绝对不可强行求约。在顾客家里会谈，应尊重主人的习惯。

（3）社会交往场所。社交场所推销代表着现代推销方式。社交场所包括酒吧、夜总会、咖啡店、生日晚会、舞会、记者招待会、电影院等。要想成为一个推销专家，成为一个推销明星，就必须成为一个社交活动家，要和顾客交朋友，做顾客的知心人。

利用社交场所约见顾客的形式：

①主办各种社会交往活动，向顾客发出邀请；

②借用其他社交活动，约见顾客。

（4）公共场所。公共场所约见顾客是在前三种场所不适宜时所采用。公共场所包括公园、候车室、公共图书馆、码头、车站等。

综上所述，约见的基本内容就是选择并约定推销访问的对象、目的、时间和地点。约见的任务是把握最佳时机，确定最佳的推销地点，接近最佳的推销对象，提高推销效果。约见的基本原则是方便顾客，有利于推销。换句话说，约见的主要内容就是要明确访问何人（who）、为何访问（what or why）、何时访问（when）、何地访问（where）四个方面，简称“4W”。

三、约见顾客的方式

推销人员要达到约见顾客的目的，不仅要考虑约见的对象、时间和地点，还必须认真地研究接近顾客的方式与技巧。现代商务活动常见的约见方式有：

1. 面约

所谓面约，是指推销人员与推销对象当面约定访问事宜。面约是一种较为理想的约见方式。推销人员通过这一约见方式不仅对顾客有所了解，便于充分地做好下次约见前的准备工作，而且便于信息、情感的双向沟通，缩短彼此的距离，易达成有关约见的时间、地点等事宜。推销人员可以利用在某些公共场所如展销会、订货会、社交场所、推销途中与顾客的不期而遇等，借机与顾客面约，也可以到顾客的单位、家中去面见顾客。若因顾客忙于事务或一时不能决定，需和有关人士商量后再作商谈时，推销人员可顺势约定时间再谈。

（1）优点。

①有利于发展双方关系，加深双方感情。

②有助于推销人员进一步做好接近准备，了解顾客的有关情况。

③简便易行，可靠、清楚。

（2）局限性。

①有一定的地理限制，效率较低。

②面约一般是口头约见，口语表达，有时易引起误会。

③若被顾客拒绝，造成对推销人员不利的局面。

2. 函约

函约是指推销人员利用各种推销信函约见顾客。函约在这里专指约见信，包括个别约见信和集体约见信，如个人书信、会议通知等。

约见信的写作和设计原则是简明扼要，重点突出，内容准确。语气应中肯可信，文笔流畅，书法工整秀丽。约见信的写作和设计应尽量做到真实的内容和完美的形式的统一。约见信的主要目的在于引起顾客的注意和兴趣。在一些比较重要的约见信或会议通知里，一般应要求对方亲笔回信、回电或寄回回执、回帖、回邮卡等，以便双方做好约见安排，保证访问计划如期实现。即使是公文式约见信，也要讲究一些艺术，以便引起顾客的兴趣。

（1）优点。

①有利于推销人员接近顾客。一般来说，信件可以直接传到顾客自己的手里，不会受到其他人员的阻挠，重要约见函往往由顾客本人亲自拆阅处理。

②有利于避免约见错误。在写书面约见信时，推销人员可以反复推敲，力求尽善尽

美，避免语病和推销错误，不给顾客留下借口。在从容不迫的情况下，推销人员可以多写几句，保证内容准确无误。

③灵活机动，用途广泛，费用低廉。

（2）局限性。

①费时较长。

②不利于信息反馈。

③见信无论如何详尽，总难免给顾客留下一些疑团，无法当面解释。

为了克服函约的局限性，推销人员在运用信函约见时，应讲究信函内容和信函形式的技巧。

第一，书写信函的技巧。书写信函要以顾客受益为导向，文字表述要简易流畅，重点突出，层次分明，文句生动，表达恳切，以理取信顾客，以情感化顾客，以趣打动顾客，从而引起顾客对约见信函的注意和兴趣，并予以合作，从而达到约见顾客的目的。

第二，诱导阅信技巧。在现代社会，顾客会经常收到各种各样的商业信函，对于这种司空见惯的信件，一些顾客丝毫不感兴趣，不予拆阅。这样，内容再生动的约见信也达不到预期的目的。对此，推销人员可以在信函的形式上诱导顾客拆阅：a. 在可能的情况下，应选择和设计一个最佳的顾客收信日期，如节日、生日、发工资日等。b. 不要使用公司统一的印刷信封。推销人员应使用普通信封，使顾客无法凭此信封判断它的类型，从而诱导顾客拆阅信件。在条件允许的情况下，推销人员可以自己设计一些有特色的约见信封，以引起顾客的注意和兴趣。c. 在信封上不要盖“邮资已付”的标志。应按一般信件贴邮票，必要时还可以考虑使用挂号信，这样更能吸引顾客拆阅信件。

3. 电约

电约是指推销人员利用各种电信手段约见顾客。电约工具包括电话、电传、短信息等。

电话约见，关键在“话”，推销人员应事先设计好开场白，做到通话时间精短，出言从容，语调平缓，口齿清晰，用字贴切，重点突出，说理充分。切忌心浮气臊，语气逼人，尤其在顾客借故推托、有意拖延约见时，更需平心静气，好言相待，否则强行求见，反而适得其反。同时，在约定与顾客会面的时间和地点时，要采取积极、主动、商量的语气，给顾客以充分的选择余地，不强人所难。

（1）优点。

①可以迅速约见推销对象。

②移动电话可以随时通话、发送短消息，反复约见。

③电话、短信息约见可以及时反馈信息。

（2）局限性。

①受推销地区电信条件的限制。

②受推销对象使用电信工具及其特点的限制。

4. 托约

托约是指推销人员委托第三者约见顾客的方法。托约包括留约代转、信件传递、他人代约等。

托约人是指与推销对象本人有一定社会联系和社会交往的人士，包括对顾客本人有一定社会影响的有关人员。如助销人员、接待人员、秘书、同事、邻居、亲友等。

(1) 优点。

①有利于推销人员约见顾客。

推销人员在不能或不便接近顾客时，推销人员可以首先接近顾客接近圈内的有关人员，并委托他们约见顾客本人。

②节省推销时间，提高推销效率。

③有利于克服推销障碍，促成交易。

一般说来，托约人与顾客本人具有比较密切的联系，托约本身就起到了介绍推销人员和推销品的作用。顾客可以对托约人直陈异议，有利于推销人员掌握推销重点，排除推销障碍。

(2) 局限性。

①不受顾客重视。一般来说，托约不如自约亲切，顾客常常自以为托约是非正式约见，不给予足够的重视。

②容易引起误约。托约不如自约可靠，如果托约人不负责任，常常引起误约。

5. 广约

广约是指推销人员利用各种广告媒体，如广播、电视、报纸、杂志、邮寄、路牌等将约见的内容广而告之，以达到约见顾客的目的。在约见对象不明或太多的情况下，利用各种大众传播工具进行广泛约见或特定对象约见，收效较好。

(1) 优点。

①有利于推销人员请客上门，使推销人员处于积极主动的有利地位，使推销人员上门推销变成顾客登门求购。

②在约见对象十分明确而又一时无法直接约见的情况下，推销人员可以通过广播电视等广告媒介实施紧急约见。

③可以提高推销效率。在约见对象很多，不能直接约见每一位顾客时，利用广约可以提高效率。

(2) 局限性。

①针对性较差。

②费用较高。

③不利于推销人员安排具体约见事宜。一般来说，广告约见之前，推销人员处于主动地位，可以主动安排约见时间和地点，在广告约见正式开始之后，推销人员就转入被动地位，只好待在自己指定的约见地点，坐等顾客上门。

6. 网约

网上约见是推销人员利用互联网与顾客在网上进行约见和商谈的一种方式。网络业的迅速发展，为网上交谈、约见、购物、联络情感提供了便捷的条件，加快了进行有效的网上推销的进程。

网上约见具有快捷、便利、费用低、范围广的优点；但网上约见受到推销人员对网络技术和客户的网址或电子信箱等信息的掌握程度等方面的局限。因此，推销人员要学习并掌握有关的网络知识；利用现代化的高科技推销工具开发自己有效推销的潜能，提高推销的科技含量。

第三节　接近顾客

所谓接近顾客，是指推销人员为推销洽谈的顺利开展而与推销对象正式接触的过程。完成约见顾客的工作之后，推销人员便可以按照约定的时间、地点和方式会见约见对象，推销活动便进入了正式接近顾客的阶段。在此过程中，不仅要在地理位置上接近顾客，更要在心理上靠近顾客，与顾客实现真正的沟通。

一、接近的任务与策略

1. 接近阶段的任务

（1）验证事先所得信息。经过寻找与顾客资格审查阶段，推销人员掌握了一些有关顾客的各种信息，并据此准备了相应的推销方法。但是，信息是否全面、准确、有效，还是未知数。推销人员应利用实际接触顾客最初的时间，运用观察、提问、倾听等方法，验证事先收集的信息是否准确。如果发现原有的信息错误，应迅速加以改正。更重要的是，要及时修正根据原有信息所制定的推销方法。这一点非常重要，因为许多推销人员很容易忽视这一点。

验证事先收集的信息需要注意方法。对许多顾客敏感的问题，注意不要直接涉及，例如不要向顾客提出有关企业财务状况、顾客个人状况等问题，这样的问题容易破坏气氛。推销人员可以通过对办公场所、环境气氛的观察了解，验证事先收集的信息，也可以通过与秘书等人员的交谈补充信息。

（2）引起顾客的注意。在接近阶段，许多顾客的注意力由于种种原因往往分散于不同事物之中。对于这类顾客，是很难开展有效的说服工作的。因此，推销人员必须在洽谈一开始就设法使其注意力集中于洽谈过程。能否吸引顾客的注意力，是决定推销洽谈能否深入进行下去的关键所在。成功地吸引顾客的注意力，可以使顾客更快地了解产品的特征与利益，可以使顾客更好地理解推销人员的陈述，为激发顾客的购买欲望奠定基础。

能否引起顾客的注意，取决于多种因素。推销人员必须重视顾客的第一印象。第一印象可以产生“晕轮效应”，即顾客对推销人员某一方面的行为印象好坏，会影响到对推销人员其他行为的认识和评价。因此，推销人员一定要注意自己的言谈举止，给顾客留下良好的第一印象。

（3）培养顾客的兴趣。在实际推销工作中，有些推销人员善于引起顾客的注意，但不善于培养顾客的兴趣。其实从某种角度看，兴趣更重要。如果在引起顾客的注意之后，不能很快使顾客对产品产生兴趣，不仅会使顾客的注意力重新分散，更难以激发顾客的购买欲望。因此，在接近过程中，必须设法尽快培养顾客的兴趣。

（4）顺利转入实质性洽谈。引起顾客的注意和兴趣，并不是接近的最终目标。接近主要的任务是引导顾客自然而然地转入实质性洽谈阶段，以便促成交易。如果话题的转换过于突然，可能会引起顾客的不安，给实质性洽谈制造障碍。

2. 接近顾客的基本策略

推销人员给人的第一印象是推销成功的关键，如何使接近更有效，是推销人员必须关注的问题。设计和运用正确的接近策略是推销展示顺利进行的保证。

（1）迎合顾客策略。推销人员应以不同的方式、身份去接近不同类型的顾客。依据事前获得的信息或接触瞬间的判断，选择合适的接近方法。推销人员应该改变自己的外在特征和内在特征，扮演顾客乐意接受的角色。推销人员的语言风格、服装仪表、情绪都应随之作出一定的改变。例如：玩具推销员针对孩子推销时可以用各种戏剧性的方式接近顾客，有的推销员甚至带上小猴去推销。而去找某大百货公司的总经理推销，销售人员换一套正式的职业装，带齐所有的销售资料则可能更合适。

（2）调整心态策略。在与陌生顾客接近过程中，推销人员以各种形式表现出的紧张是很普遍的。许多人害怕接近，以种种借口避免接近，这种现象被称为“推销恐惧症”。其实有时候顾客的冷漠和拒绝是多方面原因造成的，应该对顾客充分理解并坦然接受。成功的推销人员应学会放松和专注的技巧，它能让自己设法克服压力。推销人员想象可能发生的最坏的情况，然后做好如何反应的准备，如果必要的话甚至接受它。可能发生的最好的事也应想象一下。推销人员也应考虑一下糟糕的事情发生的概率有多大，如果只有10%以下，又经过精心计划，推销人员应该不用太担心。

（3）减轻顾客的心理压力策略。在接近过程中，有一种独特的心理现象，即当推销人员接近时，顾客会产生一种无形的压力，似乎一旦接受推销人员就承担了购买的义务。正是这种心理压力，使一般顾客害怕接近推销人员，冷淡对待或拒绝推销人员的接近。这种心理压力实际上是推销人员接近顾客的阻力。推销人员只要能够减轻或消除顾客的心理压力，就可以减少接近的困难，顺利转入后面的展示。许多推销人员经常利用其他理由去接近顾客也就是为了减轻顾客心理压力。

（4）控制时间策略。接近的最终目的是为了进一步的洽谈，而不仅仅是引起顾客的注意和兴趣。有些缺乏经验的推销人员，总不好意思谈论自己的推销话题，到顾客要走了还没开始谈论正题，这种接近效果是不理想的。

二、接近顾客的方法

1. 产品接近法

产品接近法又称实物接近法，是指推销人员直接利用所推销的产品引起顾客的注意和兴趣，从而顺利转入推销洽谈的接近方法。

产品接近法主要是通过产品自身的魅力与特性来刺激顾客的感官，如视觉、听觉、嗅觉、触觉等，通过产品无声的自我推销来吸引顾客，引起顾客的兴趣，以达到接近顾客的目的。

这一方法的运用存在一定的局限性，它不仅要求产品必须是有形的实物产品，以刺激顾客的感官，引起顾客的注意和兴趣，而且要求产品具有独特的魅力和明显的差别优势，并且要求产品具有质量优良、不易损坏、精美轻巧、便于携带的特点。

一位美国推销人员贺伊拉说：“如果你想勾起对方吃牛排的欲望，将牛排放到他的面前固然有效，但最令人无法抗拒的是让他听到煎牛排的‘滋滋声’，他会想到牛排正躺在黑色的铁板上，‘滋滋’作响，浑身冒着油，香味四溢，不由得咽下口水。”这一推销的至理名言告诉人们，利用产品自身独特的魅力刺激顾客的需求欲望，可以达到较好的推销效果。

2. 利益接近法

利益接近法是指推销人员利用顾客求利的心理，强调推销品能给顾客带来的实质性利益而引起顾客的注意和兴趣，以达到接近顾客目的的一种方法。

顾客之所以购买产品，是因为它能给自己带来一些实质性的利益或提供解决问题的办法，如增加收入、降低成本、提高效率、延年益寿等。而在实际推销活动中，许多顾客并不太了解推销品所蕴含的显性利益或隐性利益，又不愿主动询问这方面的问题，妨碍了顾客对推销品利益的正确认识。推销人员若能及时解释这些问题，将有助于顾客正确认识推销品利益，引起顾客的注意和兴趣，增强购买欲望，达到接近顾客的目的。

推销人员在运用这一方法时，要实事求是地陈述推销品的利益，不可夸大其词，无中生有，欺骗顾客。另外，推销品的利益要具有可比性，使顾客认识到它比市场上同类产品具有明显的优势，能给自己带来更多、更好、更实际的利益。

3. 问题接近法

问题接近法也称询问接近法，是指推销人员直接向顾客提出有关问题，以引起顾客的注意和兴趣，从而达到接近顾客的一种方法。

问题接近法符合现代推销的原理，现代推销是推销人员不断帮助顾客发现需求方面的问题，进而分析问题，寻找最终解决问题的办法的过程，强调把顾客需求与所推销的产品有机地联系起来。运用这一方法的关键是要发现并适时地提出问题，问题要明确具体，有的放矢，切中要点，针对性强。问题接近法通常与其他接近顾客的方法结合起来，融会贯通，灵活运用，才能取得满意的接近效果。

4. 介绍接近法

介绍接近法是指推销人员通过自我介绍或由第三者推荐介绍而接近顾客的一种方法。

（1）自我介绍。自我介绍是指推销人员通过自我介绍的方法达到接近顾客的目的。在实际推销活动中，一般采用口头形式或书面形式进行自我介绍。由于单一的口头介绍往往不太容易引起顾客的注意和兴趣，效果不明显，所以口头介绍与书面介绍往往同时使用，即推销人员见到顾客后，除了进行必要的口头自我介绍之外，还要主动出示能证明自己身份的有效证件，如名片、单位介绍信、工作证、身份证、委托书等，以便消除顾客的疑虑。

（2）他人介绍。他人介绍是指推销人员通过与顾客熟悉的第三者的介绍来达到接近顾客的一种方法。介绍人的介绍可以缩短推销人员与顾客的心理距离，较易引起顾客的注意和信任。接近顾客时，推销人员只需递上介绍人的便条或信函或一张名片，或者只需要介绍人的一个电话或者介绍人当面的一句话，便可轻而易举地接近顾客。一般情况下，介绍人与顾客之间的关系越密切，介绍的作用就越大，推销人员也就越容易达到接近顾客的目的。因此，运用这一方法来接近顾客，关键在于推销人员能否找到与顾客关系较为密切的第三者充当自己的介绍人。

5. 馈赠接近法

馈赠接近法是指推销人员通过赠送礼品来引起顾客的注意，进而达到接近顾客目的的一种方法。把礼品作为推销人员和顾客之间传递感情、沟通思想的媒介，对于拉近彼此的距离，形成融洽的商谈气氛具有重要的作用。推销人员运用赠品来接近顾客，必须注意以下问题：

（1）了解顾客的嗜好和需求，投其所好地选择赠品。

（2）明确赠品的性质。赠品只能当作接近顾客的见面礼和媒介，而不是恩赐顾客的手段。

（3）礼品的内容和金额必须符合国家有关法律法规和纪律规定，价值不宜太大，否则，馈赠就变成了贿赂，属违法行为。

（4）赠品最好是与推销品或本企业有联系的物品，使赠品既是接近顾客的媒介，又是企业与推销品的宣传品，起到双重的作用。

（5）赠品最好是些经久耐用的，不选择一用即丢的物品，以免留给顾客的印象不深刻。

6. 赞美接近法

赞美接近法是指推销人员利用顾客的求荣心理，通过赞美顾客来达到接近顾客的一种方法。喜欢被人赞美是人之共性，在他人的称赞中树立自尊和自信，获得被别人承认和接纳的满足感。“人性的弱点之一，就是喜欢被别人赞美。”（卡耐基语）每一个人都有值得夸耀的地方，推销人员在了解顾客的基础上，若能适时、巧妙地利用夸奖、恭维的话真诚地赞美顾客，就可以达到缩短双方心理距离，调动顾客积极心态，融洽面谈气氛，成功接近顾客的目的。

推销人员赞美顾客的赞美对象可以是顾客周围的环境，如办公环境、居住环境等，也可以是顾客的外表、知识、修养、品质等。但不论赞美顾客的哪一个方面，都应本着尊重顾客的原则，讲究赞美的方式和方法，真心实意、态度诚恳、语气真挚、切合实际地对顾客值得赞美的方面加以赞美，使顾客在一种自然亲切的气氛中接受赞美。切勿将赞美歪曲为巴结、卖弄、溜须拍马等不良的做法。

【推销实例 7.2】

推销赞美的魅力

美国著名的柯达公司的创始人伊斯曼，捐赠巨款在罗彻斯特建造一座音乐堂、一座纪念馆和一座戏院。为了承接这批建筑物内的座椅，许多制造商展开了激烈的竞争。但是，找伊斯曼谈生意的商人们无不乘兴而来，败兴而归，一无所获。

正是在这样的情况下，“优美座位公司”的经理亚当森前来会见伊斯曼，希望能够得到这笔价值9万美元的生意。

亚当森被引进伊斯曼的办公室后，看见伊斯曼正埋头于桌子上的一堆文件，于是静静地站在那里，仔细地打量起这间办公室来。过了一会儿，伊斯曼抬起了头，发现了亚当森，便问道："先生有何见教？"这时亚当森没有谈生意，而是说："伊斯曼先生，在我等您的时候，仔细地观察了您的这间办公室。我本人长期从事室内的木工装修，但从未见过装修得这么精致的办公室。"

伊斯曼回答说："哎呀！您提醒了我差不多忘记了的事情。这间办公室是我亲自设计的。当初刚建好的时候，我喜欢极了。但是后来一忙，一连几个星期都没有机会仔细欣赏一下这个房间。"

亚当森走到墙边，用手在木板上一擦，说："我想这是英国橡木，是不是？意大利的橡木不是这样的。"

"是的，"伊斯曼高兴地站起身来回答说："那是从英国进口的橡木，是我的一位专门研究室内细木的朋友专程去英国为我订的货。"

伊斯曼心绪极好，便带着亚当森仔细地参观起这间办公室来，把办公室里所有的装饰一件一件地向亚当森做介绍，从木质谈到比例，又从比例谈到了颜色，从手艺谈到价格，然后又详细介绍了他的设计经过。这期间，亚当森都在微笑着聆听，饶有兴趣。

直到亚当森告别的时候，两人都未谈及生意。

你想，这笔生意落到了谁的手里，是亚当森还是亚当森的竞争者？

最后，亚当森不仅得到了大批的订单，而且和伊斯曼结下了终生的友谊。

资料来源：亚当森漫不经心征服丁柯达老板，https：//www.docin.com/p-679737704.html.

7. 请教接近法

请教接近法是指推销人员利用慕名拜访顾客或请教顾客的理由来达到接近顾客目的的一种方法。请教接近法体现了敬重顾客、满足顾客，自尊的心理需求为原则的推销思想，在实际应用中的效果较好，尤其是对那些个性较强，有一定学识、身份和地位的专家型顾客，这种方法更为奏效。

请教可以是推销品经营方面的问题，也可以是人品修养、个人情趣等方面的问题。但不论请教什么方面的内容，推销人员都应谦虚诚恳，多听少说；赞美在前，请教在后；请教在前，推销在后。

8. 表演式接近法

表演式接近法也称戏剧化接近法，是指推销人员利用各种表演活动引起顾客注意从而接近顾客的方法。表演式接近法需要推销人员做一些不寻常的事来抓住潜在顾客的注意力和兴趣。这个方法应该小心操作，要选择有利时机，表演自然，不出大失误，尤其是产品质量、性能方面的差错，否则将适得其反。如果有可能，应该事先想好出现差错时的应急措施，或在操作过程中随机应变将坏事变为好事。表演时如果能让潜在顾客参与，效果更显著。表演中的道具最好是与销售活动有关的物品，这样更有利于顺利转入实质性洽谈。

9. 激发好奇心式接近法

所谓激发好奇心接近法是指利用推销人员的询问能大大激发潜在顾客的好奇心这个特

点来接近顾客的方法。如："您知道某某公司上个月的销售业绩为什么会增加吗？"最好所指公司是该公司的竞争对手，这样容易引起顾客的好奇。

当然，激发好奇心法也可以用陈述式或者演示式来进行，如："关于贵公司上个月所失去的250位顾客，我这里有一份小小的备忘录。"或者是将一个产品放入盒内，让顾客猜一猜，猜中了就送给顾客。

10. 震惊式接近法

所谓震惊接近法通常是指利用一个旨在使潜在顾客认真考虑和震惊的问题进行接近的方法。例如："平均约有90%以上的夫妇，都是丈夫先妻子而逝，你是否打算就这一事实尽早作适当安排呢？"（人寿保险代理的接近法）

通常所用的事实十分令人震惊，非经推销人员特别提示，常人一般不予关注。有些人虽然知道，却不知如何是好，若推销人员能适时提出解决方案，会收到较好的接近效果。但使用该法时应注意，适当的恐慌是可以的，不要引起顾客巨大的恐惧。推销人员应该实事求是，揭示现实问题，启迪人们思考。过分恐吓顾客，容易引起顾客反感和厌恶。

11. 多项询问式接近法

所谓多项询问接近法是指推销人员利用一系列有明确顺序的问题来接近顾客的方法。这个明确的顺序是：（1）S——相关情况；（2）P——疑难问题；（3）I——实质含义；（4）N——需要——受益（获利）。因此，我们也称此法为SPIN接近法。该法有利于双方轻松、迅速地展开双向交流，使潜在顾客立刻加入推销会谈，很快地确定潜在顾客的需要。

多项询问接近法的询问顺序如下：

第一步是询问相关情况。询问潜在顾客与产品相关的大致情况。这样可以避免一开始就询问具体问题、疑难问题，可能让潜在顾客感觉不舒服，而不愿谈论后面的话题。用一个轻松的话题开始，有利于融洽气氛。另外，询问相关情况有利于帮助销售人员大致了解潜在顾客的需要。

第二步是询问疑难问题。询问潜在顾客具体的问题、不满之处或困难，当然这个具体问题应该是与前面的相关情况有关的，最好是顾客能觉察到的问题。这个问题的主要目的是及时了解潜在顾客的需要或面临的难题，同时让潜在顾客承认："是的，我的确有难题。"询问疑难问题应该注意确定潜在顾客的需要或问题哪些是重要的，哪些是不重要的。如果潜在顾客在销售人员询问了相关情况或疑难问题后阐述了具体的需要，也不要径直进入销售展示阶段。继续进行下面两个步骤，有利于提高成交的可能性。

第三步是询问实质性含义。询问潜在顾客存在的问题的内在含义是什么，也就是一些浅表性问题对潜在顾客的生活和工作带来的深层次的影响。如果用词恰当，问及的问题是潜在顾客确实关心的问题，潜在顾客会主动讨论问题或谈论有待改善的地方，而且印象深刻。这样的询问能激励潜在顾客去解决这个问题。如果问题中能有具体数字，顾客会感觉更深，如："雇用额外人员进行服务访问，每周你要额外支出500元，是吗？"

关于S—P—I的问题不一定要严格按这一顺序来问，有时也可交叉问。

第四步是询问受益问题。询问潜在顾客是否有重要的明确的需要。需要询问的措辞与利益接近法是一样的，但要注意用SPIN法时，应由潜在顾客确定需要。

如果潜在顾客对需要问题给予肯定的回答，也就说明这个需要很重要。因而可以重复P—I—N步骤，以便充分发掘潜在顾客的所有重要的需要。如果回答是否定的，说明这个需要不重要。这时，推销人员应该就新的方面重新开始 P—I—N 步骤。直到确定出重要的需要。

12. 其他接近方法

除以上介绍的接近顾客的方法外，还有调查接近法、讨论接近法、搭讪与聊天接近法等。在各种接近顾客的方法中，并没有严格的、绝对的区分，也不可能有统一的、固定的模式。这就要求推销人员在实际推销活动中，不断积累，不断创新，并将接近顾客的方法与目标顾客的特点相结合，加以灵活运用，创造性地开展推销工作，方可产生良好的推销效果，取得显著的推销业绩。

【本章小结】

接近准备，是指推销人员在接近某一特定准顾客之前进一步了解该顾客基本情况，设计接近和面谈计划，谋求开展推销洽谈的过程。接近准备有助于进一步审查准顾客的资格；有助于拟定接近策略；有助于推销人员制订推销洽谈计划；有助于有效地减少或避免推销工作中的失误；有助于增强推销人员取得工作成功的信心。

接近准备工作的主要内容就是收集、整理、分析目标顾客的有关资料，进行推销预测。具体包括顾客资料的准备和推销工具的准备两个方面。进行接近准备最好的方法是编制准顾客和顾客的资料卡片，详细记载，分类管理。

约见是指推销人员事先征得顾客同意接见的行动过程。作为接近的前奏，约见本身就是接近过程的开始。现代推销约见的内容主要有四个方面，即推销访问的对象、事由、时间、地点。现代商务活动常见的约见方式有面约、函约、托约、电约、广约、网约等。

接近顾客是指推销人员为推销洽谈的顺利开展而与推销对象正式接触的过程。作为整个推销过程的一个阶段，接近有其特定的任务或目标。它的任务主要是：第一，验证事先所得信息；第二，引起顾客的注意；第三，培养顾客的兴趣；第四，顺利转入实质性洽谈。为了在接近顾客短暂的时间内达到预期的目的，必须有适当的接近方法。常用的接近方法有产品接近法、利益接近法、问题接近法、介绍接近法、馈赠接近法、赞美接近法、请教接近法等。

【思考题】

1. 什么是推销接近？现代推销活动中，为什么特别重视接近准备工作？
2. 如何进行准顾客（包括个体、团体）和常顾客的接近准备？请比较说明。
3. 接近准备的资料来源主要有哪些？
4. 熟练掌握推销约见的四项主要内容，并举例综合说明之。
5. 约见的方法有哪些？
6. 接近顾客的方法有哪些？

【案例讨论】

约见的力量

约翰是一家从事写作咨询业务公司的会员，经常代人书写，并通过写作咨询公司向大众及目标顾客推销自己的写作才能。一天，他得到消息说一位女士想找人为她代笔写一本书。约翰跟她通了电话，遗憾的是，她在电话中说，她几乎已经决定与另一位作家签订合同，而且已经与他面谈并讨论了此事。为了做最后的努力以挽救这笔生意，约翰打算面约顾客。他请她在第二天上午喝茶，花点时间讨论一下这件事。顾客同意了，约翰完成了约见前的关键一步。

当约翰与顾客在约见地点见面时，彼此都感到相互之间的关系一下拉近了，这是前一天电话中所没有的，尽管约翰的顾客已经确定了由谁为她代笔书写。这次见面本应是十几分钟喝喝咖啡，聊聊天，却变成了关于人生哲学、个人观点及业务目标的谈论。时间是整整两个小时！约翰的顾客当晚就打来电话，说她已经决定选择了由他来书写。可以说，如果没有这次的约见，约翰的这笔写作生意不可能达成。

问题讨论：

1. 约见的作用表现在哪里？
2. 如何做好约见工作？

第八章 推销洽谈

【学习目标】

通过本章的学习，要求掌握：

1. 推销洽谈的基本内容及流程；
2. 熟悉、掌握推销洽谈的步骤；
3. 灵活运用推销洽谈的方法与技巧。

【内容摘要】

推销洽谈是推销实务中非常重要的环节，起着承上启下的作用，甚至说推销洽谈的成败决定了推销的成败，本章首先介绍了推销洽谈的目标与原则，通过了解推销洽谈的概念引出推销洽谈的目标，主要有介绍情况、传递信息，诱发购买动机、展示顾客利益，增强注意和兴趣、强化购买欲望，解答问题、处理异议四个目标，之后讲述了推销洽谈应遵守的基本原则；其次介绍了推销洽谈资料准备、洽谈导入和正式洽谈三大基本程序和因情况瞬息万变和因业务的内容、性质的不同而不断改变的十大方法；最后介绍了推销洽谈中各个环节中表现出来的倾听技巧、提问技巧、答复技巧、展示与说明技巧。

第一节 推销洽谈的目标与原则

在与顾客接近之后，推销员的下一个步骤就是成功地进行推销洽谈。在整个推销过程中，洽谈是最重要的环节。洽谈的效果如何，最后能否实现交易，往往取决于推销员在洽谈中的表现。

一、推销洽谈的概念与目标

1. 推销洽谈的概念

推销洽谈又称推销面谈，但在信息高度发达的现代，不一定是指面对面的洽谈。推销洽谈是指推销人员运用各种方式、方法向顾客传递信息、沟通思想，使顾客对商品的兴趣上升到强烈的购买欲望并说服顾客购买推销品的过程，是一种自愿互利的行为。因此，推销洽谈的目的是推销人员向顾客全面介绍企业及商品情况，使顾客能较好地了解商品，认识并喜爱商品，解除顾客的疑虑与异议，使顾客产生购买欲望。推销洽谈的手段是说服。

推销人员必须借助于思维、语言、文字、体态等来传递和交流信息，通过摆事实、讲道理、以理服人的说服活动来实现洽谈的目的。

2. 推销洽谈的目标

推销洽谈的核心目标，在于想方设法地激发顾客的购买欲望，从而产生拥有这种商品的感情冲动，即在心中燃起购买之火。如果顾客仅仅注意到了商品，产生了一定的兴趣而无购买欲望，则很难采取购买行为。为了激起顾客的购买欲望，推销洽谈时必须实现以下目标：

（1）介绍情况，传递信息。推销洽谈的首要目标是向顾客介绍有关推销品的情况，如是什么商品、有什么特点、功能如何、怎样使用、适合于什么样的人使用等，向顾客清楚地表达出来，使顾客对商品有明确的认识，这样才能激发顾客的购买欲望。要让顾客准确地接收商品信息，有时很容易，有时难度很大。这既与商品有关，如商品结构的复杂性、使用的难易性、优点的明显性等，也与顾客的理解能力、是否有广告配合等因素有关。优秀的推销人员能通过生动的说明、简明的介绍、演示技巧以及各种推销辅助器材准确地将信息传递出去，并让顾客受到感染，从而产生购买的念头，增强洽谈的说服力。

（2）诱发购买动机，展示顾客利益。购买行为受购买动机支配，推销人员在洽谈中应努力诱发顾客的购买动机，必须了解顾客的基本需要，尽量满足顾客的需求，同时告诉顾客该商品能给顾客带来哪些益处，如生理上、安全上的、经济利益上的等。这些利益展示得越充分，顾客拥有它的欲望就越强，说服效果就越好。

（3）增强注意和兴趣，强化购买欲望。顾客的注意和兴趣是产生购买欲望的基础。推销人员在洽谈阶段应特别注意自始至终稳住顾客的情绪和兴趣，让顾客有考虑选购的余地，要注意向顾客推销洽谈的内容和方式方法，要多动脑筋，使顾客产生购买行为。

（4）解答问题，处理异议。推销洽谈是推销人员与顾客之间反复双向沟通的过程。洽谈中顾客会提出各种各样的问题或异议，推销员必须解答和处理，从而消除疑虑或异议，促使顾客做出购买的决定。

二、洽谈的原则

推销洽谈与人们的日常交往不一样，不同的推销人员总是采用不同的洽谈方式，以达到不同的洽谈效果。无论采用什么方式，为取得好的洽谈效果，达到推销商品的目的，都要遵循以下原则：

1. 针对性的原则

所谓针对性原则，是指推销洽谈要服从推销目标，使洽谈具有明确的针对性。洽谈应服从于推销的目的，坚持针对性原则，要求推销人员做到：

（1）针对顾客的购买目的和动机开展洽谈。顾客的购买目的在于追求推销品的使用价值，其购买动机多种多样，有求名利的，有求实效的，有求美观的等。在洽谈中，推销人员应就推销品的使用价值及针对顾客的具体行动进行推销。

（2）针对顾客的个性心理开展洽谈。顾客的心理千差万别，而顾客个性心理对推销洽谈的影响不容忽视。只有因人而异采用不同的洽谈策略，才有可能取得洽谈的实绩。

（3）针对推销品的特点展开。推销人员应根据特定的商品设计洽谈方案，突出产品特色，增强洽谈的说服力，要学会到什么山唱什么歌，推销与众不同的观念和产品，扬长避短，达到将产品推销出去的目的。

2. 鼓动性的原则

推销洽谈是说服的艺术，也是鼓励的艺术，洽谈成功与否，关键在于推销人员能否有效地说服和鼓励顾客。鼓动性原则是指推销人员要在洽谈中用自己的信心、热情和知识去感染、激励顾客，促使顾客采取购买行动。顾客的购买行为由需求、对商品的感受程度、购买习惯、个人意志等因素促成，这些因素相互影响，相互作用。因此，推销人员在洽谈中应做到：

（1）让顾客明白，你所推销的产品正是顾客急需的；

（2）让顾客明白，他购买你所推销的产品后可以从中得到各种利益与满足。

（3）以自己的信心和热情、知识去鼓舞和感染顾客。推销人员要自信，热爱本职工作，熟悉业务，热情高涨，因为顾客的情绪往往受推销员的影响和感染，推销员以极大的热情、鼓动性的推销语言去感染顾客，以激发其购买热情。

3. 参与性的原则

参与性原则是指推销人员设法鼓励和引导顾客积极参与推销洽谈，促进信息的双向沟通。心理学表明，双向沟通方式比单向沟通方式获得的印象要提高一倍。所以在洽谈中应注意引导顾客多提问、多发言，让顾客亲自操纵推销品，用手接触，以调动顾客的积极性和主动性，因此，推销员应做到：

（1）与顾客同化，消除顾客的戒备心理，使顾客产生认同感，提高洽谈效率。

（2）主动引导顾客参与洽谈沟通，提高洽谈的质量和效率。

（3）让顾客发表意见，认真聆听顾客讲话。认真聆听能使顾客产生一种心理上的满意感、尊重感，有利于顾客积极参与洽谈并做出购买决策。

4. 诚实性的原则

以诚待客，是就不欺骗客户而言的。如果推销员用欺骗的行为去推销产品，会有两种后果：一是为了维护利益，顾客会运用法律的手段进行起诉，使欺骗者名誉扫地。二是顾客会将上当受骗的事广为传播，在舆论上使骗人者名誉扫地，从而失去其他顾客的信任。因此，坚持诚实性原则包括以下三方面内容：

（1）讲真话。真实地传递商品的信息（包括优点、缺点），以争取顾客的信任并利于顾客在正确分析判断的基础上做出购买决策。

（2）卖真货。推销信誉靠卖真货才能树立，而信誉是推销的法宝，以假充真，以劣充优，只会害人害己。为此，推销员应和公司一起严把进货关。

（3）出实证。推销人员必须适时地向顾客出示真实可靠的推销证明，包括身份证明、推销品证明，以增强推销洽谈的说服力。

5. 自愿互利的原则

平等互利、自愿让渡是商品交换的基本准则。自愿互利是实现交易的前提，推销洽谈必须遵循这个准则。推销活动中要兼顾买卖双方的利益，不能强迫人甚至向对方施压，逼迫顾客购买，不能因为眼前的利益而损害企业长远和整体的利益，这是得不偿失的行为。

6. 依法经商的原则

经济法律法规是经商的准则、推销洽谈的基础。有法不依，就无法开展推销洽谈，而行贿受贿是破坏正常交易的腐蚀剂。所以洽谈者务必加强法制观念，依法经商，自觉抵制行贿受贿行为，反对各种腐败现象，不要因为蝇头小利而损害国家、集体和他人的利益。

第二节　推销洽谈的方法

推销洽谈是一项艺术性、技巧性较强的工作，没有固定不变的模式，随着推销对象、推销环境的变化，每一次推销洽谈都会有不同的特点和要求，推销人员应根据具体情况做出具体分析，善于应变，灵活机动地去搞好洽谈。推销洽谈有一个循序渐进的过程，其基本程序一般包括三个阶段：资料准备、洽谈导入、正式洽谈。

一、推销洽谈的基本程序

1. 资料准备

洽谈前应准备好资料，洽谈中适时地运用资料，可以有效地引起顾客潜在的需求，刺激其购买欲望，改善洽谈条件，活跃气氛，促进洽谈深入，提高洽谈的说服力。洽谈资料包括：

（1）实物资料。商品实物及产品模型或录音录像资料等。

（2）文字书面资料。企业的产品目录、产品照片、产品说明书、产品广告文件以及产品获奖证书、用户对产品反馈的意见、产品使用的社会及经济效果等。

（3）顾客的情况资料。顾客的资产情况、信用情况、购货目的等，若是大宗的业务小组洽谈，还要尽可能掌握洽谈者的情况：谁是主谈者，最后由谁决策，其姓名、性格、性别、爱好、年龄、权限等。

（4）产品竞争情况的资料。要尽可能地掌握影响洽谈的几个较重要的竞争对手的情况。诸如竞争者的推销人员及其经历、价格和信用政策、推销策略、产品或服务的优缺点、质量控制、交货日期、履行承诺及服务的可靠度、竞争项目的应变能力、企业的销量、财务制度的健全程度、企业未来规划等方面的情况。

2. 洽谈导入

洽谈导入是在洽谈接近成功之后进入正式洽谈之前的过渡阶段，在此阶段，关键是创造一种适宜而和谐的洽谈气氛。只有在和谐的气氛中，才可能开诚布公、坦率地交谈。为此推销人员应该做到：

（1）注重仪表。整洁美观的仪表易使顾客产生好感，留下良好的第一印象。推销人员的仪表不仅要适合自己的爱好，更要符合客户的要求，顺应社会风尚，力求给人以整洁清爽、风度优雅之感。

（2）讲究礼节。推销人员在与顾客接触时，应给对方留下懂礼貌、有教养、诚实的印象。

（3）讲好开场白。建立和谐的气氛需要一定的时间，不能一坐下来就进入实质性的洽谈。开场白最好为松弛的、非业务性的。如谈谈天气变化；向对方表示关心的问候；对方感兴趣的事；自己的经历；向有过交往的顾客致谢；共同的经历；看看样品、产品目录，产品录像及使用说明等。创造出“一致”的感觉，双方也就容易达成协议了。总之，开场白要自然、轻松、适时。

3. 正式洽谈

洽谈引入以后就转入正式洽谈。在洽谈中由于受到多种可控和不可控因素的影响，其进程总是变幻莫测，经常会出现“山重水复疑无路，柳暗花明又一村”的情形，洽谈的结果也很难预测。因此，在这一阶段应注意以下问题：

（1）进一步掌握顾客的基本情况。只有进一步摸清对方的实际情况，才能具体问题具体分析，制定相应的对策。

（2）不断调整原计划的洽谈内容。洽谈应围绕刺激顾客的购买欲望这一目的进行，还要根据洽谈进展的实际情况灵活机动地调整洽谈内容和策略，使洽谈在有利于双方互利合作的基础上进行。

（3）保持和谐的主宾关系。顾客购买商品，不只是购买其使用价值，更希望通过交易获得精神上的愉悦，与卖主成为朋友。因此，洽谈过程中，要让双方都满意，始终保持和谐的关系，顾客才能产生购买的信心。

（4）运用语言技巧，强调推销要点。洽谈中的语言应做到清晰、委婉而雄健，因为清晰可以明志，委婉可以陈词，雄健可以服人。要用好礼貌语言、含蓄语言、自嘲语言、体态语言、辅助语言、寒暄语言、幽默语言，要言而有据，示以互利，熟悉商情，有的放矢，不卑不亢，用语适当。推销员要以简洁明快的语言强调商品的特性、优点、用途及使用方法，指出与顾客需求的联系性和一致性，让顾客对推销品有一个全面而又重点的了解。

（5）洽谈时间要适可而止。时间就是金钱，时间就是效益。洽谈注重时效性，既要注意节约自己的时间，提高工作效率，也要节约顾客的时间，尊重对方的日程安排，提高洽谈效益。

二、推销洽谈的方法

推销洽谈是一门艺术，一定要讲究方法和技巧。由于情况瞬息万变，方法要因业务的内容、性质的不同而不断改变。下面介绍几种不同的方法：

1. 黑脸白脸是软硬两手的方法

在某些外国影片中，我们会看到这样的场面，当罪犯被捕后，审问者面如冰霜、冷酷无情、厉声、粗鲁甚至用刑逼迫罪犯交代问题。随后又会出现一位态度和蔼的审问者，他首先让罪犯坐下，然后递烟、倒水，让罪犯放松，老实交代问题，立功赎罪。不久，这个罪犯供了。看来这种软硬兼施的审问奏效了。在洽谈过程中，我们也可以利用这种方法取得洽谈的成功。在洽谈中，如果对方持强硬立场，分毫不让，这时最好的办法就是在一个洽谈组的同志有的扮演白脸，有的扮演黑脸。扮演黑脸的人，采取强硬的态度，以其人之道还治其人之身，以硬对硬，具有进攻性和威慑力。而扮演白脸的人，善于逢场作戏，左右逢源，十分理智。

【推销实例 8.1】

某市地毯厂与外商洽谈购买化纤地毯事宜，当时外商报价太高，几经谈判，均未成功。这时厂方详细分析了对方的情况后，委派李、王二同志与外商洽谈。洽谈中，外商坚持价格不能低于120万美元，并说："不能再压了，再压，我们就做赔本买卖了。"我方代表李同志说："这个价格我们不能接受，80万元还可以考虑，多一美元，我们也不买。"这时外商非常不高兴地站起来说："既然这样，我们只好回国，另找买主了。"以此威胁我方，李同志寸步不让，也毫不客气地说："回国我们欢送，请便。"外商一看，李同志的态度这样强硬，又缓和一下说："110万美元总算可以吧。"李同志还是不同意，坚持把价格降到80万美元，外商看到这种情景，收拾有关资料，起身要走。谈判到了崩溃的边缘。这时，在谈判中一直很少说话的王同志站起来，一方面，当着外商的面责备小李，说他不够冷静，劝他冷静一些，另一方面，请外商坐下来，说："价格我们还是可以慢慢研究研究，小李提的有些低，不过两年前，你们不也以79万美元卖给×国吗？"外商听后，先是一怔，接着说："情况不同了，现在物价都上涨，价格自然高些。"小王很亲切地说："比两年前的价格高些，这不过分，我看85万美元，总算可以吧。"外商被迫放弃强硬立场，终于以85万美元成交。

这次谈判之所以成功，就在于我方代表巧妙地利用了软硬两手的技巧，在洽谈中小李扮演黑脸，小王扮演白脸。

当然，这种方法也有不利之处，那就是往往会使谈判工作更加复杂。因为按上述做法行事，两个洽谈人员要配合得十分默契，这是很不容易的事情。如果被对方看穿，那可能就要成为笑料了。所以，运用这种方法一定要谨慎。

2. 投其所好是润滑的方法

很久以来，"投其所好"作为一个贬义词为人鄙夷。这主要是因为"投其所好"者的目的是自私的、不可告人的。假如目的是光明磊落的，那么"投其所好"也不失为一种有用的技巧，洽谈进程中，掌握"投其所好"的技巧，往往会使洽谈收获圆满的结局。

【推销实例 8.2】

黑龙江省某土畜公司前两年在与加拿大等国进行贸易洽谈时，重点宣传了该省的特产，指出这些商品"适合贵国人近年来追求大自然美的心理"，像麦秸画、羽毛画、牛角画等，为客商勾画了一幅"万利图"。加拿大客商心领神会，成交额大幅度提高。相反，上海某公司的洽谈员在一次向东南亚国家推销电器产品时，不厌其烦地向客商介绍产品的几大突出特点，说明产品的质量过硬、构造精密、价格合理。经他这么分析后，客商频频点头赞同。然而当我方洽谈员最后问对方："现在你可以订货了吧？"对方却说："我现在不想订货了。"为什么事与愿违呢？原来，对方关心的是产品的销路问题，其次才是质量问题。为什么前者洽谈成功，后者洽谈失败呢？原因之一就是前者巧妙运用“投其所好”，后者则不善于运用。

又如，广东一位推销员，向美国一家餐厅部助理推销一种餐巾。美方餐厅部助理开价比他的底价还要低两美分，这是不能让的两美分，眼看生意就要砸，洽谈趋于失败，怎么办呢？这位推销员突然发现，美方餐厅部助理全神贯注地看着他系的绣有一条栩栩如生的龙的国产真丝领带。推销员：“看来先生非常喜欢这条领带。”餐厅助理当即表示他非常喜欢龙的形象，说他家里都挂有绣着龙的图案的壁画。推销员听了欣喜若狂，马上摘下领带，提议互赠为念。这正“投”助理所“好”。领带一换，人便非同一般。两美分的事自然好说，协议达成，洽谈成功。当然，我们在洽谈中“投其所好”，其目的在于，于己于人都应有利。不管怎么样“投其所好”，都要遵循真诚的原则。倘若在洽谈中阿谀奉承，低三下四地乞求，甚至丧失国格、人格，那是不可取的。

3. 进二退一是留有余地的方法

英国外交家萨道义在其著名的《外交实践指南》一书中指出，谈判“不仅需要运用策略和智慧，还需要有能屈能伸的精神”。一般来说，成功的洽谈都需要互谅互让。在贸易洽谈中，如果你是卖主，那么洽谈开始时提出的要价一般要偏高，然后在洽谈中的适当时机再做出某些让步，这样有利于达成协议。但这绝不意味着开价越高越好，而应使对方听起来要价虽高而不苛刻，有讨价还价的余地，若提出不切实际的过高要求，使对方和舆论界听起来荒诞离奇，不仅不能收到良好的效果，反而不利于洽谈的顺利进行。从前，联邦德国某公司销售经理率团来华推销焊接设备，其圆滑熟练的洽谈技巧，很值得借鉴。洽谈时，德方一套焊接设备先报价 40 万美元，并声明这是考虑到初次交易，为赢得信誉而出的优惠价。经我方代表反复持久讨价还价，德方的报价逐渐降至 27 万美元。德方经理作了个夸张的仰头喝药的动作，开玩笑地说：“27 万美元卖给贵方，我是大蚀老本了，回去怕要服毒自杀了。”结果终于以 27 万美元达成协议。其实据我方所知，该公司的这种设备以往也是以二十几万美元的价格多次出售过的，首报价 40 万美元不过是给自己留出让步的余地罢了。

不过，即使留了充裕的余地，让步的幅度和次数也还是务必要注意的。切不可让步太快，露底太早，也得讲究策略。在洽谈过程中，不要过快地做出让步，至少在感到对方有可能做出让步之前不要做出让步。做出让步的时机必须选择得当，并且要体面、大方，绝不能使对方得到自己急于达成协议的印象。重大让步应在洽谈接近结束时才做出，并与达成最后的协议挂钩。过多、过快的让步，对方既不欣赏也不感激。洽谈后应该给自己留点余地，要让对方尝到的甜头，比他原来想象的要好一点，切不可用无原则的让步来换取友谊，否则可能作茧自缚。

4. 妙用提问是探测的方法

没有争辩的洽谈是难以想象的。洽谈并不忌讳争论，碰上存在争议的问题，常常使洽谈者感到棘手，甚至阻碍洽谈的进程，闹得不欢而散，影响双方的关系。但如果洽谈中妙用提问可能有助于顺利表达观点，圆满地解决矛盾，避开争执。提问能产生回答，可以使对方介绍他们的观点，使你知道对方追求什么，你就能以此指导以后的洽谈。提问还可以使对方面对问题，解除疑虑。

采用提问，实际上是让洽谈成功。不过在设计这种提问时要注意：提的问题，要有内在逻辑性，环环相扣，使对方接受你的意见，最终从根本上赞同你的观点。提的问题，不仅要有内在的逻辑性，而且要具有选择性，使对方感到是他自己在拿主意，而不是被别人牵着鼻子走。但实际上，对方仍然是被你牵着走，因为对方的结论总是在肯定你的提问，说出了你想说而没有说的话。所以，提问的目的在于确定对方的需要，使对方的需要同你的满足联系起来。

可见，提问是一种有用的技巧。洽谈过程中，一般可以采用以下几种提问方式：

正问：开门见山，直接提出你想要了解的问题。

反问：从相反的方面提出问题，令其不得不回答。

侧问：从侧面入手，旁敲侧击，迂回到正题。

设问：假设一个结论，启发对方思考，诱使对方回答。

追问：循着对方的谈话，打破砂锅问到底。

我们必须审慎地、有选择地运用提问，因为提问决定了洽谈的方向。恰当的提问，往往能驾驭洽谈进展，并按你的意愿主导洽谈的方向，通过提问迫使对方提出你所期望的结论。

5. 心理相容是求同存异的方法

俗话说：酒逢知己千杯少，话不投机半句多。各种各样的洽谈无不用“话”来谈，那么洽谈双方如何谈得投机呢？心理学表明，人的心理调节着人的一切行动和行为，人们最乐意的莫过于与自己具有相同的意见及观点的人洽谈。所以，必须注意对人的心理进行研究，在心理上与对方保持一种和谐的相容关系，这是洽谈成功的一种心理基础，有了这个基础，再复杂的事情、再棘手的问题都可能得到顺利解决。

心理学把人的心理现象概括成心理过程和个性心理特征两大方面。心理过程是人的心理形成及活动的过程。心理过程有认识过程、感性过程和意志过程。个性心理有两个方面：一是各自的意识倾向性，包括不同的需要、动机、兴趣、习惯、态度、信念等。二是各自的心理特征，包括不同的能力、兴趣、性格和气质等。

人的心理现象的两个方面是密切联系的，都是社会客观现实在人脑中的主观反映。“心理相容”是洽谈中各成员之间融洽的心理交往状况。因此它使洽谈中各成员之间心境和睦友好，心理气氛融洽，心理协调一致。同时它也指人们之间的言谈举止、思想观点、个性品格等互为对方在心理上所接受，洽谈双方心理相容，无疑对洽谈的顺利进行有着重要的促进作用，而对一些无益的烦琐小事进行争论，心理相斥有百害而无一利。

【推销实例 8.3】

某国的 M 公司和 N 公司谈判有关合约的时间问题，内容是由 N 公司为 M 公司推销一些体育设备。N 公司要求签短期合约，一年为期，到期后双方可决定是否续约。M 公司不愿意这样做，因为对方如果随便找出理由而不续约，那么 M 公司在 N 地体育市场上的形象将受到影响，但 N 公司不让步，坚持签短期合约。这时 M 公司认真分析了 N 公司的心理因素，认为 N 公司之所以坚持签短期合约，不外乎怕签长期合约推销体育设备有困难，造成商品大量积压，给公司带来经济损失，并推测N公司有着一种不愿意在跟人中断合约后，仍然需要在一段时间内继续和他保持业务关系的心理。因此他们会小心谨慎地做，轻易不会中止合约。基于上述分析，M公司提出从签约日起，双方均可随时中断合约，但必须在三年前通知对方的建议。这建议被N公司所采纳，目前M公司与N公司的合约已经迈入了第二十个年头了。

M公司与N公司谈判圆满成功的关键在于M公司较好地利用了N公司的心理，满足了N公司的心理需要，变心理相斥为相容。心理一旦相容，洽谈的效果就不言而喻了。

在洽谈过程中，要与对方说话投机而达到“心理相容”，切忌不分对象，不着边际，口若悬河，夸夸其谈，以免对方产生戒备感或引起对方的心理抵触，而应从有共同语言的话题入手，谈论人们普遍关注或感兴趣的问题，建立亲切感，缩短心理距离，进而扩展和延伸话题，最终达到心理相容。

心理相容是洽谈者之间融洽的心理交往状况，因此它使洽谈双方心境和睦友好，心理气氛融洽。洽谈双方这种积极友好的心理气氛无疑对洽谈的进行有着重要的促进作用。洽谈双方的心理相容，有助于洽谈的顺利进行。

6. 耳聪目明是倾听的方法

美国有一位著名的汽车推销员，有一次，一位名人与他洽谈购买汽车的问题。这位推销员向这位名人推荐一种新型车，眼看就要成功了，可对方突然改变主意，决定不买了。对方为何突然变卦？这位推销员百思不得其解。他忍不住打电话问其原因，那位名人说：“今天下午你并没有用心听我说的话……这就是你失败的原因。”从这件事，这位推销员得出宝贵的教训。“听”在洽谈中实在太重要了，由于一时的疏忽，没有注意听对方谈话的内容，失去了一笔生意，使洽谈失败。

从这里我们可以看出，一个好的洽谈者不仅要有口才，而且应有“耳才”，学会做一个耐心的听者是很重要的，能静坐聆听对方意见的人会是一个富于思想、谦虚、性格柔和的洽谈者。

认真仔细地聆听所谈的话，是尊重对方的前提条件。热情友好地对待对方和及时肯定对方所说的话是尊重对方的重要内容，赞成对方所说的话时，可以轻轻地点一下头，对他们的话感兴趣，展露一下你的笑容，可使对方愉快，这样才能造成一个良好的洽谈气氛。反之，如对方的话你不愿听，则会使洽谈半途而废或罩上一层无形的压抑阴影，使对方十分反感：我的观点你听都不愿听，还有什么洽谈的余地？结果不欢而散。

认真仔细地聆听对方所说的话，才能尽快地发现对方谈话的意图。如果有疑问和不明之处，请求重复一遍，偶尔插入话说：“对不起，你的意思是不是……”“我这样理解对吗？”“能不能再重复一下刚才你所说的？”这样，凭借你所提的问题，对方就会意识到，他的话不是在走过场，而是有人在注意听，对方必然不厌其烦地讲述自己的观点。这样，你就可以胸有成竹、从容自如地处理好洽谈中遇到的问题，陈述你的意见，尽管可能会有也争论，但却使人觉得你是通情达理的人。

认真仔细地聆听对方所说的话，还可以使自己的话更具有针对性，有的放矢，取得最佳效果。例如，某工厂业务员与外商洽谈。外商见到该厂产品颇感兴趣地说："东西不错，我们厂用也合适，就是……"这时对于业务员的"听"的能力就是一个考验，一位没有经验的业务员，听了这话，也许会将他所掌握的这种产品的特点一股脑儿地搬出来，结果外商婉言告退，失败是难免的。如果是位会听的洽谈者，听了外商的话，一定会完全不讲产品的特点，而是从价格着手，用几种同类产品的价格进行对比。结果是价格公道合理，买卖顺利成交，洽谈成功。由此可见，洽谈者不仅要会说，还要会听，在锻炼洽谈口语能力的同时，也不应忽视在洽谈中对"听"的能力的培养和锻炼。

以下是一些能够帮助你"听"的方法：

(1) 全心全意地倾听，排除干扰，不让其他事情和倾听同时进行，更不许抓耳挠腮，烦躁不安。

(2) 不要打断对方的话，哪怕对方说了一些刺耳的话，也让其讲完。

(3) 不要自作聪明地下评论和分析。

(4) 遇到困难的问题，不要妄想跳过去，而要注意听下去，甚至对方发泄怨气的话，也不要打断，静闻其词，而不是出口反击，让人一直把话讲完。用这样的方法，你就不会火上浇油，尽量鼓励讲话者把话讲完，这就增加了洽谈成功的机会，而减少产生误解的可能。

7. 当止即止是终止的方法

"编筐编篓，难在收口"这话完全可以用在洽谈上。寒暄是洽谈的开始，有开始就有终止。洽谈尽管是一个长期而复杂的过程，但总有终止的时间，优秀的洽谈大师应当熟练地掌握时机，施展终止洽谈的策略。

选择适宜的终止策略，适时地结束洽谈，既节省了大量的时间，又节省了费用。当你对洽谈的形势已经了如指掌，认为没有必要再谈下去时，就应借机提出合适的理由，干净利落地结束洽谈。以下几种为可用来终止洽谈的方法：

(1) 切忌在双方热切讨论某一问题而尚未获得一致意见时草率收兵。在双方意见获得协调时，才能让洽谈告一段落。即使一时出现分歧，应该设法改变话题，直到气氛改变后才设法收场。还可以"异中求同"，"虽然我们同意你的意见，但你有你的考虑，我有我的看法。我们可以再谈……"这样结束自然而融洽。

(2) 洽谈过程中，拖拖拉拉，没完没了，会造成洽谈双方心理上的疲劳和精神上的困倦。因此，不要勉强把洽谈拖长，有话可长，无话则短。当发现交谈内容已接近枯竭，就应该尽早地使洽谈在最佳点上结束，适可而止。

(3) 要把洽谈时间掌握好，在准备结束前，先预置一段时间，突然地终止洽谈，会给人以粗鲁无理的印象，不利于人际交往的完善和发展，但如有事只能作短暂交谈，应在谈话之初，预先声明，使对方有所准备。

(4) 要小心留意对方的暗示，如果对方对谈话不感兴趣，就应知趣地结束洽谈。

(5) 结束洽谈时，要给对方留下愉快的印象，笑容是结束洽谈的最佳句号。因为最后的印象，可以留在对方的脑海中，有利于将来更进一步地交往。另外，结束谈话时，也可以谈些幽默话，不但可使气氛搞活，而且也可以令对方对你的印象更深刻。

8. 字斟句酌是缔约的方法

洽谈的结果最终要落实到文字上，在起草文件时，洽谈人员必须有高度的责任感，要一丝不苟，慎之又慎，每一个问题，每一个段落，每一个词，甚至每一个标点符号，都必须认真地加以斟酌，稍有疏忽便可能导致无法挽回的损失。

【推销实例 8.4】

浙江省三门县一家商行在与内蒙古呼和浩特市一家皮货收购站签订购买一批优质羊皮的合同时，因误用一个标点符号，造成直接经济损失10余万元。

这桩买卖中，三门县这家商行作为买方，对羊皮的质量要求是大小四平方尺以上，无剪刀斑（即刀伤痕），但在购销合同上却不慎写成：羊皮四平方尺以上、有剪刀斑的不要。这里误把顿号用作逗号，变成四平方尺以上的羊皮和有剪刀斑的羊皮均不要。羊皮大小要求刚好与原意相反。结果，卖方利用合同上的这一漏洞，卖给买方的尽是些四平方尺以下的劣质羊皮，优劣差价达10余万元。

又如，我国乌鲁木齐市发生的错把“鸟”字当作“乌”字，致使价值18万元的挂面包装塑料袋报废的这种“一点失万金”的事故。天津一家工厂与日商洽谈购买仪器，日方在账单上多写了一台日光照射仪器，厂领导在审核合同时忘了删掉，致使一台32万元的进口设备长期搁置，其原因之一，就是有关人员根本不懂得“细节中有魔鬼”这个深刻的道理。

一旦缔约出现漏洞，如何补救呢？有经验的洽谈者，往往采用以下几种补救措施：

（1）双方再进一步地研究，来补救这个缔约上的漏洞。

（2）由其中一方另写备忘录给对方，指出某些不妥之处，并提出弥补意见。

（3）如果对方在相当长的期间仍未答复，就要单方面采取行动了。

（4）收到对方备忘录时，必须立即回信，即使没能及时回信，也不要不好意思指出对方所做的单方面行动和不履行缔约的行为是不对的，千万不可因此而动气。

总之，洽谈人员缔约时要慎而又慎，条约的内容要写清、写细、写实，做到字斟句酌。否则，可能在缔约后出现一些不愉快的事情，甚至导致严重的后果。

9. 掌握终点、死点的方法

（1）终点。终点是洽谈结束的时间。进入洽谈的终点，有几种情况：

①有共同点。洽谈双方找到共同点并予以认可，达成协议，使洽谈进入终点。

②在洽谈中双方发现无共同点，也决定了洽谈迅速进入终点。

在推销洽谈中，掌握对方的终点特别重要。例如，有一位美国代表戈汉被派往东京进行为期不长的谈判。当戈汉走下飞机时，已有两位日本代表迎接他，并给他提供了优厚的接待服务。戈汉上轿车时，日方代表就热情地问道：“您是否要准时回国呢？我们可以安排这辆轿车送您到机场。”戈汉点点头，随手把回程的机票给了日方代表，好让他提前安排车子。这样，日方代表巧妙地掌握了美方代表洽谈的终点。

下榻后，日本人并没有马上举行谈判。一连几天，让戈汉游山玩水，到了第12天洽谈开始，在3天的洽谈中，日方却以招待客人打球、举行宴会为理由早早地提前结束谈判。到最后一天，当洽谈到了关键时刻，送客的轿车到了，主人建议剩下的问题到车上再谈。戈汉进退两难，如果再讨价还价，很可能达不成协议，不讨价还价又不甘心，权衡利弊，为了不至于一无所获，只好答应日方的一切条件，后来戈汉知道上当了。他的上司哀叹道："这是日本人自偷袭珍珠港后的又一次大胜利。"

(2) 死点。死点，是指某一方别无选择。分两种情况：

①某一方有求于另一方，达到非此路不走的地步。

②有一方已客观上确定了一个不可突破的界限。

有些情况下，洽谈者洽谈时要注意对自己的"死点"保密。比如，当你下班时，家里突然来了客人，你急急忙忙去集市去买肉，你苦苦哀求卖肉者减一点价钱卖几斤好肉给你，卖肉者是决不会发慈悲的。

在另一种情况下，洽谈者要及时亮出自己的死点。比如，卖肉者要价太高，超过了你预定的支付价格，这时，你可以说除非依我说的那个价格，否则就拉倒，给对方一个最后通牒。

10. 生动的介绍法

介绍法是推销人员与顾客面对面通过语言、样品、资料等来介绍商品，达到推销目的的方法。具体方法有以下几种：

(1) 直接介绍法。这是推销人员直接介绍商品的性能、特点，劝说顾客购买的方法。这种方法省时间、效率高。例如，"这种洗衣机是滚筒式与手搓式相结合，新水流，衣服不缠绕"，直接介绍出商品的优点，提出了推销重点。"男女皮鞋，一律优惠20%"，这是直接介绍商品的低廉价格，吸引顾客购买。"二〇〇八年北京奥运会指定产品！"这是直接介绍产品的声誉，刺激顾客购买。

使用这种方法应注意：

①针对顾客的不同购买心理，抓住推销重点直接向顾客介绍。

②尊重顾客个性，避免冒犯顾客。

③抓住易被顾客接受的明显特征向顾客介绍。

(2) 间接介绍法。"这套西装采用进口生产线缝制，韩国面料，你看这做工……"通过介绍西装的制作设备、面料做工，来间接证明其质量优良，这里采用的就是间接介绍法。这种方法，往往不能直接说明产品的质量、能带来的利益等，而是通过介绍与它密切相关的其他事物来间接介绍产品本身。使用这种方法时应注意：

①使用的资料要有助于间接介绍产品的作用，要恰到好处。

②使用的语言要温和含蓄，委婉曲折，能够介绍出推销重点。

(3) 逻辑介绍法。这是推销人员利用逻辑推理来劝说顾客购买商品的洽谈方法。"如果少花钱能多办事，您肯定会喜欢。这种产品就可使您做到这一点，所以，您肯定喜欢"。这是典型的推理介绍，是一种以理服人、顺理成章、说服力很强的方法。在使用逻辑介绍时，推销人员应注意下述问题：

①有针对性地使用。一般说来，在向专家、技术人员、文化水平较高的顾客推销商品时，应尽量多用这种方法介绍，因为他们懂技术、有专长，具有科学的思维能力，注重理性判断，决策能力强。尤其是推销复杂产品、贵重产品和新产品，有针对性地进行逻辑推理介绍会激起顾客的理性思维。

②避免逻辑错误。在使用逻辑介绍法时，要避免概念不明、判断不当、自相矛盾、偷换论题等逻辑错误。

③应注意表达上的艺术性。逻辑性不排除艺术性，干巴巴的推理论证只能使人感到乏味，产生厌烦情绪，要用生动形象的语言，提示事物间的内在联系，论证自己的观点，使顾客容易听懂，易于接受。

(4) 故事介绍法。故事介绍法是用讲故事的方法来推销、介绍、说明产品的用途、性质、优点等。如为什么当推销员，产品的销量、反映为什么这么好，这些都可以编成故事吸引顾客，适时推销。

【推销实例 8.5】

产品的故事——光谱自动分析仪

目前国内用的光谱自动分析仪，都是来自日本。在日本售价仅一万日元（约合人民币七百元），但现在国内市场售价达七千元人民币，这其中的差价除了一部分是税金外，其余的都由外国的商人和国内的商人赚走了。本企业计算了成本，认为用户太吃亏了，以本企业的技术、设备及各方面条件，要制造高质量的同类产品易如反掌，而且有××大学实力雄厚的科技力量作后盾。在设计上，对日本产品做了大量的改造，其性能远胜日本货，而售价只需人民币三千元。为什么不替国家节约外汇，为用户节约开支呢？我们企业基于这些理由，不惜重资、人力、物力而精心设计、制造出质量高、功能全、优良精湛的光谱自动分析仪来对社会作出贡献。

使用故事介绍法要注意：

(1) 产品故事的内容要突出产品的性能、特点及顾客的利益。

(2) 产品故事要有趣味性、可读性，但不能过分夸大、渲染、偏激。

以上所谈的都是一些基本的方法和技巧，在实际推销洽谈中，还有待推销人员因时、因地、因人而异地加以灵活运用。

第三节 推销洽谈中的技巧

推销洽谈的技巧，指的是推销人员在洽谈过程中灵活运用自己的语言、行为，艺术化地解决洽谈中的实际问题的方法和方式，在实际过程中这些技巧已成为一种较为规范的和可以借鉴的模式，洽谈的技巧主要包括倾听技巧、提问技巧、答复技巧、展示与说明技巧。

一、倾听技巧

洽谈中，谈固然重要，但光有谈没有听就说不上是洽谈，因此，学会倾听是洽谈的入门技巧，它能使整个洽谈有一个较好的气氛和对话的环境，同时也能接收对方更多的信息。主要的技巧有：

（1）让对方有说话的机会。善于洽谈的人，往往会给对方一些说话的机会，而不是搞一言堂。如何让对方说话呢？可以在初步表明自己的观点后，略做停顿，让对方说话；也可以在说完后征求一下对方的意见："您对这件事有什么看法呢？"

（2）对方说话时要应和。聆听，是对对方说话的一种尊重，只有尊重对方，对方才愿意继续往下说。因此，不仅要让对方说，这而且要让对方愿意说，就需要做到聆听时目光专注，有语言和身体的应和。不要漫不经心，左顾右盼，看手表和随意插话。

（3）要用心去听。听对方说话时，要注意全面、清晰、去粗存精、由表及里，尤其要掌握对方的话外音和真实意图。

（4）要从容地听。遇上不愉快的话题或不融洽的气氛时，不要感情冲动、急于辩解，这时更需要从容冷静地听，这样才有助于弄清事实，找出对策，平息对方的怨气，解决问题。

【推销实例 8.6】

江南某县的一家食品杂货店已开了 30 多年，至今兴盛不衰。曾有人问那老掌柜，现在到处都是大小超市、购物中心，你的店为何在激烈的竞争中还能如此兴隆呢？

老人说，在我有生之年，这店一定能开下去，因为我有一种如今已经近乎绝迹的服务——陪顾客聊天，听顾客发牢骚。客人来买肉，常说如今的猪肉不但价格贵，味道不如先前的香，于是我就与他们聊现在化肥使用太多，啥都不好吃；有人来店说起外边农贸市场的商贩爱短斤少两，坑害消费者，我就叹世风日下，人心不古。

通过与顾客聊天，不但让他们发泄了不满情绪，认为你是最理解他们的人，而且可以从中了解他们的消费需求，及时调整我店里的货物品种与价格。如此一来，回头客就多了，特别是一些中老年人。

现代社会的人，面对的各种压力都是空前的，因此发发牢骚、表达一下不满也是一种缓解，这就需要有人倾听。明智的推销员，应多听听，虽然听到的有时是难听的牢骚话，而收获的却是顾客的心。聆听和任何一种技能一样，都需要不断练习并在日常生活和工作中不断运用，才能提高这一技能。

二、提问技巧

提问，是在推销中常用的引起对方注意、引导话题、了解信息的方法。提问的内容、方法和形式都有一定的技巧。通常，提问分为封闭性提问和开放式提问。

1. 封闭式提问

封闭式提问指对回答的领域作了限定的问句，一般用是或否来回答。回答时不必花时间考虑，但往往限定了答话人的思路，有一定的引导和限制的倾向，有时会引起答话人的反感。这种问句分为四种：

（1）选择式：即给对方提出几种选择答案，让他选择。如“你要一杯咖啡还是一杯牛奶？”

（2）澄清式：即对某一时间的洽谈进行总结，尤其是将对方的观点以清晰的语句说出并请对方给予证实的一种问句。如“你的意思就是说价钱不是问题，问题出在交货期上，是吗？”

（3）暗示式：即以暗示的方法让对方对某种陈述表态。如“这件衣服的式样正是当今流行的，你说呢？”

（4）参照式：即把第三者的意见作为参照提出，特别是有影响的第三者，将对对方产生重大的影响。如“你们经理说这个季度要进货，时间就在本月底，那本月 30 日我们把货运过来，怎么样？”

2. 开放式提问

开放式提问指对回答的领域没有作明确限制，通常无法用是或否来简单回答，能使对方畅所欲言，获得更多的信息。但也可能因此回答得不在正点上，得不到有价值的东西。这种问句有以下句式：

（1）商量式问句：即与对方商量问题，通常不具有威胁性，属于征求意见的类型。如“我给你打八折，怎么样？”

（2）探索式问句：即对于谈话中不明白的地方进行探究的一种问句，它可以使我们获得更多和更准确的信息。如“刚才你说你们认为价格高了，那么你认为这个价格应该是多少，包含什么内容呢？”

（3）启发式问句：即启发对方发表意见和看法，了解对方的真实想法的问句，有助于我们吸收新的意见和想法。如“明年楼市将处于调整期，你们对此有什么看法呢？”

提问是一种很好的调节洽谈气氛、控制谈判方向的技巧，在运用时，发问者要多听少说，多用开放式问句，慎用封闭式问句，并掌握好发问的时机，避免含糊不清、威胁性强、讽刺性强的问句。

【推销实例 8.7】

电脑推销员陈乙，一次向一家规模不小的公司推销电脑。竞争相当激烈，但是由于跑得勤，工夫下得深，深得承办单位的支持，成交希望非常大。到最后，只剩下两家品牌，等着做最后的选择。承办人将报告呈递总经理决定，总经理却批送该公司的技术顾问——电脑专家陈教授咨询意见。于是，承办人员陪同陈教授再次查看了两家品牌的机器，详细地听取了两家的示范解说，陈教授私下表示，两种品牌，各有优缺点，但在语气上，似乎对竞争的那一家颇为欣赏。陈乙一看急了：“煮熟的鸭子居然又飞了？”于是，又找个机会去向陈顾问推销，使出浑身解数，口沫横飞地辩解他所代理的产品如何优秀，设计上如何特殊，希望借此纠正陈顾问的观念。最后，陈顾问不耐烦地冒出了一句话：“究竟是你比我行，还是我比你懂？”此话一出，这笔生意看样子是要泡汤了。

陈乙垂头丧气，一位推销专家建议：“为什么不干脆用以退为进的策略推销呢？”并向他说明了“向师傅推销”的技巧。

“向师傅推销”，切记要绝对肯定他是你的师傅，抱着谦虚、尊敬、求教的心情去见他，一切的推销必须无形，伺机而动，不可勉强，不可露出痕迹。

于是，陈乙重整旗鼓，到陈教授执教的学校去拜访，见了面，如此这般地说：“陈教授，今天，我来拜访您，绝不是来向您推销。过去我读过您的大作。上次跟老师谈过后，回家想想，觉得老师分析得很有道理。老师指出，在设计上我们所代理的电脑确实有些地方比不上别人。陈教授，您在××公司担任顾问，这笔生意，我们遵照老师的指示，不做了！不过，陈教授，我希望从这笔生意上学点经验。老师是电脑方面的专家，希望老师能教导我，今后我们代理的这种产品，将来应如何与同行竞争？希望能听听老师您的高见。”陈乙说话时一脸的诚恳。

陈教授听了后，心里又是同情又是舒畅，于是带着慈祥的口吻说道：“年轻人，振作点。其实，你们的电脑也不错，有些设计就很有特点。唉，我看连你们自己都搞不清楚，譬如说……”于是，陈教授讲了一大通。“此外，服务也非常重要，尤其是软件方面的服务，今后，你们应该在这方面特别加强。”陈教授谆谆教导，陈乙洗耳倾听。

这次谈话没过多久，生意做成了。对这次推销帮忙最大的，还是陈教授，他对总经理说，这两家公司的产品大同小异，但他相信陈乙的公司能提供更好的服务，最后总经理采纳了陈顾问的意见，一笔快泡汤的生意又做成了。

资料来源：推销的艺术——经典推销案例，https：//www. docin. com/p-1487603380. html.

通过以上案例，我们可以看出问对方问题是洽谈中的一个重要环节。有时这个问题可能会使对方无所适从，因此问题出在句式上；而有时问题在于怎样与对方沟通，怎样提供让对方说话的机会，如“向师傅请教的问题”。这其实是倾听和答复技巧的综合。

三、答复技巧

推销洽谈过程中必然会面临答复，推销人员的答复往往会被视作一种承诺和责任。答复时有许多的技巧，既要满足顾客的要求，又要在适当的时候传递适当的信息。一般要求推销人员正面回答顾客的问题，但有时也会面出现一些无法控制的洽谈局面。因此要学会一些答复技巧，以应对复杂的提问。

(1) 对方的提问范围过大，难以全面、正面地回答时，可适当缩小对方的提问范围。如顾客问：“贵公司产品质量如何？性能指标怎么样？”如果我们将所有的指标全盘托出，不仅顾客感觉复杂，也不能突出本公司产品的优点。因此我们只要将对方关心的几个主要指标答出即可。我们可以这样回答：“我们产品的质量相当不错，不仅满足国家质量标准，而且原材料标准超过了某某公司20%。”

(2) 当提问者的目的特殊、问题含糊时，我们应该掌握对方的真实心理来回答，切不可自作聪明，按自己的想法来回答。如顾客问：“这辣椒辣不辣？”我们如果自以为对方要吃不辣的，回答说：“一点都不辣，辣了你来退。”也许对方会掉头就走，说：“我就是要找辣的辣椒。”

（3）提问者提出的问题一时难以答复，或者自己确实不清楚，不必勉强作答，可以用拖延回答的方法解决。如“我现在手上资料不全，明天我把资料带来你看”，或“这个问题我要请示一下经理，明天我给你打电话答复”。

（4）当遇到自己不清楚、不方便回答或难以回答的问题，又不能拖延回答的，可用含糊应答的方式，借助一些宽而模糊的语言，或答非所问，或留有弹性，或者假装没听到对方的某个问题而不理会。如对方问：“价格能不能再降一些？”我方可回答：“价格确实是一个大问题，但是也应质量过硬，你看我们产品的某某指标，达到了某某水平。”

（5）当我方对某个问题胸有成竹时，可采用反诘诱问的方法。即按照一定的思路步步为营，向对方进行反问，最后通过对方的回答来得到自己的答案。如顾客问：“你们的这种面包是不是要过期了啊？”我们可以回答：“你看看包装纸上的出厂日期，是哪天的？”“一般面包的有效期是三天，对吧？”“我们的产品过期了没有？”

四、讨价还价技巧

讨价还价是推销洽谈中的中心环节，即对于产品的要价。它与产品说明相配套，共同形成交换的本质内容。

1. 报价技巧

这里需要掌握三个问题：一是价格的上下限。通常采用上限报价的方法，因为按照惯例，报价一经喊出就不能提出更高的要价。而且采用上限报价可以通过适当降价来满足对方的一些要求。按照前面策略中的折中技巧，高报价往往可以形成较高的折中点。需要注意的是，高报价并不是漫天要价，否则会损失很多的洽谈机会。二是报价的时机。在洽谈中，如果价格本身不能使对方产生欲望，就不应该先报价，而应该先让顾客感受到产品的价值。三是报价时可采取分割价格法，比如不讲保费一年是多少，而说每天只花几元钱，会让顾客更加心动。

2. 让价技巧

让价是满足买方心理需求的一种技巧。当然让价是与报价相关的，如果报价时是上限报价，则让价的空间和技巧运用方法会更多。

五、展示与说明的技巧

推销洽谈实际上就是推销人员展示和说明自己产品以及交易条件的过程。在这个过程中，交易条件是围绕着产品本身的价值而言的，因此，对于产品的说明技巧越好，顾客能体会的产品价值越高，越能为洽谈争取好的交易条件。展示与说明有以下几种主要方法：

（1）直接说明：直接说明产品的优点，这种方法省时、效率高。使用这种方法要注意的是针对不同的顾客抓住不同的重点进行介绍；要抓住能被顾客接受的典型的特征进行介绍。如“你看这个花边，是现在最流行的时尚装饰手法，这是最新的版本”，“这台洗衣机的价格只有某某品牌洗衣机价格的一半，但一样可以洗好衣服”。

（2）细节说明：用一些密切相关的细节来说明问题，间接说明产品的一些特色。要注意的是使用的资料有助于间接介绍产品的好处；能够点明推销重点。如“你看这个汽车的前后座位，有三个水杯放置处，一家三口出去玩，每个人都有一个放杯子的地方”。这就比简单地说“本汽车的人性化配置”更能打动人。

（3）逻辑说明：利用逻辑推理来劝说顾客购买某种产品，此方法可以用帮顾客算账、推理来说明产品的好处。使用此方法时要注意有针对性地使用，避免逻辑错误以及表达的艺术性。如“虽然说有钱不买半年闲，但你现在买这个空调，由于是淡季，我们可以随时上门安装，不像到最热的时候，我们根本没有力量上门安装，同时我们还可以打九折，怎么样，现在买合算吧？”

（4）故事说明法：用讲故事的方法生动形象地介绍产品的好处，要注意的是故事的真实性，即经得住推敲。如“我们这种毛衣的式样真是好，上次一个美国客人来了，他一下买了五件，给他老婆、爸爸、妈妈、儿子和自己一人一件，回去后又打电话来要求邮寄三件。”

（5）JEB 法：即 just fact-explain-benefit，在讲述过程中先讲事实，然后再对事实给予解释，最后将顾客的利益说出来。这主要用于将一些复杂的技术指标转换为利益。如“这种车的排量比那种车的排量大，是 1.6 的（事实），也就是说换算成耗油量为 7 升/百公里（解释）。与排量 3.0 的车相比，每百公里少 3 升油，按一年跑一万公里算，就是 300 升油，现在油价飞涨，以后只会比 4 元钱高，按 4 元/升算，您一年就可节省养车费用 1200 元钱（利益）”。

（6）道具演示法：适当运用道具、表演，可将产品的性能展示得淋漓尽致。

【本章小结】

推销洽谈是推销人员在整个推销过程中最关键的环节，是实现成交的过程和手段。推销洽谈是指推销人员运用各种方式、方法向顾客传递信息，沟通思想，使顾客对商品的兴趣上升到强烈的购买欲望并说服顾客购买推销品的过程。

推销洽谈的目标主要有：介绍情况，传递信息；诱发购买动机，展示顾客利益；增强注意和兴趣，强化购买欲望；解答问题，处理异议。

推销洽谈必须坚持针对性的原则、鼓动性的原则、参与性的原则、诚实性的原则等。

推销洽谈有一个循序渐进的过程，其基本程序一般包括三个阶段：资料准备，洽谈导入，正式洽谈。

推销洽谈是一门艺术，一定要讲究方法和技巧。推销人员在洽谈过程中应灵活运用自己的语言、行为等方面的方法和技巧，艺术化地解决洽谈中的实际问题。

【思考题】

1. 什么叫推销洽谈？其目标和原则有哪些？
2. 洽谈前应做好哪些资料的准备工作？
3. 洽谈引入阶段有哪些具体要求？正式洽谈时应注意哪些问题？
4. 何谓提示法？它包括哪些具体方法？
5. 何谓演示？它包括哪些具体方法？

6. 何谓介绍法？它包括哪些具体方法？

【案例讨论 8.1】

为什么推销员失败了？

书店里，一对年轻夫妇想给孩子买一些百科读物，推销员过来与他们交谈。以下是当时的谈话摘录。

客户：这套百科全书有些什么特点？

推销员：你看这套书的装帧是一流的，整套都是这种真皮套封烫金字的装帧，摆在您的书架上，非常好看。

客户：里面有些什么内容？

推销员：本书内容编排按字母顺序，这样便于资料查找。每幅图片都很漂亮逼真，比如这幅，多美。

客户：我看得出，不过我想知道的是……

推销员：我知道您想说什么！本书内容包罗万象，有了这套书您就如同有了一套地图集，而且还是附有详尽地形图的地图集。这对你们一定会有用处。

客户：我是为孩子买的，让他从现在开始学习一些东西。

推销员：哦，原来是这样。这个书很适合小孩的。它有带锁的玻璃门书箱，这样您的孩子就不会将它弄脏，小书箱是随书送的。我可以给你开单了吗？

(推销员作势要将书打包，给客户开单出货。)

客户：哦，我考虑考虑。你能不能留下其中的某部分比如文学部分，我们可以了解一下其中的内容？

推销员：本周内有一次特别的优惠抽奖活动，现在买说不定能中奖。

客户：我恐怕不需要了。

问题：

1. 为什么推销员推销失败了？
2. 我们从中得到了哪些启示？

【案例讨论 8.2】

“弄不懂”

有三位日本代表赴美订购商品。美方公司作了精心安排，先用挂图、电脑资料、视听器材介绍产品，然后又用幻灯片播放产品简报，历时几个小时。而日方代表却始终呆若木鸡地坐着，一声不吭。最后，美方代表满怀希望地问道：“你们觉得怎样？”一位日方代表彬彬有礼地说：“我们不懂。”美方代表显得有些失望，问：“哪儿不懂？”另一位日方代表说：“全都不懂。”美方代表又露出了沮丧的神情，又问：“从什么时候开始不懂？”第三个日方代表说：“从关灯放映幻灯片开始，我们就不懂了。”美方代表有点泄气了，问：“那么，你们希望怎么办？”日方代表说：“我们希望再来一遍。”……如此反复多次，日方代表始终“弄不懂”，美方代表锐气大减。在接下来的磋商中，日方代表反守为攻，取得了满意的结果。

问题：

1. 日本代表团采用了哪些洽谈技巧？
2. 这些方法适合针对怎样的洽谈对手？

第九章　顾客异议的处理

【学习目标】

通过本章的学习，要求掌握：

1. 顾客异议的类型和原因；

2. 顾客异议处理的方法；

3. 顾客异议处理的原则。

【内容摘要】

在推销活动中，顾客对推销人员所做的各种推销努力和传递的各种推销信息，会有不同的反应。或是积极响应，同意购买，或是迟疑观望，甚至不合作，拒绝购买，并且提出异议。在推销实践中，顾客迅速做出积极反应的情况极少，大多数顾客都会提出一些意见、问题甚至是相反的看法，并以这些作为拒绝购买的理由。推销人员应该明确，顾客提出异议是正常现象，它既是成交的障碍，也是成交的信号。推销劝说是推销人员向顾客传递推销信息的过程，而顾客异议则是顾客向推销人员反馈有关购买信息的过程，它几乎贯穿于整个推销活动过程中。正确对待并妥善处理顾客所提出的有关异议，是推销人员必须具备的一项基本功。推销人员只有正确认识和对待顾客异议，以冷静、豁达的态度对待它，认真分析异议产生的原因，采取灵活的策略和方法，有效地加以处理和转化，才能最终说服顾客，达成推销目标。

第一节　顾客异议的类型及其原因

顾客异议是指顾客对推销品、推销人员及推销方式和交易条件产生怀疑、抱怨，并提出否定或反面意见。由于推销环境、推销时间、推销地点不同，推销人员所遇到的顾客异议是不尽相同的。在推销活动中，推销人员必须弄清其经常遇到的顾客的异议及其形成原因。

口碑+服务承诺+顾客需求=顾客期望

高品质的商品+服务承诺+规范化作业=实际服务

实际提供的服务>顾客的希望——顾客很满意

实际提供的服务=顾客的期望——顾客基本满意

实际提供的服务<顾客的期望——顾客会不满意

一、需求异议

需求异议是指顾客自以为不需要推销物品而形成的一种反对意见。如顾客说："我的存货已经够多了"，"这东西对我没用"。需求异议是对推销活动的彻底否定，因为连商品都不需要，价格、质量等其他一切就都谈不上了。

产生需求异议的原因有三种：一是虚假的需求异议，即是顾客拒绝推销人员及其推销物品的一种借口；二是顾客确实不存在对推销商品的需求；三是顾客存在着对推销商品的需求，但他本身没有意识到。因此，在处理需求异议时应首先分清产生异议的原因。如果是由第二种原因产生的异议，推销人员应停止推销活动。推销人员的主要任务是通过自己的推销活动，帮助顾客解决困难，满足顾客需要，改善顾客的生活和工作条件。若明知顾客没有需求而强行要求他们购买，甚至采用欺骗手段，那是不可取的。这样做既损害了消费者的利益，又损害了自己的信誉。如果属第一种原因，推销人员则应该通过观察和分析，找出借口产生的真实原因，再说服顾客接受推销。若为第三种原因，推销人员对成交应充满必胜的信心，耐心细致地介绍产品，热情地告诉顾客推销产品能给他带来什么益处。

【推销实例 9.1】

一天早上，某大城市的一家汽车零售商场的推销员接待了一位大约 30 岁的准顾客．这位年轻的推销员凭着自己的伶牙俐齿和三寸不烂之舌向准顾客进行了热情洋溢的介绍：先生，早上好！欢迎您来到本市最大的汽车零售商场。本商场的汽车可以说是应有尽有，有美国的、日本的……推销员滔滔不绝地介绍。这时准顾客在一辆红色轿车前停了下来。推销员不失时机地向准顾客说道："您可真有眼力，这是我们公司新进的日本车，舒适稳定，高速且省油，您买回去带着家人出去旅游会真正得到这种车的超值享受。"准顾客转过身对推销员说："不，我还没成家，在这里除了我之外，家里什么人也没有，我只是为公司购买一辆方便携带样品的汽车"。

二、货源异议

货源异议是指顾客自认为不能购买推销人员的委托厂商的产品而形成的反对意见。如有顾客说："很抱歉，这种商品我们已和 A 厂有固定的供应关系。"即为典型的货源异议。这种异议初看起来似乎是不可克服的，尤其是新手会感到无言可对，甚至感到难堪。实际上货源异议说明顾客对所推销的商品是需要的，这就表明对推销人员而言，机会是存在的。顾客对推销人员还留了一条门缝，门迟早还有被敲开的可能。

货源异议的原因主要有：企业信誉不佳、推销态度不良、推销服务不周、同行竞争激烈、不利的报道、对生产者的生产方法或者对代理者的服务不满意，或对公司的财务状况有所怀疑等。遇到顾客的货源异议，可以询问顾客目前使用或经营的产品品牌和供应厂商。如果那些产品与推销产品类似，推销人员可以介绍推销品的优点，如低耗能、耐用、多功能、保健性等。如果推销产品与竞争产品并不相同，成功的希望就更大了。因为这表明顾客的货源异议并不成立，这时推销人员应着重说明两种产品的不同点，详细向顾客分析推销的产品会给他带来什么新的利益。

货源异议并不都是真实的，有的顾客提出货源异议，只是想向推销人员施加压力，使自己处于谈判中的有利地位，以达到杀价等目的。推销人员必须善于判断货源异议的真假。如果顾客真的是为了讨价还价而在耍小花招，那说明他内心是空虚的。当然这时要谨慎，不要使顾客难堪而不愿说出想购买的心里话。比如，针对顾客心理主动提出自己产品价格比较低，可以分期付款，或免费送货或安装等，当然这必须在合理的、企业能够承受的范围之内。

【推销实例 9.2】

一位铸砂推销员向一位铸铁厂采购科长推销一种新型优质铸砂。

顾客异议："这种铸砂倒是不错，不过我们和××厂已有十几年的协作关系，现在要换这种新砂我可做不了主。"

推销员回答："科长，您真会说话，您做不了主谁能做主？"

顾客："我要和副科长商量一下。"

推销员："行，不过您能尽快给答复吗？"

顾客："好的。"

三、推销人员异议

推销人员异议是指顾客拒绝接待某一特定推销人员和拒绝购买他所推销的商品的反对意见。这种异议使推销人员感到尴尬，而难以进一步开展商品推销活动。这种异议的积极作用是会促进推销人员改进自己的工作。

产生推销人员异议的原因有以下几种：最常见的原因就是推销人员本身工作的过失，引起顾客的反感。例如，有时候，由于推销人员的不小心，激怒了某一顾客，从此这位顾客就可能对这位推销人员无好感，推销人员从此也就可能休想向这位顾客推销他的产品了。又如，为了追求销售量，曾向顾客强行推销过顾客本来并不需要的产品，这些产品可能至今仍闲置着。再如，曾向顾客推销过劣质商品；或说话不算数，即承诺未曾兑现等，这既伤害了顾客的感情，又使推销人员名誉扫地，从而使顾客产生强烈的戒备心。若是这样，推销人员应诚恳地向顾客表示道歉，尽量弥补所造成的损失，以情动人，在此基础上与顾客重新建立关系。推销人员应尽最大努力处理好与顾客的关系，否则他不但会失去这位顾客，而且还有可能失去一大批顾客，这就不妙了。

异议产生的原因还有：推销人员的工作质量不够理想，如服务态度不好，不注重推销礼仪，推销信誉不佳，人际关系不良，或顾客与其他推销人员的特殊关系等。为了克服这些异议，推销人员应加强自身的修养，努力做到思路敏捷，善于表达，解释准确且通俗易懂，熟悉产品性能并会演示，了解市场行情，待人和蔼可亲，真诚关心和帮助顾客，要注意观察顾客的言行，分析顾客的心理，努力消除误会，打破成见，争取顾客的谅解与合作。同时，推销人员应讲究自己的仪表，它包括健康的身体，充沛的精力，端庄的衣着，礼貌的举止谈吐，高雅的气质。要做到“勿以恶小而为之，勿以善小而不为”。要做顾客的知心朋友。

【推销实例 9.3】

吃过亏的电磁炉用户

一个推销员正在超市电磁炉专柜主动向顾客介绍产品的特点。一个顾客的声音显得很强硬，但很有礼貌：“不，谢谢你啦！我现在不想再购买新电磁炉，如果需要的话，我自己会来挑选的。半年前我禁不起你们一位同行的百般劝说，就买了一个电磁炉，当时他说得天花乱坠，据说这个电磁炉炉面不会烧黑，如果烧黑了、烧黄了，用牙膏擦一擦就洁白如新了。可是还没用多久，一次锅烧煳了，炉面出现黄斑、黑斑，用什么办法都擦不掉。老实对你说吧，吃亏上当只有一次，我再也不会听你们那套销售经了。”像这样一个“吃过亏”的顾客自然一见到推销员就会产生戒心。这样一来，其他一些推销员不得不充当替罪羊的角色，承担由于竞争对手的缺陷而造成的不良后果。

思考：你认为这个推销员应该采取什么措施？

四、产品异议

产品异议是指顾客认为推销商品不符合要求，或者认为推销品不是他要购买的商品而形成的反对意见。顾客需要某一商品，但所推销的产品不够理想，顾客会说：“这种产品质量太差”，“这种产品用久了会变形”，“这种款式不时髦，我的顾客不会喜欢”。或因为是新产品，顾客会说：“这种新产品没听说过，我可不敢买。”

因产品而产生异议的原因很多：包括对产品的效用缺乏了解；或者对于新产品，中间商担心其质量，怕冒风险而没把握，不愿经销。产品异议是具有挑战性的，但也是可以克服的。有效的演示和让顾客自己动手亲自操作，可以很快增强顾客对产品质量和功能的信心，可观的销售实绩可以向顾客说明这种商品在国内外有广大的用户。若推销的是省优、部优、国优产品，则更易消除顾客的产品异议了。在克服产品异议时，重点是应指出所推销的产品能给顾客带来什么利益，对于生产资料，如果能使顾客增加赢利，则肯定会受到欢迎。如推销除草剂，可以告诉顾客，用了它田里只长庄稼不长草，这既节约了劳动力，又可增加产量。对于新产品，推销人员应说明该产品是经过市场调查的，结果表明消费者是有此种潜在需求的。将公司有关推广这一产品所进行的广告宣传的计划、可观的宣传预算等情况告诉客户，可以增加他们的信心。

五、服务异议

服务异议是指顾客对推销人员或其所代表的企业售后服务不满意，不愿购买其推销的商品所形成的反对意见。服务包括维修、送货上门、帮助顾客安装、调试以至帮助培训操作。服务是产品的附加因素，它对推销业绩直接产生影响。在产品品质接近、价格差别不大的情况下，其竞争力取决于服务。产品的品质和价格都存在一定的限度，不能随意超过限度，但服务没有限度，服务的项目越多，花样越新，顾客就越喜欢，销售就越好。当产品的工艺技术水平达到一定程度后，产品的主要竞争方向就不再是品质而是服务了。因为良好的售后服务能够消除顾客的后顾之忧，增强顾客购买产品的决心。如小天鹅洗衣机厂，在销售时就承诺五年内包修，即使电路板坏了，只要不是人为故意损坏的，厂方都负责更换，免费维修。由于有优质的服务作后盾，小天鹅赢得了顾客。俗话说得好：好店三年不换客。究其原因，主要是靠优质的服务取信于消费者的。推销人员要牢固树立为顾客服务的观念，要以比开发产品内在质量更认真的态度抓好产品的服务质量，推销人员要掌握最基本的服务技能，诚恳地对待有异议的顾客。如果顾客感到服务不周的话，一般人不会就服务直接提出异议，而是通过货源异议或推销人员异议来拒绝接受推销。我们要注意了解竞争产品的基本情况和顾客的消费心理，努力消除异议。

六、价格异议

价格异议是顾客认为推销商品价格过高而形成的反对意见。讨价还价与商品买卖是同时出现的，价格影响到购进企业的进货成本和利润，影响到消费者的生活费用支出。因此绝大部分顾客会提出价格异议。

有时候，我们会听到顾客说："你的产品价格太高了""这价钱我买不起""这个价格我估计卖不出去"等。面对种种议论，推销人员应首先自信自己的商品定价是合理的，在一般情况下不必急于答复，应将谈话重点放在介绍产品性能、耐用性、款式的新颖性上。当顾客对产品方面有了较详细的了解后，或许认为价格尚属合理，或价格虽然较高，但还是可以接受的。

顾客认为价格太贵的主要原因有：

(1) 顾客的支付能力有限，他只能选购低价的产品。

(2) 竞争产品价格较低。

(3) 顾客爱挑剔，好表现自己，为难推销人员。

(4) 顾客害怕吃亏，想试探价格的虚实。

(5) 顾客以产品价太高，作为拒绝或不想购买的借口。

当推销人员遇到此种异议时，可用中立法去说服顾客，当顾客的感受与你有一定的相似之处时，就比较容易消除顾客的疑虑，使他产生"我买这种产品不会吃亏"的感觉。当他经过推销人员的劝说买回去以后，就会发现自己的决定是正确的。推销人员就可以这样去说服他："先生，您的意思无疑是正确的，我们的产品真的不便宜。在讨论价格之前，我们是否可以看看您使用了这项产品以后，它会给您带来的方便与收益。”这样，同意了顾客的意见，转移了他的注意力，再作推销说明就比较容易成功了。例如，一位推销人员向某农场推销收割脱粒机。他告诉农场有关人员两个计算结果，一是使用该机械每小时比其他机械收割面积增加 35%；二是这种机械的使用寿命比其他机械长得多，如果将机械的价格平分到每个使用小时里，单位时间仅增加 4%的成本，而且可能更换的零部件都已配齐，你自己随时按产品说明书就可以维修，节约将来的隐形支出，当然投入要小于产出。这样推销人员就有力证明了，从产品所产生的效益看，它的价格并不高。

有时，顾客会认为推销品价格太低，从而怀疑产品的质量，在没有正当理由作说明的情况下，顾客产生低价的印象只会加大推销的难度。推销人员应注意避免各种价格矛盾，让顾客首先接受产品的功能、效用和利益，而不是价格。有时还可以提醒顾客应考虑通货膨胀的因素或接受顾客分期付款的购买计划。重要的是使顾客相信：“一分钱，一分货。”

七、购买时间异议

购买时间异议指顾客通过拖延时间来拒绝推销或达到其他目的的一种购买异议。即顾客认为购买时间未到。他们会说：“你得让我考虑考虑”，“这产品价格太高，我想等到价格下降时再买”等。推销人员此时该提醒顾客，如果他延缓购买时间，将会产生的哪些不利后果。另一方面，则应努力消除顾客产生购买时间异议的深层次原因。

产生异议的原因主要有：顾客对产品缺乏信心，害怕上当受骗，一时拿不定主意；或是顾客一时资金周转有困难，也可能是顾客生性优柔寡断，办事没有主心骨。如在四月份推销六月份才卖出的夏季用品如汗衫，推销人员可向顾客介绍产品质量优，正是没到六月份才给予你较大的季节优惠，现在买正合适。有时，推销人员不得不耐心地等待一段时间，但应抓住时机，请顾客签下预购合同，这样时间异议只是推迟了顾客的购买时间，并没有成为成交的真正障碍。购买异议也可能是一个借口，推销人员应通过询问，设法找到真正的异议，然后以相应的办法解决。对于这类意见，只要你态度诚恳，语句得体，大多能打动顾客，引起他们对产品的更大兴趣和注意力，对这些反对意见也就不再坚持了。

八、财力异议

财力异议是指顾客认为缺乏货币支付能力而提出的购买异议。这属于顾客自身方面的一种常见的购买异议。财力异议主要根源于顾客的收入状况和成见心理。一般来说，对于顾客的财务承受能力，推销人员是比较容易了解的，在顾客资格审查和接近准备阶段，推销人员就已经对准顾客的支付能力进行过严格的审查，因而在实际推销中能准确辨认真实异议或虚假异议。真实的财力异议是成交难以克服的障碍，虚假的财力异议则是顾客拒绝推销人员及其推销物品的一种借口。对于前者，可以通过比质比价让顾客觉得机会难得，只要顾客觉察到物品的实惠，负债购买也是可能的。对于后者，推销人员应有理有据加以说明，同样，顾客感到心情愉快，实惠又方便，其购买也就容易多了。

九、权力异议

权力异议是指顾客以缺乏购买决策权为理由而提出的购买异议。事实上，无论集团购买还是家庭购买，购买决策权力并不是平均分布在每一个成员身上的，多数成员可以对决策造成影响，但并不一定具有决策权力。权力异议形成原因在于顾客的决策能力状况或成见心理。推销人员在进行顾客资格审查时，应分析顾客的购买人格和决策权力，找准决策人，否则，给一个有购买欲望但无决策权的人做推销工作，就是较大的推销失误。推销人员必须对推销过程中出现的各种权力异议进行分析并妥善处理。

【推销实例 9.4】

艾丽特是一家享有盛誉的提供各种商务礼品的批发商。从可以印上名称、标志的手表到各种各样的干花，可谓品种繁多。艾丽特的顾客基本上可以分为两大类：一类是各种商业机构及专业组织，另一类是各类礼品店。其对后一类顾客的销售额占其总销售量的 75%。在推销员爱娜·凯恩的推销作业区里，大部分的顾客都属于这类零售商。

阿特金礼品店是爱娜的潜在顾客之一，但目前这家店几乎没有几种艾丽特商务礼品公司的产品，或者说该店客观上需要艾丽特商务礼品公司那些极为个性化的商品，但其老板却不愿购进这些东西。

在起初的几次拜访中，老板阿特金夫人曾告诉过爱娜，她能经营的项目已经全都有了。爱娜觉得艾丽特公司的产品对阿特金小店的生意肯定会有好处。这家小店位于一条步行街的林荫道旁，常有周围地区的人们前来光顾。事实上，小店也的确很小。不过艾丽特公司的产品目录和样品仍可以在不妨碍的情况下展列出来。此外，爱娜还肯定定单靠几样品种有限的礼品将不会赚很多钱。但对于爱娜来说，她面临着两道难题：

- 小店目前的经营状况良好，足以令阿特金夫人感到满意；
- 阿特金夫人不断变换其抵制的托词。

爱娜已经对阿特金夫人密切观察了许久，偶尔也听说过她与其顾客间的对话。许多老顾客都对阿特金夫人为客人选择礼物的眼光大加赞扬。爱娜也注意到当受到表扬或征求意见时她那洋溢在脸上的得意之态。这种种表现说明阿特金夫人对她的经营工作已经知足了；而她也的确很热爱那些顾客，并善于与他们打交道。

阿特金夫人的推销异议是什么呢，真实的异议原因是什么？

第二节 顾客异议处理的原则

推销异议是多方面的，只有妥善处理各种顾客异议，才能有效地达成交易。下面介绍处理顾客异议的一般原则：

一、尊重顾客的购买异议

在顾客提出购买异议时，推销人员应当表现出极大的关心和兴趣，并认真听取，要让顾客畅所欲言，充分发表意见。即使顾客反复提出某种异议，推销人员也要耐心听取，不得有半点轻视或忽视的表情，更不可打断顾客的发言。这样，当推销人员回答顾客提出的问题时，顾客也会认真听取。尊重顾客的购买异议，还表现为不得故意歪曲异议的内容和性质，推销人员处理顾客异议必须实事求是。如果推销人员无意或有意夸大顾客异议的性质，顾客就会纠缠不放，从而阻碍成交。如果缩小了顾客异议，则会引起顾客反感，还可能会因此而产生新的各种异议。

二、尽量避免与顾客发生争吵

顾客异议是顾客对推销物品、推销人员及其推销行为的不同看法，因而极易引起争论，甚至在顾客与推销人员之间发生不愉快的争吵。从推销心理学上讲，顾客的购买决策既要受到顾客理智的控制，也要受到顾客情感的影响，而且情感的影响经常占上风。一旦争吵发生了，就表明推销人员的推销工作是失败的，因为争吵的过程也是伤害顾客感情、失去销售机会的过程。和气生财是有一定道理的。无论顾客异议如何不当，无论顾客态度如何粗暴，推销人员都不应当争吵，应以理智的态度、良好的心境、平缓的语气去耐心说服，争取顾客的合作与支持。

三、设法破解有关秘密异议

购买异议有公开和秘密之分。公开异议是指顾客用各种方式直接向推销人员提出的各类购买异议。秘密异议则是隐藏在顾客内心深处的有关购买异议。由于某些特定的原因，顾客对推销物品与推销行为的反对意见不愿外露，不愿轻易向推销人员表达出来，这实际上加大了推销人员处理顾客异议的难度。在实际推销工作中，有些顾客一方面明确提出种种无关异议或借口，另一方面又隐藏真实的异议，声东击西，阻碍成交。对于顾客的秘密异议，推销人员的首要工作就是设法破解，通过各种手段把这些秘密异议转化为公开异议，在此基础上找出异议的真实根源，运用适当的技术，妥善处理这些异议。

【推销实例 9.5】

推销员：我们是这周还是下周把货送给你？

买　主：哪个时间都不是，下次再来见我吧。我必须好好考虑一下。

推销员：你看，你犹豫不决一定是有原因的。我可以问问是什么原因吗？(问题 1)

买　主：钱太多了。

推销员：钱太多了？我理解你想用自己的钱发挥最大的效用。除了钱之外，还有

别的原因让你犹豫不决吗？(问题2)

买　主：没有。

推销员：假设你能相信从这机器中节省下来的资金几个月之后就能收回货款，我们把它记到你的预算中，这样你会前来购买吗？(问题3)

买　主：是的，我会购买。

(买主做了肯定回答，因此你可继续推销；假设买主做否定回答，则可进行下面的问题。)

买　主：不，我还不想购买。

推销员：那么你现在还犹豫不决一定有别的原因。我想问一下是什么原因，可以吗？(问题4)

买　主：培训我的员工们使用这种机器太费时间。

推销员：你知道我对此很理解。时间就是金钱。除了时间，还有其他的原因吗？(问题2)

买　主：实际上没有别的原因了。

推销员：假设你相信这台机器能节省员工的时间，这样他们可以做其他事情，那么你可以拿出这笔钱，是吗？(问题3)

买　主：我不能肯定。(又一个潜在的否定回答。)

推销员：金钱和时间对你都很重要，对吗？

买　主：是的。

推销员：我怎么样才能让你相信这机器将会给你既省钱又省时呢？(问题5)

(现在买主必须确定购买条件，你必须得到答复，作为推销员，你现在处于推销活动的控制地位。)

四、坚持证实的原则

在处理异议的过程中，推销员需要向顾客证实的是：顾客确实存在着需求，而推销品也确实能满足顾客的需求；推销介绍中所讲的、所提示的、所演示的都是真实的；推销员确实是在为顾客着想。

(1) “证实”是化解异议的关键。实践证明，化解顾客异议的关键是向顾客“证实”，并且使顾客相信所证实的内容。

(2) “证据”是最有效的“证实”。一种是人证，另一种是物证，还有一种是例证。

(3) 注意收集证据信息。

五、谨防卷入各种无关异议

在推销过程中，顾客有可能提出一些与推销活动毫不相干的无关异议，对此，推销人员应尽量回避。所谓无关异议，是指顾客在推销过程中所提出的与推销活动本身没有直接联系的各种反对意见。推销人员的主要任务是说服顾客，达成交易，而不应抓住顾客提出的无关异议大做文章。无关异议的根源十分复杂，推销人员完全没有必要去处理那些与推销不相关的问题，应该尽量回避各种与购买无关的异议。推销人员的兴趣应当在于顾客对买卖的看法，而不在乎顾客对任何其他事物的观点。如果推销人员卷入无关异议，就会浪费推销时间，甚至失去成交机会，有百害而无一利。

【推销实例 9.6】

顾客进入门店后对营业员说："大热天的你家连空调都不开，这怎么让顾客挑选商品啊？"

营业员："欢迎光临，这些都是从意大利进口的服装，您可以随便看看。"

顾客："你家的门面有点小吧？这都是进口货吗？"脸上露出怀疑的表情。

营业员："当然是进口货，这一点您尽管放心，这是厂家的授权标志，这是进口销售许可证，我们家已经在这开三年了，看这鞋子都是国际上最流行的款式，您试试吧，看看效果。"

顾客："这款拿双 38 的给我吧，我先试试。"

上述是推销人员处理各种顾客异议的一般原则，依据这些原则，推销人员可以更好地把握处理各种异议的界限和分寸。当然，在实际运用中要注意具体情况具体对待。处理顾客异议，既要讲究原则，更要讲究方法，只有灵活运用最恰当、最有效的处理方法，才能成功地处理好各类顾客异议。

第三节　顾客异议的处理方法

作为推销人员，应该从顾客的立场出发，把握顾客心理，说服顾客接受推销建议。也就是说，推销人员首先应该领会顾客提出反对意见的目的，是真正反对还是隐含有别的什么感受，然后再慎重考虑顾客的反对意见，并采取适当的处理方法（见表 9-1）。

表 9-1　**处理各种异议的主要方法**

方法	目的	回答或说明范例
1. 倾听法	鼓励顾客说出他们的感受。必须与询问法配合应用	诚恳地回答之，对顾客的感受表示具有浓厚的兴趣
2. 预防法	在顾客提出之前，即先克服已知的反对意见	"就算房价已经比先前涨了许多，但现在仍然是购买房子的最佳时刻，Capiste 先生，让我告诉您其中的道理。"

续表

方法	目的	回答或说明范例
3. 拖延法	避免立即回答可能造成顾客强烈抗拒的结果	“Parsimoni 先生，您是说它的价格吗远超出您的意料，先让我告诉您这些特性何以能实质地降低您的经营成本。”
4. 不理不睬法	当顾客的反对意见不太强烈或不太显著时，即可规避之，应用此法时必须谨慎	顾客事后会发觉，遭到不理不睬的反对意见都是无足轻重的意见
5. 真实反应法	澄清你对顾客的感受所了解的内容，鼓励顾客再次考虑他或她的观点	“您的意思是说不希望我所建议的设备能降低您的成本吗?”
6. 询问法	把顾客的一般性的反对意见转变成具体化的反对意见，使推销人员可深入了解，并做更有效的处理。此法与真实反应法有着密切的关系	“您认为相对于精致的布料而言，这种产品太粗糙了是吗? Synigue 先生，您心目中理想的面料是什么样的呢?”
7. 承认法	向顾客表示您对他或她的意见，不但很了解，且有同感（不一定要同意）	“不错，和其他产品一样，我们的产品价格最近确实调高了。”
8. 反问法（反弹法）	把反对意见转换成买卖的理由	“您说平日工作太忙，更需要听听这种设备为何自己为您节省很多的时间?”
9. 引导法	支持顾客对产品有利的意见，引导他或她避开不利的感受	“让我们再回到前面所讨论有关本产品的优点，您认为哪点最具有吸引力?”
10. 同意与中立法	对顾客的反对意见表示理解，以解除顾客的疑问，然后再回到自己的立场	“我同意孩童用的塑胶游泳池容易破，使用一个夏天即破裂不堪，就变成无用之物了，但是我们现在所使用的制造方法，却可减少这些问题。”
11. 比较法	指出产品的优点远胜过它的任何缺点	“让我们来比较产品的优点与缺点，我相信您会同意……”
12. 否定法	反驳顾客对你或你的公司不合实际的指责	“恐怕是别人提供给您的情报不确实吧！我们从来没有无任何理由中止一个人的保险。”

一、认真听取反对意见（异议）

对顾客提出的反对意见，推销人员首先应该平静地倾听，决不要随意打断顾客的话，应当让他心平气和地讲完（为礼貌起见），即使他的意见不是新的或不符合实际情况，也要听下去。倾听有利于明白顾客的真实感受，如果在倾听的同时还适当地试探询问，将更容易拉近推销人员与顾客之间的距离。

当顾客发现推销人员在专心倾听他的意见的时候，就会对推销人员所推销的产品有较好的感觉。而推销人员所提出的反对意见，有时并不是真实意见，这时如果急急忙忙地和顾客争辩起来，或者有侮辱顾客的言行，势必激怒顾客，最终会使推销失败。一个老练的有经验的推销人员，都会巧妙地引导顾客同意他的推销建议和说明，而不是强迫顾客去接受自己的推销建议。

顾客提出反对意见，是由于顾客要让推销人员知道他有自己的看法，表明他是不会受别人影响的，或者他所处的地位使他用不着依赖供应商。当推销人员在向顾客推销产品的时候，对于产品的优点，顾客会很自然地提出一些不同的看法，特别是当推销人员流露出自鸣得意的表情时。因此，要让顾客大胆发表意见。在必要的时候对顾客的反对意见做出让步，以求取得一种妥协的解决方法，对促成协议的达成是有利的。

二、预防反对意见

如果推销人员觉察到顾客马上就会提出某种反对意见，最好能抢在他前面把问题首先提出来。这样可以争取主动，先发制人，避免去纠正顾客的看法，也可避免与其发生争论，这就是一般的预防法。

这就要求推销人员做到，在业务洽谈时要准备充分，构思严谨。如果业务洽谈内容使顾客无机可乘，他也就提不出什么实质性的意见。特别对那些好胜心强的推销人员，他们在提出推销要点、业务说明时，总爱使用一些刺耳的、过激的词句，这样很容易引起顾客的反驳。因此，推销人员可以把推销要点分成几个部分，然后用提问的方法提出，就可以大大减少顾客的反对意见，同时在提出一个销售要点以后，还要检查一下是否能被顾客接受。如果你不知道顾客对你的产品持什么态度或者不清楚顾客对你推销的产品的了解程度，那么，你可以假定顾客对你所推销的产品有所了解，但了解不多。许多显而易见的东西，顾客却认为难以理解，这时，推销人员就要谨慎地对顾客进行引导，同时还要让顾客感到推销人员没有强迫顾客。当顾客已经感到很满意时，他们也就不再想提什么反对意见了，有时还可以放弃那些不真实的反对意见。

假如，推销人员在推销产品时在付款期限上与顾客发生了分歧，他希望30天后付款，而公司要求15天内付款，要想做成这笔交易，关键在于说服顾客在15之内付款。推销人员应该先这样说：“先生，您一眼就可以看出我们的产品质量是可靠的，并且价格也比较合理，在操作上也很有特点。您也知道，我们公司要维持合理价格，凭借可靠的质量，高效率的操作，同时也采用企业界的一般做法，如请求顾客在规定期限内付款。虽然顾客对此方面略有抱怨，但由于我们产品的关系物美价廉，在实质上是增加了顾客的利益。”也许经过推销人员的这番演说，顾客在心里就有了结果，最终会签订交易合同，使推销人员的推销获得成功，同时又预防了顾客的反对意见。

三、拖延反对意见

推销人员对顾客所提出的反对意见，不适于马上回答的，可以拖延到适当时间才予以回答，这样回答才恰到好处。对推销人员来说，有几分钟甚至几秒钟的思考时间都是宝贵的。推销人员可以仔细回味顾客的反对意见，确保正确了解顾客提出的反对意见，从顾客的反对意见中，分辨出真实的用意。推销人员应该明白，顾客提出的反对意见并不是无关紧要的，有时这些反对意见很实际、很重要。推销人员的回答不能令顾客满意，顾客可能就“不买你的账”，因此如能争取几分钟的时间考虑，再回答顾客，就可避免一时的冲动，避免你和他之间产生新的异议。

对顾客的反对意见，推销人员要学会经常的这样回答他：“先生，您的意见很正确，如果您不介意的话，我们稍后再讨论吧，到时您就会发现更有意义的答案。”

当然，拖延顾客的反对意见并不是对顾客置之不理，而是让顾客进一步将反对意见阐述明白，将顾客的反对意见划分成若干部分，和顾客一起进行讨论。经过这样的引导，顾客就有可能意识到自己的反对意见的不合理性，这时再回答顾客先前提出的反对意见，就可以让顾客收回成见并且避免了同顾客的直接冲突，交易就能继续进行下去。

例如，当顾客对价格提出异议时，推销人员可以先不回答价格问题，而是再一次介绍产品。某种带有放射状网纹的汽车轮胎的价格比普通的传统轮胎的价格贵得多，但它的行程却是传统轮胎的两倍以上，如果让顾客了解到其缘由，顾客也许就不会再对价格提出反对意见了。

四、不理会反对意见

经过仔细分析以后，推销人员如果认为顾客的反对意见微不足道，或者根本不存在，而仅是顾客为了拒绝推销的一种借口，这时就可以采取不理会的态度，以避免浪费太多的时间。借口不是真正的反对意见，即使消除了这些借口，也不会真正达成交易。如果对这些借口加以反驳，顾客可能会感到他有义务为自己的借口辩护，从而使借口成为真正的反对意见。因此，推销人员可以对这些借口装作没有听见，可以托词说回头再讨论。随着业务的进展，顾客就很有可能不再坚持借口了，这不会影响推销活动。

对顾客的反对意见采取不理会的态度一定要谨慎，否则对你的推销业务将很不利的。这种办法不应经常针对某一顾客，因为当顾客再度提起先前的反对意见时，就表明他已经对你的产品产生了浓厚的兴趣，他的反对意见可能就是实质性的东西，如果你不理不睬，或者不能回答他的提问，就更容易激起顾客的怒气，即使以前想买你的产品现在也不准备买了。

有时顾客的反对意见属于一种偏见或成见，这些不合逻辑和带有感情色彩的反对意见，靠讲道理是消除不了的。有时顾客甚至企图有意给推销人员出难题，迷惑推销人员，把推销工作引向歧途。对于这类的反对意见，推销人员就不必试图去说服顾客，而应该采取不理会的态度，你也可以先和顾客讨论别的问题，把顾客的注意力引开，就可以避免与顾客纠缠不清了。

五、真实阐述顾客的反对意见

如果顾客提出的反对意见是要求更进一步地了解情况，或者是顾客真实性的感受，这时推销人员就应该做好反对意见的处理工作。而真实阐述顾客的反对意见就是使顾客的反对意见更明确，通过重述顾客的反对意见，让推销人员和顾客都对反对意见再思考，最后达成推销人员和顾客之间的协议。重复顾客的反对意见，还可以消除顾客的反对意见中的不确切和夸大了的成分。通过比较婉转的语言，你可先将顾客的反对意见重复一遍，然后再回答。反对意见通过别人重新叙述后，可能就不具有同等的意思。因此你可以用自己的话将顾客的反对意见概括一下，这样也就能够达到削弱顾客反对意见的目的。

推销人员在真实反应顾客的反对意见时，可以这样回答："先生，您的意思是……""先生，您是担心……"或"先生，如果我没有听错的话，您的意思是……，我觉得您所谈的有一定的道理"等，这些语气可能比较容易让顾客接受，从而为你争取更多的推销时间与机会。

有时，你对顾客所提出的反对意见不能回答，可以将反对意见反映给公司的技术专家，让专家们来回答，就可以使你的推销说明更具有说服力，这是从另一种意义上真实反映顾客的反对意见。例如，对顾客提出的某项反对意见，你可以这样回答他："先生，您所说的问题确实重要，我前几天刚好将这个问题问过我们公司的专家，他是这样说的……因此对此您可以放心。"

六、询问顾客的反对意见

如果顾客提出的反对意见还不太具体，推销人员可以对顾客进行进一步的询问，并适当地配合使用其他办法，将顾客的反对意见的重要性减到最低点，这就是询问处理反对意见的特色之处。例如，当你在推销产品的时候，如顾客这样说："你所推销的产品确实不错，但据我从朋友那里得到的消息，我对你的公司能否按时交货表示怀疑。"这时，作为推销人员，应该这样平静地回答顾客："先生，对您的怀疑我表示理解，但不知我能否了解您到底对我们公司的交货期限听到了哪些说法？也许我能帮助您澄清某些事实。"这样一来，顾客也许就能够畅所欲言了，推销人员就可以从顾客的谈话中了解顾客的真正感受，并适当的回答他。同时，也让顾客感受到推销人员是真正在为他的利益着想，因此，推销的成功也就是理所当然的了。

另外，使用这种方法可有效地避免与顾客发生争执。这种方法的实质是推销人员不回答问题，而是提出问题，这样就让顾客来回答他自己提出的反对意见了。

【推销实例 9.7】

一个顾客在考虑购买一辆卡车时说："我不需要这种大型卡车，某公司制造的中小型卡车正适合我们的需要。"在这种情形下，推销人员就要向顾客证明他确实需要较大型的卡车。请看下面的对话：

推销人员（A）：您需要运输的货物的平均重量为多少？

顾客（B）：那很难说，估计是两吨左右吧！

A：有时多，有时少，对吗？

B：对！

A：究竟需要哪种型号的卡车，一方面要根据运输的货物，另一方面要看在什么公路上行驶，您说对吗？

B：对，不过……

A：假如您在丘陵地区行驶，而且在冬天，这时汽车的机器和车身所承受的压力是不是比正常情况下大一些？

B：是的。

A：你冬天开车外出的次数比夏天多吧？

B：多得多！我们夏天的生意不太兴隆。

A：那么，我们也可以说你的卡车一般运载货物为两吨，有时还会超过两吨，冬天在丘陵地区行驶，汽车是否经常处于超负荷状态？

B：对，那是事实。

A：而这种情况也正好发生在您使用卡车最多的时候，对吗？

B：是的，正好是冬天。

A：在您决定购买多大马力的卡车时，是否留有一定的余地比较好呢？

B：你的意思是？

A：从长远的观点看，是什么因素决定一辆卡车值与不值呢？

B：那当然要看它使用多长时间了。

A：有两辆卡车。一辆车马力相当大，因此从不过载，另一辆车总是满负荷，您觉得哪一辆车使用的寿命长呢？

B：当然是马力大的那辆车了！

A：您在决定购买什么样的卡车时，主要是看卡车的使用寿命，对吗？

B：对。使用寿命和价格都要考虑。

A：我这里有些数据。通过这些数据您可以看出寿命和价格的比例关系。

B：让我看看……

A：哎！怎么样？您有什么想法？

顾客进行了计算，尔后再经过讨论，让顾客明确感受到，只要他多付一点钱，就可以买到一辆多使用两年的卡车，并且不用为超载而提心吊胆的，在这整个的业务洽谈过程中，推销人员机智地让顾客回答了他自己提出的反对意见。

七、承认反对意见

当顾客提出反对意见时，可以采取承认这种方法，部分地接受顾客的反对意见，让顾客了解到他提出了一个很实际、很有意义的问题，此法同时也表示推销人员已经了解并赞同顾客的某些观点。这样，就缓和了与顾客之间的对立情绪，顾客也会在讨论过程中逐渐明白他的反对意见的不合情理之处，并最终放弃它们。高明的推销人员总是善于运用这一方法，在顾客提出反对意见以后慢慢地引导顾客接受自己的推销建议。因此承认反对意见也是一种重要的处理方法。

八、反问反对意见

当顾客提出不好直接回答的反对意见时，不要正面同顾客辩论，这时，可以采取反问的办法摆脱困境，变被动为主动。反问法，是推销人员在处理反对意见时经常使用的一种方法。

推销人员在进行推销说明时，为了证明顾客的看法是错误的，就要进行说服工作，但有时却不能说服顾客。这是因为顾客有一种不愿被人说服的心理，双方各持己见就无法取得一致；也可能是销售时机不成熟，或者洽谈气氛不融洽，这时，推销人员可以向顾客提出问题，以便进一步弄清顾客的心理活动。比如说："我怎么说才能使您相信呢？"或者"您自己怎样回答这个问题呢？"至此，问题也许就有了转机。

【推销实例 9.8】

一个推销人员在为本公司推销保险业务，他与顾客的谈话是这样开始的：

顾客（A）：我听说你们保险公司对所承保的保险不予理赔。

推销人员（B）：我们公司会对所承保的保险不予理赔?！请问你为何这样说呢？（真实反映反对意见，并且直接提问）

A：因为我听说一个人向你们投保为期两年的保险业务，却被莫名其妙地取消了！

B：先生，我们公司是以营利为目的的，我想您不会反对这种说法吧？没有保户我们就没有利润来源了，如果我们公司不想接受您所说的那个人的保险，怎么能没有充分的正当理由呢？当您了解到真相后，您会怎样对待这件事呢？

经过这样的反问式推销说明，就可以从另一方面说服顾客放弃自己的反对意见，从而有效地避免了同顾客的争论。

九、引导反对意见

引导与反问法十分相似，当顾客提出反对意见以后，如果推销人员感觉到顾客是在了解有关的产品情况，他们的反对意见对推销就有帮助。推销人员可以将这些反对意见当作业务洽谈的起点，通过反问引导顾客。例如当顾客说："你租给我的这部影印机我已经试用过了，虽然你这部影印机具有许多优点，但它是否值那么多钱就很难说了。"这时推销人员就可以从正面引导顾客："哦，是吗？您能具体谈谈这部影印机的哪一点使您最满意吗？"这样，就可以避免同顾客一开始就直接谈论反面的问题。

十、同意与中立反对意见

当顾客提出反对意见时，推销人员经常采用同意与中立反对意见的办法。这种方法有助于消除顾客的疑问，因此容易培养与顾客的感情。当顾客对产品提出反对意见的时候，他就希望推销人员能够慎重考虑他的意见，最好是同意他的意见，没有人希望被推销人员反驳得哑口无言。虽然前面也说过顾客提出反对意见时多少有点期望被说服，但如果推销人员真的反驳他的时候，他就会自卫性地辩论。这时，如果推销人员处理得不好，很容易激怒顾客，因此可适当地部分同意顾客的反对意见，在融洽的环境下继续进行推销说明。

在使用同意与中立法的时候，还要注意适当运用一些词汇，不要使用一些令顾客过于敏感的词汇。同时说话要清晰，语气要略有停顿，例如推销人员应该说："先生，我不怪您怀疑这个方法对您是否有益，但是（这里稍微停顿）……这种透印法……"而不是直接这样说："……，但是这种透印法……"这是美国3M公司的经验之谈，现在有些人主张尽量少用"但是"，或者干脆用"然而"这个词来代替它，听起来更容易接受。例如，当顾客抱怨车子的价钱太高时，推销人员就可以这样说："不错，钱确实不少，然而当您考虑到保养费少，行程又很远后，您也就不感觉到太贵了。"比较出色的推销人员，还有另一套迎合顾客心理的做法，即3F法——感觉（Feel）、感受（Felt）、发觉（Found）。当顾客对他所推销的产品提出了反对意见时，就会利用别的顾客的感受打动顾客，如："小姐，我很了解您的感觉，以前我的许多顾客也有您同样的感受，然而当他们使用以后，他们才发觉是……"这样，顾客就很容易被说服。

3F法的使用：

（1）先表示理解客户的感觉；

（2）再列举一些事例，说明其他人刚开始时也是觉得有疑问；

（3）再说明当他们使用了产品之后发觉非常值得。

十一、比较验证

顾客一般对自己的判断比较相信，但当推销人员向他出示足够的证据时他也就无话可说了。因此推销人员在平时推销时，可以把顾客对推销品的评价记下来，经过自己的加工整理，列成一张表，将优点和缺点作一下对比，并将这种材料随身携带。当顾客提出反对意见时，在适当时机将这种材料出示给顾客参考，这就是一种比较诚恳的做法，表明推销人员对自己的产品缺点不袒护，容易取得顾客的信任，同时以别的顾客的感受作为证据，也比较具有说服力，让顾客有机会验证推销人员所提供证据材料的真实性。顾客心里很明白，任何产品都不可能是完美无缺的，只要顾客了解到推销品的优点远远大于缺点，他们就会有兴趣购买推销人员所推销的产品，同时还克服了顾客对产品的反对意见（见表9-2）。

表 9-2 处理反对意见的比较技巧之例

优点	缺点
1. 操作成本低廉 2. 操作简易 3. 转售价值高 4. 弹性 5. 可和许多附属设备配合使用 6. 拥有可靠的地区服务设施	1. 首次购买成本高昂 2. 重量比竞争产品还重

十二、否定反对意见

对顾客提出来的反对意见，否定法也是一种很适用的方法。这主要用在顾客的反对意见不确实的时候。但采用此法时应该万分小心，尽力避免同顾客之间的冲突。前面也已经叙述过，顾客一般不愿轻易被推销人员说服，如果推销人员当面反对顾客的反对意见，就很容易同顾客争论，对推销活动不利。因此对顾客所提出来的反对意见，首先要对其进行辨析，区分哪些情况下可以直接否定顾客的反对意见，哪些情况下不适合马上否定顾客的反对意见。并且在否定顾客的反对意见时要干脆，还要有礼貌。比如当顾客错误地指责你的公司的不道德行为，你就可以肯定而有礼貌地否定他："先生，您的意见很好！但我可以肯定地告诉您，您的说法错了！"但如果顾客的指责是真实的，此时你就不应立即否定顾客的反对意见，而应该假装没听见，或者采取拖延等其他方法。总之，要尊重顾客的观点，尽管你认为他的观点是错误的，或者你根本就不同意他的观点。

有礼貌地否定顾客的反对意见，实际上也为推销人员自己多准备了一条路，当推销人员对顾客的反对意见处理得很有分寸时，就给顾客留下了好的印象，以后也较容易进行推销活动。

【推销实例 9.9】

宝洁公司处理顾客异议的方法

宝洁公司将推销员在推销过程中可能面临的各种顾客异议归纳起来，事先提供一些参考答案，以免推销员束手无策。这里，我们只抽取部分相关问题作讨论。

1. 客户："现在我不想进，等有人来问了再说吧。"

答案：

老板，我现在向您推荐的这种产品，实际上顾客已在别的商店里开始购买，您这种做法，不仅使您在有人购买这种产品时失去了一个销售机会，而且会迫使您的老顾客去您的竞争对手那里购买这种产品。

老板，您在这个区域获得成功的重要原因之一就是：您是这个区域销售的领导者。消费者知道，他们能在您的商店里买到他们所需要的价格公道的产品。您若购进这种新产品，将会使消费者加深这种印象。

老板，您应该知道，冲动型购买强烈地影响着您的顾客。他们对新的产品很感兴趣，并乐于尝试购买。如果消费者在电视上看到这种品牌的电视广告，同时在您的商店很快发现了这种产品，他们会对您的商店产生一种很好的印象，并且会产生购买欲望。那么，您应该为他们购进这种产品，而不应把他们推向别的商店。

2. 客户："我不想进这种规格，我没地方摆。"

答案：先调查，再回答。

检查货架：看是否有空位；是否存在同一商品重复摆放。

帮助客户分析货物构成：是否货源太少；是否有滞销产品占用货架。

分情况答复。有空位："老板，放在这儿正好。"货源太少："老板，货卖堆山。"有滞销商品："老板，我跑了很多商店，都反映这种商品不好卖。把它放在货架上，对您是一种损失。"

总之，对顾客反对意见的处理恰当与否直接涉及推销的成败，因此必须灵活多变。总的来说，推销人员要做到反应平静，镇定自若，不要随便打断顾客的话，要避免公开反驳和吵架式的谈话，在回答问题之前，要先思考，并预料可能出现的反应。

【本章小结】

顾客异议是指顾客对推销品、推销人员及推销方式和交易条件发出的怀疑、抱怨，提出否定或反面意见。由于推销环境、推销时间、推销地点的不同，推销人员所遇到的顾客异议是不尽相同的。顾客异议的类型主要包括需求异议、货源异议、财力异议、权力异议、时间异议、价格异议、推销人员异议、服务异议、产品异议等。

推销异议是多方面的，只有妥善处理各种顾客异议，才能有效地达成交易。因此必须坚持处理顾客异议的一般原则，采取灵活多样的方法和策略。

【思考题】

1. 什么是顾客异议？怎样认识顾客异议？
2. 常见的顾客异议有哪些类型？各自产生的原因是什么？
3. 处理顾客异议应遵循哪些原则？
4. 处理顾客异议的基本方法有哪些？
5. 请谈谈价格异议的处理方法。
6. 请谈谈货源异议的处理方法。
7. 请谈谈购买时间异议的处理方法。
8. 学习了第九章后，你有哪些新的想法，最大的收获是什么？

【推销实例】

一、无关异议

1. 你是一位百科全书推销人员，在聊天接近顾客时，你说下围棋很有意思，顾客却不以为然，他认为下围棋太浪费时间，不来劲。

2. 你是一名轮船推销工程师，在正式业务洽谈前，你说自己喜欢看电视，顾客却说看电视不利于身体健康。

3. 你是一位百货批发推销人员，在面谈过程中，顾客谈起你的一位同事，说你的那位朋友不讲友谊，你不同意这种看法。

4. 你是一位杂志批发推销人员，在正式业务洽谈过程中，顾客谈到了美、英等对伊拉克动武的看法，其实你心里并不同意这些看法。

5. 你正在推销洗衣机，一位顾客却说：自然界里红花比白花多。

二、需求异议

1. 你是高级地板批发推销人员，若选用一名形象不太好的女模特儿出现在高级地板广告的显著位置，就可能产生需求异议。

2. 你是一名新型家用七彩灯批发推销人员，在正式接近有关购买人员时，对方说："这种七彩灯卖不掉，我们不能进货！"

3. 你是推销高级沙发的，若选用低级场合作为高级沙发的广告背景，就会使顾客产生需求异议。

4. 你是推销新型纸扇的人，在接近顾客时，顾客说："我有电扇，不要纸扇！"

5. 你是一名《新世纪》杂志推销人员，在正式业务洽谈过程中，顾客说："我不喜欢这种杂志，不买，不买！"

6. 顾客说："你卖的东西是好，价钱也不贵，只是我们用不上。"

三、货源异议

1. 顾客说："我们打算买友好公司的这种产品，所以不能买你的货。"

2. 你是推销高级名牌床单的人，如果有人假冒名牌商标，在市场上开展低价竞销，这就可能产生货源异议。

四、财力异议

1. 顾客说："我们不需要你推销的这种瓷砖壁画，太贵了，买不起。"

2. 你正在推销电冰箱，顾客说："近来将要大幅度提高电费，用不起。"

五、权力异议

1. 顾客说："你的看法我完全赞同，只是我一个人做不了这个主呀！"

2. 你是一名新型电动自行车批发推销人员，一位购买人员说："这事得找批发部王经理！"

六、时间异议

1. 你是一名紫菜批发推销人员，在洽谈业务时，顾客说："我们已经跟海城食品公司签订了购销合同，今年不能再进货了！"

2. 你在推销鸭梨，一位采购员说："我们昨天才进货，过几天再说吧！"

3. 顾客说："我们还要研究研究，再作最后的决定。"

七、价格异议

1. 你是推销泡菜的，如果竞争对手故意压价抛售泡菜，就使顾客有可能提出价格异议。

2. 你在集贸市场摆摊卖活鱼，顾客问了问价格说：“鱼儿虽好，可价格太高。”

3. 顾客说：“你们的西瓜不甜，价钱又很贵，我们不要！”

八、推销人员异议

1. 推销人员甲在推销时不注重推销礼仪，语言粗鲁，顾客不买其产品。

2. 推销人员在推销产品过程中爱与顾客争论，不善于说服别人，顾客则不买他所推销的产品。

九、服务异议

1. 你是一名新型香水喷雾器批发推销人员，一顾客在你接近她时说：“我又不会使用，要它干什么？”

2. 顾客说：“你们交货不及时，又不便于维修，不买你们的产品！”

十、产品异议

1. 顾客说：“我要买金星牌的。”

2. 顾客说：“我不喜欢这种式样。”

任务实训：认识异议技能训练

实训内容：十个人为一个小组，每个同学想想自己平时购买商品时对商家所作出的异议，写下来并进行总结，然后到讲台上念出自己的异议，让同学们去判断这些异议的类型，自己给出答案。

实训目的：增强学生对推销异议的认识，使学生能区分不同类型的异议，为后面异议的处理做准备。

实训考核标准：小组讨论总结的异议符合异议的条件，是异议；小组总结的异议具有代表性；异议能够得到其他同学的认可。

【案例讨论】

退款的顾客

小梁是某零售商店音响专柜的销售员。一个星期五的早晨，发烧友林先生走进音响区域，告诉小梁说他正在寻找新式音响，希望购买一部价格在5000~8000元的音响。

小梁：“先生，早晨好，有什么需要我为您服务的吗？”

林先生：“哦，我想买台音响。”

小梁：“那您对音质有什么特殊要求吗？是需要重低音比较浑厚的呢？还是喜欢高音比较明亮的？一般您喜欢听古典音乐，还是现代交响音乐？”

林先生：“嗯，我比较喜欢听爵士乐。”

小梁：“哦，那这几款都可以，爵士乐一般要求音质高音明亮、低音偏薄一点的。”

林先生：（巡视半天后，看着展示架上一款标价6750元的音响）“嗯，这个样式比较高雅大气，我比较喜欢。”

小梁：“先生好眼力，这个音响销售最火了，它的优点很多，低音不屏杂，高音透亮，我给您放张试音碟，您看下效果。”

林先生：“嗯，还别说，效果真不错，这款音响最低价是多少？”

小梁：（立刻回答）“刚开张，讨个吉利，算您6500元吧！”

林先生：“好的，你给我开票吧，我决定购买了。”

小梁：（把票开好递给对方）“收银台直走右拐。”

小梁接过票后：“先生，请稍等，我去给您取货。”

小梁：“林先生，非常抱歉，您所要的那种型号已经没货了，本公司设在紫金路的零售商店可能还有货，该店距此只有几千米，您愿意到那里去提货吗？”

林先生：“我没有时间到那里去，可以请商店的人送过来吗？”

小梁：“今天是周末，店里人手不够，恐怕没有人可以送过来，下星期一我们会补足您所要的货品，到时您也可以到我这里提货。”

林先生：“真不巧！我今天一定要拿到，因为明天晚上我要举办一场晚会，必须得有一 部崭新的音响。”

小梁：“非常抱歉，我也没有注意到我们店里已经没有这种型号的音响了。”

林先生：“你卖音响的，不知道库存有没有货就开票，不是你的错，难道还是我的错不成，这里又不只你们一家卖音响，我赶紧去别的店转转吧，尽瞎耽误我工夫。真扫兴，请把小票还我，我去退款。”

小梁本不想退，又不得不退，犹豫着从抽屉里拿出小票。

林先生一把从小梁那抢过小票，转身去了收银台。

小梁看着林先生扬长而去，非常无奈。

问题：

1. 林先生的异议按性质划分属于哪种异议？按成因划分又属于什么异议？
2. 小梁在处理林先生异议的过程中，存在着哪些不足？
3. 当林先生提出价格异议的时候，有没有比小梁更好的处理方式？如果你是林先生，你会怎么做？
4. 当顾客异议发生的时候，正确处理顾客异议的策略是什么？

第十章 推销成交

【学习目标】

通过本章学习，要求掌握：

1. 成交及其策略；
2. 成交的主要方法；
3. 成交的后续工作。

【内容摘要】

在本章内容学习中，明确成交的含义及达成交易应掌握的基本策略；在熟练掌握各种成交方法的基础上，根据具体的推销对象、推销品及推销人员自身的情况选择一种或几种方法尝试成交，并善始善终地做好后续工作，妥善地处理好后续工作，包括继续与顾客保持和建立良好的关系、为顾客提供优质的售后服务和反思推销工作的全过程。

第一节 成交及其策略

在推销过程中，成交是一个独特的阶段。它是整个推销阶段的最终目标，其他的推销阶段只是达到推销目的的手段。换言之，其他的推销阶段的活动都是为最终成交准备条件。只有到了成交阶段，顾客才决定是否购买推销品。因此，成交是推销过程中最重要、最关键的阶段。没有成交，推销人员所做的一切努力都成为徒劳。因而，一个优秀的推销人员应充分明了推销成交的基本策略，千方百计促成交易。

一、推销成交的内涵

所谓推销成交，是指顾客接受推销人员的推销建议及推销演示，立即购买推销产品的行动过程。推销成交是面谈的继续，也是整个推销工作的最终目标。在成交时，推销人员不仅要继续接近和说服顾客，而且要采取有效措施帮助顾客做出最后的选择，促成交易，并完成一定的成交手续。我们可以从以下几个方面理解推销成交：

（1）推销成交是推销人员积极发挥主观能动性，实现最终目标的过程。推销人员是推销成交的主体，而顾客是推销成交的客体。顾客虽然是推销成交的客体，但不是被动地接受推销，特别是在买方条件下，它们已经成为市场的主宰，引导着推销人员的推销活动，因此，要想实现推销成交，主体必须善于发挥主观能动性，采取恰当的推销手段和方法进行劝说和演示，积极建议顾客购买。

(2) 推销成交是说服顾客，促使其采取购买行动的过程。根据消费心理学的研究，顾客购买心理的变化过程可分为四个阶段，即注意（attention）、兴趣（interest）、欲望（desire）、行动（action），英文缩写为 AIDA。推销专家海因兹·M. 戈德曼根据上述四个阶段的特点和推销实践经验，把成功的推销总结成四个步骤：引起顾客注意→唤起顾客兴趣→激发顾客购买欲望→促成顾客购买行动。这套应对顾客的办法和程序即为爱达（AIDA）模式，其含义可表示为：一个成功的推销人员必须把顾客的注意力吸引或转移到推销品上，使顾客对推销品产生兴趣，这样顾客的购买欲望就随之而产生，而后促使顾客采取购买行动。

(3) 推销成交又是推销人员和顾客之间进行反复信息沟通的过程。推销成交离不开信息沟通。一方面推销人员要接受顾客发出的信息，了解他们的购买心理；另一方面还要向顾客传递信息，通过多种渠道和方法，如广告、建议、劝说、演示等，让顾客了解自己的企业和推销的产品。这一过程不可能一次完成，推销人员和顾客要经过多次反复的信息交流和沟通，才能实现推销成交目的。

二、成交的基本策略

成交策略是促成交易活动的基本战术，适用于各种商品或服务的买卖活动。成交的实现取决于推销人员是否真正掌握并灵活运用成交的基本策略和技术。

（一）正确识别顾客的成交信号，及时促成交易的策略

成交信号是指顾客在接受推销成交的过程中有意无意流露出来的各种成交意向。我们可以把它理解为一种成交暗示。在实际推销工作中，顾客出于所处地位的特殊心态，往往不首先提出成交，更不愿主动明确地提示成交。其目的是为了保证自己所提出的交易条件，取得心理上的优势。但是，顾客的成交意向总会通过各种方式表现出来。对于推销人员而言，必须善于观察顾客的言行，捕捉各种成交信号，及时促成交易。在实际推销工作中，成交信号取决于一定的推销环境和推销气氛，还取决于顾客的购买动机和个人特性。

成交信号的表现形式十分复杂，常见的有下列几类：

(1) 语言信号。语言信号是在顾客和推销人员的交谈过程中，通过顾客语言表现出来的成交信号。如顾客询问交货时间、付款条件、交易方式等具体事宜；对产品质量及产品加工问题提出具体要求；询问有关售后服务问题，如关于维修、退换等条件；等等。在顾客的这些言谈中，尽管没有明确提出成交，但已明确地流露出成交的意向了。

(2) 行为信号。行为信号是在推销人员向顾客的推销过程中，从顾客的某些行为中表现出来的成交信号。如顾客认真阅读推销资料，比较各项交易条件，顾客要求推销人员展示产品，并亲手触摸、试用产品等。

(3) 表情信号。表情信号是在推销人员向顾客推销过程中，从顾客的面部表情和体态中所表现出来的一种成交信号。如微笑、下意识地点头表示赞成你的意见、对此次展示的商品表示关注等。

（4）事态信号。事态信号是指推销过程里，顾客在事态发展过程中所表现出来的成交信号。如顾客要求看销售合同书；顾客接受你的重复约见；顾客的接待态度逐渐转好；在面谈中，接见人主动向推销人员介绍企业的有关负责人或高级决策人。这些事态的发展都明显地表现出顾客的成交意向（见表10-1）。

表10-1　**顾客购买信号对照表**

正	负
提出要求	保持沉默
谈话随便	保持沉默
仔细地研究产品	用铅笔轻轻地敲击桌子
请求对商品进行操作示范	坐在椅子上辗转不安
下意识地点头	不时地看钟或表或天花板
微笑	皱眉
漫不经心地看销售合同	打哈欠
有意压价	离谱地杀价
提出有关问题	陈述反面意见
赞成你的意见	捏造借口

发现顾客成交信号后要善于及时利用。一般地，我们可以以提问题（反问）的方式来回答顾客的成交信号问题（见表10-2）。

表10-2　**以反问方式回答准顾客提出的购买信号方面的问题**

准顾客的提问	推销人员的回答
价格是多少？	您要多少？
你提供哪些交易条件？	您想要哪种交易条件？
什么时候能交货？	您想要什么时候交货？
我应该买多大型号？	您想要什么型号？
我现在和下月分两次订购能否得到这个特殊价格？	您愿意分两次装运吗？
你们有8、12、36及54英寸的管子吗？	你们常用这么大小的管子吗？
我要订购多少才能获得优惠？	您有意买多少？
有6400型号的现货吗？	那是你们最喜欢的一种型号吗？

【推销实例10.1】

圣诞前夕，一对夫妇在服装商场的拐角处看到时装模特披着件非常好看的毛皮大衣，两人停下来欣赏、摸弄那件漂亮的大衣毛皮，妻子还抓住袖口查看价格标签。这时，一位女推销员走过来凝望了一下那位妻子，很快说："夫人，这是一件非常好的大衣吧?”妻子说:“当然了。”推销员说:“夫人一定只看了价格标签啊,我把看什么地方才好的方法教给你。”说罢已撩开大衣里子:“请看这个埃利奥特商标,真正的名牌。这件大衣用料好,做工细,且款式很长时间都不会过时。它可是又美观、又暖和。”接着,她从时装模特身上取下那件大衣说:“请试穿一下,看看大小是否合适,其他尺码的我们也有,不过我看这种最适合夫人的身材。”

妻子轻松地披上那件大衣,丈夫左瞧瞧右瞧瞧地审视着。推销员说:“先生觉得怎么样?夫人穿上去显得华贵大方吧。这种大衣无论怎样说,高贵的夫人穿起来都很美观得体。”稍停顿了一下,她接着说:“别以为这件毛皮大衣贵,比买呢大衣还合算。”说完,她充满微笑地望着做丈夫的,手在轻轻抚摸着大衣的毛皮。此时,妻子也把目光投向丈夫,丈夫连声说:“不错、不错。”推销员又一边看着做妻子的,一边说:“夫人,您真幸运,许多夫人们光顾这里都对这件大衣感兴趣,不幸的是她们的丈夫不像您那位那样与您和谐一致,没有人把这件非常漂亮的大衣给夫人买下来。”

结果可想而知,丈夫决定买下这件毛皮大衣给妻子作为圣诞礼物。

问题:请谈谈案例中成功推销的方法和启示。

(二)保持积极的成交态度,促成交易的策略

成交的障碍主要来自两个方面,其一是顾客异议,是属于顾客方面的成交障碍,也是比较明显的成交障碍,推销人员可以利用有关的技巧和方法加以适当处理,消除障碍;其二是成交心理障碍,是属于推销人员方面的成交障碍,主要是指各种不利于成交的推销心理状态。推销人员的态度是与顾客会谈成功的基础。只有树立正确的成交态度,加强成交心理训练,才能消除各种不利的成交心理障碍。

推销人员的正确的成交态度应包括以下几个方面:

(1)推销人员应以积极、平静而坦然的态度对待成交的成败。有些推销人员缺少成交经验,对成交的成败缺少足够的心理准备,总是担心成交失败。因而,在推销中出现急于求成的表现,这必然引起顾客的疑心。他们会认为你的产品没人要,卖不出去。你急于出手,其中必有缘故。这种疑虑影响顾客做出购买决策。而推销人员在经历几次失败的推销之后,担心推销失败的心理更为严重,以致产生成交恐惧症,导致心态上的恶性循环。实际上最优秀的推销人员,也不可能使每一次推销都成交。在推销活动中,真正达到成交的只是少数。应充分认识到这一事实,推销人员才会鼓起勇气,坦然接受推销活动可能产生的各种不同结果。坦然、平静的心态有利于推销人员取得心理上的优势,让顾客感到推销这种产品对你来说是一件十分平常的事情。你的产品和服务很受欢迎,交易成功对双方都有利可得。

(2)推销人员要克服职业自卑感。由于社会的成见,以及推销人员的本身的思想认识水平,导致了不同程度的职业自卑感。这种自卑感在推销人员与顾客的交往中往往产生消极的影响。一个人只有充分了解自己工作的社会意义和价值,才能为自己的工作感到自豪和骄傲,才会激发出巨大的勇气和力量。但人要战胜自己、克服自卑感不是一件容易的事情。推销人员应当认真学习现代推销学基本理论和基本技术,提高职业思想认识水平,

加强职业修养，培养职业自豪感和自信心。

(3) 推销人员不要坐等顾客提出成交要求。往往有些推销人员认为顾客会自动提出成交要求，所以在推销洽谈中总是被动地等待，认为顾客在面谈结束时会自动购买商品。实际上，这是一种严重的心理障碍。事实证明，绝大多数顾客即使具有购买意向，也都采取被动的态度，需要推销人员首先提出成交要求，否则就会错过成交时机。因此，推销人员应该纠正上述错觉，主动提出成交要求，并适当的施加成交压力，积极促成交易。

(三) 保留一定的成交余地，促成交易的策略

在推销活动中，推销人员应该保留一定的成交余地，有两个方面的含义：

一是在推销面谈中，推销人员及时提出推销重点，开展重点推销，去说服和吸引顾客，但不能和盘托出。因为顾客从对推销产生兴趣到做出购买决定，总是需要经过一定的过程。到了成交阶段，推销人员如能再提示某个推销要点和优惠条件，就能促使顾客下最后的购买决心。有些推销人员不了解顾客心理，一开口就口若悬河，既不利于顾客逐步地接受销售信息，又不利于最后成交，使自己在成交时处于被动地位。所以，为了最后促成交易，推销人员应该讲究策略，注意提示的时机和效果，留有一定的成交余地。

二是即使某次推销过程的成交不能实现，推销人员也要为顾客留下一定的购买余地，希望日后还有成交的机会。因为顾客的需求总是在不断地变化，今天不接受推销，并不意味着永远不接受。一次不成功的推销之后，如果推销人员能给顾客留下一张名片和产品目录，并对顾客说："如果有一天你需要什么的话，请随时与我联系，我很愿意为你服务。在价格和服务上，还可以考虑给你更优惠的条件。"那么，推销人员将会得到一些回心转意的顾客。

(四) 掌握成交时机，随时促成交易的策略

一个完整的推销过程，要经历寻找顾客、推销接近、推销洽谈、处理异议和成交等不同阶段。但并不是说每一次成交都必须逐一地经过每一个阶段。这些不同的阶段相互联系，相互影响，相互转化，在任何一个阶段里，随时都可能达成交易。推销人员必须机动灵活，随时发现成交信号，把握成交时机，随时促成交易。

掌握成交时机，要求推销人员具备一定的直觉判断。只有具有这种特殊的职业敏感，才能及时有效地做出准确的判断。一般来说，下列三种情况可视为促成交易的好时机：

(1) 重大的推销障碍被处理后；

(2) 重要的产品利益被顾客接受时；

(3) 顾客发出各种购买信号时。

顾客的情绪、态度和成交的机会复杂多变。机会需要及时把握，同时也需要不懈地做出努力。即使在推销洽谈中多次成交失败，也不能放弃最后的机会。在正式洽谈以后，顾客没有成交的心理压力，心情变得轻松和愉快。他们会同情推销人员，并且也会担心错过购买的好机会。推销人员如果善于利用这一时机，则很有可能实现成交。

总之，在成交过程中，推销人员要讲究一定的推销策略，坚持一定的成交原则，并配合相应的成交技术和成交方法，才能成功地促成交易，完成推销任务。

【推销实例 10.2】

销售人员：这辆默菲牌十速自行车能解决您在大学里工作时的交通需要。

顾　　客：看上去是这样。

销售人员：您认为这辆自行车质量如何？

顾　　客：看上去不错。

销售人员：您喜欢什么颜色？

顾　　客：我想黄色的很漂亮。

销售人员：那好，我们现在去办理付款，然后您就可以把它骑回家了。

顾　　客：我现在还不能决策购买。

销售人员：那好，不过这种自行车的售价从后天起将提升15美元，因此我还是劝您现在购买。

顾　　客：这辆自行车是不错，但就是贵了些。

销售人员：是的，这也是您应该购买的原因，它物有所值。

顾　　客：也许是吧。

销售人员：让我们有条理地考虑一下购买的事项。我们在这张纸上画一个T，把应该购买的理由写在这一边，把不必购买的理由写在另一边……好了，这是否说明了您应该购买？

顾　　客：我不能确定，我再考虑一下。晚些时候我会回来与您联系（走出店门）。

问题讨论：

这个推销过程中存在着成交信号吗？按照成交的基本策略，推销员还应该做哪些努力呢？

第二节　成交的方法

成交的方法是在成交过程中，推销人员在适当的时机，用以启发顾客做出购买决定，促使顾客购买的推销技术和技巧。常用的成交方法有下列几种：

一、请求成交法

请求成交法是一种最简单的也最常见的建议成交的方法，也叫直接成交法。它是指在接到顾客购买信号后，用明确的语言向顾客直接提出购买建议，以求适时成交的方法。一般来说，推销人员和顾客在经过一番洽谈以后，就主要问题一般已经达成一致的看法，这时推销人员应抓住时机主动向对方提出成交请求。比如推销人员对客户说："既然没有什么问题，我看我们现在就把合同定下来吧！"这种方法一般适用于推销人员对最后成交很有把握，或顾客已有购买意图，但因某种原因而不便主动开口的情况。当然，若对方是非常熟悉的老主顾，也可采取这种方法。该方法运用的关键是要把握恰当的时机，注意运用语言技巧，要让对方感到顺理成章，而不要带有勉强之意。

请求成交法的优点在于若能正确运用该法的话，能够有效地促成交易。因为从顾客心理来看，他一般不愿主动提出成交要求。为了有效地促成交易，就要求推销人员把握时机，主动提议，说出顾客想说又不愿说的话，从而促进交易。另外，采用请求成交法，可以避免顾客在成交的关键时刻故意拖延时间，贻误成交时机，从而有利于节约推销时间，提高推销活动的效率。

但是请求成交法也存在着局限性。若推销人员不能把握恰当的成交机会，盲目要求成交，很容易给顾客造成一种压力，从而产生一种抵制情绪，破坏本来很友好的成交气氛。此外，若推销人员急于成交，就会使顾客以为推销人员有求于自己，从而使推销人员丧失成交的主动权，使顾客获得心理上的优势。还有可能使先前表达的条件产生怀疑，从而增加成交的困难，降低成交的效率。

二、假定成交法

假定成交法也叫假设成交法，即在对方仍持有疑问时，推销人员就假定顾客已接受推销建议，而直接要求其购买的一种策略。比如，你已将一部汽车开出去给顾客看过了，而感到完成这笔交易的时机已经成熟，这时你就可以进一步地处理这个问题，使顾客真正地签下订单。你可以这样对他说："杨先生，现在你只要花几分钟工夫就可以把换取牌照与过户的手续办妥，再有半个小时，你就可以把这部新车开走了。如果你现在要去办公事，那么就把这一切交给我们吧，我们一定可以在最短时期内把它办好。"经你这么一说，如果顾客根本没有决定要买，他自然会向你说明，但如果他觉得换取牌照与过户等手续相当麻烦而仍有所犹豫的话，那么你的这番话该可使他放心了，说明手续不成什么问题。这种方法重要的是那种推动的力量。尽管顾客迟早会下决心，但如果没有这种推动力，他也许要过一段时间购买，或许根本不想买了。

采用假定成交法有利于节省推销时间，并提高推销效率。而且在整个推销过程中，顾客随时可能流露出成交意向，若推销人员能及时觉察的话，就可正确使用假定成交法，将成交信号转化为成交行动，及时促成交易。

但是，推销人员若在把握时机上出现偏差，盲目假定顾客已有了成交意向而直接明示成交，很容易给顾客造成过高的心理压力，导致可能成功的交易失败。这种方法若使用不当，还会使顾客产生种种疑虑，使推销人员陷于被动，增加成交的困难。

三、局部成交法

局部成交法又叫小点成交法，是推销人员利用局部成交来促成整体成交的一种策略。一般来说，顾客在做出重大决策时往往存在较强的心理压力。顾客对于成交决策也比较慎重，迟迟不肯决定。而相对较小的成交问题，顾客做出决策时，心态往往比较轻松，容易下定决心。为了减轻顾客对待成交的心理压力，帮助顾客尽快下定决心，推销人员可以采取化整为零的办法，将整体性的全部的决定化为分散性的逐个的决定，先争得对方的部分同意。让顾客逐个拿定主意，最后再综合整体，以促成购买决策的达成。

【推销实例 10.3】

一位顾客在购买手机时犹豫再三，下不了决心。推销人员可以采取局部成交法来促成交易。

推销员："你要买一部华为的手机，这部对吗？"

顾客："对。"

推销员："你想要一个外观时尚，并可以大容量内存和拍照清晰度高的，对吗？"

顾客："是。"

推销员："你想要 1500 元以下的，这台的售价为 1250 元。"

顾客："很合适。"

推销员："你看这部手机的外观多时尚，华为的绝对可以放心。你要的不就是这样的吗？"

推销员循序渐进的引导，使顾客意识到这正是自己所想要购买的商品而最终下定购买决心。采用这种方法时，推销人员要尽量强调双方看法的共同之处，先把有争议的问题搁置起来，让顾客意识到该产品更新换代称心如意的一面。此外，推销人员在引导顾客时，要避免直接提示重大的成交问题，以免让顾客犹豫不决。

正确地使用局部成交法，有利于创造良好的成交气氛，减轻顾客的心理压力。推销人员可利用于各种成交小点来尝试成交，即使遭到拒绝，也可以继续提出其他小点，进一步尝试成交。而且，推销人员可以充分并及时地利用各种成交信号，将其直接转化为成交行为，从而达成最后的交易。

但是若使用不当，将提示的小点集中在顾客比较敏感或比较不满的地方，使顾客将注意力集中到推销人员不希望其注意的地方，很容易使顾客只看到其缺点或扩大了缺点，不利于成交。而且，若推销人员急于减轻顾客压力，盲目转移顾客注意力，还容易引起顾客的误会，不利于双方的交流。此外，这种方法一般需多个回合才能解决的问题，浪费推销时间，并降低成交效率。

四、选择成交法

选择成交法是推销人员向顾客提供几种可供选择的购买方案来促成交易的策略。这种方法的前提是假定顾客已下定决心买，但尚未确定买哪一个，在这种情况下，推销人员提供几种选择，敦促顾客下决定。这种方法在现实生活中比较常见。例如，在商场的一个柜台前正在甩卖 T 恤衫，一位顾客好奇地上前瞧瞧。就会有一位推销员上前招呼："怎么样？买一件吧。要黑色的、蓝色的、红色的、还是白色的？"这都属于选择成交法。若顾客做出回答，的确就是表示他已告诉你他要买你的商品了；如果他迟疑片刻而向你表示他尚未做出最后决定时，你也没有半点损失，仍然可以继续提出新的方式进行你的推销工作。

采取选择成交法，可以避免令顾客感到难以下定决心的是否购买的问题，而使顾客掌握了一定的主动权，即选择权，从而比较容易做决定。但真正的成交的主动权仍在推销人员手中，因为顾客选来选去，无论选择哪一种都是成交。而且，当推销人员直接将具体购买方案摆到顾客面前时，顾客会感觉难以拒绝，从而有利于促成交易。

但是有时采用选择成交法，会让顾客感到无所适从，从而丧失购买信心，增加新的成交心理障碍；有时也会让顾客感到压力较大，从而产生抵触情绪，并拒绝购买。

【推销实例 10.4】

(顾客一直在柜台前看着菜牌，却没有开口购买)

餐厅服务员：我们这里的套餐比较好，你看是需要十五元的套餐还是十元的套餐？

顾客：来份十元的吧。

餐厅服务员：(大声对内厨喊) 十元套餐一份。

(对顾客) 请您找个位置坐下吧，套餐我们会送到您的桌上。

五、限期成交法

限期成交法是指推销人员通过限制购买期限从而敦促顾客购买的方法。如许多商店贴出“存货有限，欲购从速”“三周年店庆，降价三天”等，都是典型的限期成交法的实例。它是利用了顾客的“机不可失，时不再来”的心理，来推动顾客购买商品的。

人们往往对各种各样的机会，特别是那些一去不复返的机会给予极大的关注，而且特别希望抓住这样的机会，因而采取限期成交法往往能制造出有利于成交的环境氛围，吸引顾客的注意力。而且，采取这种方法往往确实能给顾客带来实际的好处，故而比较受顾客的欢迎，从而能取得较好的效果。

但是，限期成交法有可能使未在优惠购买的顾客感到气愤，而且有些商店不断贴出“最后一天”的标识，使顾客感到上当受骗，从而丧失推销的信誉。如果限期过短，还会使顾客丧失购买信心而放弃尝试购买。

六、从众成交法

从众成交法是指推销人员利用大众购买行为促进顾客购买的方法。从众行为是一种普遍的社会现象。顾客在购买一件商品前，往往会询问买这种商品的人多不多。推销人员也往往利用人们的这种从众心理来敦促顾客下定购买决心。

采用从众成交法，可以用一部分顾客去吸引另一部分顾客，从而有利于推销人员寻找和接近顾客，提高推销的效率。由于推销商品已取得了一些顾客的认同，使推销人员的说辞更加有说服力，有利于顾客消除怀疑，增强购买信心。但是，有些顾客喜欢标新立异，与众不同。若推销人员对这些顾客错误地使用了从众成交法，会引发顾客的反从众行为，从而拒绝成交。如果推销人员所列举的“众”不适当的话，非但无法说服顾客，反而会制造新的成交障碍，失去成交的机会。

【推销实例 10.5】

客户：你们这车不会有问题吧？

推销员：王先生，你尽管放心，买这辆车绝对物有所值，不仅仅是这个月，这半年以来，这款车都是我们店里销售最好的。您看，这是我们的提货单，这个月才过了一周，您已经是我们这里的第 1367 位买这种车的客户了。您想，如果是您一个人买这款车，要是出了问题，那也许是您没有看好，但是既然这么多人买它，这就说明买这款车是可以放心的。

客户：那倒是，我在网上看评论也还好。

推销员：是啊，车好不好不是我说了算，也不是公司说了算，客户满意了才是好车，既然这么多人都觉得不错，那自然就错不了。就像陈总，××贸易公司的陈总您认识吗？年前他也在这儿买了一辆这种车。

客户：是吗？

推销员：是啊，您看，他的提车单还在我这里呢。这车本来就是为成功人士设计的，很能彰显成功人士的气质，您买这车一定不会后悔的。现在就办手续吧。

客户：就这样买了，会不会太冲动呢？

推销员：看到好车是要冲动一下的，不然好车就要被别人开走了。多少人都想冲动地将靓车开回家，却因为顾忌经济问题而不能成行。其实，买车这事冲动不冲动不是最重要的，您喜欢才是，您说呢？

客户：就这样吧，这辆车我喜欢。

七、保证成交法

保证成交法是推销人员向顾客提供某种成交保证来促成交易的方法。顾客在考虑购买推销品时，往往因害怕上当受骗而拖延成交时间，甚至最后放弃购买。保证成交法就是由推销人员向顾客提供某种保证，以解除顾客的疑虑，增强其成交信心来促成交易。如一位顾客在讨价还价后仍不放心，怕买亏了，为此迟迟不肯成交。推销员推出：“你放心，我这儿绝对是全市最低价，如果你发现别家的货比我的货便宜，我可以立即给你退货。”

保证成交法通过提供保证使顾客没有了后顾之忧，增强了购买信心，从而可以放心购买推销品。另外，该方法在说服顾客、处理顾客异议方面有不同寻常的效果。若推销人员能够出示有关的推销证据，则更有利于增强说服力和感染力，诱使顾客做出购买决策。

使用保证成交法时，一方面要注意一定要针对顾客的顾虑提供保证，否则风马牛不相及，不但不能达到保证的目的，而且还容易使顾客产生反感。另一方面，一定要做到言而有信。为一时的利益而信口承诺，结果又无法实现，必将丧失推销信用，不利于形成长久的顾客关系。

八、优惠成交法

优惠成交法是推销人员通过提供某种优惠条件来促成交易的方法。它利用了顾客在购买时希望获得更大利益的心理，实现让利销售，促成交易。最为通俗的说法是："顾客先生，如果你现在就签字并购买我的产品，我可以给你特别优惠，再降价3%。"销售行业目前普遍采用的"买一送一""送货上门"等，也是这种方法的实例。

正确地使用优惠成交法，利用顾客的求利心理，可以吸引并招揽顾客，有利于创造良好的成交气氛。而且利用批量成交优惠条件，可以促成大批量交易，提高成交的效率。该方法尤其适应于推销某些滞销品，减轻库存压力，加快存货周转速度。

通过优惠成交法，给顾客让利来促成交易，必将导致销售成本上升。若没有把握好让利的尺度，还会减少销售收益。此外，采用优惠成交法，有时还会让顾客误以为优惠产品是次货而不予信任，从而丧失购买的信心，不利于促成交易。

九、最后成交法

最后成交法是指推销人员通过告知顾客现在是购买最为有利的时机来促成交易的方法。一般当推销品供不应求时这种方法尤为有效。它利用了顾客害怕失去某种利益机会的心理大做文章，变购买时的压力为成交动力，如"再来晚点就没了，只剩下这些了"。

最后成交的关键在于把握有利的时机，若使用得当，往往具有很强的说服力，产生立竿见影的效果，并能节省推销时间，提高推销效率。

采用最后成交法，最忌讳的是欺骗顾客。有些买水果的小贩往往采取这种伎俩，对顾客说："只剩这点儿了，五块钱包了。"等顾客买完离开后，又拿出一些来欺骗下一个顾客。这种做法一旦被发现，会令其丧失信誉，失去顾客的信任。

十、激将成交法

激将成交法是推销人员用激将的语言刺激顾客购买，来促成交易的方法。这种方法利用了顾客自尊心强、要面子的心理，刺激顾客的购买欲望。例如，当推销员察觉到顾客因嫌商品价格高而犹豫不决时，就对顾客说："上周，面粉厂王厂长的夫人也看上了这个，简直爱不释手，但因为嫌价格太高没有买。"这位推销人员就采取了激将成交法的话语来刺激顾客的自信心，从而促使购买。

采用激将成交法一定要给顾客留面子。聪明的推销人员决不会逼着顾客回答"到底是买还是不买"之类的问题。这种方法最大的缺陷就是把握不好的话，有可能激发的不是自尊心，而是怒气。不但破坏了成交气氛，也可能使顾客拂袖而去，失去成交的机会。但这种方法若使用得当的话，有可能使不太想买的顾客最终购买推销品，并有利于节约推销时间，提高推销的效率。

十一、让步成交法

让步成交法是指推销人员在推销的关键时刻退一步来促成交易的方法。例如，在最后双方僵持不下时，推销人员提出：“这样吧。既然你是我的老客户，我就让一步，优先给你发货总可以了吧！”

在双方僵持不下时，推销人员退让一小步，有可能将谈判推进一大步而达成交易。而且推销人员可以采取先紧后松的方法。即先提较高的条件，再逐步松口，这种方法一般不会给推销带来实际的损失，反而可以求得一个双方都很满意的结果。要注意的是，推销人员切不可以一次性让一大步，这样不仅失去了谈判的优势，而且有可能使顾客存在一种可能继续让步的希望，从而继续纠缠下去，迟迟不肯达成交易，这也是让步成交法的缺陷所在。

十二、饥饿成交法

饥饿成交法是通过让产品处于一种供不应求的状态来促成交易的方法。事实上，未必产品供不应求，只是在供求之间始终保持时间差，如几天的时间，用以促使顾客做出购买决定。

这种方法一般只适用于名优产品。只有这类产品才会使顾客耐心等待，一般产品没有这种吸引力的。因此，在采用此方法时，应先考虑产品条件如何。其次，要把握好让顾客保持“饥饿”状态的时间，避免时间过长，使顾客“饥不择食”而去选择其他商品，这就违背了采用此法的初衷。

十三、欲擒故纵法

欲擒故纵法是指推销人员先假装消极销售的样子来引诱顾客积极购买，从而实现交易的方法。

在市场上常有这样的现象，有时推销人员越积极的推销，越没人理睬；而推销人员采取消极态度后，反而有顾客问津了。这是因为顾客可能认为，推销人员之所以这样叫卖是因为产品销路不好或有什么毛病。但是，当推销人员装得若无其事的样子时，反而顾客变得积极主动了。这大概因为，推销人员采取的这种姿态会给顾客一个“我的商品不愁卖不出去”的信息。俗话说“欲速则不达”，欲擒故纵成交法使用的是假纵真擒，假消极、真引诱，促使顾客积极购买的策略，这也正是这种方法的魔力所在。

【推销实例 10.6】

促成交易是关键

教师节前，推销员小马敲开某财经大学商学院李院长的办公室门，向他推销 PPT 鼠标遥控笔：“李院长，您的同事王教授让我来拜访，跟您谈一个您可能感兴趣的问题。”院长打消了顾虑，让小马进入办公室。小马说：“教师节很快就到了，听您的同事王教授说你们学院每年教师节都会买礼品送给老师，表示心意，今年如果还没定，我向您推荐一款我们公司新出的PPT鼠标遥控笔。现在高校教师多用多媒体授课，用这款鼠标遥控器进行PPT演示多方便啊。”随后，小马从容不迫地告诉他：“价格是有些贵，但是考虑到其一流的质量和特殊的功能，且对你们这么大的学院来说，这不是什么大问题呀，您买的多，我还给您优惠。”李院长点了点头。小马乘机问：“王教授他们学院已买了70个，您学院要买多少啊?”李院长说了个数，并把办公室高主任叫来，让他办理具体的采购事宜。随后，推销员在自己的权限内，按公司的政策在价格上给予了优惠，交易很快完成了。

第三节 成交的服务与跟踪

推销人员的推销活动从寻找顾客开始，经接触顾客、进行推销洽谈、排除和转化顾客的异议、最后实现成交。至此，推销活动作为一个完整的过程已经结束。但是，推销人员的推销活动是一个连续不断的工作，他们需要与顾客建立起长期的合作关系，企业和推销人员应该提供优质售后服务并跟踪。

一、建立良好的客户关系

如上所述，推销人员与顾客达成交易后，仅仅是一个推销过程的完成，而不是推销真正的结束，因此推销人员应该把它看成连续性推销的开始。推销绝不是拿到客户的订单就万事大吉，必须做好以下工作：

（一）表达友好之情

当人们做出与对方有利的事情之后，都在心理上期待得到对方相应的回报。同样顾客在购买了商品之后，也希望推销人员对他有友好的表示。因此，推销人员应该根据双方的合作程度，表达出相应的感情。这种感情的表达可以是有声的语言，也可以是无声的语言(包括身体语言、表情语言等)。表达友好之情有下列三种主要方式：

（1）亲身拜访。亲身拜访或许只是请个安、问个好，但它会让顾客感觉到推销人员不是过河拆桥，他不但愿对所推销的产品负责，而且仍旧非常关心顾客。

（2）信函问候。推销人员在顾客婚丧嫁娶、病痛变故时，或在生日、年节时致函问候，会使对方感到意外的高兴与温馨。国外有经验的推销家都是在生意成交的当天，寄一封别致的感谢合作信给顾客，从成交之日起，就与顾客建立起良好的关系。

（3）电话致意。除了信函之外，电话也是联络感情的有效工具。与信函比较，电话更方便、更迅速，在适当的时候打个电话向客户问候一下，简短的几句话，便会使顾客感到很受重视，可以起到很好的联络感情的效果。

但是，在表达感情时一定要把握好分寸，既表现得自然诚恳，又不能过分讨好顾客。

因为推销活动是互惠互利的行为。推销人员向顾客道谢，不是感谢交易本身，而是感谢他的合作。

(二) 注意搜集顾客信息，建立顾客档案，维持与顾客的关系

有人把企业与消费者之间建立起的巩固关系比喻为筑塘、蓄水和养鱼的关系，必须先筑塘蓄水，然后才能将千万条游进池塘的鱼养好。所谓“筑塘”就是企业和推销人员要通过坚持不懈的努力，保持和顾客的稳固的关系；而“蓄水”则是企业和推销人员要坚持不懈、锲而不舍地投入爱心，进而使企业、推销人员与顾客的关系犹如“鱼水情”。有经验的推销人员都非常清楚，保持住一个老顾客比物色两个新顾客重要得多，这是因为每位推销人员都面临激烈的竞争，你的竞争对手正在不断地访问和“拉拢”你的顾客，千万不要有一天，你的老顾客对你说：“别人的货比你的好。”要避免这种情况，必须与顾客保持密切的业务关系和良好的人际关系，这是推销人员最重要的工作内容之一。今后的市场竞争，实际上是对消费者的竞争，得人心者才能得市场。

(三) 与顾客保持畅通的信息沟通渠道

推销人员要想与顾客建立良好的客户关系，就必须与他们保持良好的信息沟通渠道，以进一步了解和掌握顾客的消费需求、消费心理的变化，搞好市场预测。

沟通信息的基本手段有：进行舆论调查，利用信息反馈，把反映上来的有关顾客信息报告给企业领导和有关部门，并协同相关部门进行全方位的公关活动。例如美国的一家公司，公关人员协同企业的领导和有关部门，开设了一家“倾听顾客意见学院”，派专职人员收集、分析和处理来自顾客的意见。美国米利肯公司的经营中也实施了这样一个策略，举办“如何站在顾客的角度看问题”训练班，利用录像、传真等手段，介绍顾客的生活和工作情况；不仅推销人员要接受训练，就连公司的高层经理人员甚至全体人员都要接受一定的销售训练，来了解顾客使用本公司产品的情况。公司的公关部门为配合推销工作，还邀请顾客来参观米利肯公司的设施，为顾客放映有关米利肯公司发展历史的电影，以增加消费者对企业的感性认识。公司还在消费者中进行范围广泛、内容详尽的调查，调查中特别强调顾客对公司的态度以及对公司各种做法的反映，甚至包括公司人员接电话的用语是否有礼貌这样的细节都在调查之列。美国米利肯公司通过不断完善沟通渠道，采取有效的方法，不仅与老顾客保持了良好、稳固的关系，每年还发展了大量的新用户。

二、提供优质售后服务

售后服务就是指企业或推销人员在商品到达消费者手中或进入消费领域之后，继续为他们提供多项有益的服务工作。对售后服务历来存在两种认识和做法：绝大多数的企业和销售人员都认识到，这是关系到企业生死存亡的大事，所以总是千方百计地搞好各项售后服务，从而赢得大量的回头客，生意越做越兴隆。也有少数人认为，商品一经售出就万事大吉，售后服务是额外负担，白白浪费了人力和金钱。或者有的人虽然认识到售后服务的重要性，但是在行动上对售后服务敷衍推脱，结果使顾客纷纷离他而去。

高质量的售后服务有重要的意义。优质售后服务可以维护企业良好的商誉，商誉既是企业的生命，也是产品的生命。因此，为了维护良好的商誉，企业不仅要为顾客提供优质

产品，更要提供热情周到的售后服务。售后服务不仅是企业对顾客的道义责任，也是维护商誉的必要行动。

企业热忱的售后服务，还可以树立消费者对商品的安全感，不仅可以巩固已经争取到的顾客，促使他们连续和重复购买，还可以通过这些顾客的间接宣传和辐射性传导，争取到更多的新顾客，开拓新市场。由此可见，优质售后服务是一种无声的宣传，这种宣传比夸夸其谈的有声宣传或广告宣传更加有效，因为实际行动比语言信号更具有说服力。

在当今激烈的企业竞争中，服务是一项不可忽视的重要内容，一般来说，相同质量和价格的商品，谁的服务质量高，消费者就买谁的商品，谁就卖得多、卖得快，谁就能占领市场。因此，以优质服务在市场中取胜，是现代营销策略的基本思想。

所以，企业应该努力做到以下几个方面：

（一）为顾客提供优质的配套服务

现代消费心理学的研究表明，产品本身的使用价值固然重要，但产品所体现的审美价值和附加价值，将左右顾客购买行为的最后抉择。顾客购买某一种产品，实质是要购买从产品中期望得到的一系列利益和满足。美国市场营销学专家维特教授说过："未来竞争的关键，不在于工厂生产什么产品，而在于产品所提供的附加价值：包装、服务、广告、用户咨询、购买信贷、及时交货和人们以价值来衡量的一切东西。"如果企业只注重提供有形产品，而忽视完备的售后服务，那么，它所提供的产品就不是完整的产品，而是残缺的产品。这样的企业，反映了对顾客和社会的不负责任，必定在未来的竞争中失去顾客的信赖，出现生存危机。因此，良好的消费关系在于把对顾客的诚意贯穿于售前、售中和售后服务的整个链条中。

（二）及时处理顾客的投诉

在销售和售后服务的过程中，工作人员的态度、服务设施、服务是否到位和收费标准等问题，可能会引起顾客的不满，造成与顾客的纠纷。

在处理同顾客的纠纷时，首先要做到善于听取消费者的意见。情绪激动的投诉者往往会采用偏执的态度和尖锐的措辞，推销人员应平心静气地听取顾客的投诉，尽量让他们倾吐不满、宣泄郁闷，这样会起到"降温"和"熄火"的作用。不论顾客采用什么批评方式，都要以他们所提的意见为线索，对事实真相进行调查，在查清事实的基础上，与顾客充分交流意见，求同存异，达成谅解。纠纷的处理和解决，要努力使顾客满意。对顾客的承诺一定要及时兑现。人无信不立，推销人员在签约时答应顾客的一切承诺一定要切实履行。若明知是做不到的，就不要答应对方。一旦承诺在先，事后又不履行，无异于自掘坟墓。

在解决与顾客纠纷的过程中，必要时还要将解决的结果通过新闻媒体加以传播，这样就有可能把原来不利于企业的舆论引导到有利于企业的方向上来。

【推销实例 10.7】

奔驰汽车公司的销售服务

德国著名的奔驰汽车公司的销售服务措施简直就是撒向全国乃至全世界的两张

网。它的第一张网是推销服务网：任何一位顾客或潜在的顾客在它的推销处或推销人员那里，都可以对其汽车的样式、性能、特点等得到全面的了解。而且，根据顾客的不同需求和爱好，对诸如车型、空间设备、车体设备、车体颜色，甚至不同程度的保险钥匙等，都可以分别给予满足。第二张网是维修网：奔驰公司在国内共设了1000多个维修站。维修站的工作人员，技术娴熟，态度热情，修车速度快。在任何一条公路上，汽车出了故障，车主只要向就近的维修站打个电话，维修站就会派技术人员来帮助修理，或者将车拉到站里进行修理，一般的修理项目当天就能完成，不影响车主使用。

三、反思推销工作过程

推销人员在完成推销工作之后，应及时对自己的推销工作的一言一行进行深刻的分析，及时总结这次推销工作的经验和教训。总结的内容如下：

（1）总结分析自己在推销洽谈工作、推销说明工作、推销演示技巧等方面有没有需要改进的地方。

（2）通过这次推销活动又学会了哪些新的推销技巧？

（3）又和多少顾客建立了业务上的联系？

（4）推销是否达到预期目标？

（5）如果没达到预期目标，原因是什么？下次推销时如何改进？

（6）在进行推销说明和处理反对意见时有何缺点？

（7）对哪一个反对意见处理得不理想？

（8）如何改进对这些反对意见的处理？

（9）如何进行追踪访问？

（10）顾客对推销产品哪些方面的意见最大？是否向企业提出了改进产品的建议？

……

推销人员对自己提出的这些问题要认真解答，作为资料保存起来，该上报公司的情况要及时上报。有心计的推销人员都善于不断总结，这样更有利于帮助他们改进推销技术，获得成功。

这里要提醒一些推销朋友，假如第一次推销不成功，也没关系。要学会正确对待挫折，把挫折看成自然的事情。因为推销本身就是让人购买原来不一定想购买的东西，遭到顾客的拒绝、冷遇、怀疑等是理所当然的事，如果没有挫折就不叫推销了。每一位成功的推销家也都是在一连串的失败与挫折中成长起来的。但是，推销家遇到挫折，总会在挫折中反省、检讨失败的原因，从中找出对策，或是激励自己，再接再厉，愈挫愈勇。

美国的推销员协会曾经对推销员的拜访做长期的调查研究，结果发现：48%的推销人员，在第一次推销遭遇挫折之后，就退缩了；25%的推销人员，在第二次推销遭遇挫折之后，也退却了；12%的推销人员，在第三次推销遭遇挫折之后，也放弃了；5%的推销人员，在第四次的推销碰到挫折之后，也打退堂鼓了；只剩10%的推销人员锲而不舍，毫不气馁，继续推销下去。结果8%的成功推销个案，都是这10%的连续拜访5次以上的推销所达成的。这一调查说明，只有以平常心对待挫折，视挫折为自然的事情，锲而不舍地追求，才是推销人员成功的秘诀。

【本章小结】

推销成交是顾客接受推销人员的购买建议及其推销演示，并且立即购买产品的行为过程。

推销成交应运用一些基本策略：正确识别顾客的成交信号，及时促成交易的策略；保持积极的成交态度促成交易的策略；保留一定的成交余地促成交易的策略；掌握成交的时机，随时促成交易的策略。

推销成交的常用方法包括：请求成交法、假定成交法、选择成交法、局部成交法、从众成交法、限期成交法、保证成交法、优惠成交法、最后成交法、激将成交法、让步成交法、饥饿成交法、欲擒故纵法等。

推销成交服务和跟踪应做的各项后续工作：建立良好的客户服务；提供优质的售后服务；反思推销工作过程。

【思考题】

1. 什么是推销成交？如何全面理解成交的含义？
2. 推销成交的基本策略有哪些？
3. 常用的推销成交法有哪些？掌握这些方法有什么意义？
4. 推销成交的服务和跟踪工作包括哪些内容？

【案例讨论10.1】

麦德成功的故事

麦德推销成功的故事之一，就是最早使用了“成功无疑”这一推销技巧。然而，他大概是最不像推销员的推销员了。1984年，麦德从地中海迁居到美国，他首先要学习英语，并开始在“都市生活”做推销学员，还要学习保险知识。他几乎没有成功的机会。

然而今天，他已成了“都市生活”25000多人的销售大军的高级领导者。他靠收取销售佣金而成为百万富翁。

麦德总是假设每个潜在顾客都会买他的产品，大多数时候是这样的。他从未怀疑过自己的推销能力——或顾客的购买能力。麦德向新泽西一个著名的公用事业咨询公司销售了九份人身保险计划。

“他办事非常认真，”一个同伴说，“他不专横，同那种强迫性的销售员完全相反，他说话很实际。他通常在介绍完情况后就引用数字。唯一有意义的事情就是让顾客购买。”

麦德对公司所有者的“成功无疑”的介绍是他成功的主要原因，让我们看看他和托尼及汤姆讨论有关人身保险的谈话。

——汤姆，假如你的合伙人死了，你的公司会怎么样（麦德从未暗示同他说话的人会死）？失去一位主要人物给公司带来的损失比任何其他事件都严重。这是公司倒闭的一个主要原因。我有一个建议能用来保护你的公司。我不知道我们是否能负担得起。

——我建议你和托尼各买30万美元的保险，假如你的合伙人死了，我们保险公司将免税付这笔款。这似乎是一项很大的保险。是吗？你和托尼每年的销售额能有600万美元吧。1美元的销售量能赚多少钱？去年，大约是1美元能赚5美分。就是如此。600万美元的5%就是30万美元。一份商业保险单将会确保你的收益，但是，这还不是全部，你们会获得方便的贷款条件。

——那又怎么讲呢？想一想，银行在发放贷款时会考虑哪些条件呢？当然是收回贷款。

——好！假如托尼死了，你们公司可能倒闭，因为你们俩的销售额只有600万美元。购买我的保险，将保证你们公司有能力偿还主要贷款。那还需要花多少钱？

——实际上什么都不用。保险就好比把钱从一个口袋转移到另一个口袋。你的保险费用总是可以利用的。经过最初的十二三年的计划，你的年开销和你可利用的款项的差额大约是你们两年的开销。从那以后，你就有更多的可利用资金。

(顾客) 那每年要交多少钱？

——这取决于你的年龄，一般为总收入的2.5%~3%。大约是12000美元！你知道如果用于投资会有多大收益吗？在我的公司里大约是5%。

——我知道你是个了不起的商人，能赚取那么多的利润。但假如你的公司发生紧急事件，保险公司将贷给你在过去12~13年（减去2年）所付的所有费用。他们只收取5%的利息。

(顾客) 但当我借这笔钱时，我的保险项目就会减少，对吗？

——当然，这就是你要尽早偿还贷款的重要原因。但至少到贷款被偿还之前，我可以增加一个条款来保证保险的现金价值。我们要求你们用约利的一部分购买的一年期保险要相当于租金的价值。所以，你可以明白，我的计划能让你们公司、你或托尼发生什么“意外”。

——你们公司能得到相当于利润的免税款。这种利润保险能维持你们的信用估计。更进一步说，你投入保险计划的钱仍然是可以利用的，譬如你的公司需要应付紧急情况或意外事故，保险公司则审查后负责理赔，减少损失。

问题讨论：

1. 麦德使用了什么样的促成交易的方法？
2. 麦德值得推销员学习和借鉴的经验有哪些？

【案例讨论10.2】

老练的老大娘

一天，从千叶来了一个小贩，是位老大娘，她在原一平家门前叫卖。随着“有人吗？有人吗”的问叫声，原一平向门口走去。“对不起了，您的门没有关上，我进来了。”说着，这位老大娘便老练地把背上的东西放在门口。这些爽快老练的举动也引起了原一平妻子的兴趣，她也来到门口处，于是原一平就在一旁看她们谈话。

“夫人，我为您带来了新鲜的裙带菜，这可不是工人培植的啊。”老大娘开口说道。

“要有新鲜的裙带菜，就请您拿来。”妻子简直有点恳求地说。

一下子，落花生、蚕豆、墨鱼干等都摊在了楼梯口上。“今天只带来两箱，一箱已经卖完了，对不起，裙带菜今天都卖完了。”

“啊？带出两箱，那可相当沉啊，两箱都卖完了？”

“虽然不是马上卖完，现在看来也差不多了。”

实际上，老大娘充满自信的样子与充满说服力的讲话，完全像个推销员。当晚，原一平喝啤酒的下酒菜自然是墨鱼干、蚕豆。

问题：

1. 从上述材料中，结合本章简述的促成交易的方法与技巧，谈谈你受到了什么样的启发。

2. 假设你是那位老大娘，你会如何推销带来的东西？

附一：美国推销专家格哈特成交七准则

(1) 以明确的语言请求成交；

(2) 用一种顾客难以生硬拒绝的方式来请求成交；

(3) 在你提出成交请求之后，应停下来等待顾客答复，在此之前不要讲一句话；

(4) 如果顾客不购买，照样继续推销；

(5) 使顾客相信，购买是一项明智的决策；

(6) 直到顾客不想再购买任何东西之前，你不要停止推销；

(7) 对于与你成交的顾客要反复致谢。顾客应受到三种方式的感谢：销售之后立即用语言表达；24 小时之内打电话、写信表示感谢；在以后的交往中经常表示感谢。

附二：资料——成交的绊脚石

(1) 你不相信你自己；

(2) 你不相信自己的商品：最容易被顾客识破的就是推销员都不相信自己的产品，缺乏说服力在顾客里看得最清楚；

(3) 没有制定要达成的目标：推销员缺乏制定长期和短缺目标的能力；

(4) 没有为完成推销做充分的准备；

(5) 不知道如何面对顾客拒绝：顾客不是拒绝你，只是拒绝你提出的建议；

(6) 缺乏产品知识；

(7) 没能了解顾客的需求：没有对顾客提出问题或聆听顾客的能力，以致无法发觉顾客真正的需求；

(8) 没办法解决顾客提出的异议；

(9) 缺乏服务精神，满脑子都是钱：为了佣金而推销，不是为了解决顾客问题而推销；

(10) 不能信守承诺：自己说过的话做不到，无论是对公司还是对顾客，这都是一个永远无法弥补的损失；

(11) 不能理解好运是靠勤奋工作换来的：那些运气好的推销员，是他们多年勤奋工作挣来的；

(12) 不能坚持到底：不肯坚持到完成推销所需的第 7 次接触。

第十一章　推销人员素质与礼仪

【学习目标】

通过本章学习，要求掌握：

1. 了解推销人员素质类型；

2. 懂得如何提升推销人员素质；

3. 熟悉、掌握推销人员相关礼仪。

【内容摘要】

本章主要介绍了推销人员应具备的素质及如何提高推销人员的素质。同时，为了提高推销成功率，对推销人员应具备的基本礼仪进行了介绍。

第一节　推销人员素质

一、推销人员素质类型

推销人员的素质，主要是推销人员的思想、信念、能力、气质、性格等因素的综合体现。从营销实践来看，推销人员应具备的素质包括五个方面，即思想素质、业务素质、心理素质、身体素质和个人素质。

（一）思想素质

这是首要的素质要求，它又分为三个方面：

（1）强烈的事业心。推销人员具有高度的事业心是做好销售工作的前提，它要求推销人员做到“四爱”（爱企业、爱产品、爱工作、爱客户），也就是对工作热情，富有进取心，能为企业和用户利益着想，全心全意为用户服务；充分认识到推销工作的价值，热爱推销工作，积极主动，任劳任怨地去完成任务；有较强的上进心和求知欲，乐于学习各种必备的知识，同时使这些知识的结构趋于合理。

（2）良好的职业道德。它要求推销人员严格恪守行业的职业道德，必须忠实于所在的企业，忠实于自己的客户，忠实于自己的销售目的。

推销人员要忠实于所在的企业，因为推销人员的自主权一般比较大，每个推销人员都是企业的“代表”或“外交官”。他们的形象如何对企业的信誉影响很大，因此推销人员的一言一行都必须对所在企业负责，为树立企业良好信誉作贡献，不允许有任何损害企业利益的行为发生。

推销人员要忠实于自己的客户，就必须对客户的利益负责，对客户讲真话、实话，实事求是帮助客户了解自己的真实需要，帮助客户解决困难和问题，绝不能对客户言行不一，甚至蒙骗坑害客户。

所谓推销人员要忠实于自己的推销目的，就是在满足客户的需要，帮助客户解决问题的同时，要为所在企业赚取利润，提高企业知名度，推动整个社会的经济发展，作出自己的贡献。

【推销阅读 11.1】

推销人员的职业道德要求：

(1) 诚实守信。诚实守信是推销人员最基本的品格。诚实，就是忠诚老实，不讲假话，踏实做事。守信，就是信守诺言，说话算数，讲信誉，重信用，履行自己应承担的义务与责任。

(2) 感激顾客。顾客是企业的“衣食父母”，“顾客第一”“顾客至上”“顾客是上帝”等观念已深入人心。松下幸之助先生生前就倡导感恩，认为顾客是企业的恩人，企业必须感激、回报顾客。

(3) 公平竞争。在推销过程中，推销人员要处理好与竞争对手的关系，公平竞争，恪守同业竞争道德规定，不能只讲自己的长处，也不能只讲别人的短处，不要互相拆台，损人利己，最终害人害己。

(4) 善待人与事。在推销过程中，推销人员要心存善良，和善地对待人与事，讲文明、讲礼貌，反对行贿受贿、欺诈勒索、贪污盗窃等违法行为，对顾客要一视同仁，童叟无欺，平等待客，不诱购诱销。

(5) 自我完善。自我完善是一个过程，推销人员自我完善的过程也是爱岗敬业、忠于职守、不断提升品行与技能的过程。推销人员应对所在的企业忠诚，不损公肥私，注意维护企业的利益与声誉。

(6) 不做坏事。在推销中要坚持“己所不欲，勿施于人”，树立“忠恕”与“推己及人”的思想，树立牢固的道德防线，不坑人害人，不推销对别人有害的产品。

资料来源：苗华，毕园．论推销人员的道德与文化素质的提升．江苏商论，2010 (5).

(3) 正确的经营思想。就是要以现代市场营销观念来指导自己的业务活动，树立时刻为顾客服务的推销观念。

①推销人员要在激烈的市场竞争中通过各种不同的渠道，更快、更好地了解各种信息，主动寻找客户，了解客户的需要（包括潜在的需要），不断创造客户新的需要，激发客户更大的进货欲望，并善于掌握和发现客户进货的各种手段和方法，从而挖掘买卖双方的共同利益，抓住一切销售机会，更充分更有效地利用有限的时间向客户提出建设性的意

见，为企业创造销售机会直至最后成交。

②推销人员要善于把企业利益和顾客利益协调一致，把企业的利益和良好的服务结合起来，现代推销观念要求推销人员给顾客提供良好的服务，做到既是本企业的推销者，又是客户的服务员或顾问，要多站在客户的角度考虑问题，设身处地为客户的利益着想，要从售前到售后始终坚持为客户提供良好的服务中获得客户的信任，赢得每笔生意，赢得企业和推销人员自身的利益。

③推销人员要树立整体观念，因为要赢得客户信任和每笔生意，必须发挥群体功能，除了推销人员本身的销售工作外，还涉及咨询、售后及投诉等。所以推销人员绝不能把本身工作孤立开来，应该主动协调好与各个环节的关系。只有这样，才可能进一步使客户满意，乐意向你要货。

④推销人员要善于紧密联系推销工作实际，不断总结正反两个方面的经验，并虚心地吸取其他推销人员的经验，取别人之长，补自己之短，从而不断地自我追求，以提高自身的素养。

（二）业务素质

优秀的推销人员必须掌握全面的业务知识，包括社会知识、语言文化知识、法律知识、国家方针政策、推销技巧、商品学知识、公共关系学、市场活动规律及有关商业信息等。

推销人员工作的最终目的不只是宣传产品，而是要通过宣传、说服等手段使消费者购买所推销的产品，从而实现促销目标，那么推销人员必须对各种变化反应灵敏，有熟练的推销技巧，能对变化莫测的市场环境采用恰当的推销技巧。推销人员要能准确地了解顾客的有关情况，推敲消费者的心理状况，解决顾客存在的疑虑，帮助顾客解决问题。要能从众多的消费者中找到引子，快速确定其准顾客；并能恰当地选定推销对象；要善于说服顾客；要善于选择适当的洽谈时机，掌握良好的成交机会，并善于把握易被他人忽视或不易发现的推销机会。

推销人员的工作性质决定了他必须具有较宽的知识面，才能在与外界广泛的交往中应付自如，才能正确认识市场，树立正确的推销观念，练就娴熟的推销技能。作为推销人员，应自觉地加强学习，积极地用于实践，努力提高业务素质。

【推销阅读 11.2】

保险推销人员应具备的业务素质：

第一，有扎实的专业知识。保险是一门边缘学科，涉及范围广泛，包括医、农、交通、社会学等许多方面。保险推销人员不能只会背几条条款，还要学习和理解我国《保险法》及有关保险法规，了解保险经营的运作情况，了解保户所交保费的开销。此外，随着保险市场的开发及深化，人们更想知道今后我国保险业将如何改革，保险公司是否有倒闭的风险，国外的保险公司如何运作等问题的答案。

第二，要有创造力。推销人员在对顾客初次了解之后，得看现有险种搭配顾客是否能够接受，如果不能，推销人员应及时按顾客需要对保单进行调整。其方式是：改变保单原有的组合配置；可将保单综合起来全面看待；也可把保单分散开来细处着眼。

第三，要有寻找最恰当的顾客的能力。并不是每一个人都有能力和需要购买保险，这就需要推销人员将适应并且需要保险的顾客寻找出来。根据优秀的推销人员的经验，寻找准顾客有三个条件：一是有钱购买；二是有权力决定是否购买；三是愿意购买。这样，可避免推销人员耗费过多的时间。

资料来源：温赟．谈谈保险推销人员的素质．内蒙古保险，1997（6）.

（三）心理素质

推销人员在进行新市场的开发中，被陌生客户拒绝的比例高达90%以上，可以说是屡推屡败，即使是老客户的推销工作，也可能因买卖双方的愿望、目的、要求不尽相同，势必包含着双方的矛盾和冲突，受到客户冷眼相待，甚至被拒之门外。实际上真正的推销工作大多是在遭到客户第一次拒绝后才开始的，因此如果没有良好的心理素质就难以忍受挫折，无法胜任艰巨的推销工作。

成为优秀的推销员，就必须重视心理素质的训练，具有积极的人生观和乐观的处事态度，有坚强的意志和吃苦耐劳精神，不怕困难挫折，善于调节自己的工作和控制自己的情绪，学会自我激励，使自己的行为围绕着预定的奋斗目标进行。

（四）身体素质

现代市场经济条件下的推销工作，需要推销人员经常走出企业大门，寻找客户，不管酷暑严寒还是刮风下雨，经常要深入客户中去，和客户保持密切的联系，争取客户的信任好感，可以说是“走遍千山万水，说过千言万语，历经千辛万苦”。如果没有良好的身体素质，缺乏旺盛的精力，就会失去一个推销人员应具备的钻劲和韧劲。

（五）个人素质

这是指推销人员自身具备的条件和特点，如气质、性格、仪表、谈吐及表达能力等。科学证明：“初次印象”在对一个人后来的总体印象中将占60%~80%，所以，一名优秀的企业产品推销人员深知这“第一印象”的价值，而且会充分利用它来提高工作效率。

推销人员的素质条件也不是一成不变的，主要应由顾客来认同、肯定和接受。在具体业务工作中，推销人员应努力加强自身修养，培养提高个人素质，力争做一个优秀的推销员。

【推销阅读11.3】

推销人员分类：一是德才兼备。这类推销人员是企业的财富。但是这类人员为数不多，大约占到企业的20%。二是有德无才。这类推销人员的基本特点是忠诚敬业，很用心、很努力，但是能力较差，推销效果不理想。三是有才无德。这类推销人员最令企业头痛，真是用之担心，弃之可惜。四是无才无德。这类推销人员是企业淘汰的对象。有人这样形容：有德有才是正品，有德无才是次品，无才无德是废品，有才无德是危险品。在推销人员中，第二、三、四种人员大约占到80%。因此提升推销人员的道德与才干是一个问题的两个方面。

资料来源：苗华，毕园．论推销人员的道德与文化素质的提升．江苏商论，2010（5）.

二、提升推销人员素质

（一）推销人员招聘

1. 战略上高度重视

对于推销人员的招聘，公司应该根据企业宗旨和经营目标，建立包括推销人员的思想素质、心理素质、身体素质和工作能力等方面的“推销人员能力素质模型”，科学确定推销人员选择标准。

2. 招聘渠道的多样化

常用的招聘渠道有媒体广告、人才市场、高校、猎头公司、洽谈会、网络招聘和熟人推荐等。推销人员的招聘渠道应该多样化，因为每一种招聘渠道的功能都不是尽善尽美的，需要在不同的时间、面对不同的招聘对象选择合适的招聘渠道，或者是几种方式的组合，目的就是找到节省成本、招聘到优秀人才的平衡点。同时要创新性的开展招聘工作，突破传统的招聘方式。

3. 严格规范评估录用程序

（1）建立标准化、程序化的招聘模式。企业的员工从招聘前期的准备工作到录用上班应该有一个标准的程序。作为一名优秀的推销人员，丰富的业务知识和娴熟的谈话技巧、较强的表达能力和足够的法律知识、良好的心理素质和吃苦耐劳的精神是其应有的素质。那么在招聘的过程中有针对性地进行考核评估是有必要的，通过情景面试法更能真实体现应聘者的能力。

（2）重视人品，坚持“宁缺毋滥”的原则。推销人员首先就是要有健全的人格，这也是企业招聘关注的重点。在常规的招聘过程中很难了解他人的过去，那么在招聘过程中可以通过多方调查或者是毫无防备的人格测试尽心甄别。对于不合适的应聘者坚决不用，坚持“宁缺毋滥”的原则。

（二）推销人员培训

1. 培训方式

（1）岗前培训。企业对新招聘的推销人员应首先进行上岗前的业务素质培训，这样，一方面可以使新的推销人员通过系统的业务技术培训很快适应工作岗位；另一方面，通过建立岗前培训制度，使企业能够科学地对培训费用进行定额预算管理，有效地防止费用定额的忽高忽低现象，节省培训费用。

（2）在职脱产培训。企业对那些有发展前途的推销人员，可以实行脱产培训制度，把他们派送到高等院校或科研机构进修学习，使他们成为真正的推销专业人才，以便在今后的工作中发挥更大的作用，或者作为他们晋升提职的依据。

（3）非脱产培训。比如采用师傅带徒弟的办法。由富有推销工作经验的推销人员进行具体指导和帮助。强调订立师徒合同，明确内容要求和时间界限，给师傅一定的补贴，通过传帮带，让新上岗的推销人员在实践中增长才干。

（4）自我训练。这种方法适用于所有的推销人员。它是建立在推销人员自觉意识基础之上的，其目的是使有进取心的推销员成为最优秀者。自我训练是与推销人员的日常生活和工作过程密切联系在一起的，它是通过把公司的价值观念、行为准则和职业道德规范落实到日常生活和工作中去，并利用时间进行锻炼与进修的方法，逐步把自己培养成一个思想、业务和身体素质都过硬的优秀推销员。

2. 培训内容

对推销人员的培训，无论采取哪种培训方式，其培训的内容都大致相同。但要根据培训的时间、地点、目标和对象的不同而有所区别。

(1) 心理素质培训。良好的心理素质是一个人成熟的标志，要成为优秀的推销员，就必须重视心理素质的培训，使其具有积极的人生观和乐观的处事态度，有坚强的意志和吃苦耐劳的精神，善于调剂自己的工作和控制自己的情绪，学会自我激励，使自己的行为围绕着预定的奋斗目标进行。

(2) 仪表和礼节培训。仪表和礼节是推销员心理素质的外在表现，是推销活动中最先传达到顾客的信息，它形成了顾客对推销人员的“第一印象”。第一印象的好坏，直接影响到推销工作能否继续下去，所以在与顾客交往中，推销人员讲究仪容、服饰、举止、谈吐、礼节等交际因素。树立良好的个人形象，是获取顾客好感的先决条件。

(3) 身体素质培训。推销员所从事的是快节奏的、高效率、高强度的脑体综合性劳动，没有健康的体魄为基础是难以应付工作的。健康的体质使人经常保持旺盛的热情和精神状态，使人具有敏锐的观察力和缜密的分析力。身体健康应包括生理和心理两方面，心理健康主要表现在各种常规智力正常、情绪稳定、行为协调、反应适度等，良好的心理素质就是建立在健康的生理体能的基础上的。

(4) 知识和智能培训。知识的培训包括四个方面：

一是关于产品的知识。从产品材料的采购地点、价格到产品的加工制作，从产品的结构、性能到使用保养维修都要有所接触，尤其是高科技领域的产品应知道更多一些。

二是关于市场的知识。从市场需求总趋势到个别顾客的购买动机类型，从影响专门行业的社会环境因素的发展变化到对具体产品销售带来的某些影响等。

三是关于推销技巧的知识包括与顾客交际、洽谈的技巧。有处理各种顾客异议与困难的技巧，有开展公关活动的技巧，宣传鼓动技巧，语言、表情、动作的表达技巧。

四是关于社会知识。主要了解我国的国情，了解社会消费意识和消费水平，了解影响推销的社情民风、乡习旧俗等。

智能的训练目的在于提高推销人员的思维判断能力和创造力，提高其灵活性和处理业务的技巧，包括观察力、注意力、记忆力、思维和想象力、判断力、说服力、创造力及分析能力等。推销是一项复杂的智能型劳动，因此智能的培训尤为重要。

(三) 推销人员考核

考核推销人员的工作和表现是企业一项重要任务，也是促进推销人员素质提高的有效途径。

(1) 考核的主要方法。审阅他们的定期报告或由上级主管部门进行实地视察，也可听取客户的意见和反映，还可以向其他推销人员交流了解。

(2) 考核指标。

①每个推销员平均每天访问的区域以及客户的户数和次数；

②每次访问平均占用的时间；

③每次访问的收获；

④每次访问的费用；

⑤一定时间增加的客户数；

⑥一定时间内失去的老客户数；

⑦推销员在完成本企业推销任务的进度和质量。

（3）比较考核。可以通过推销人员之间的比较进行考核，注重每个推销人员对企业可作的贡献和潜力，同时通过工作质量比较，了解他们对企业商品、客户、竞争者、地区和职责的认识，包括仪表态度、口才、修养、服饰等个人特色，并将比较进行交流，让推销人员知道自己的不足之处，促使他们努力改进和提高。

第二节　推销人员礼仪

推销人员礼仪是推销人员在推销活动中处理人际关系并约束自己行为以示尊重客户的准则。对于礼仪的重要性，孔子曰："见人不可不饰。不饰无貌，无貌不敬，不敬无礼，无礼不立。"荀子曰："礼者，人道之极也。"并强调："人无礼则不生，事无礼则不成，国无礼则不宁。"

一、服饰礼仪

"到什么山唱什么歌"，同样，穿衣服也必须注意场合。如果说，穿着是否符合年龄、体型，主要是美与不美的问题，那么穿着是否符合场合的要求，就是是否懂得礼仪的问题了。所以，推销人员的服饰并不是随意为之。

（一）服饰选择基本原则

（1）个性原则。服装应当体现个人独特的风格。推销人员的服饰不仅要衣冠整齐，还要符合个人的性格、爱好、身份、年龄、性别、环境、风俗习惯等。

（2）协调原则。协调原则适用的范围很广，包括要与形体条件协调、与年龄协调、与职业协调，等等。

（3）合礼原则。服装还具有重要的礼仪功能。见面后，首先映入顾客眼帘的是服饰。如果一位推销人员衣冠不整、拖拖拉拉，顾客会产生一种此人办事马虎、懒惰、糊涂的坏印象。

（二）男士西服礼仪（见表 11-1、表 11-2）

表 11-1　　西装选择、穿法

选择	面料：一般为毛料首选：纯毛、纯羊绒面料，高比例含毛的毛涤混纺面料
	色彩：适合于男士在推销中所穿的西装的色彩，理当首推藏蓝色，其次为灰色或棕色，黑色也可考虑
	图案：没有任何图案。唯一的例外是可选择以"牙签呢"缝制的竖条纹的西装

续表

选择	款式：两件套或三件套；单排扣或双排扣
	造型：欧式西装洒脱大气，英式西装剪裁得体，美式西装宽大飘逸，日式西装贴身凝重
	尺寸：一是了解标准尺寸；二是最好量体裁衣；三是认真进行试穿
	做工：一是要看其衬里是否外露；二是要看其衣袋是否对称；三是要看其纽扣是否缝牢；四是要看其表面是否起泡；五是要看其针脚是否均匀；六是要看其外观是否平整
穿法	拆除衣袖上的商标
	熨烫平整
	扣好纽扣
	不卷不挽
	慎穿毛衫
	巧配内衣
	少装东西

表 11-2　　**西装搭配**

正装衬衫	选择	面料：主要以高支精纺的纯棉、纯毛制品为主。以棉、毛为主要成分的混纺衬衫，亦可酌情选择
		色彩：单一色彩。在正规的推销中，白色衬衫可谓推销人员的唯一选择。除此之外，蓝色、灰色、棕色、黑色，有时也可加以考虑
		图案：以无任何图案为佳。唯一的例外是较细的竖条衬衫在一般性的推销活动中可以穿着，但必须禁止同时穿着竖条纹的西装
		衣领：领型多为方领、短领和长领。具体选择时须兼顾本人的脸形、脖长以及将打的领带结的大小。扣领的衬衫，有时也可选用
		衣袖：必须为长袖衬衫
		衣袋：以无胸袋者为佳
	穿法	衣扣要系上。穿西装的时候，衬衫的所有纽扣都要一一系好。不管是衣扣、领扣还是袖扣，概莫能外
		袖长要适度。最美观的做法，是令衬衫的袖口恰好露出来 1 厘米左右
		下摆要放好。穿长袖衬衫时，不论是否穿外衣，均需将其下摆均匀而认真地掖进裤腰之内
		大小要合身。特别要注意：其衣领或胸围要松紧适度，其下摆不宜过短

续表

领带	选择	面料：最好的领带，应当是用真丝或者羊毛制作而成的。以涤丝制成的领带售价较低，有时也可以选用
领带	选择	色彩：蓝色、灰色、棕色、黑色、紫红色等单色领带都是十分理想的选择
领带	选择	图案：主要是单色无图案的领带，或者是以条纹、圆点、方格等规则的几何形状为主要图案的领带
领带	选择	款式：下端为箭头的领带，传统、正规；领带的宽窄最好与本人胸围与西装上衣的衣领形成正比；简易式领带，如“一拉得”领带、“一挂得”领带，均不适合在正式的商务活动中使用；领结宜于同礼服、翼领衬衫搭配，并主要适用社交场所
领带	选择	配套：与领带配套使用的装饰性手帕，最好与其面料、色彩、图案完全相同。二者同时“亮相”，大多见于社交活动之中
领带	选择	质量：外形美观、平整，无跳丝、无疵点、无线头，衬里为毛料，不变形，悬垂挺括，较为厚重
领带	注意事项	注意场合。打领带意味着郑重其事，因此在拜访客户等场合，以打领带为好。在参加宴会、舞会、音乐会时，为表示尊重主人，也可打领带。在休闲场合，通常是不必打领带的
领带	注意事项	注意服装。一般而言，穿西装套装是非要打领带不可的。穿单件西装时，领带则可打可不打
领带	注意事项	注意位置。穿西装上衣与衬衫时，应将其置于二者之间，并令其自然下垂。在西装上衣与衬衫之间加穿西装背心或羊毛衫、羊绒衫时，应将领带置于西装背心、羊毛衫、羊绒衫与衬衫之间
领带	注意事项	注意结法。打领带结的要领是挺括、端正，并且在外观上呈倒三角形。领带结的具体大小，最好与衬衫衣领的大小形成正比。要想使之稍有变化，则可在它的下面压出一处小窝或一道小沟来，此之谓“男人的酒窝”，是当今流行的领带结法之一
领带	注意事项	注意长度。最标准的长度，是领带打好之后，下端的大箭头正好抵达皮带扣的上端
领带	注意事项	注意配饰。依照惯例，打领带时大可不用任何领带的配饰。如果使用领带夹，宜将其夹在领带打好后的“黄金分割点”上，即衬衫自上而下的第四粒至第五粒纽扣之间。如果愿意，打领带时亦可使用领带针或领带棒。前者应插在领带打好后偏上方的正中央，后者则只能用在衬衫衣领上

续表

皮鞋	选择	面料：一般来说，牛皮鞋与西装最为般配
		色彩：按照惯例应为深色、单色。最适合于西装套装配套的皮鞋，只有黑色一种
		图案：没有任何图案、装饰
		款式：系带皮鞋是最佳之选
	穿法	鞋内无味
		鞋面无尘
		鞋底无泥
		鞋垫相宜
		尺码恰当
袜子	选择	面料：最好是纯棉、纯毛制品。有些质量好的以棉、毛为主要成分的混纺袜子，也可以选用
		色彩：以深色、单色为宜，最好是黑色
		图案：允许出现以几何图案为主的庄重风格的图案。没有任何图案的袜子更为合适
	穿法	袜子要干净
		袜子要完整
		袜子要成双
		袜子要合脚
公文包	选择	面料：以真皮为宜，并以牛皮、羊皮制品为最佳
		色彩：以深色、单色为好。在常规情况下，黑色、棕色的公文包，是最正统的选择
		图案：不宜带有任何图案、文字
		款式：最标准的公文包，是手提式的长方形公文包
	使用	用包不宜多
		用包不张扬
		用包不乱装
		用包不乱放

（三）女士套裙礼仪（见表 11-3、表 11-4）

表 11-3　　套裙选择、穿法

选择	面料：选择余地比西装套装大得多。包括薄花呢、人字呢、女士呢、华达呢、哈味呢、凡立丁、法兰绒等纯毛面料，高档的府绸、丝绸、亚麻、麻纱、毛绦以及一些化纤面料，也在选择之列
	色彩：以冷色调为主，兼顾着装者的肤色、形体、年龄与性格。在一般情况之下，各种加入了一定灰色的色彩，如藏青、炭黑、烟灰、雪青、茶褐、土黄、紫红等稍冷一些的色彩，都是可以考虑的
	图案：可以不带有任何的图案。如果本人喜欢，以各种或宽或窄的格子、或大或小的圆点、或明或暗的条纹为主要图案的套裙，大都可以一试。其中，采用以方格为主体图案的格子呢所制成的套裙，使人静中有动，充满活力，多年盛行不衰、大受欢迎
	点缀：在一般情况之下，套裙上不宜添加过多的点缀。不过，有些套裙上适当地采用了装饰扣、包边、蕾丝等点缀之物，实际效果其实也不错。重要之点在于点缀宜少不宜多、宜精不宜糙、宜简不宜繁
	款式：上衣的变化主要表现在衣领方面，除了最为常见的平驳领、枪驳领、一字领、圆状领、“V”字领、“U”字领之外，青果领、披肩领、燕翼领、触钳领、束带领等领型，也是并不罕见的。衣扣方面，既有无扣式的，也有单排式、双排式的；既有明扣式的，也有暗扣式的。在衣扣的数目上，少则只有一粒，多则不少于十粒，就具体作用而论，有的纽扣发挥实际作用，有的纽扣则起着装饰作用。裙子的式样，最常见者有西装裙、一步裙、围裹裙、筒式裙、折裥裙等，款式端庄、线条优美；百褶裙、旗袍裙、开衩裙、“A”字裙、喇叭裙等，则飘逸洒脱、高雅漂亮
	造型：“H”形为上衣较为宽松，裙子亦多为筒式；“X”形为上衣多为紧身式，裙子则大多是喇叭式；“A”形为上衣为紧身式，裙子则为宽松式；“Y”形为上衣为松身式，裙子多为紧身式，并且以筒式为主
	尺寸：一般说来，在套裙之中，上衣与裙子的长短是没有明确而具体的规定的。传统的观点是：裙短则不雅，裙长则无神。裙子的下摆恰好抵达着装者小腿肚子上的最为丰满之处即是最为标准，最为理想的裙长。然而，在现实生活之中，依旧墨守此规者，并不多见。目前，套裙之中的裙子，有的是超短式，有的是及膝式，有的则是过膝式。在选择时，主要考虑的是个人偏好、身材特点以及流行时尚。应强调的是，超短裙的裙长应以不短于膝盖以上 15 厘米为限
穿法	套裙应当大小适度。如果说过于肥大的套裙易于使着装者显得萎靡不振的话，那么过于包身的套裙则往往会令着装者“引火烧身”，惹来麻烦
	套裙应当穿着到位。尤其要注意：上衣的领子要完全翻好，衣袋的盖子要拉出来盖住衣袋；不允许将上衣披在身上，或者搭在身上；裙子要穿得端端正正，上下对齐之处务必好好对齐。上衣的衣扣只能一律全部系上。不允许将其部分或全部解开，更不允许当着别人的面随便将上衣脱下来

续表

穿法	套裙应当考虑场合。正式的推销活动中，一般以穿着套裙为好。在涉外推销活动中，则务必应当这样去做
	套裙应当协调妆饰。就化妆而言，既不可以不化妆，也不可以化浓妆。就佩饰而言，以少为宜，合乎身份
	套裙应当兼顾举止

表 11-4　**套裙搭配**

衬衫	选择	面料：主要要求轻薄而柔软，故此真丝、麻纱、府绸、罗布、花瑶、涤棉等，都可以用作其面料
		色彩：以单色为最佳之选。除了作为基本型的白色之外，其他各式各样的色彩，包括流行色在内，只要不是过于鲜艳，并且与同时所穿的套裙的色彩不相互排斥，均可用作衬衫的色彩
		图案：选择无任何图案的衬衫最是得当。除此之外，顶多可以再选择带有条纹、方格、圆点、碎花或暗花的衬衫
		款式：女式衬衫的款式甚多。其变化多体现在领型、袖管、门襟、轮廓、点缀等方面。应当说明的是，与套裙配套穿的衬衫不必过于精美，领型等细节上也不宜十分新奇夸张
	穿法	衬衫的下摆必须掖入裙腰之内，不得任其悬垂于外，或是将其在腰间打结
		衬衫的纽扣要一一系好。除最上端一粒纽扣按惯例允许不系外，其他纽扣均不得随意解开
		衬衫在公共场合不宜直接外穿。身穿紧身而透明的衬衫时，特别应牢记这一点
内衣	选择	面料：以纯棉、真丝等面料为佳
		色彩：可以是常规的白色、肉色，也可以是粉色、红色、紫色、棕色、蓝色、黑色。不过，一套内衣最好同为一色，而且其各个组成部分亦为单色
		图案：着装者完全可以根据个人爱好加以选择
		款式：具体款式甚多。在进行选择时，特别应当关注的是，穿上内衣以后，不应当使它的轮廓一目了然地在套裙之外展现出来
	注意事项	内衣一定要穿
		内衣不宜外穿
		内衣不准外露
		内衣不准外透

续表

皮鞋	选择	面料：与套裙配套的鞋子，宜为皮鞋，并且以牛皮鞋为上品
		色彩：以黑色最为正统。此外，与套裙色彩一致的色彩的皮鞋也可选择
		图案：其图案与装饰均不宜过多。一点图案与装饰都没有的皮鞋，有时穿起来效果反而更好
	穿法	款式：宜为高跟、半高跟的船式皮鞋或盖式皮鞋
		大小相宜
		完好无损
		不可当众脱下
袜子	选择	面料：尼龙丝袜或羊毛袜
		色彩：宜为单色，包括肉色、黑色、浅灰、浅棕等几种常规选择
		图案：图案与装饰均不宜过多，没有任何图案的袜子更为合适
		款式：高筒袜与连裤袜，是与套裙的标准搭配
	穿法	大小相宜
		完好无损
		不可当众脱下
		不可随意乱穿
		袜口不可暴露于外

【推销阅读 11.4】

TPO 原则，即着装要考虑到时间“Time”、地点“Place”、场合“Occasion”。其中的 T、P、O 三个字母，分别是英文时间、地点、场合这三个单词的缩写。它的含义，是要求人们在选择服装、考虑其具体款式时，首先应当兼顾时间、地点、场合，并应力求使自己的着装及其具体款式与着装的时间、地点、场合协调一致，较为和谐般配。

时间原则：如果在白天工作时间与刚结识不久的准顾客会面，这时你的着装一定要正式，以表示你的专业性和对顾客的尊重。周末或休闲时与顾客在非正式场合会面则可以穿得随意一些，让人感觉较为随和。

场合原则：场合有正式场合和非正式场合之分。在正式场合，与顾客会谈，参加正式会议或出席晚宴，销售代表的衣着应庄重、考究。男士可穿质地较好的西装、打领带，女士可以穿正式的职业套装或晚礼服。在非正式场合，如朋友聚会、郊游等，着装应轻便、舒适。

地点原则：这里的地点是指你所处的地点或准备前往的地点。如果你在自己的家中接待顾客，可以穿着随意一些；如果去顾客家中拜访，既可以穿职业套装，也可以穿随意的休闲服；如果去公司或单位拜访，穿职业套装会显示出对此次会面的重视；而在做产品示范时可以穿得较为随便。

资料来源：丁宇．销售代表的着装和礼仪．商务交际，2006（7）．

二、姿态礼仪

（一）男士的坐、立、行

古代有“坐如钟、站如松、行如风”的说法，主要是对男子姿态提出的要求。

坐如钟，要求男子坐相要像钟那样端正稳实。一般来说，坐时上体要自然挺立，忌东倒西歪，两腿不要开裂过大或把脚高高跷起摇晃抖动。

站如松，要求男子站相要直立挺拔。一般来说，站时要抬头挺胸，头与躯干成一垂线，两肩舒展，双臂自然下垂，两前脚掌自然开裂成60度左右。在比较正式的场合，必须保持身体直立状态，两臂自然下垂或两手在体前交叉，右手放在左手上；在非正式交际场合，可把手背在身后或双臂抱胸。

行如风，要求男子走相要精神抖擞。一般来说，走时要两眼平视前方，两肩不要晃动，步态要稳健。

（二）女士的坐、声、行

女士的坐、立、行有些要求与男子相同，但人们对女性的姿态有特殊的审美要求，要尽可能表现出优雅动人的魅力。

女士入座动作应轻缓，落座后，上身要保持正直，如穿裙子要注意把裙角收拾好，同时注意双腿并拢，两脚平列或前后稍稍分开或把腿斜放，两手自然放在膝上或支撑在椅子扶手上，两眼自然向前平视。

女士站立时，可一只脚略前，一只脚略后，前脚的脚跟稍稍向后面的脚背靠拢，后腿的膝盖向前腿膝盖靠拢，膝部略为弯曲。要注意挺胸收腹，身体自然向上挺直。

女士行走时膝盖应正对前方，身体重心可微向前倾，目光平和，直视前方，两臂自然摆动。

三、面部表情礼仪

面部表情是指眼睛、眉毛、嘴巴、鼻子、面部肌肉以及它们的综合运动所反映出的心理活动和情感信息。面部表情是仅次于语言的一种交际手段，因此在交际活动中表情备受人们注意。在人的千变万化的表情中，其中的目光和微笑最具有礼仪功能。

（一）目光

眼睛是心灵的窗口，目光是面部表情的第一要素。一双眼睛能传出喜、怒、哀、乐不同的情感。因此，在推销过程中要善于运用目光传达自己的信息。

“凝视”就是目光专注于某一点，是一种最常用的目光。一般说来，与客户见面时可以把自己的目光放虚一些，不要聚焦于对方身上的某个部位，而要把目光放在对方的嘴、头顶、脸颊两侧和脖子这个范围。

目光可以表现出不同的情感，因此懂礼仪、有教养的人往往注意控制自己的目光，使其在不同对象面前表达出不同的意义。在一般情况下，都应尽力避免使用鄙夷或不屑的眼神，因为这常会深深伤害对方的自尊心，是一种无礼的表现。

（二）微笑

微笑是交际活动中最富有吸引力、最有价值的面部表情。无论是在办公室、在舞场、在谈判桌上，还是在周游世界的旅途中，只要你不吝惜微笑，往往就能够左右逢源、顺心如意。这是因为微笑表现着自己友善、谦恭、渴望友谊的美好的感情因素，是向他人释放的理解、宽容、信任的信号。有人把微笑称作为一种有效的“交际世界语”，这是十分恰当的。正如罗杰·E. 艾克斯泰尔所指出的：“有一个世界通用的动作，一种表示，一种交流形式，它存在于所有的文化与国家中，人们不分国别、不分种族地使用它，并理解它的含义。它可以帮助你与各种关系的人交往，不论是业务伙伴，还是朋友，它是人们交流中唯一最有用的形式。那就是微笑。”

所以，与客人初次见面，面露微笑，就好像具有一种磁力，使人顿生好感；见到老客户，点头微笑，打个招呼，会使人感到你不忘旧情，是个重礼仪的人。

【推销阅读 11.5】

微笑是可以训练养成的。据说，日本在培养空中小姐时，要进行长达几个月的微笑训练。人们微笑时，首先表现在嘴角的两端要平均地向上翘起。在练习时，为使双颊肌肉向上抬，口里可念着普通话的“一”字音。

笑的关键在于善于用眼睛来笑。如果一个人的嘴角上翘时，眼神仍是冷冰冰的，就会给人虚假的感觉。眼睛的笑容的训练方法是，取厚纸一张，遮住眼睛下边部位，对着镜子，心里想着那些最使你高兴的事情，使笑肌抬升收缩，嘴巴两端做出微笑的口型。这时，你就会十分自然地呈现出微笑的表情了。随后，放松面部肌肉，眼睛也随之恢复原形，但这时的目光中仍然会流露出含笑脉脉的神采。

资料来源：李鸿军．交际礼仪学．华中科技大学出版社，2002：158.

需要强调的是，微笑是发自内心地对人友好的一种情感。一个心地善良、乐于助人、对生活充满着挚爱的人，才能在推销活动中完美地掌握这种最高级的礼仪手段。

四、见面礼仪

（一）上门推销礼仪

1. 事先预约，不做不速之客

上门推销，务必选好时机，事先约定，这是进行推销活动的首要原则。一般而言，当你决定要去某位客户那里推销时，应打电话或其他方式取得联系，约定客户比较合适的会面地点和时间，并把上门的意图告诉对方。在上门推销中，未曾约定的拜会，属失礼之举，是不受欢迎的。

2. 如期而至，不做失约之客

与客户约定了会面的具体时间，作为推销人员应履约守时如期而至。既不能随意变动时间，打乱客户的安排，也不能迟到早到，准时到达才最为得体。如因故迟到，应向客户道歉。如因故爽约，应事先诚恳而婉转地说明。

3. 彬彬有礼，不做冒失之客

无论是办公室或是寓所推销，一般要坚持“客听主安排”的原则。如是到客户寓所拜访，作为推销人员进入客户寓所之前，应轻轻叩门或按门铃，待有回音或有人开门相让，方可进入。若是客户亲自开门相迎，见面后应热情向其问好；若是客户夫妇同时起身相迎，则应先问候女客户好。若你不认识出来开门的人，则应问：“请问，这是×××先生的家吗?”得到准确回答方可进门。当客户把推销人员介绍给他的妻子或丈夫相识，或向推销人员介绍家人时，都要热情地向对方点头致意或握手问好。见到客户的长辈应恭敬地请安，并问候家中其他成员。当客户请坐时，应道声“谢谢”，并按客户指点的座位入座。客户上茶时，要起身双手接迎，并热情道谢。

4. 衣冠整洁，不做邋遢之客

为了对客户表示敬重之意，推销人员要仪表端庄，衣着整洁。入室之前要在踏垫上擦净鞋底，不要把脏物带进客户家里。夏天进屋后再热也不应脱掉衬衫、长裤，冬天进屋再冷也应摘下帽子，有时还应脱下大衣和围巾，并切忌说“冷”，以免引起主人误会。

5. 举止文雅，谈吐得体，不做粗俗之客

古人云：“入其家者避其讳。”人们常说，主雅客来勤；反之，也可以说客雅方受主欢迎。在普通客户家里，不要乱脱、乱扔衣服。未经客户许可，不要擅入主人卧室、书房，更不要在桌上乱翻，床上乱躺。同客户谈话，态度要诚恳自然，不要自以为是地评论客户家的陈设，也不要谈论客户的长短和扫兴的事。

6. 惜时如金，适时告辞

推销人员停留时间不要过长、过晚，以不超过半小时为宜。推销的目的已达到，见主人显得疲乏，或意欲他为，便应适时告辞。辞行时要对上门推销，打扰客户表示歉意。从对方的公司或家里出来后，切勿在回程的电梯及走廊中窃窃私语，以免被人误解。

（二）寒暄礼仪

音乐始于序曲，推销起于寒暄。寒暄是推销的开场白，袒腹深谈的序幕。

1. 寒暄的类型

寒暄是社会交往中双方见面时以相互问候为内容的应酬谈话，属于非正式交谈，本身没有多少实际意义，它的主要功能是在打破彼此陌生的界限，缩短双方的感情距离，创造和谐的气氛，导出交谈的话题。说第一句话的原则应是：亲热、贴心、消除陌生感。

（1）问候型。表现礼貌的问候语，包括近几十年中流行开来的新型招呼语如“您好”“早上好”“节日好”“新年好”之类；过去官场或商界的人，初交时则常说：“幸会！幸会！”等；表现思念之情的问候语，如“好久不见，你近来怎样?”等；表现对对方关心的问候语，如“最近身体好吗?”“最近工作进展如何，还顺利吗?”或问问老人的健康，小孩的学习等表现友好态度的问候语，如“生意好吗?”“在忙什么呢?”

（2）攀认型。俗话说：山不转路转。在人际交往中，只要彼此留意，就不难发现双方有着这样那样的“亲”、“友”关系，如“同乡”“同事”“同学”，甚至远亲等沾亲带故的关系。在与客户初次见面时，略事寒暄，攀认某种关系，可以立即拉近距离，促进销售。三国时，鲁肃见诸葛亮的第一句话是：“我，子瑜友也！”（子瑜是诸葛亮的哥哥诸葛瑾）短短一句话，就奠定了鲁肃与诸葛亮之间的情谊。

（3）敬慕型。这是对初次见面者尊重、仰慕、热情有礼的表现。如“我可久仰大名了”，“早就听说过您！”，“您的大作，我已拜读，得益匪浅！”，“您比我想象的更年轻！”，“您精神多了！”。

2. 寒暄注意事项

（1）态度要真诚，语言要得体。客套话要运用得妥帖、自然、真诚，为进入推销奠定融洽的气氛。要避免粗言俗语和过头的恭维话。如“久闻大名，如雷贯耳”，“今日得见，三生有幸”，就显得不自然。

（2）要看对象，对不同的人应使用不同的寒暄语。一般来说，最好能使客户感到推销人员对自己的尊敬，对年长的客户的仰慕。寒暄用语还要恰如其分。如中国人过去见面，喜欢用“你又发福了”作为恭维话，现在人们都想方设法减肥，再用它作为恭维话恐怕就不合适了。

（3）要看场合，在不同的地方使用不同的寒暄语。拜访客户时要表现出谦和，不妨说一句“打扰您了”。庄重场合要注意分寸，一般场合则可以随便些。有的人不分场合、时间甚至在厕所见面也问人家“吃饭了没有”，使人啼笑皆非。

（三）握手礼仪

握手一般遵循“尊者决定”的原则。在拜访客户时，客户应先伸手，推销人员再伸手相握，推销人员告辞时，则先伸手表示辞行，客户才能握手告别。

在互致问候的同时，双方各自伸出右手，彼此之间保持一步左右的距离，手掌略向前下方伸直，拇指与手掌分开并前指，其余四指自然并拢并微向内曲，握手时两人伸出的掌心都不约而同地向着左方，然后用手掌和五指与对方相握。伸手的动作要稳重、大方，态度要亲切、自然。右手与人相握时，左手应当空着，并贴着大腿外侧自然下垂，以示用心专一。握手时间的长短可因人因地因情而异。太长了使人局促不安，太短表达不出热烈情绪。初次见面时握手时间以3秒钟左右为宜。为了表示尊敬，握手时上身略微前倾，头略低一些，面带笑容，注视对方的眼睛，边握手边开口致意，如说：“您好！”“打扰您了！”等。握手时可以上下微摇以示热情，但不宜左右晃动或僵硬不动。对尊敬的长者握手可取双握式，即右手紧握对方右手时，再用左手加握对方的手背和前臂。

（四）名片礼仪

交换名片是建立人际关系的第一步，一般宜在与客户初识时自我介绍之后或经他人介绍之后进行。

递送名片的先后没有太严格的讲究。出于推销业务的需要，一般是推销人员应主动递送名片。递送名片时，应面带微笑，正视对方，将名片的正面朝着对方，恭敬地用双手的拇指和食指分别捏住名片上端的两角送到对方胸前；如果是坐着，应起身或欠身递送，递送时可以说一些“我叫×××，这是我的名片，请笑纳”或“请多关照”之类的客气话。

接受他人名片时，应起身或欠身，面带微笑，恭敬地用双手的拇指和食指接住名片的下方两角，并轻声说“谢谢”，“能得到您的名片十分荣幸”。如对方是地位较高或有一定知名度的，则可道一句“久仰大名”之类的赞美之辞。接过名片后，应十分珍惜，并当着对方的面，用30秒钟以上的时间，仔细把对方的名片“读”一遍，并注意语音轻重，有抑扬顿挫，重音应放在对方的职务、学衔、职称上；不懂之处应当即请教：“尊号怎么念？”随后当着对方的面郑重其事地将他的名片放入自己携带的名片盒或名片夹之中，千万不要随意乱放，以防污损。

五、谈吐礼仪

推销人员与顾客初次见面谈话时间一般都很短。如何在有限的时间里给对方留下良好而深刻的印象，说好第一句话是至关重要的。一般来说，客户听完推销人员说的第一句话，就会决定是继续谈下去，还是马上把推销人员打发出去。所以，向顾客说的第一句话，必须马上能引起对方的兴趣和注意。

（一）谈吐应遵循的原则

交谈是靠口头语言、体姿语言和聆听艺术构成的沟通方式。要使交谈能充分地表情达意，增加言语传递的有效性，并给对方留下美好印象，应遵循以下原则：

1. 态度坦诚

欧洲有一句格言：“出自肺腑的语言，才能触动别人的心弦。”人与人之间的思想交流和信息沟通，贵在一个“诚”字。与人交往，交的是心，而坦诚则是心与心之间最好的桥梁。坦诚相见，直抒胸臆，能使人感到亲切自然；如果虚情假意，言不由衷，就会出现“话不投机半句多”的尴尬场面。

2. 神情专注

交谈时，双方都应专注认真，正视对方，谈话中的语气、语态、神色、动作、表情都要专心致志，聚精会神，并适当使用一些表示认同的语气和体态语如“啊”“是吗”“那太好了”等，以烘托、渲染交谈气氛，激发对方的谈兴。交谈中切忌东张西望，似听非听，或翻阅书报，或处理与交谈无关的事务。

3. 谨慎多思

俗话说：“会说话的人想着说，不会说话的人抢着说。”在交谈中谦虚礼让，多听少讲，先听后讲，想好再说，才可以减少交谈中的失误，显得成熟和稳重，切不可信口开河、言不及义，或满口粗话、胡乱议论，给人一种浅薄轻浮的印象。

4. 平等交谈

交谈是双向交流，而不是一方发表演说。交谈的双方可能身份地位不同，但在人格上都是平等的。因此，首先要有平等的谈话态度，即使自己对某一问题掌握了权威的材料或有独到的见解，也应多用商量的口气说话。其次，要注意多给客户说话的机会。在交谈中，有经验、有教养的推销人员，都会注意谈话对象的谈话兴趣，有意识地“把住话头”，称道和关心对方，请对方谈谈自己的看法。

5. 知人善谈

“看人说话”，“有的放矢”，善于因人而异，才能获得良好的交谈效果。与客户交谈，要注意以下四点：

（1）语速、音量因交谈者年龄而异。一般对老年客户用较慢的语速、较大的音量与之交谈，能使对方产生被人尊敬的喜悦感；而与年青客户交谈则宜轻言慢语，语调柔和，能使对方产生安全感、亲切感和信任感。

（2）遣词用句依交谈者文化程度而别。交谈的内容，有的应讲究点风度，增加点文采；有的则宜朴实通俗，贴近生活。

（3）谈话语气依客户的不同目的而变化。对求助的客户，推销人员应以体谅对方的心情说话，语气平和，给对方一种亲切感、信任感；对于提供某种信息的客户，推销人员则应表达感激之情；与研究探讨问题的客户，则宜采用征询、商量的口气。

（4）交谈双方距离依关系、性别而定。

（二）谈吐技巧

推销人员与客户交谈不仅仅只是推销产品，实际上更多的是心与心的沟通交流。

1. 善找话题

（1）找共同点。交谈只有在共同的知识、经验、兴趣范围内才能进行下去。所谓找共同点，即是从交谈参与者的年龄、职业、学历、性格等特点上找共同点，并由此引出话题。同行可谈谈业务上的问题，同事可聊聊单位上的情况，老同学可一起回忆同窗共读的情景，年龄相近的人可谈谈身体与家庭起居等。从共同点找话题，会越谈越投机。

（2）就地取材。即结合交谈双方所处的环境就地取材，引出话题。如果是在交谈对象家中，家中的装潢、墙上的字画、书架上的书籍、桌上的陈设以及室内的花卉，都可信手拈来，作为正式交谈的开场白。

（3）循趣入题。即问明对方的兴趣，或了解对方最近正在从事的活动，循趣生发，进入话题，如体育运动、小说、电视、饮食文化、流行时装、个人嗜好、“热门话题”等。善于选择话题不是无话找话，也不是漫无边际地乱侃，而是有目的地接近人、了解人，同时也让对方了解自己，觉得你是平易可亲的人；当然，选择话题还要看对象，交谈对象不同，所选择的话题和所使用的言语、口吻也应有所不同。

2. 善用表情

黑格尔曾说过：“同样一句话，从不同人嘴里说出来，具有不同的含义。”其实，同一句话，即使是从同一个人嘴里说出来，也可能因表情不同，即语音、语调、语速不同，姿态、手势有异，而带有不同的含义，给人不同的感觉。所以，要达到友好的交谈效果，除了有令双方谈话和谐愉悦的话题以外，还要运用声调、表情、手势等有声有色地表现出谈话的情感色彩。

3. 善转话题

善于调节话题的人，能敏感地意识到并在适当时机用适当的语言转换话题。其目的就是把跑题的交谈转到主题上来。一般来说，格调不高的、乏味的、影响关系的话题就需要适时调节转换。但转换话题应注意自然过渡，不使对方生疑，因势利导地使交谈按照自己的想法进行。

【推销实例 11.1】

幽默化解

在推销过程中，把话说得委婉一些，诙谐一些，比直截了当地说要好得多。一位推销人员在市场上推销灭蚊剂，他滔滔不绝的演讲吸引了很多顾客，突然有人向他提出一个问题："你敢保证这种灭蚊剂能把所有的蚊子都杀死吗?"这位推销人员机智地回答："不敢，在你没打药的地方蚊子照样活得很好。"这句幽默之语使人们愉快地接受了他的推销宣传，几大箱子灭蚊剂很快销售一空。如果顺着顾客的提问回答"是的"，则很难取得大家的信任。

（三）谈吐中的非语言问题

有的专家认为，在两个人交谈过程中，有65%以上的"社会含义"是通过非言语符号传递的。因此，推销人员在谈吐中不仅要注意到言语的准确性和文明性，善于选择优美的词汇来表达自己的感情和体现对他人的尊重，而且要注意各种非言语交际符号的使用。

1. 谈吐时的声音

谈吐时的声音是由音质、音量、音色、音调等构成的。有些人说话时往往只注意到内容的有趣、词汇的生动，而把说话的声音忽略掉了。事实上说话如同唱歌一样，甜润动听，速度适中，强弱得宜，高低和谐的声音能使人在听觉上产生美感，使你一开口就吸引住客户。声可传意，声可传情。一个懂得礼仪的推销人员，一定会在声音的大小、轻重、粗细、高低、快慢上有所用心，讲究自己的声音美。

声音是付诸听觉的，因此要根据客户距离的远近、人数的多少，适当地控制自己的音量。我们应当记住，在能使人听清的前提下，一般说来放低音调总比提高嗓门来得悦耳，柔和甜美的音质总比尖厉生硬的音质显得动人。

声音还应当是富于变化的，因为人的各种感官也都喜欢变化，同样的，也都讨厌千篇一律。耳朵因为听到一种同一的、继续的音调会感到不舒服。一个讲究谈吐艺术的人，声调总是根据说话的内容而不断变换，从而能够恰到好处地表现出自己的情感。

2. 谈吐时的手势

手势是通过手和手指的动作变化来表达思想感情和传递信息的。说话打手势的习惯几乎是人们天生就有的。在谈吐时运用手势，需要注意以下三点：

（1）手势要优雅自然。谈话除非需要用手势来加强语气、指示对象、模拟物状外，一般不要有无意义的手势。

（2）手势要符合礼仪。交际礼仪中包含有许多规范化了的手势，如手指示方向或指向某人时，通常是掌心向上，由内向外自然伸开手臂，这样才显得彬彬有礼，易于为人接受。

(3) 手势要尊重民族习惯。手势语是极为丰富多彩的，各个民族都有一些独特的手势语，或者同一种手势可以表示不同的意思，同一个意思可用不同的手势表示。在向不同民族的客户推销时，不知深浅，切莫下水，最好少用一些较为特殊的手势，如要使用就要符合当地民族的习惯。

3. 谈吐时的界域

所谓谈吐界域就是在不同场合与不同客户交谈时相应的交谈距离。谈话时的距离太远会被人误认为你是在嫌弃他，太近又会侵犯他人的个体空间，使对方不自在，因此太远太近都是失礼的。

交谈的界域不仅存在民族差异，而且也存在个体差异，即便是同一民族，每个人也有自己的习惯。一般来说，在实践中需要靠感觉来把握。

【推销阅读 11.6】

对于交谈界域的划分，有的人认为存在三个区域，有的人认为存在四个区域，这中间并没有本质的区别，只是划分粗细不同罢了。持四个区域观点的专家认为，人们的交谈空间大致可分为公众区、社会区、个人区和亲密区。

公众区的交谈，往往是一人与多人交谈，谈话对象不太固定，相互间的距离要根据实际场合而定，一般在 2 米以上。

社会区的交谈多为熟人，距离一般是 1 米，若是陌生人则在 1 米以上。

个人区的交谈对象多为关系更为密切的一些朋友，距离在 0.5 米左右。

亲密区的交谈对象多为爱侣或至亲好友，因为有时谈话内容属于隐私，所以距离很近，甚至相互之间几乎无间隔，即所谓的"交头接耳""说悄悄话"。

人们交谈距离的一般规律是，人们离他们喜欢的人比他们不喜欢的人更近些；要好的朋友比一般的熟人更近些；熟人比陌生人更近些；地位相同的人比地位差别较大的人更近些；女士之间比男子之间更近些。

资料来源：张晶晶．礼仪教程．西北农林科技大学出版社，2007：86.

(四) 倾听客户要诀

名言说得好："善言，能赢得听众；善听，才会赢得朋友。"诉说是一个人的天性，倾听是一个人的美德。如果不是从演说家的职业需要考虑，而是从推销的目的考虑，善听往往比善言更重要。在言语交际中，认真倾听客户的谈话是对客户的尊重，对方因而会把你视为知音。那么，听客户谈话要注意哪些问题呢？

1. 要虚心

最高明的"听众"是善于向别人请教的人。他们能够用一切机会博采众长，丰富自己，而且能够留给别人彬彬有礼的良好印象。为了表明推销人员对客户所谈内容的关心、理解和重视，可以适时发问，提出一两个客户擅长而自己又不熟悉的问题，请求客户更清晰地说明或解答，这样做往往会令客户受到鼓励。

2. 要耐心

有时一个普通话题，你已知之甚多，但客户却谈兴很浓，出于对对方的尊重，应保持耐心，尽量让客户把话讲完，不要轻易打断或插话，也不要反诘、反驳对方。如果确实需要插话或打断对方谈话时，应先征得客户的同意，用商量的口气说一声："请等一等，让我插一句""请允许我打断一下"或"我提个问题好吗？"这样，可以转移话题又不失礼貌。

3. 要专心

听客户谈话应全神贯注，用心去体会对方的谈话。如一时没有理解对方的谈话，不妨尝试性地解释对方谈话的意义。这样不但能使自己思路更明确，也使对方觉得你听得很专心，谈得很投机。

4. 要细心

听客户谈话还要有足够的敏感性。注意听清对方话语的内在含义和主要思想观点，不要过多地考虑对方的谈话技巧和语言水平，不要为枝节问题所冲淡。

5. 要有呼应配合

当客户说得幽默时，回应的笑声会增添说话人的兴趣；当说得紧张时，听者屏住呼吸会强化气氛；当讲到精彩处可报以掌声。当然，推销人员的表情反应要与客户的神情和语调相协调，不可大惊小怪，显得浮躁无知。

【本章小结】

推销人员的素质，主要是推销人员的思想、信念、能力、气质、性格等因素的综合体。推销人员应具备的素质包括思想素质、业务素质、心理素质、身体素质和个人素质五个方面。提升推销人员的素质主要从推销人员招聘、推销人员培训、推销人员考核等方面着手。

推销人员礼仪是推销人员在推销活动中处理人际关系并约束自己行为以示尊重客户的准则。推销人员应熟悉、掌握的礼仪包括服饰礼仪、姿态礼仪、面部表情礼仪、见面礼仪和谈吐礼仪。

服饰礼仪有服饰选择基本原则、男士西装礼仪和女士套裙礼仪。姿态礼仪分别包括男士和女士的坐、声、行。面部表情是仅次于语言的一种交际手段，在人的千变万化的表情中，目光和微笑最具有礼仪功能。见面礼仪包括上门推销、寒暄、握手、名片等内容。谈吐礼仪包括谈吐应遵循的原则、谈吐技巧、谈吐中的非语言问题、倾听客户要诀。

【思考题】

1. 推销人员应具备什么素质？
2. 如何提高推销人员的素质？
3. 在服饰、姿态方面，男士和女士分别有什么要求？
4. 推销人员与客户见面应注意什么？
5. 推销人员与客户交谈的技巧有哪些？
6. 推销人员如何倾听客户谈话？

【案例讨论】

令顾客尴尬的拜访

小李是公司业务员，属典型快嘴，一说起话来便很难停下来。一次公司让他拜访一个外国客户，预约时间为20分钟。他对自己的英语没把握，特地准备了拜访的商谈稿与多个备用小故事，请人翻译成英语，一咬牙全背了下来。拜访地点在外宾公司楼下的咖啡馆。一开始，围绕主题，访谈愉快地进行着，事项很快谈完了。考虑到是初次拜访，为了加深友谊，同时也为了好好表现一下自己，他围绕那些故事旁征博引，天南海北，狂侃一通。外国客户听得云里雾里，起先还“嗯”“哦”地应声，后来干脆不吱声了。一个小时后小李发现外国朋友已将双肘抬起，双手支于椅子的扶手，但他谈性正浓，仍喋喋不休。故事到高潮时，他还手舞足蹈地表演一番。不一会儿，小李的言行举止便引来更多目光，令外国客户尴尬不已。

问题讨论：

1. 小李拜访外国客户的表现，为何引来众多好奇的目光？
2. 初次拜访，应注意什么？

第十二章 网络推销

【学习目标】

通过本章学习，要求掌握：

1. 网络推销与传统推销的异同；
2. 重点了解几种常见网络推销手段的开展方式；
3. 了解网络推销中大数据的运用途径。

【内容摘要】

作为一种新兴的推销类型，网络推销有着许多区别于传统线下推销的特征与优势，但无论如何，它仅仅是推销的一种技术，也有着与传统推销密不可分的相似之处。本章首先对网络推销的发展状况进行了简要介绍，界定了网络推销的含义；对网络推销与传统推销的异同进行了对比，并重点分析了网络推销的优势与弊端；接着重点介绍了网络推销常用的网络论坛、搜索引擎、百科、微博等推销手段与工具；最后，对网络推销与大数据，以及大数据在网络推销中的运用进行了介绍。

第一节 网络推销概述

2016 年 8 月 3 日，中国互联网络信息中心（CNNIC）在国家网信办发布了《第 38 次中国互联网络发展状况统计报告》，报告显示，截至 2016 年 6 月，中国网民规模达 7. 10 亿人，互联网普及率达到 51. 7%，其中，移动互联网用户占网民总群体的比例高达 92. 5%。随着移动通信网络环境的不断完善以及智能手机的进一步普及，移动互联网应用深入渗透至我国居民的各类生活需求之中。

伴随着我国互联网行业的高速发展，国内电子商务规模持续增长。中国电子商务研究中心《2016 年度中国电子商务市场数据 》显示，2016 年中国电子商务交易额 22. 97 万亿元，同比增长 25. 5%。其中，B2B 市场交易额 16. 7 万亿元，同比增长 20. 14%；网络零售市场交易额 5. 3 万亿元，同比增长 39. 1%。2016 年中国网络购物用户规模达到 5 亿人，相比 2015 年的 4. 6 亿人，同比增长 8. 6%。2016 年上半年中国网络零售市场交易规模占到社会消费品零售总额的 14. 8%，较 2015 年上半年的 11. 4%，增长了 3. 4%。预计 2016 年全年将突破 15%大关。

一、网络推销的含义

电子商务环境的稳健和成熟，为企业营销带来了新的机遇与挑战。它在某种程度上改变了传统推销的特定性和双向性，改变了传统推销的交易环境、交易氛围、推销方式，强化了推销以客户为中心的原则。电子商务时代要充分运用社会性媒体，实现从传统推销向网络推销转变。

网络推销就是在网络时代的背景下，企业推销人员借助计算机及网络技术，向虚拟市场传递有关商品及劳务的信息，以引发消费者需求、唤起购买欲望和促成购买行为的各种活动。网络推销在现实生活中的具体形式十分丰富，比如消费者在淘宝网购时，会发现淘宝首页总是会向顾客推荐一些他近期正感兴趣的商品；新浪微博上，总有一些博主不定期地发送一些产品推广信息；我们登录论坛，总会在相关板块看到一些楼主发布的有关某些商品的测评或使用感受。可以说，网络推销已经广泛渗透到我们生活的方方面面，甚至在一定程度上取代了传统的沟通方式。

网络推销与传统推销具备同样的行动目的，就是让推销客体接受推销主体的意愿和观念，购买其商品和服务。就传递信息进行说服、争取理解和被接受而言，网络推销与传统推销是一脉相承的。

二、网络推销与传统推销的异同①

作为一种新兴的推销形式，网络推销继承了传统推销的一系列特征，同时也随着网络技术的发展，慢慢呈现出一系列区别于传统推销的特色。

1. 网络推销与传统推销的相似之处

（1）两种推销具备同样的职能。无论是网络推销还是传统推销，都是一个过程，在这个过程中，都承担着几乎同样的职能。比如，二者均需要寻找新的顾客、向顾客传递商品信息、销售企业商品、向顾客提供多种服务、向自身企业反馈市场信息，并在此过程中协调企业与顾客的关系。

（2）两种推销都具备类似的推销程序。既然是推销，第一步都是寻找并接近顾客，随后与客户进行推销洽谈、处理顾客的各种异议，到后期达成交易并提供一系列售后服务，并向企业进行各种信息反馈。只不过由于所处的推销环境不同，这些程序在具体执行时的途径和方式有差异。

（3）两种推销的最终目的都是促成购买行为。促成购买行为是每个推销人员的任务，无论是线上的网络推销，还是线下执行的传统推销。它们的工作重点都是要让推销对象接受推销员所推销的观点、产品或劳务，并让他人接受自己的产品或劳务。它们都是要让顾客认为，他购买你的产品或服务是会得到某些好处的。

2. 网络推销与传统推销的差异

① 刘艳．电子商务时代的推销创新．现代经济探讨，2014（12）：66-69.

推销作为一种销售商品、传递商品信息、提供服务、反馈市场信息的专业活动，具有针对性、灵活性、双向性、互利性、说服性等特征。然而，推销的这些传统特征在电子商务时代发生了一定变化。传统的有形的物理交易环境转变为非结构化的无形的互联网等虚拟空间；传统的直接面谈、当面交易方式转变为电子交易方式。因此，网络推销的本质在于，在数据信息技术、电子电脑技术、网络通信技术等新技术的支撑下，在传统推销活动的各环节中注入电子化、数字化、网络化的现代商业方法。

电子商务相对于传统商务具有更自由的环境、更广阔的市场、更快速的流通、更低廉的价格、更符合的要求等优势。因此，电子商务自诞生之日起，便给企业的生产方式、人们的消费方式、政府的服务方式带来了巨大冲击，给传统商业带来了革命性影响，也必然会对传统推销方式提出挑战。

网络推销与传统推销的差异性主要表现在：

(1) 电子商务在某种程度上改变了传统推销的特定性和双向性。传统推销通常是在特定的市场环境中，针对特定的推销对象有针对性地传递信息，并且这种信息的传递能得到即时的反馈，推销员也能够观察到潜在客户的反应，了解其需求。然而，在电子商务环境下，推销更多的是一种单向的活动，由于网络的虚拟性，往往很难及时得到推销对象的回应。推销对象的特定性在一定程度上也有所淡化，这是由于网络的高效性，使得某些网络推销活动具有特别广的覆盖面，而覆盖的人群有时也并非企业特定的目标人群。传统的推销技巧可能并无用武之地。

(2) 电子商务改变了传统推销的交易环境和交易氛围。推销活动的基本要素包括推销员、推销品和潜在客户 3 个方面，推销员处于核心地位。传统推销对推销员的个人素质要求较高，比如相貌、着装、口音、表达能力、情绪、态度等，而在虚拟的网络空间，这些因素对推销成功与否的影响力大大降低，甚至变得可有可无，潜在客户也变得模糊。同时，网络具有信息容量巨大、信息内容丰富的优势，电子商务为推销提供了更加丰富多彩、直观形象的展示产品和服务的平台。相应地，推销员要利用现代化技术，充分、具体地展示推销商品或服务的价值，促使客户尽快形成对商品有用性的认识，形成正确的商品使用价值观念，即在满足客户物质需求的同时满足心理需求和精神需求。

(3) 电子商务改变了传统的具体推销方式。传统推销在很大程度上受到时空的限制，只能在特定的时间、特定的场合，向特定的对象推销商品，并要遵循寻找顾客—接近—洽谈—处理障碍—推销成功的流程。而网络的开放性、无中心性、交互性决定了推销可以采取更为灵活多样的技术手段，推销环节可以更加简化，推销方式方法更广、更快、更丰富。尤其是，互联网技术的发展使得在网络推销的过程中，传统推销程序中的寻找顾客、接近顾客有了更多的不受时空限制的方式，后文我们将针对这一问题详细展开讨论。

(4) 电子商务强化了推销“以人为中心”的基本原则。现代推销强调互利性，即通过推销同时满足推销主体和推销对象的需求，实现互利双赢。电子商务时代，推销过程的简化、推销手段的多样化、推销竞争的加剧，必然要求推销以满足顾客需求为主要原则。也只有把激发和满足顾客的消费欲望与需求作为推销的出发点，才能减少推销失误，增强推销成效。因此，网络推销应当以人为中心，而非以物为中心。

三、网络推销的优势与弊端

网络推销相对于传统推销，展现出了诸多差异，这些差异会为企业网络营销带来新的机遇，但任何新兴事物，由于发展的不完善，必然也与生俱来地带有诸多弊端需要完善。

1. 网络推销相对传统推销的优势

（1）有利于降低成本。网络推销作为网络营销的一种方式，给企业带来的最大优势就是降低了企业成本。第一，与计算机网络的连接，可以最大限度地实现资源和信息共享，同时方便了随时随地的信息交流与沟通。这不仅降低了企业在交通、通信、劳动力、财务和租金（办公室、停车场）等方面的成本，而且在某种程度上提高了企业的管理效率。第二，网络推销也可大大降低企业的销售成本。销售是企业产品流向市场的一个重要环节，所以众多公司在销售方面花费巨额费用的情况屡见不鲜，而网络推销可以降低部分销售费用。互联网与传统媒体相比有更强的交互性和多媒体性，可以以图片、声音和文字等不同的形式传递不同信息，同时可以为交易双方提供直接的沟通桥梁。

（2）市场需求范围更广阔，有利于增加商业机会，促进商品销售，扩大品牌知名度。网络推销相比于传统推销，市场需求的地理范围更广阔。网络推销不仅仅局限于实体店面的购买和样品展示，因为其目标市场是网络族群，它可以深入任何有网络的地方。网络可以提供给企业及个人消费者全天候的广告及服务，而不是仅仅把广告与订购作为整体流程。此外，通过网络，企业可以把销售业务等拓展到国际市场，在很大程度上减少了市场壁垒，消除了不同国家间的公司因时间、地域等因素产生的障碍。网络的独有特点，可以帮助企业更好地促进销售，从而提高企业的市场占有率，扩大企业品牌的知名度。

（3）更广泛的服务机会，满足顾客需求。网络推销可以通过网络，提供线上自助服务系统，使消费者购物前了解相关信息，购物后也可与商家联系。网络推销不仅能满足消费者对购物便利性的需求，提高购物效率，更能满足消费者对商品价格的满足程度。网络推销能为企业节省传统方式下所花费的费用，使商品价格下降成为必然，增加了消费者的购买意愿。网络推销是一种更强调个性服务的促销方式，除了将产品的性能、特点、品质、价格以及顾客售后服务等内容充分展示，针对个别需求还能做到“一对一”的服务。

（4）竞争环境公平自由。在互联网模式下，每个企业都可以有自己的推销网点，在不违反法律与道德的情况下随时公布和更新自己的营销活动及优惠政策，每个企业要做到的最重要的一点就是信誉，只有拥有良好的信誉才能与消费者建立良好的、相互信任的关系。每个企业都可以以几乎相等的成本建立、维护和推广自己的网站，决定权掌握在消费者手中，每个企业都在同一个高度，利用公平竞争的手段拓展市场。

（5）目标市场前景广阔，有很大发展空间。伴随着互联网用户的高增长和网购客户的规模剧增，网络推销作为一种新型的营销方式，具有很强的适应性和应用性，中国互联网的高速发展给网络推销提供了更广阔的发展空间。

2. 网络推销的弊端①

（1）网络监管有漏洞。网络推销可采取的形式和花样种类繁多，由于相关政策法规不完善，针对很多的网络推销手段，往往存在较大的监管漏洞。比如说淘宝网的“秒杀”活动可以说是网络推销的热门手段，小到几十元的衣服，大到几千元的笔记本电脑，甚至几十万元的房子都可以进行“秒杀”。从最先的网络卖家的个人行为，很快发展成电子商务网站的官方行为，继而实体经营的餐饮店、家电家具卖场甚至地产商家也都相继进入，但存在的很多漏洞却没有完善。主要表现在：至今还没有正式出台关于网络推销管理等方面的具体办法；网络技术的现状导致很多复制内容的出现，复制商品与真实商品难分真假，严重侵害了消费者权益；在网络中，任何人都可以从网站上下载文字、图像和声音资料，这就会出现大量的商标及版权被盗的情况；网络推销的最终解释权一般为卖方所有，出现问题后一般消极对抗，没有真正履行承诺，这些方面的问题都涉及如何对网络推销进行有效监管。

（2）网络安全和信誉保障有待提高。在中国，网络购物已经不再是新鲜词，网络推销的方式是在网上寻找并接近顾客从而促成消费者购买意愿，进而在网上购物。当网络购物成为社会主流生活方式的时候，网络购物安全不仅越来越多地为人们关注，更成为新商业文明的重要保障，但事实上进行网络购物却没有实现完全的安全和信誉保障。2010 年商务部网站中工商部门整理出“消费者集中投诉的八大热点”，网络购物安全投诉占很大比例，消费者投诉的主要方面是假冒伪劣、夸大或虚假宣传、赠品承诺不兑现等。网络推销中，在产品的图片包装、产地、真实质量等方面都有过欺骗消费者的事件，而且在网络购物的整个流程中，付款方式最容易出现安全问题，很多消费者在付款过程中被欺骗，同时很多卖家没有重视自己的信誉度，出现质量伪劣、图片与实物不符、承诺不兑现等情况。

（3）售后服务保障体系不健全。现在，网络购物正以方便快捷、价格方面的优势日益成为吸引消费者的购物渠道之一，然而，没有保障的售后服务却令许多消费者不满，虽然在网络推销的过程中向顾客保证了相关的售后工作，但由于线上线下的脱节，导致网络购物售后服务是消费者比较头疼的一方面。因为没有与商家面对面的交流，没有实体店铺地址，有时甚至没有产品合格证及保证卡，消费者在发现产品有问题时会出现售后服务点不承认产品所属；联系不到买家；合格证或保证卡序列号为假冒；有些网站购物流程设计很合理，可一到退货这一步，页面就经常进不去等现象。这种现象的存在，使得网络推销在提供售后服务的这一环节要明显逊色于传统推销。

（4）很有可能错过潜在客户。第一，网络虽然在中国广泛使用，但是不使用网络的人也占很大一部分，网络推销主要是集中精力吸引网络族群，增加销售量，往往忽视了一部分现实中的客户。第二，网络搜索中消费者往往只会注意到第一、二页的搜索情况，网络搜索引擎要占很大的效用，排名越靠前越能吸引消费者的注意力，所以往往没有实力的企业或店铺无法达到预期。第三，网络推销的网站选择也很重要，如果所选择的网站点击率很高，那么其关注度就会很高；反之，就不会引起注意，这样也会流失掉一部分目标消费者。

（5）网络广告偏多，容易引起消费者反感。在网络推销过程中，企业往往将网络广

① 聂宇阳．浅析中国网络促销的发展与困境——由肯德基“秒杀门”想到．中国商界，2010（4）：160-161.

告视为接近顾客的一个重要渠道，而且网络广告的技术优势使其具备较强的针对性，因此各家企业大多十分重视网络广告的投放。因此就造成了一种情况，当顾客在浏览一个网页时，该页面上经常会出现很多企业的广告，这些广告有时会链接一些游戏、娱乐页面，更有甚者会出现一些不健康网站，其很有可能含有病毒链接，这些都是消费者深恶痛绝的。当打开某一产品促销链接时也会自动蹦出一些其他链接，有时会很难关掉，影响消费者的视觉效果和心理。

【推销实例 12.1】

2012 年 8 月 14 日，在不到 12 小时的时间里，刘强东共发了 24 条微博，几乎句句针对苏宁。他在微博上发出了价格战战书，决定京东大家电三年内零毛利，保证所有大家电比国美、苏宁连锁店便宜至少 10%以上。

面对京东公然砸场，苏宁不得不应战。苏宁易购执行副总裁李斌在其微博上承诺，如消费者发现苏宁易购价格高于京东，将即时调价。京东、苏宁的约架也再度搅起了整个电商行业的浑水。国美、当当、易迅等电商宣布，不同程度地参与此次价格战。

这场战争赚足了眼球，但后续发展令人大跌眼镜。用户发现，两家公司都在真吆喝，假降价。很多品类的降价幅度不到位或者缺货。有的用户比较后，发现很多商品国美库巴才是最便宜的。

案例点评：刘强东用过同样的方式在图书领域向当当挑起过战争。问题在于，在网上图书领域，当当是老大，京东是挑战者。刘强东挑起战争，博取眼球无可厚非。而在京苏大战中，苏宁虽然规模庞大，但是在电子商务上却是不折不扣的追随者、挑战者。这场战争让苏宁易购网购品牌大幅提升，网络流量也急剧上升。最重要的是，本来极度不会玩微博公关的苏宁高管，也被逼在微博上应战，从而获得了大量粉丝。

微博公关战，非常适合弱者挑战强者。前提是，弱者也不能太弱。太弱，强者根本不理你，媒体也不睬你。但是它绝对不适合用于强者主动打弱者。战争的结果是，在成熟市场，领先者不会大幅增加市场份额，反而追随者会获得更多的关注。

后续发展：一度流传现金撑不过 2012 年的京东，终于成功融资；京东似乎已经在短期放弃了爆眼球的策略；刘强东的微博也开始变得安静。苏宁易购收购了红孩子等电商来做大规模。在全行业亏损、天猫一家独赚的情况下，大家都回到了更加务实的方向。京东推出了更多的包括供应链金融的产品来获得收入，甚至要开放平台做游戏。

资料来源：微博营销的十大经典案例（4），https://weibo.tui18.com/201212/0735232_4.shtml.

第二节　网络推销的常见工具①

网络推销说到底就是要通过网络，向消费者传递相关产品信息，并说服其购买推销主

① 本节内容参见藏锋者．网络营销实战指导：知识·策略·案例．北京：中国铁道出版社，2013：247.

体的产品或服务。它将传统推销中的面对面沟通或是电话沟通转移到了互联网上。推销人员与顾客不见面、通过虚拟的聊天形式进行沟通。这种虚拟聊天可以是通过各种即时通信软件，也可以通过各种社交媒体，在这种情境中，推销人员的面部表情、着装、神态等推销要素被忽略，而重点放在了沟通的具体内容上，如文字、图片和音频、视频等沟通素材。在这样的网络推销过程中，推销洽谈、处理顾客异议、达成交易、提供售后服务、向本企业提供反馈信息等环节与传统的推销流程没有太大差异，只是这些环节被搬到了网络上而已，沟通的工具从线下的面对面直接接触变成了互联网上的虚拟接触。

传统来讲，顾客需要通过各种渠道搜集顾客信息，并且尝试约见、接近顾客，以进行进一步的面谈，沟通各种细节，最终促成交易。网络的虚拟性以及互联网技术的发展，使得网络推销不同于传统的推销方式，主要体现在寻找并接近顾客这一层面。网络推销中，不需要跟顾客进行面对面的接触，所以传统的发现、接近并约见客户在这里发生了形式上的转变。下面，我们介绍几种常见的网络推销工具，它们帮助推销人员更好地寻找并接近顾客，以方便后续推销程序的展开。

一、网络论坛推销

在网络推广或是推销的工具中，论坛推销最为常见，也是最有效的推销策略之一。在网络营销高速发展的这几年，论坛营销的成功案例数不胜数。“论坛推销”有时候也被称为论坛推广，是一种网络营销的策略，其实质是网络营销者利用论坛这种网络交流平台，通过文字、图片和视频等方式发布产品和服务的信息，从而让用户更深刻地了解产品或服务，最终达到加深市场认知度、激发顾客购买欲望的目的。常见的论坛有“百度贴吧”“天涯社区”“猫扑”“知乎”“豆瓣”等。

1. 论坛推销的 5 个优点

对于网络营销者来说，论坛推销具有很多的优点，这些优点绝大部分适用于任何网络营销者，包括刚起步的网络营销新手。

（1）目标群体庞大。根据中国互联网络信息中心（CNNIC）的数据，截至 2016 年，我国论坛/BBS 用户达到 1.2 亿人，占网民总数的 16.5%，中国论坛数量超过 200 万个，为全球第一。论坛已经成为中国网民常用的沟通平台。以“百度贴吧”为例，网民可以随时为某一话题设立专门的论坛，任何对此事件感兴趣的网民都可以到论坛发表言论和图片。现在的论坛中，几乎每个受网民关注的话题后面都有跟帖，热门事件和焦点新闻的跟帖突破几十万条也并不罕见。

（2）受众精准。网络论坛都有自己的主体，比如关注手机、母婴或时事政治等，这些有明确方向的论坛聚集起来的无疑也是具有精确目标的访问者。因此论坛推销可以将明确受众作为基础，避免推销人员在不合适的地方发布不适应的消息。另一方面，论坛用户一般以中青年群体为主，而选择进行网络推销的产品也常常将目标客户聚焦在年轻人身上，这些年轻群体正是网络推销的目标人群，他们普遍购买力较强，消费较为冲动，是比较容易进一步转化的潜在客户。

（3）成本低廉。与传统推销相比，论坛推销的成本较为低廉。众所周知，传统的人员推销需要耗费大量的人力、物力和财力，无论是推销人员的工资、提成，还是约见客户的差旅开支，都是必不可少的，而且覆盖面还相当有限。而如果采取论坛推销，除了受众范围广之外，几乎不需要成本。就算是对于某些有一定实力的企业，其去寻求专业论坛营销公司进行产品推广，往往价格也比传统推销成本低得多。

（4）传播迅速。在论坛推销中，每个参与的网民不仅是信息的接收者，还是信息传递的节点，具有“一传十，十传百”的效果。随着网络的发展，人们不再单一地依赖传统媒体渠道获取信息，网络传播以其超高的时效性大大提升了信息传播的效率。在论坛推销中，如果内容引起很多网民的共鸣，那么这些网民会无私地将这些内容转发到自己的其他社交平台上，使得传播范围呈几何式递增。

（5）便于引导。对习惯网络购物的年轻网民来说，很多时候因为对自身的购买目标不明确，所以浏览某些专业论坛的目的之一就是寻找自己想要的产品建议、推荐和评价等。论坛推销正是基于这样的条件，在用户引导上拥有强大的优势。比如一个年轻的女孩想要买护肤品而不知道什么品牌比较适合自己，她可能会选择登录论坛的“美容护肤”板块，而企业的营销人员或是聘请的护肤达人在这一板块发布的护肤品使用感受，将会对女孩的购买产生强大的引导作用。

2. 论坛推销的3个要点

从上文的介绍不难看出，论坛推销是一种在网络推销中很实用的寻找并接近客户的策略，在具体进行论坛推销的时候，要注意以下几点：

（1）找到目标用户高度集中的行业和专业论坛。论坛都是按行业或兴趣来建立的，有些论坛主题高度集中，有些则相对松散。在进行论坛推销时，主题越集中，效果越好。比如网络营销者推销的是数码产品，那么论坛上类似“数码控”之类的板块就是比较合适的发布推销信息的地方。

（2）不要直接发广告，不要发太假的软文。论坛里的用户对于发广告和软文越来越排斥，所以在论坛中不发广告是基本礼节，有的论坛可能会因此而封你的账号。因此不能在论坛中直接发布广告或是太明显的软文。如果想要效果好，可以找到某一板块在网络上有影响力的专业账号，找他们去做一些不太明显的产品推广。比如在豆瓣上用户可以关注美容护肤这一板块，该板块下面有许多类似的讨论组，在讨论组当中有一些账号会发布关于美容护肤的经验帖，在帖子当中会首先以图片的形式展示护肤的成果，以获得用户的信任。随后楼主会分享一些自己护肤的经验，除了日常饮食、运动方面的经历，还会穿插推荐一些护肤品牌的产品，既推广了相关品牌，又切实帮助到了用户，达到了在推销中互惠互利的双赢原则。

（3）融入论坛，帮助他人，建立威信。即使网络营销者的目的就是进行论坛推销，也应该在论坛中积极参与讨论，注意了解其他用户的疑难问题并积极帮忙，从而建立起威信。通过互助，可以让推销人员更好地融入网友群体，当需要进行论坛推销的时候，网友看到你的帖子，信任度就会高很多。

二、百科推销

百科推销是比较新的一种营销策略，相对于论坛推销，还没有引起足够重视，但是对于中小企业和网络营销人员来说，效果甚至可以超越论坛推销。所谓百科推销，是指企业营销人员通过在网络上创建或更新百科词条，并在其中引入企业品牌或产品信息，增加产品曝光度，间接推销产品。现在国内比较知名的网络词条有百度百科等。下面以百度百科为例进行说明。

百度百科是百度推出的一部内容开放且自由的网络百科全书，其测试版于 2006 年 4 月 20 日上线，正式版在 2008 年 4 月 21 日发布。百度百科旨在创造一个涵盖各领域知识的中文信息收集平台，强调用户的参与和奉献精神，充分调动互联网用户的力量，积极进行交流和分享。百度百科的全部内容对所有互联网用户开放，但词条的创建和编辑只能由注册并登录的百度用户参与，用户不可匿名编写百科词条。理论上讲，除了严重违反百科协议而被封禁的用户，所有百度用户享有平等编写词条的权利。然而为了减少词条被恶意编辑的可能，百度要求积分达到四级、词条审核通过率在 85%以上的用户才可以编辑百科名片。

由于百度百科是中文范围内的百科，所以更受国内网民欢迎，而百度百科自从上线后，有眼光的网络营销人员就看上了这块“沃土”，开始在上面进行百科推销，效果非常好。

1. 百科推销的价值

（1）引导庞大的流量。通过上面的简介可知，百科拥有非常庞大的流量，如果对这些流量进行引导，将产生巨大的商业效应。来百科查询资料的人，往往都是有相关需求和想了解相关信息的人，而这些流量比无目的性的流量更有价值，如果引导得当，将更容易转化成销售。

（2）链接传播效应。很多人在百度百科上编辑词条，目的也不单是吸引流量，同时还为借助百科的传播价值，为自己的站点获得更好的链接效应。例如，很多百科的文末都需要附带“资料来源”这一项内容，而百科词条的编辑者可以在资料来源中附带跟自身产品相关的链接，方便用户进一步查询了解，如图 12-1，在“智能手机”这一百科词条的最末尾“参考资料”处，词条编辑者就将三星、魅族等手机品牌的相关链接植入其中，吸引顾客进一步了解产品，这样自然就可以提高链接传播的效应。

（3）品牌价值传递。百科因为参与人员群体庞大，很多人可以共同对词条进行编辑

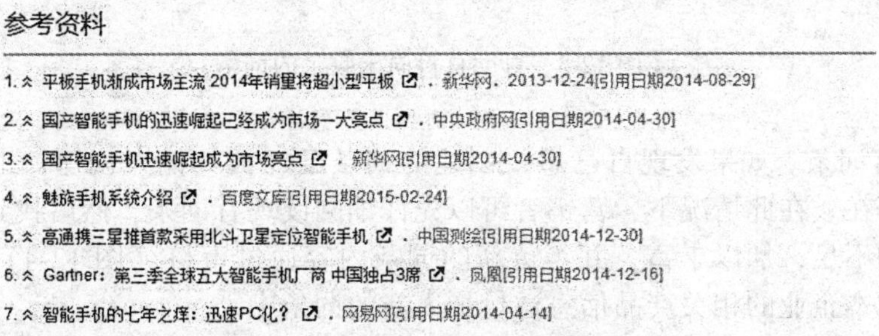
参考资料

1. 平板手机渐成市场主流 2014年销量将超小型平板 . 新华网. 2013-12-24[引用日期2014-08-29]
2. 国产智能手机的迅速崛起已经成为市场一大亮点 . 中央政府网[引用日期2014-04-30]
3. 国产智能手机迅速崛起成为市场亮点 . 新华网[引用日期2014-04-30]
4. 魅族手机系统介绍 . 百度文库[引用日期2015-02-24]
5. 高通携三星推首款采用北斗卫星定位智能手机 . 中国测绘[引用日期2014-12-30]
6. Gartner：第三季全球五大智能手机厂商 中国独占3席 . 凤凰[引用日期2014-12-16]
7. 智能手机的七年之痒：迅速PC化？ . 网易网[引用日期2014-04-14]
8. 智能手机的七年之痒：迅速PC化？ . 中国信息产业网. 2014-4-14[引用日期2014-04-15]
9. 国产占半数 2014全球智能手机品牌TOP8 . 中关村在线[引用日期2014-07-31]
10. 手机 . 百度百科[引用日期2014-12-23]

图 12-1　百度百科文中的品牌链接

和完善，所以很多词条都具有非常高的品质。如果网络营销者能够在这些高品质的词条中加入自己的品牌信息，那么无疑会大大提高品牌的传播速度，吸引更多顾客接近。如图12-2，还是在“智能手机”这一百科词条中，出现了很多智能手机品牌，而且点击这些品牌名称，会自动链接到相应的百科词条，做到了更好地吸引并接近顾客。

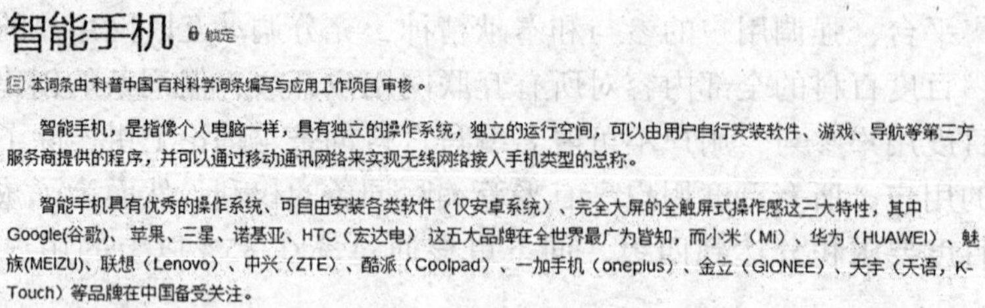

图 12-2　百科中加入品牌信息

2. 百度百科常规推销方法

（1）创建词条。如果在百度百科首页无法搜索到某个词条，那么百度百科会提示用户创建此词条（见图 12-3）。如果遇到这种情况，说明网络营销人员想要推销的产品在百度百科上还没有出现竞争，自己是第一个开展这种推销策略的人，这就使得营销者拥有了主动权。如果发现自己要营销的产品还没有相关的百科词条出现，应该及时创建。当然，不管是创建新的词条还是编辑已有词条，都不能有太直白或太多的广告，应该尽量客观、公正地阐述词条相关的知识，否则有可能无法通过百度词条的审核。

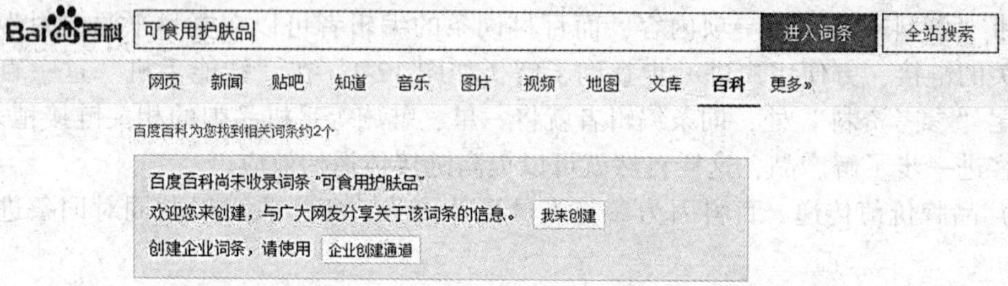

图 12-3　百度百科尚未收录的词条

（2）丰富词条。如果发现自己想要创建的词条已经被其他人创建，也不用着急，毕竟竞争无处不在。在此情况下，营销者可以先仔细阅读现有词条，然后找到原有词条在逻辑和结构上的不足，加以丰富，并等待新的词条内容通过审核（图 12-4）。在此过程中，营销者可以把本企业的相关产品信息适量加入新的词条中。

（3）词条挑错。如果营销者发现一个词条的内容已经比较完善了，或者自己网站上没有可以丰富这个词条的内容，那么可以选择词条挑错。词条挑错包括很多方面，比如错别字、语句不通顺和链接失效等，这些看似很小的细节，却是比较容易通过人工审核的要点。只要把握得好，在修改这些词条的错误的同时，巧妙地加上自己需要推销的产品链

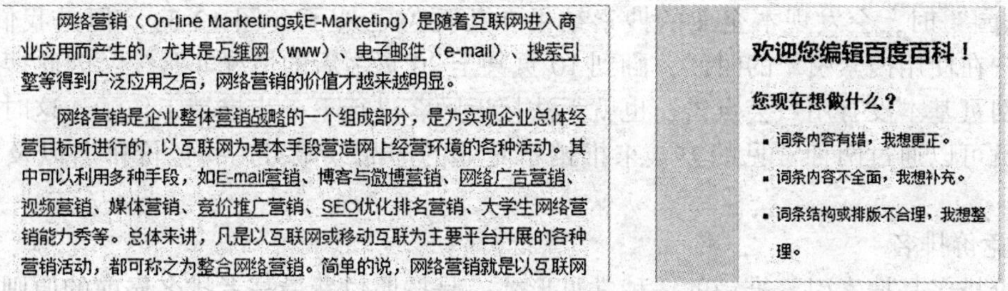

图 12-4　百度词条编辑

接，也不失为一种很好的百科推销。

三、搜索引擎推销

根据 CNNIC 的最新数据，截至 2016 年，我国搜索引擎的用户规模高达 6 亿多人，占网民总规模的 82.4%，可见搜索引擎在网络应用中处于非常重要的地位，正是因为这种地位，导致搜索引擎对用户引导有着非常直接的作用。

简单来说，搜索引擎推销是基于搜索引擎平台的一种网络营销策略，企业利用网民对搜索引擎的依赖和使用习惯，在检索信息的时候尽可能将本企业的产品或服务信息传递给客户，以吸引客户接近。比如浙江奇龙游乐设备公司的网络营销人员需要推销的产品是自己企业的儿童乐园产品，通常情况下，网络营销者创建的独立网站或开设的网店很快就能被搜索引擎后台抓取到信息，然后网页会出现在搜索引擎当中。但是当我们在百度搜索

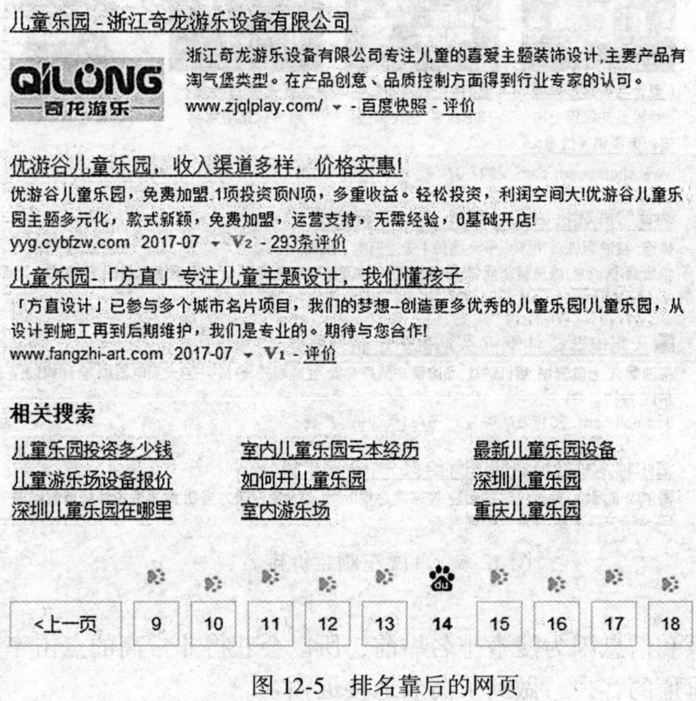

图 12-5　排名靠后的网页

“儿童乐园”时，会发现本企业的搜索结果在几百位之外了（图 12-5）。但是我们知道，一般用户在使用搜索引擎的时候，翻到 10 页甚至 20 页之后的情况非常少，因此搜索结果靠后的网页基本没有用户会点击，也就无法接近顾客进行下一步推销工作了。这时候网络营销人员可以通过两种常见的方式来推销本企业的产品或服务——竞价排名以及关键词广告。

1. 竞价排名

竞价排名是搜索引擎推销的一种常见形式，是按照付费最高者排名靠前的原则，对购买同一关键词的网站进行搜索排名的一种方式。它是一些搜索引擎公司所推出的一种按效果付费的网络推销方式。

比较常见的竞价排名是百度搜索左侧的竞价排名。在搜索很多词汇的时候，百度反馈的搜索结果中，第一页最靠前的位置都有“广告”或“推广”字样，这是需要付费的竞价排名，如图 12-6 所示。

在图 12-6 中，搜索的词汇是“油烟机”，百度反馈的第一页搜索结果中，前五个都是广告，这就是需要付费的竞价排名广告。如何区别正常搜索结果排名和竞价广告呢？在搜索结果右下角有“广告”或“推广”字样的就是竞价广告。

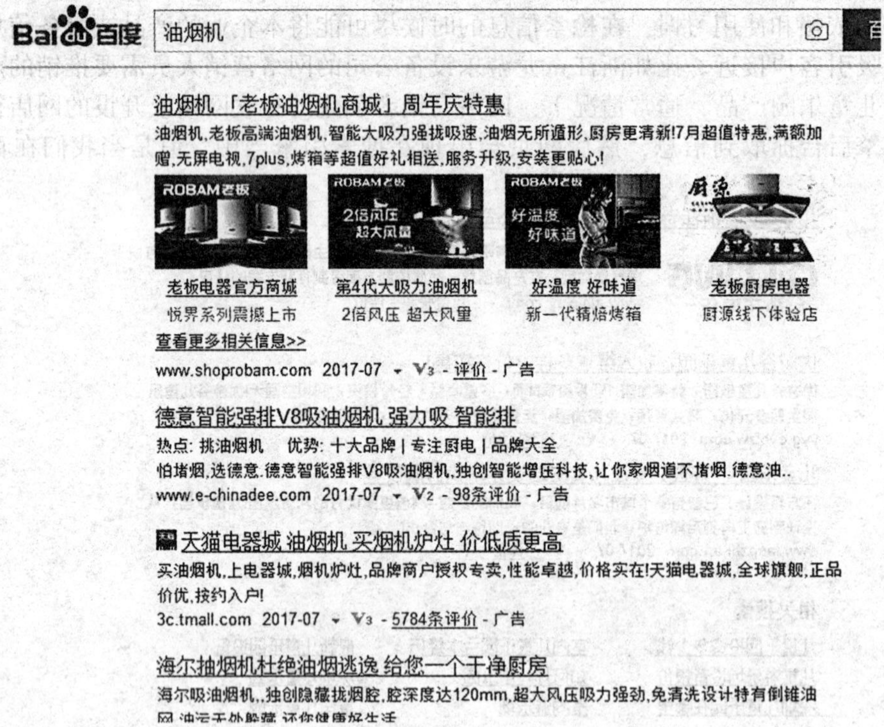

图 12-6　百度左侧竞价排名

这些付费的网页和信息因为搜索排名靠前，所以会获得非常高的点击率，从而为自己的网站带来很多有价值的客户，做到了高效地接近顾客。

竞价排名的具体做法是，企业在购买了该服务之后，通过注册一定数量的关键词，搜索引擎会按照付费最高者排名靠前的原则，将购买同一关键词的网站按不同顺序进行排名，从而使其出现在网民相应的搜索结果中。

搜索引擎用户需要浏览分类目录或者输入关键词才能找到想要的信息，这是一个对客户自然分流及筛选的过程，因此这些用户更有针对性。

2. 关键词广告①

同竞价排名相比，关键词广告效果稍弱，因为通常情况下，关键词广告是出现在搜索结果的右侧界面的，并不干预左侧的自然排名。关键词广告（Adword）也被称为“关键词检索”，简单来说就是当用户利用某一关键词进行检索时，在检索结果页面中会出现与该关键词相关的广告内容。由于在检索特定关键词时，关键词广告才会出现在搜索页面的显著位置，因此其针对性也比较高，被称为性价比较高的网络推广方式。目前基本各家搜索引擎公司均有类似的关键词广告业务。

如图 12-7 所示，在百度中搜索“连衣裙”，会看到搜索结果的页面右侧出现了很多关键词广告。

图 12-7　百度搜索结果中右侧的关键词广告

竞价排名和关键词广告其实都是搜索引擎的推广方式，区别不大。一般情况下，关键词广告在页面右侧，竞价排名在页面左侧的自然排名中。按照中国人的搜索引擎使用习惯，人们会先看排名靠前的网站，然后扫下右边的广告，因此相比之下，竞价排名比关键词广告更有优势，当然推广价格也更昂贵。

① 杨学成，陈章旺．网络营销．高等教育出版社，2014：284.

四、微博推销

微博是“微型博客”的简称，它是最近兴起的一种可以即时发布消息的社交网络产品。较早、较著名的微博是美国的 Twitter，2009 年 8 月，中国门户网站新浪推出了“新浪微博”内测版，成为门户网站中第一家提供微博服务的网站，微博正式进入中文网站主流人群的视野。据 CNNIC 的最新调查数据，截至 2016 年，我国微博用户总数为 2.7 亿人，占网民总数的 37.1%。

在微博基础上产生的“微博推销”是一种比较新的网络营销策略。每个人都可以在微博平台上注册一个微博账号，目前比较主流的是新浪微博。博主通过更新自己的微博，就每天更新的内容跟大家交流，或分享大家感兴趣的话题，从而达到推销的目的。在微博中，信息发布者又称“博主”，阅读和订阅这些信息的访问者又称“粉丝”，“粉丝”越多，说明微博的关注度越高，相应也越具备影响力。

1. 微博推销的优点

（1）可以直接带来潜在用户。微博内容发布在微博平台上，这些网站往往拥有大量的用户群体，有价值的博客内容会吸引大量潜在用户浏览，从而达到向潜在用户传递产品或品牌信息的目的。

（2）降低企业网站的推广费用。网站推广是企业网络推销的常用渠道，而大量的企业官网或者网店平台建成之后往往缺乏有效的推广措施，因而网站访问量较低，降低了企业网站的价值。通过微博的方式，在微博内容中适当加入企业网站的信息（如某热门产品的购买链接、企业网店地址等），达到了网站推广的目的。这样有利于降低网站推广成本。

（3）增加了与客户沟通的便利性。当微博内容较受关注时，微博所具备的两个基本功能——留言与私信，使这里也成为与客户交流的场所。在博主的每一条微博下面，其他微博用户都可以对微博内容或产品相关内容发表看法，博主也可以回复他人的评论。当然，微博现在的功能越来越完善，博主甚至可以在微博中设置在线调查表的链接，便于有兴趣的网友参与调查，进一步扩大了网站上在线调查的投放范围，同时也可以就调查中的问题与读者进行交流，使得调查更有交互性。既提高了在线调查的效果，又降低了成本。

（4）从被动依赖媒体转向自主发布信息。在传统的推销或推广模式下，企业往往需要依赖媒体来发布相关产品信息，不仅受到较大局限，而且费用相对较高。当企业推销人员拥有了自己的微博之后，可以随时发布信息，只要这些信息没有违反国家法律，并且对用户是有价值的。

2. 微博推销的缺点

（1）需要有足够的粉丝才能达到较好的传播效果。微博粉丝量是微博推销的基础，在没有任何知名度和人气的情况下进行微博推销会比较难。因此目前微博上出现的一个趋势是，企业寻求微博上粉丝量较大的账号去发布一些产品推销信息，这些账号往往被称为“营销号”，它们具备强大的粉丝关注量，因此微博推销的关注度会特别高。

（2）信息发布太快太多。由于微博里新内容产生的速度较快，因此如果发布的信息粉丝没有及时关注到，那么很有可能被埋没在海量的信息中。

（3）信息传播力有限。由于一篇微博一般字数较少，因此怎样在有限的表达空间里向读者传递充分的推销信息，成为各博主绞尽脑汁要解决的问题。当然，随着微博功能的完善，目前推出了“长微博”，在一定程度上缓解了内容发布的局限。

3. 微博推销的黄金法则

微博推销具体技巧很多，但是有效的、有目的性的推销法则概括起来有以下几条：

（1）微博推销和其他推销方式一样，依旧需要找准目标客户群；

（2）微博运营人员应该经常使用各类工具，对于自己推销的品牌及与产品相关的话题进行关注和监控；

（3）微博运营人员应该保证日常的微博发布和对话，并逐渐形成稳定规律；

（4）微博运营人员应该善于从粉丝处获得建议，并及时反馈；

（5）遭遇负面消息时，不可贸然发表回复或声明，应该先充分了解相关留言，明确情况后再进行后续操作；

（6）微博运营人员发布的信息一定要真实透明，包括产品优惠信息或危机信息；

（7）微博运营人员不能仅仅用微博来做推销，还应该发布一些其他具有实用性或娱乐性的消息。

当然，以上所介绍的微博、搜索引擎、百科、论坛等网络推销途径并不是完全独立的，它们往往是以联合行动的方式在互联网上进行大规模的推销，甚至还会结合微信、QQ、企业网购平台、企业官网等，扩大其网络推销的影响力。比如通过搜索引擎的搜索结果，顾客可以通过链接浏览企业的官方微博，对产品进行更进一步的了解；也可以通过营销人员的微信了解到产品信息，随后在微博上进行进一步的沟通与传播。

【推销实例 12.2】

2010 年 7 月，出版过 8 本小说，获得过“新概念作文大赛”一等奖，跟韩寒、郭敬明同属“萌芽系”的马中才在北京的蓟门桥开了一家螺蛳粉小店，生意不算好也不算坏。为了招揽一些广西老乡，小马哥在新浪网注册了微博，没想到几个月后他的小店就在网上出名了。

刚刚开通微博，螺蛳粉先生就主动寻找目标客户，关注柳州人。首先关注潜在的消费群体，并及时与他们互动。当他刚开始使用微博的时候，就是在微博上通过搜索功能搜索有关“螺蛳粉”的人及微博，看到谁的微博上发了“螺蛳粉”相关的微博，又在北京的，就关注他，和他天南地北地聊，顺势宣传他即将开业的螺蛳粉先生店。下面是螺蛳粉先生第一条微博：“螺蛳粉先生蓟门店计划于 2010 年 7 月 25 日星期天开业，开业期间有优惠哦，敬请各位喜欢螺蛳粉的朋友关注、支持!!! 具体地址：北京市海淀区北三环西路 5 号蓟门里小区菜市场，毗邻中国政法大学、北京电影学院、首都体育学院、北京大学生体育馆、政法大厦等，联系电话：1890124＊＊＊＊”下面是部分评论：

“@杨帆 cnBeta 到时候带着老婆一起去吃~”

马上螺蛳粉先生就进行了回复：“螺蛳粉先生回复@杨帆 cnBeta：谢谢捧场哦。”

另一评论："@ ggia 一定要去试吃的。"

回复："螺蛳粉先生回复@ ggia：哈哈，你的头像！汗……"

就这样，在与螺蛳粉追随者们的互动中，悄悄地向他们宣传他家的螺蛳粉。于是，很多粉丝纷纷慕名而来，为的就是一尝螺蛳粉先生家的口味。

螺蛳粉先生虽是小店经营，但一开始就有很强的品牌意识，开店就注册 Mr. 螺蛳粉商标，精心设计了 LOGO，还有很具古典韵味的宣传画。"螺蛳粉历史悠久。唐代思想家、文学家柳宗元因得罪奸臣被贬到广西柳州任刺史。初到柳州，因水土不服，身体欠佳。柳州民间有食螺蛳粉的习惯，柳宗元每日食用之，觉得神清气爽、精力日旺，本是美食家的柳宗元对螺蛳粉赞不绝口。"这是一则宣传画的内容。

而且螺蛳粉先生在开业后第七天就成功获得了新浪的认证，给螺蛳粉先生加 V 了，加 V 的意义就是获得一种官方意义上的肯定和认可，这样可以大大提高粉丝们的信任度。螺蛳粉先生使微博成为他螺蛳粉小店的咨询服务中心、意见反馈中心、自我批评和道歉中心，他在微博上耐心、幽默地回答粉丝们的疑问，同时也对做得不好的地方作自我批评。下面我举几个例子：

"韦小萌回复@ 螺蛳粉先生：送鸭脚么？(2010-7-22 17：15)"

一分钟后"螺蛳粉先生回复@ 韦小萌：开业送哦。猪蹄鸭爪随便选一样。(2010-7-22 17：16)"

又如："蓝精灵 vs 格格巫回复@ 螺蛳粉先生：外卖电话是多少？""螺蛳粉先生回复@ 布谷声中夏令新：1890124＊＊＊＊，目前还没开始外卖。"

同时螺蛳粉先生的微博中也不乏顾客的意见和反馈，如这条：

"@ solbyb：@ 螺蛳粉先生，您家煮粉为嘛不用个大锅啊……另外，外卖的就能插队，对空着肚子的堂吃客们多不公平啊……"螺蛳粉先生回复："恩。我今天批评他们了。下次得加一个大锅和一个电磁炉。速度是有点慢。"又如"@ 小涛：在@ 螺蛳粉先生吃粉，好忙的小店，座位再多点就好了。"螺蛳粉先生回复："抱歉啊。今天饭点人真的太多了。"

看到这些微博，粉丝们就能亲切地感受到螺蛳粉先生耐心的服务，以及他道歉时的真诚。当然，除了这些，螺蛳粉先生还有很多推广自己官方微博的小技巧。首先，螺蛳粉先生很会利用名人效应，像被他称为螺蛳粉小店形象代言人的吴虹飞。吴虹飞作为一名作家，同时又是乐队幸福大街的主唱，在文化界和娱乐界都有很大影响力。吴虹飞的微博粉丝有 6 万多人，而且吴虹飞出生在广西并且超爱家乡的螺蛳粉，在吴虹飞的微博中，随处可见"螺蛳粉"三个字，下面举个例子：

"@ 吴虹飞：全北京最好吃、最正宗的'螺蛳粉先生'，北三环西路 5 号蓟门里小区，菜市场政法大厦附近。联系电话：1890124＊＊＊＊。公共汽车是到蓟门桥西里……"转发 169 次，评论 84 条，这样的宣传效果即使发一万份传单也未必能及。螺蛳粉先生这个代言人可真选对了！

特别值得一提的还有螺蛳粉先生店里的微博留言墙。微博留言墙给这些慕名而来的博友带来了许多乐趣，在微博留言墙留下自己的痕迹，是很多博友来螺蛳粉小店吃饭的习惯。据说很多微博粉丝来到他的小店后都会看看微博墙，看看有哪些认识的人来过。微博墙的设置既增添了客户的乐趣，又推销了自己的官方微博，这是一个很独特、很微妙的宣传方式。另外，螺蛳粉先生推出的“#螺蛳粉先生家的顾客#”“#有图有真相#”等小栏目为他的微博增添了不少乐趣和感动，看看下面这个例子：

“#螺蛳粉先生家的顾客#北影美眉之二：话说，你在大冬天看见女孩儿穿着短裤和拖鞋么？那白花花的大腿在外面吹着风儿，岂不让人惜香怜玉？外卖送到北影2号楼下，女孩子就是这么下来接外卖滴。结果第二天，女孩子电话曰：为了吃你家的螺蛳粉我感冒了~然后呢，为了治感冒，我又要吃你家的螺蛳粉~这个逻辑？”

微博订餐服务更是方便了很多顾客，现在用微博订餐的人每天有三四十份之多。而且螺蛳粉先生的微博总会配以诱人、可口的图片，总让人顿生食欲。

资料来源：螺蛳粉先生的微博生意经．和讯网，https：//khxwm. blog. hexun. com/82810902_d. html.

第三节　网络推销与大数据

一、大数据简介①

当前，不论是在传统企业还是新兴互联网行业，甚至是政府部门，都表现出对“大数据”这一概念的高度重视。而提到网络推销，更是不得不提到大数据这一新兴互联网技术。大数据作为互联网技术发展的先进成果，为社会经济生活的方方面面提供了全新的思维方式与处理模式，更是为网络推销活动创造了前所未有的技术保障和观念支撑。

2011年5月，以倡导云计算而著称的EMC公司在“云计算相遇大数据”的年会上抛出了大数据的概念，同年6月，IBM、麦肯锡等众多国外机构发布大数据相关研究报告予以积极跟进。麦肯锡在其研究报告中指出：“数据已经渗透到每一个行业和业务职能领域，逐渐成为重要的生产要素，而人们对于海量数据的运用将预示着新一波生产率增长和消费者盈余浪潮的到来。”至此，“大数据时代”作为一个正式的概念逐步进入公众的眼帘并引发了一系列的后续社会影响。

根据中文互联网数据研究资讯中心的定义，“大数据”是指那些用现代常规处理技术不能处理的海量数据，这些数据将成为传统计算可望而不可即的无用资源。大数据的数据量随着时间在不断增长，预计到2020年，每年都将产生35ZB的大数据。IBM公司把大数据概括成三个V，即大量化（Volume）、多样化（Variety）、快速化（Velocity），构成了大数据的基本特征。也有机构和专家把大数据的3V特征进一步扩展为4V特征，即新增了价值（Value）。

在网络营销中，其实大部分的企业根本不缺少数据，而是数据太多了难以处理。企业

① 贾利军，许鑫．谈“大数据”的本质及其营销意蕴．南京社会科学，2013（7）：15-21.

需要统计客户、市场、销售及服务信息，如果将这些数据综合起来，毫无疑问会规模巨大，如何利用这些大量的客户数据、市场数据、销售数据及服务数据等将成为一个巨大的挑战。现代网络营销技术则需要借助这些数据进行各种数据整合，最后得出一整套有益的大数据营销解决方案。往日纷繁复杂的营销行为日益演变成为一系列的数据运算和相关分析，从而实现营销的精确化。

中国经济时报曾转载过这样一个案例：美国最大的连锁卖场分析了他们的销售数据后，发现了一件有趣的事，每次飓风来临前，最畅销的商品除了矿泉水、手电筒、电池等必需品和啤酒之外，竟然是草莓夹心饼干，销量是平时的 7 倍。在飓风“法兰西丝”登陆前夕，美国 95 号洲际公路上聚集着数百辆装载啤酒和草莓夹心饼干的货车，而他们得到的共同指令是“在飓风来临前务必送达”。这无疑可以看作大数据带来的科学营销的典型范例。

二、大数据在网络推销中的运用①

为了将大数据运用到网络推销中，可以将大数据源等信息组合在一起，做一个基于大数据的网络推销模型。

在基于大数据的网络推销模型上，首先收集日志信息、论坛信息、微博信息、社会网络信息、交易信息等数据，然后将这些大数据源放入网络推销模型中，再用大数据计算方式计算。最后基于这些大数据中提取的信息，将其运用在网络推销过程中。下面介绍几种基于大数据的网络推销手段。

1. 基于大数据的商品关联挖掘营销

大数据挖掘的基础是发现各个数据之间的关联。在大数据环境中，单独的碎片数据再多也难以实现其价值。所以推及企业运用的时候，要对原有数据进行分析，建立起各个数据之间的联系，把各个方面的数据打通。

因此，在网络推销的过程中，也可以借助大数据技术，发掘用户所购买产品的关联性商品，这些关联性商品不一定是我们常规营销思维中的互补产品，只是通过大数据分析得知，这两类产品具有紧密的关联性，以此为基础，向用户推销关联性商品。

2. 基于大数据的商品地理推销

分析网站交易数据，通过地理位置分析每个地方的人的爱好。如武汉人喜欢吃牛肉而浙江人喜欢吃螃蟹，再针对这两个省的人采取不同的商品推销方式。因此，在网络推销的过程中，可以根据获取的用户资料，得知其所处地理区域，根据大数据所统计的地理区域的消费差异，有针对性地向用户推销产品或服务。

3. 基于大数据的用户行为分析

可以通过大数据技术分析用户的历史行为和习惯，进行相应的推销。比如当用户在购物网站进行过相关产品的搜索，说明用户近期对这一类产品具有一定的消费意向，大数据

① 高源，张桂刚．基于大数据的网络营销对策研究．湖北经济学院学报（人文社会科学版），2014，11（2）：66-68.

会将用户的这一行为记录下来。随后在接下来的一周左右时间，在用户登录购物网站时，在相应的板块将他前几日搜索过的类似产品进行推荐。相对于传统的产品推送，基于大数据的推销技术会对用户各个时期的消费相关行为有更具体的了解，因此在利用互联网进行推销时会有更强的针对性，也更有利于提高用户对于网络推销的接受度。

大数据是继能源和石油之后国家最大的战略资源。大数据已经影响到了网络营销的方方面面。如果电商企业提前掌握了基于大数据的技术，那么在寻找潜在客户，减少销售时间和提高交易成功率方面会得到显著的提升。同时精确化的网络营销既可以减少企业的广告投入，又可以使广告商节省资源，获得更多的利润。

【推销实例 12.3】

作为一个超市的经营者，只要超市的 POS 机在工作，就会有大量的数据流入经营者的服务器。在美国沃尔玛商场里面，某位收银员扫描完顾客购买的商品后，他的电脑上会显示一些“隐形信息”，然后会根据这些“隐形信息”向顾客友好地提醒：“我们商场刚进了一批全新口味的小苏打饼干、奶酪等几种佐酒小菜，在 H3 货架，如果您需要可以去选购。”顾客也许会很惊讶地说：“我正需要找这些，现在先去看看。”其实收银员在扫描顾客所购买的货品时，已经将顾客购买好的啤酒、红酒、沙拉等信息输入了信息系统，而购买这些货品的人群，80%都需要购买佐酒小菜和佐料，所以就有了收银员的“顾问型推销”。而让收银员如此“神奇”的原因是沃尔玛公司修建的数据库，这个数据库是通过卫星与全球卖场实时连通的企业级大数据库。

【本章小结】

网络推销是在互联网技术高速发展的时代下产生的一种新兴推销手段和思路，它在本质上与传统推销并无大的差异，只是执行环境和具体技术上更适应网络的发展。新兴的网络推销方式有论坛推销、百科推销、搜索引擎推销、微博推销等，这些网络推销手段更好地利用了互联网技术，使得在推销过程中能更好地寻找并接近顾客，以使得后续的推销工作更加高效。大数据是近几年越来越火的互联网技术，当然，与其说是一种互联网技术，不如说是一种新的商业思路，它正被广泛运用于企业甚至政府的运作当中，网络推销也顺势与大数据技术进行了结合。通过大数据，网络推销可以更加有针对性地寻找并接近客户，同时也更好地满足了客户的需求，真正实现了双赢，同时效率更是大大提高。

【思考题】

1. 网络推销与传统推销的区别主要有哪些？
2. 网络推销有哪些优势与不足？
3. 网络推销有哪几种常见手段？它们分别有哪些优点与价值？
4. 大数据在网络推销中有哪些应用途径？

【案例讨论】

2013 年 1 月 4 日，“一生只送一人”的网络高端花店项目正式提出，3 天后就拿到了来自乐百氏创始人何伯权、《创业家》杂志社社长牛文文、时尚传媒集团总裁刘江、淡马锡和清华同方高管的天使投资。2月初，roseonly 官网上线，预售 99 盒情人节玫瑰，2月10日即销售一空。

为了这初次试水，roseonly 创始人蒲易在春节前疯狂“扫荡”微信朋友圈，单枪匹马发微推广 roseonly。他身处的时尚、互联网、电商、奢侈品品牌等圈子成了最直接的受众，搜狗的王小川、新希望的刘畅、世纪佳缘的龚海燕等人都在积极转发。很快，朋友的朋友中，明星成了传播主力。从情人节、白色情人节、母亲节到七夕，杨幂、李云迪、林志颖等明星纷纷晒单，李念弟弟李思带 roseonly 上《非诚勿扰》也成为一时话题。

明星、意见领袖在社交媒体上对 roseonly 的热捧效果惊人，常常一下给 roseonly 官方微博带去数万粉丝，还有对官方网站的巨大流量冲击。随之而来的，是订单量的持续跃迁。3月，roseonly 卖出玫瑰上千盒，销售额跃至百万，当月获得时尚传媒集团的战略投资。节日之外的日常销售从每日二三十盒增长起来。空运厄瓜多尔玫瑰的班机从两周一班变成了一周两班，再到每天运送，提前预订天数也从 15 天缩短至 5 天、3 天。

roseonly 上线 6 个月，一直处于爆炸式增长的状态。蒲易和他的团队不得不为此不要命地向前冲。七夕节前，预订请求达到数万，花店提前 5 天挂出售罄通告，最后销售玫瑰近 5000 盒。“被逼出来的饥饿营销。”蒲易调侃道。仅这个 8 月，roseonly 的销售额就近 1000 万元——这是 roseonly 上线之初定下的 2013 年全年销售目标。大爆炸式增长中，roseonly 的流量入口和渠道都发生了转移。

“今天的互联网上，产品好、服务好可以加速传播。”蒲易告诉《天下网商·经理人》记者，口碑传播效益之于 roseonly 的意义是革命性的。除了战略投资方和渠道方的广告资源支持，roseonly 几乎没有花钱做过推广。roseonly 的第一批用户就是最优质的人群。之后，roseonly 的产品和服务推动着用户群体如滚雪球般壮大。在 roseonly 设计的场景中，玫瑰通常被要求送到办公室，引发办公室女孩子的围观。收到花的女孩感受到被爱，愿意在微博、微信上分享，主动传播。其他女孩也会分享，还会@自己的男朋友、老公去买。口碑塑造的增速超出了 roseonly 团队的预计，蒲易有意控制速度甚至减速。因此，当全行业都在为七夕营销造势时，roseonly 不仅没有推出活动，还提前“打烊”，宣告售罄。

好的口碑得益于极致的产品理念。在创业之初，厄瓜多尔玫瑰便进入了创始人蒲易的视野。据他了解，世界上玫瑰的优质产地首先是厄瓜多尔，其次是荷兰、肯尼亚、越南、中国。过去，占据全球市场比例 3%~5%的厄瓜多尔玫瑰，消费市场主要集中在欧洲和日本，从未被进口至中国。厄瓜多尔玫瑰产自亚马孙流域，生命力旺盛，冷冻后通过海运到荷兰拍卖，仍然可以保持一周时间花开不败。与国内鲜花市场上几毛钱至数元钱成本、花期短的玫瑰不同，厄瓜多尔玫瑰的特性奠定了打造极致产品的基础，可以使 roseonly 在 B2C 模式下保证玫瑰的品质。

蒲易动身寻找厄瓜多尔玫瑰供应商，接触到一家经营了几代人的家族企业。他们拥有年产值 5000 万美元的玫瑰园，通过供给欧洲皇室发家，因此把产品叫作皇家玫瑰。在那里，每剪1朵玫瑰就要换一把剪刀，玫瑰达到了德国等国家的绿色环保标准，是可食用级别。这家企业一直在寻找终身合作伙伴。当远道而来的蒲易提出，需要花朵足够大、花茎长度超过1.5米的玫瑰进口到中国时，引起了供应商的重视。

roseonly模式开始运转。玫瑰采摘后48小时内通过空运进口，再通过联邦快递、顺丰快递在24小时内送达全国300个城市。预售模式+第三方配送使得roseonly基本实现零库存。进口的纸材、花盒，通过roseonly的设计，成为产品的一部分。蒲易在第一时间为roseonly的花、花盒、外观等设计申请了专利。考虑毛利和成本，以及roseonly作为情侣间礼品的定位，999元、1314元、520元等定价得以确定。简洁的样式，4种颜色的玫瑰不断组合搭配，伴随"一生只送一人"的用户购买设置，roseonly的面貌与市场上的鲜花礼品完全差异化，在口碑传播中迅速直击人心。

同供应商的沟通逐渐加深，蒲易了解到，roseonly对玫瑰提出的标准，意味着要在厄瓜多尔玫瑰这样"玫瑰里的劳斯莱斯"中百里挑一。在玫瑰园供应量有限的情况下，roseonly付出了最高的采购价格，而roseonly订单的暴增，也给了供应商足够的信心。双方签订了独家协议，roseonly售卖的颜色品种其他渠道商不能再售卖，2月14日这样的关键时刻，玫瑰园优先供应roseonly。

资料来源：Roseonly商业模式全解析．站长之家，http：//www. chinaz. com/start/2013/0910/317034. shtml.

问题：请分析roseonly网络推销为什么会取得成功？

第十三章　推销绩效评估与管理

【学习目标】

通过本章学习，要求掌握：

1. 明确推销人员的组织与管理的内容和要求；
2. 熟悉客户分析与管理的内容、流程及基本方法；
3. 掌握推销绩效评估的基本方法。

【内容摘要】

推销战略目标的实现需要对推销人员进行有效的组织与管理，推销人员的组织与管理包括推销员的甄选、培训、报酬、激励、监督、评估等环节，推销人员的甄选因企业而异。本章主要介绍了推销人员的甄选、推销人员的培训、推销人员的激励；客户的分析与管理中的客户分析、客户管理和大客户管理等内容及建立客户档案、客户分类、客户管理分析重要环节；推销绩效评估中的销售量指标、销售收入指标、销售费用指标、销售利润指标和推销劳效指标等主要指标和对比分析法、分组分析法、评价分析法、因素分析法和比率分析法等评估的主要方法。

第一节　推销人员的组织与管理

企业要实现战略目标，取得良好的经济效益和社会效益，一定要重视营销人员的组织与管理，特别是推销人员的组织与管理，因为推销人员是企业对外的主要“窗口”，其素质的高低、服务的好坏直接关系到企业的形象。那么如何组建一支高效率的推销队伍呢?关键在于选择有能力的优秀的推销代表。一般的销售代表与优秀的业务代表有很大差异。在美国，一项对500多家公司调查的结果表明，27%的推销人员创造了52%的销售额。除了销售效率上的差别外，选用不当的销售代表还会造成巨大的浪费。在这些公司任职的16000名销售代表中，只有68%的人表示坚持工作到当年的年底，而留下来的人中只有50%的销售代表希望在下一年度继续聘用。由此可见，如何挑选高效率的推销人员是人员推销的重要问题。

推销人员的组织与管理包括推销员的甄选、培训、报酬、激励、监督、评估等环节，在此我们主要介绍推销员的甄选、培训、报酬、激励，关于监督和评估我们在后面进行介绍。

一、推销人员的甄选

甄选推销人员的程序因企业而异。最复杂的甄选程序一般包括9个步骤：先行接见、填申请表、面谈、测验、调查、体格检查、销售部门初步决定、高层主管最后决定、正式录用。每个步骤合格后才能进入下一个步骤，以确保选出优秀的销售人才，把好第一关。下面对前5个步骤再加以详细探讨。

1. 初步淘汰

初步淘汰包括先行接见和填申请表两个阶段，其目的是防止明显不合格的人员继续参加各阶段的选拔，以节省甄选的时间及费用，提高效率。

初步接见由负责派发申请表的职员主持，该职员可凭对申请人员的初步印象如性别、年龄、外貌、身体条件等，决定是否给予申请表。当申请人的上述特点明显不适合做销售工作时，便不应给予申请表。初步接见淘汰的人通常较少。

发申请表后，要让申请人据实填写，必要时需出示有关证件资料。申请表的作用在于：

（1）可据此初步断定申请人是否具备工作所需的一般条件或资格。

（2）可以此作为面谈时的体温的导向。

（3）便于对申请人所提供的各项资料进行全面衡量。

申请人填完申请表后，负责招聘的人可根据申请表的资料进行初步淘汰。衡量时，可参考一些必备条件如性别、年龄、学历工作经验等，必备条件缺乏者即予淘汰，必备条件具备者综合考虑。具体执行时可建立一种记分制度，分数高者优先。

2. 面谈

（1）面谈的类别。

①非正式面谈。非正式面谈是在事前毫无计划及准备的情况下进行的，实际上是一种临时讨论。这种方法一般效果不好，特别是面试人多的时候会出现混乱，甚至会毫无所获。所以，一般正式的甄选工作不采用这种方式。

②标准式面谈。标准式面谈是与非正式面谈相对应的另一种极端，也叫记分面谈或组织面谈。即事先安排一整套结构严格的面谈问题，并配有记分标准。视申请人的不同回答来记分。这种方法太死板，缺乏弹性，适应性不强，不利于发挥面谈的作用。

③导向式面谈。导向式面谈是上述两种方式的折中方案。即只规定提问若干典型问题，由主持人灵活掌握，引导应征者回答各有关方面的问题，根据需要，深浅适应，从而获知其一切情况。这种方法又叫典型面谈或引导面谈。很多企业采用这种面谈方式。

④流水式面谈。流水式面谈是指每一个应征者按次序分别与几个面谈人面谈。面谈结束后，各面谈主持人聚集一起，汇合及比较各面谈人的观察与判断。这种方法能对应征人所具有的各种特殊兴趣予以全面考验，经过几道关口，一般不会有所遗漏。此法具有较大的优越性，近年来为许多企业所采用。

（2）面谈的技巧。

①面谈主持的技巧。面谈人是面谈的召集者，也是面谈的主持者。面谈人在面谈的准

备及实施过程中应总结出一些经验，运用一些技巧，以提高面谈效率，达到面谈目的。以下几点可供参考：

a. 未雨绸缪，成竹在胸。面谈者要事先确定需要面谈的事项及范围，写下会谈的纲要，包括问话的次序及方式，并进行合理的安排及组合，把想问的话及方式与自己希望获知的资料加以配合。在面谈开始之前还要详细了解应聘者的资料，从中发现应聘者的个性、社会背景及其对工作的态度、以后的发展潜力。对应征者的资料了解得越多，越能在面谈时运用自如。

b. 例常发问，切入正题。面试者应该以应征者预料得到的例常问题开始发问，如工作经历、文化程度等，然后再慢慢地过渡到正题部分。

c. 察言观色，烘托气氛。要密切注意应征者的行为及反应，为避免有太紧张的压迫感，不使应征者提供的资料不完全或受到扭曲，应尽量创造和谐自然的环境。面谈者不要对应征者做人身攻击及自尊心上的打击。应对所问的问题、问题间的变换、问话时机以及对方的答复都要多加注意。

d. 面谈记录，适可而止。面谈要有所记录，这是很必要的，但不要一直不停地记，这样反而会遗漏一些重要的事，也会给对方以束缚之感。有经验的人会尽量少地作当面记录，只记录一些必要的事项如希望的收入、待遇、可上班日期等，其他大部分内容只是记在心上，待面谈完毕后立即作简要的记录。如果应征者对作记录的做法感到十分敏感或不安时，就应尽量少作记录。

e. 态度和缓，以静制动。试探时要缓和，细心地听，力求多了解。在应征者停下来的时候，要安静地等待，不要暗示他问答自己的问题。观察他的举止，注意他的音调、回话的态度和反应，对你想知道的问题要问得仔细。对他提供的资料要有信心，不要表现出优越感或不耐烦，更不要争论、说教或教训别人。

f. 言辞诚恳，掌握进程。回答问题要直爽而简洁，掌握进程，控制谈话，不要让谈话变成你单方面发问，或者任由对方滔滔不绝地谈论他的销售经验。

g. 予人机会，圆满结束。在结束之前，要确定你是否问完了所有预先计划的问题；同时给对方一个机会，看有无遗漏之处要加以补充，或修正错误之处，然后再圆满结束面谈。

②面谈发问的技巧。一般说来，面谈人发问的方式及问题，可以决定从应征者那里得到什么资料或多少资料。所以面谈者应运用一些发问的技巧来影响面谈的方向及进行的步调。主要发问技巧有开放式发问、封闭式发问和诱导式发问。

a. 开放式发问，即希望应征者自由地发表意见或看法。开放式发问又分为无限开放式及有限开放式发问。前者的问话没有特定的答复范围，目的只是让对方讲话。如“请你谈谈自己的工作经验吧”。有限开放式发问即对回答的范围和方向有所限制。如“你在原来那个公司完成工作任务时常遭遇到的困难是什么？”开放式发问一般在面谈开始阶段或讨论某一方面问题的起始阶段运用。

b. 封闭式发问，即希望对方就问题作出明确的答复。封闭式发问要比开放式发问更深入、更直接。典型的封闭式发问就是只让对方回答“是”或“否”。如“如果延长时间，是否会有助于你顺利完成销售任务？”封闭式发问可以表示两种不同的意思。如果在对方答复后立即提出一些和答复有关的封闭式问话，即表示面谈者对他的答复十分注意。但是如果一直问些封闭式问题就表示面谈者不想让对方多表示意见，或对他的答复不感兴趣。

c. 诱导式发问，即以诱导的方式让对方回答某个问题或同意某种观点。如“你对这一点怎么看?”或“你同意我的观点吗?”但运用时一定要把握好分寸，否则，会给应征者以紧张感，使其被迫回答一些他认为面谈者想听而并非自己真正想说的话，从而不能获得有价值的资料。

③面谈追问的技巧。如果应征者回答问题不完全、不正确时，面谈人还要进行追问。下面介绍一下如何分析对于答复的不完全程度及其原因所在，并采取怎样的追问方式。一般来说有探询式追问和反射式追问两种技巧。

a. 探询式追问的问法有：“为什么”“怎么办”“请再往下说”“真是这样吗”“为什么这样想”等，或用一些非口语化的表情、手势。

沉默也是探询式追问方式之一，但时间掌握很重要。据研究，如果鼓励对方再多谈下去，最有效的方法是在对方谈话中断时，保持 3 至 6 秒钟的沉默，这样对方会很自然地往下说。

有时对方在回答问题时，只绕着谈话主题兜圈子，提供的资料没有价值；有时对方答非所问或避而不答。此时，先要分析一下原因，是由于误解了问题、不了解问题、没听懂问题，还是不想回答。然后再用探询式追问，要求对方做更进一步的说明。

b. 反射式追问，就是把对方所说的再重述一遍，以此来考验对方的反应及其真实意图。如对方认为这样的待遇不合理时，你可以说：“依工作的性质、任用条件及其他因素来考虑，你认为这样的待遇不合理吗?”

当对方回答问题不完全或值得怀疑时，就要用反射式追问，鼓励应征者对其尚不完整的答复加以说明或引申，以确认对方全面而真实的想法。

④面谈的评估。面谈主持人应对面谈的结果作明确的评估，以便决定是否淘汰，如合格则进入下一阶段的挑选。

评估方法多利用一种面谈记录评估表，就表内的各项内容加以评分，最后作出全面评价，如表 13-1 所示。

表 13-1　**销售工作应聘者面谈评估表**

应聘人员：　　　　　　　　　　　　　　　　　　　　时间：

评估项目	评估标准	评估等级			
仪表	外表很好，体格正常，干净整洁，健康良好	优	良	中	劣
口才	吐字清晰，用词恰当，表达清晰，逻辑性强				
知识	大专学历，知识丰富				
经验	专业工作经验及同类工作经验丰富				

续表

评估项目	评估标准	评估等级			
智慧	思路敏捷，考虑细致，分析合理，理解力强				
进取	上进心强，不过分计较地位权利				
诚意	言必由衷，态度明朗，不易动摇，毫无做作				
毅力	不屈不挠，不轻易改变工作				
说服	能引人注意，激发兴趣，使人领悟，辩论有力				
友情	能唤起他人同情，建立亲密友谊				
成熟	目标明确，责任心强，认识现实，自律力强				
抱负	谋求发展，发挥潜能，争取最好工作成绩				
结合评估					

评语：

主聘面谈人： 职位：

3. 测验

目前许多大公司及要求招募素质较高的销售业务人员的单位，都采用测验这一形式。面谈毕竟只是听取应聘者的一面之词，测验则能测出应聘者的真实能力水平。测验能以更客观的方式，了解应聘者的个性及能力，并能以定量的方式分出各申请人在各种特性上的高低，便于比较衡量。

（1）测验的类别。按测验的内容来分主要有以下几类：

①专业知识测验。这主要是对应聘者进行销售知识方面的测验，旨在衡量应聘者是否具备所需的推销基本知识。这种测验可以用笔试，也可用口试。

②心理素质测验。这主要是对应聘者进行智力、个性、兴趣等心理特征的测验。这些心理特征对销售工作具有重要影响，有时能关系到销售工作的成败。心理素质测验又包括智力测验、个性测验、兴趣测验及素质测验。

智力测验主要是测定应聘者的智力系数，如记忆、思考、理解、判断、辩论等。

个性测验主要测定应聘者的脾气、适应力、推动力、感情稳定性等方面的个性。

兴趣测验主要测定应聘者学习或工作方面的兴致所在，以便在录用指派工作时尽量满足他们的意愿。

素质测验主要测定应聘者的推销才能、社交才能等方面的潜在素质，以便在给予适当职位时作为参考。

③环境模拟测验。这主要是采取模拟工作环境的各种情况的办法，看应聘者在若干销售工作压力之下怎样作出反应；同时，应聘人也可由此推测自己能否适应这种工作环境。主要方式有推销实习法、挫折处置法、实地试验法。

a. 推销实习法是指提供给应聘者一切有关资料，要求应聘者表演如何向购买者进行销售，然后由主持测验人作出评判。

b. 挫折处置法是指由面谈人利用批评、阻碍或表示应聘者已经落选等方式给出一种挫折的情形，就如同在销售工作中遇到挫折一样，看应聘人如何应付和处理。

c. 实地试验法是指让应聘人随同推销员一起工作，使其能观察实地工作情形，面对真正的顾客。推销员可以看出应聘人应付顾客的能力及对待工作的兴趣与态度等。

（2）进行测验时应注意的问题。

①测验仅是甄选程序中的一环，并不能因此而减少其他的甄选工作环节。

②测验工作必须由测验设计、管理与分析的训练专门人才来执行与执导。

③测验管理必须标准化。每次执行时的程序及环境都必须相同。否则，测验成绩可能会发生较大差异，不具有可比性。

④测验材料要严加保管，以保证资料的正常运用及延续价值。如果测验材料落入了行将参加测验人员之手，则失去了它的意义。

⑤对于测验的内容及其结果必须不断地加以分析和研究，通过不断改进来提高测验的科学性及实际价值。

⑥测验的效用或结果，必须加以审慎鉴定。测验成绩可视为对应聘者的一个客观而定量的衡量，但要注意测验的各种限制，其结果有时不尽可靠。据一般统计的结果，测验成绩与工作效果的相关系数，最高只能达到 0.70。

4. 调查

在测验合格后，就可对应聘人所提供的资料进行查证，以确认资料的真实性。调查可向申请人所提供的咨询人或其他与他有关的单位及个人查询。但要注意咨询人与申请人之间的关系，以便考虑其保证的真实性。下面主要阐述查核的主要内容及主要方式。

（1）查核的主要内容。

①通过咨询应聘者以前的工作单位或客户，以获取应聘人过去工作的真实情况，看是否与其所提供的资料一样。

②通过咨询应聘者的大学教授、老师或同学，来查证应聘人的人品。

③通过咨询当地的信用调查机构或其他公司的同类专业工作者，以查核应聘人的信用好坏、经济情况及有无案底。

（2）查核的主要方式

①拜访咨询人。派人专门拜访咨询人，迅速有效地获取各种有关资料予以查核。

②电话联系。直接用电话询问咨询人，便利又快捷。但对方可能怀疑访问者的身份，不愿在电话中告诉详情，所以这种方式具有一定的局限性。

③利用信函查核。这种方式获取资料的速度较慢，并且多数咨询人不愿在书面上说别人的缺点或不足。

二、推销人员的培训

许多企业在招募到新的推销人员之后，立即派他们去做实际工作，企业仅向他们提供样品、订单簿和销售区域情况介绍等。这些企业担心培训要支付大量费用、薪金，会失去一些销售机会。但事实证明，训练有素的推销人员所增加的销售业绩要比培训成本更大。而且，那些未经培训的推销人员其工作并不理想，他们的推销工作很多是无效的。

在顾客自由选择度日益增强和产品复杂程度越来越高的今天，推销人员不经过系统的专业训练，是不能很好地与顾客沟通的。有远见的企业在招聘之后，都要进行几周乃至数月的专业推销培训。国外企业的平均培训时间，产业用品公司为28周，服务公司为12周，消费品公司为4周。培训时间随销售工作的复杂程度与所招人销售机构的人员类型而有所不同。如IBM公司的新销售代表头两年是不能独立工作的，公司希望其销售代表每年用15%的时间参加额外的培训。

（一）培训计划的制订

培训计划需要明确以下问题：培训目标、培训时间、培训地点、培训方式、培训师资、培训内容等。培训计划的设计应考虑到新人培训、继续培训、主管人员培训等不同类型培训的差异。

（1）培训目标。培训目标有许多，每次培训至少要确定一个主要目标。总的说来，培训目的包括发掘推销人员的潜能；增加推销人员对企业的信任；训练推销人员工作的方法；改善推销人员工作的态度；提高推销人员工作的情绪；奠定推销人员合作的基础等。最终提高推销人员的综合素质，以增加销售，提高利润水平。

（2）培训时间。培训时间可长可短，根据需要来确定。确定培训时间需要考虑：①产品性质。产品性质越复杂，培训时间应越长。②市场状况。市场竞争越激烈，训练时间应越长。③人员素质。人员素质越低，培训时间应越长。④要求的销售技巧。若要求的销售技巧越高，需要的培训时间也越长。⑤管理要求。管理要求越严，则培训时间越长。

（3）培训地点。依培训地点的不同可分为集中培训和分开培训。集中培训一般由总公司举办，培训企业所有的推销人员。一般知识和态度方面的培训，可采用集中培训，以保证培训的质量和水平。分开培训是由各分公司分别自行培训其推销人员。有特殊培训目标的可采用此法，可以结合推销实践来进行。

（4）培训方式。培训方式有在职培训、个别会议培训、小组会议培训、销售会议培训、定期设班培训和函授等。各企业可根据实际情况选择适宜的方式。

（5）培训师资。培训师资应由学有专长和富有销售经验的专家学者担任，应具备如下条件：对于所授课程应有彻底了解；对于任教工作具有高度兴趣；对于讲授方法有充分研究；对所用教材随时进行补充和修正；具有乐于研究及勤于督导的精神。

（6）培训内容。培训内容常因工作的需要及受训人员已具备的才能而异。总的说来，培训内容包括：

①企业的历史、经营目标、组织机构、财务状况、主要产品和销量、主要设施及主要高级职员等企业概况；

②本企业产品的生产过程、技术情况及产品的功能用途；

③目标顾客的不同类型及其购买动机、购买习惯和购买行为；

④竞争对手的策略和政策；

⑤各种推销术、公司专为每种产品概括的推销要点及提供的推销说明；

⑥实地推销的工作程序和责任，如适当分配时间、合理支配费用、如何撰写报告、拟定有效推销路线等。

（二）培训方法

常用的培训方法主要有课堂培训法、会议培训法、模拟培训法和实地培训法。

（1）课堂培训法。这是一种正规的课堂教学培训方法。一般由销售专家或有丰富推销经验的推销人员采取讲授的形式将知识传授给受训人员。这是应用最广泛的培训方法，其主要原因在于费用低，并能增加受训人员的实用知识。其缺点是此法为单向沟通，受训人获得讨论的机会较少，讲授者也无法顾及受训人的个别差异。

（2）会议培训法。这种方法一般是组织推销人员就某一专门议题进行讨论，会议由主讲老师或销售专家组织。此法为双向沟通，受训人有表示意见及交换思想、学识、经验的机会。

（3）模拟培训法。这是一种由受训人员亲自参与并具有一定实战感的培训方法，为越来越多的企业所采用。其具体做法又可分为实例研究法、角色扮演法、业务模拟法等。实例研究法是一种由受训人分析所给的推销实例材料，并说明如何处理实例中遇到的问题的模拟培训法。角色扮演法是一种由受训人扮演推销人员，由有经验的推销人员扮演顾客，受训人向“顾客”进行推销的模拟培训法。业务模拟法是一种模仿多种业务情况，让受训人在一定时间内作出一系列决定，观察受训人如何适用新情况的模拟培训法。

（4）实地培训法。这是一种在工作岗位上练兵的培训方法。在新来的推销人员接受一定的课堂培训后即可安排在工作岗位上，由有经验的推销人员带几周，然后逐渐放手，使其独立工作。这种方法有利于受训者较快地熟悉业务，效果很好。

三、推销人员的激励

（一）激励的方式

企业可以通过环境激励、目标激励、物质激励和精神激励等方式来提高推销人员的工作积极性。

（1）环境激励。环境激励是指企业创造一种良好的工作氛围，使推销人员能心情愉快地开展工作。事实证明，如果对销售代表不重视，其离职率就高，工作绩效就差；如果重视，其离职率就低，工作绩效就高。企业可以召开定期的销售会议或非正式集会，为销售代表提供一个社交场所，给予销售代表与公司领导交谈的机会，给予他们在更大群体范围内结交朋友、交流感情的机会。

（2）目标激励。目标激励是指为销售代表确定一些拟达到的目标，以目标来激励推销人员上进。企业应建立的主要目标有销售定额、毛利额、访问户数、新客户数、访问费用和贷款回收等。其中，制定销售定额是企业的普遍做法。

许多公司为其销售代表确定销售定额，规定他们一年内应推销的数量，并按产品分类确定。销售定额是在制订年度市场营销计划的过程中确定的。公司先确定一个可能达到的合理的预计销售指标，然后管理部门为各分区和地区确定销售定额，各地区的销售经理再将定额分配给本地区的销售代表。

确定销售代表的定额有三种学派：高定额学派认为，定额应高于大多数销售代表所能达到的水平，这样可刺激销售代表更加努力地工作；中等定额学派认为，定额应是大多数销售代表所能达到的，这样推销人员会感到定额是公平的，易于接受，并增加信心；可变定额学派认为，定额应依销售代表的个体差异分别设定，某些人适合高定额，某些人则适合中等定额。

销售定额的实践经验表明，销售代表的反应是不完全一致的，其实在实行任何一种标准时均会出现此种情况。一些人受到激励，因而发挥出最大潜能，一些人则感到气馁。有些销售经理在确定定额时对人的因素极为重视。一般来讲，从长远看，优秀推销人员对精心制定的销售定额将会作出良好的反应，特别是当报酬制度按工作业绩作适当调整时更是如此。

（3）物质激励。物质激励是指对作出优异成绩的推销人员给予晋级、奖金、奖品和额外报酬等实际利益，以此来调动推销人员的积极性。物质激励往往与目标激励联系起来使用。研究人员在评估各种可行激励的价值大/时发现，物质激励对推销人员的激励作用最为强烈。

（4）精神激励。精神激励是指对作出优异成绩的推销人员给予表扬；颁发奖状、奖旗；授予称号等，以此来激励推销人员上进。对于多数推销人员来讲，精神激励也是不可少的。精神激励是一种较高层次的激励，通常对那些受正规教育较多的年轻推销人员更为有效。所以企业负责人应深入了解推销人员的实际需要，他们不仅有物质生活上的需要，而且还有诸如理想、成就、荣誉、尊敬、安全等方面的精神需要。尤其当物质方面的需要基本满足后，对精神方面的需要就会更强烈一些。如有的公司每年都要评出“冠军推销员”“推销状元”“推销女状元”等，效果很好。

（二）竞赛激励

竞赛是企业常用的激励推销人员的工具。它可采取多种形式，充分发挥推销人员的潜力，促进销售工作的完成。

1. 竞赛激励设置的原则

竞争能激发推销人员求胜的意志，提高业务员的士气。销售工作是一项很具挑战性的工作，每天都要从零开始，充满艰辛和困难，所以销售主管要不时地给予加油或充电。开展业绩竞赛是一个充电的好办法。业绩竞赛虽然是“强心剂”，但如果“用药过猛”，也达不到预期效果，反而成了散心丸。有的销售主管没有一套严格的规章和做法，心血来潮，则大奖小奖一起来，人人受奖等于没奖，结果花了大笔费用，得不到激励效果，反而影响士气的提高。产生这种情况的主要原因是销售主管对业绩竞赛的用意及要领没能妥善掌握。竞赛奖励的目的是，要鼓励推销人员作出比平时更多的努力，创造出比平时更高的业绩。否则业务员的工作本身就是做销售拿佣金，为何还要给予竞赛奖励呢？业务员追求可见的成功，需要主管的赞扬和鼓舞。竞赛要能创造业务员的销售热忱，制造业务员不服输的拼劲。

我们明确了竞赛的目的和意义之后，就要考虑如何设置竞赛项目及奖励办法以达到目的。一般来说，主要应注意以下原则：

(1) 奖励设置面要宽，竞赛至少要设法使参加者人数的50%~60%有获得奖励的机会。成功的奖励办法是能鼓励大多数人。奖励面太窄，会使业绩中下水平的业务员失去信心，使他们无动于衷。

(2) 业绩竞赛要和年度销售计划相配合，要有利于公司整体销售目标的完成。

(3) 要建立具体的奖励颁发标准，奖励严格按实际成果颁发，杜绝不公正现象。

(4) 竞赛的内容、规则、办法力求通俗易懂，简单明了。

(5) 竞赛的目标不宜过高，应使大多数人通过努力都能达到。

(6) 专人负责宣传推动，并将竞赛进行实况适时公布。

(7) 要安排宣布推出竞赛的聚会，不时以快讯、海报等形式进行追踪报道，渲染竞赛的热烈气氛。

(8) 精心选择奖品，奖品最好是大家都希望得到，但又舍不得花钱自己买的东西。

(9) 奖励的内容有时应把家属也考虑进去，如奖励去香港旅行，则应把其家属也列为招待对象。

(10) 竞赛完毕，马上组织评选，公布成绩结果，并立即颁发奖品，召开总结会。

2. 竞赛激励实施的方法

(1) 竞赛目标的设定。竞赛费用是一般公司的常用开支，调查表明，平均销售竞赛的费用占销售额的2.67%~3.25%。销售主管作计划时可以按销售业绩额的3%左右来提取竞赛奖励费用。

有了竞赛奖励费用，应设定相应的竞赛目标。有些主管设想了好多竞赛的花样，甚至构思了既响亮又吸引人的主题或标语，但却忘了设定竞赛的目标在哪里；也有的既想达成这种目的又想获得那种效果，弄得规则错综复杂，方法花招千奇百样，却让人搞不清到底竞赛的目标为何，预期效果又是什么。不管目标有几个或预期效果有多少样，在拟定竞赛办法时，首先要确立竞赛的目标定位。

竞赛是利器，可以制胜也可伤人。关键要看竞赛规则、办法、奖励方式与竞赛的目的是否一致。如果偏离了方向，竞赛就失去了意义，甚至造成相反的效果。下面根据实际经验，提供一些可行的竞赛目标及奖励方式。

①提高销售业绩奖。达到目标、超过上次销售业绩、前五名获得者、团体销售名列前茅等都可以利用一定的积分积点予以奖励。

②问题产品销售奖。对于问题产品的销售如新产品、库存滞销品，业绩较好者给予积分或加重点数予以奖励。

③开发新客户奖。对于开发新客户的数量及业绩量给予积分奖励。

④新人奖。新吸引来的推销人员中业绩高者予以奖励。

⑤训练奖。训练新人绩效最高者给奖。

⑥账目完好奖。坏账最低者、即期结账比例最高或总额最高者给予奖励。

⑦淡季特别奖。在淡季、节假日可以举行特别定期定时竞赛，优胜者给予奖励。

⑧市场情报奖。对协助公司收集市场情报最多、最准确、最快速者给予奖励。

⑨降低退货奖。对退货量最低者或占销售总额比例最低者给予奖励。

⑩最佳服务奖。根据客户反应及公司考察，对服务态度最好、服务质量最高者给予奖励。

以上列举了几种常用的竞赛目标及奖励方式。事实上，竞赛目标可能有四五十种，各销售主管应根据实际情况，运筹帷幄，巧妙运用，达到预期目的。

（2）竞赛奖励的实施。竞赛实施需要对竞赛的主题、规则及注意事项；竞赛资格及入围标准；时段时机的选择；给奖方式及奖品的选择等作深入细致的准备。

①竞赛主题。任何竞赛都必须设想出一个主题，也就是一句标语。是新星奖、突破奖，还是南北对抗赛、周末大进击？

②参赛对象。资格限制如何？只限外勤业务员还是内外勤均可？或者经销商、销售网络成员都参加？

③入围标准。是总额累计或个人业绩增长比率？或是团体业绩总额？有否考虑特殊情况或问题？

④给奖标准。只取前几名还是凡达到标准都给奖？

⑤竞赛办法。是否有需要加以解释及说明之处？

⑥评审过程。评审要及时、合理公平。看有无漏洞及虚假之处。

⑦奖品选择。看其能否吸引参赛人员，是奖金、奖杯、奖章，还是彩券、购物券、汽车、电视机、录像机、手表、皮包、化妆品等？

3. 竞赛激励活动的管理及评估

（1）专项管理。竞赛活动是一项重要的活动，在销售主管指导下，自始至终要有专人负责管理，一旦出了问题能够及时发现和弥补。

（2）预算管理。竞赛是花钱的大事，绝不是把奖品宣布、把办法公开就算了事，先要进行成本效益分析。现举例说明竞赛预算的一般方法。

假定竞赛的目标是希望在竞赛期间能比平时增加15%的销售额，若平常每月是2000万元的业绩，目标就是提高约230万元销售额。若公司销售利润率为20%，则竞赛所能增加的利润即为46万元。假设盈利的20%可用来举办竞赛，则可花的竞赛费用为9.2万元。

设定获奖最低标准后，估计会有多少人入围得奖，假定有20人入围，则平均每人可得奖金4600元。

组织竞赛的活动经费如估计约为1万元，则每位获奖者平均可获奖金的实际数为4100元。

当然，以上只是拟定预算费用方法的一种，销售主管还可采用其他认为合适的方法。

（3）时间管理。竞赛要注意时间的掌握及时期长短的安排，在时机或时段上，最好要和全年度销售计划以及特殊季节、假日等因素相互配合。一般小型竞赛以2至6周为宜，大型竞赛约1至3个月。时间太长，会使大家不愿太早冲刺或中途失去兴趣及热忱。

（4）组织管理。竞赛期间，为了引起大家的注意，应不断地宣传，创造竞赛气氛。销售主管应亲自到各营业单位宣布竞赛办法及意义，以鼓励士气。在竞赛中应不时记录并公布竞赛的结果，如每日快讯、每周报道、倒计时、冲刺日报等。其他环节如存货的准备、后勤作业、送货及其他相关作业的配合都要谨慎安排，以免出现疏忽，影响竞赛效果。

（5）活动评估。许多主管在竞赛后仅把结果公布，成绩佳则风风光光，颁奖表扬或吃喝一顿；成绩不佳则草草收场结束。竞赛结束应及时作正式的评估与分析，看目标是否达到？经验何在？教训何在？发现有作弊行为如开假订单、报假账、联合报账等，要严格处理，树诚信之风，提倡公平竞争。

（三）激励士气的方法

任何一个销售集体，不论其成员多少，都是由一些同时具有优点和缺点的人所组成的。所以，集体成员可能不时会出现这样或那样的问题。销售主管应密切注意下属人员的动向，及时了解推销人员的问题，这样可在心理上有所准备，在实际行动上有正确的应对措施。

1. 激励问题成员的方法

一个销售队伍中总会出现一些问题成员，这些成员会有较为明显的毛病或遇到较大的困难，常常需要主管予以协助和监督，才能改掉毛病，克服困难。常见的问题队伍的特征主要有恐惧退缩、缺乏干劲、虎头蛇尾、浪费时间、强迫推销、惹是生非、怨愤不平、狂妄自大等。

销售主管应研究这些现象产生的原因及解决办法。下面针对不同类型的问题成员提出一些引导方法供主管参考。

（1）如何引导恐惧退缩型成员。方法有：帮助他建立信心，消除恐惧；肯定他的长处，也指出其问题所在，并提供解决办法；陪同销售、训练，使其从容行事，由易到难再渐入佳境；训练其产品知识与销售技巧。

（2）如何引导缺乏干劲型成员。方法有：指出缺乏干劲的弊端；外在激励和内在激励双管齐下；陪同销售并予以辅导；更换业务销售区域；提高业务配额；以增加薪水，提供奖品做特别挑战；给予短暂休假，调养神经。

（3）如何引导虎头蛇尾型成员。方法有：带动或陪同销售；要求参加销售演练或资料收集整理；分段式考核；多作心理建设；规定各时段各作业区域的销售目标。

（4）如何引导浪费时间型成员。方法有：晓之以理，告之时间就是金钱，效率就是生命；动之以情，帮助他制定拜访客户的时间表及路线，分析拜访客户的次数及对客户解说的最低时间；严格要求，要求制定工作时间表及时间分配计划书。

（5）如何引导强迫推销型队员。方法有：指出强迫推销的弊害及渐进式方法的好处；加强服务观念的教育，教授更多的推销技巧；改变只计佣金的计酬方式，开展多项目多层次的竞赛。

（6）如何引导惹是生非的成员。方法有：指出谣言对个人及团体的危害；追查谣言的起源及用意，孤立造谣者，并予以教育；尽量避免无心的玩笑。

（7）如何引导怨愤不平的成员。方法有：给予劝导及安抚，将心比心；引导他多参加团体活动并充分发表意见；用事实说话，销售绩效上比高低，使其心悦诚服；检查公司制度有无不合理之处，有则改之；若完全是队员无理取闹，则必须予以制止，尽量化冲突为理解，维系双方的关系，如果各种方法都无法奏效，到无法容忍时即可予以解聘。

（8）如何引导狂妄自大型成员。方法有：告之山外有山，天外有天，强中更有强中手，不可学井底之蛙，夜郎自大；以事例说明骄兵必败；提高销售配额，健全管理制度；肯定其成绩，多劳就多得；不搞特殊化。

2. 激励明星业务员的方法

顶尖业务高手难以驾驭是销售主管所普遍遇到的问题。但只要用心去做，还是有方法可循的。

明星业务员一般有些特长，或善于处理与客户的关系，或精通推销技巧，总之能取得优秀的销售业绩。这些明星队员虽然绝技各异，但他们也有共同的倾向和特性。现总结各行各业业务主管领导明星业务员的经验如下。

（1）树立其形象。明星业务员通常追求地位，希望给予表扬与肯定，很注重自己的形象，并希望得到他人的认可，热衷于影响他人。

（2）给予尊重。因为他们需要别人的尊敬，特别是主管的重视，希望别人把他们当作事事做得好又做得对的专家，乐于指导别人。

（3）赋予成就感。起初推销人员要求的是物质上的满足及舒适，一旦钱赚到一定程度了，他们更需要精神上的满足。此时，内在的激励就能起到更重要的作用。

（4）提出新挑战。明星业务员一般有更充沛的体力，他们会不断地迎接新的挑战，去创造不可能的销售纪录。不断提出新的目标，会激发他们的活动。

（5）健全制度。明星业务员大多希望有章可循，不喜欢被别人干扰或中途放弃、制度要能保证他们充分发挥自己的潜力。

（6）完善产品。所谓“巧妇难为无米之炊”，再能干的业务员也要以优质的产品作后盾。明星业务员一般对自己的产品具有高度的信心，如果公司的产品品质失去信誉或他们对产品有所怀疑，他们就可能跳槽。因此，应不断地完善和发展自己的产品。当然这需要产品研制和生产部门积极配合。

第二节　客户的分析与管理

一、客户分析

（一）建立客户档案

客户资料卡是销售经理了解市场的重要工具之一。通过客户资料卡，销售经理可以连续地了解客户实情，从中看到客户的销售动态，据此销售经理就可以对市场事态作出判断，并采取相应的行动。

1. 客户情报的搜索

要巧妙地突破日常的商战，为公司带来辉煌的成绩，必须首先从分析敌我双方的情形开始。市场是复杂而不好捉摸的人群所组成的，要了解顾客，就必须从顾客的日常行为、特征和心理倾向着手。

在开始作战之前，对于现状究竟如何，应加以切实掌握。在不了解情况下，乱发命令，提出“提高销售额”“提高毛利”“坚守市场阵地”等口号，要人家这样干，那样卖力，想凭此坐收效果，增加销售，那绝对是徒劳的。

2. 客户资料卡的制作

搜集了客户资料后，应该制作资料卡。有些人喜欢用工作太忙为借口，不肯制作客户资料卡，制作客户资料卡表面上看起来很花时间，但它能带来很大的功效。没有客户资料卡的话，你在订立时间计划，决定访问路线、寄送广告信函的时候要浪费更多的时间，更重要的是，你能在客户资料卡上把客户的热心程度分等级，这样，在你制订销售战略与销售政策时对客户情况一目了然，所节省的不仅仅是时间，而且还可节省大量的人力与财力。

有一位日本商社的职员S先生，到当年联邦德国一家机械工厂去访问时，其总务科长是一位年轻的德国人，这位总务科长不仅热情而郑重地招待S先生，而且对S先生的家庭、兴趣、爱好、出生年月日、所属的社会团体、所信仰的宗教等，都很了解，S先生对他的敬业精神大为感动，尽力促成他的商社继续购买这家公司的机械，从此以后数十年的时间里，双方保持着密切的交易关系。为什么会有这样的结果呢？这就是这位年轻的总务科长把客户资料做了很好的整理、分类，并加以运用的结果。

在制作客户资料卡时，将其周围钻上小孔，利用这些小孔，可做地区分类、企业规模分类、行业分类、营业规模分类、信用额度分类等。通过这些各式各样的分类，按不同的用途来排列，可以使销售政策的制定做得更好。

3. 客户资料卡的用途

有孔式客户资料卡制成后，就可以在以下列很多情况下使用：

（1）寄发广告信函时。

（2）订立收付款计划时。由于各公司的收款、付款日期都不一样，利用资料卡可以安排收款、付款的顺序与计划。

（3）订立时间计划时。有了资料卡，可以订立较节省时间、有效率的、具体的访问计划。

（4）对信用度分类时。根据客户资料卡，对信用度低的顾客缩小交易额，对信用度高的顾客增加交易额。这样可以用来决定具体的销售政策。

（5）决定佣金折扣时。

（6）区别现有顾客与潜在顾客。

（7）其他。

客户资料卡可在许多情况下使用，这样能使你的销售活动效率更高，成就更大。

（二）客户分类

在众多客户群中我们要搞清楚哪些客户是我们的客户，这就需要对客户进行分类了。客户分类可以按不同的方法，常用的主要有以下几种。

（1）按客户的性质。可以划分为政府机构（以国家采购为主）、特殊公司（如与本公司有特殊业务等）、普通公司、顾客个人和商业伙伴等。

（2）按交易过程。可以分为曾经有过交易业务的客户、正在进行交易的客户和即将进行交易的客户。

（3）按时间序列来分，可分为老客户、新客户和未来客户。

（4）按交易数量和市场地位来分，可分为主力客户（合作时间长、交易量大等）、一般客户和零散客户。

按照不同的方式划分出的不同类型的客户，因其需求特点、需求方式、需求量等均不同，所以对其管理也要采取不同的办法。

（三）客户管理分析

客户管理分析的流程主要包括整理资料、销售业绩分析、划分客户等级、客户名册登记、对客户进行路序分析、确定客户访问计划和客户资料管理等内容。

1. 整理资料

将某业务员的推销业绩和客户访问资料整理后列表在表格中。格式如表 13-2 所示。

表 13-2　**客户资料一览表**

序号	客户代号	销售额	累计	访问次数	累计
1					
2					
3					
4					
5					
6					
7					
8					
9					
10					
…					
n					

2. 销售业绩分析

将业务远的推销实绩画出比例图，假定该业务员有 20 家客户，总的推销额为 250 万元。但其中前 4 家的销售额就占总销售额的 80%，第 5 家至第 10 家的销售额占 15%，后 10 家仅占 5%。我们可以依此找出重点客户，以提高效率。

3. 划分客户的等级

依据客户的销售额，可以将客户分为 A、B、C 三级。具体分法是：

（1）将客户连续3个月（或4至6个月）的每个销售额累计后平均计算，求出客户的月平均销售额（见表13-3）。

表13-3 客户销售额情况表

月别	销售额	累计	月平均销售额
6	5000		12000/3=4000
7	2500	7500	
8	4500	12000	

（2）将月平均销售额按大小排序（见表13-4）。

表13-4 销售额排序表

序号	客户代号	月平均销售额	备注
1 2 3 4 5 6 7 8 9 10 … … … *n*			由大到小排列

（3）依据某个月平均销售额为“等级标准额”，在将全部客户划分为若干等级。如以排位第四的客户的月平均销售额作为A级客户标准额，在此标准额以上的客户均为A级客户。

依次类推，确定B级、C级客户。

4. 客户名册登记

将所有客户分级后应分别成册。其中：

（1）可按客户开拓（或拜访）顺序先后，列出“客户名册”（见表13-5）。

表 13-5　　**客户名册一览表**

项目 次序	客户名称	业种	负责人	地址	电话	拜访日期记录

（2）可按客户等级和业种分类，编制“客户等级分类表”（见表 13-6）。

表 13-6　　**客户等级分类表**

客户等级分类表	A 级	业种			
		客户代码			
	B 级	业种			
		客户代码			
	C 级	业种			
		客户代码			

5. 对客户进行路序分类

路序是指为便于巡回访问、送货、催付款等将客户按地区和最佳交通路线划分的线路顺序。

（1）按组别将所负责的客户划分为若干个区域（见表 13-7）。

表 13-7　　**客户区域划分一览表**

组别	区域代号	所辖区域名称	组别区域名称	备注
1	A			
2	B			
3	C			
4	D			

（2）按客户所在地区，划分为不同的路序（见表 13-8）。

表 13-8　　　　地区划分的路序一览表

业务员：

	区				区				区		
路序				路序				路序			
级别				级别				级别			
客户				客户				客户			
代号				代号				代号			

6. 确定客户访问计划

企业各级销售主管及业务人员对所负责地区客户的访问销售工作，应有周密的访问计划。访问次数依客户的不同级别而有所不同。表 13-9 的内容可供参考。

表 13-9

项目 级别	经办人		组长	科长	经理	总经理 副总经理	备注
	访问	电话					
A 级	每月 3 次	每月 2~3 次	每月 1 次	1~2 月 1 次	半年一次	1 年一次	
B 级	每月 2 次	每月 1~2 次	1~2 月 1 次	2~3 月一次	6~12 月一次	有必要时	
C 级	每月 1 次	每月 1 次	有必要时	有必要时			

7. 客户资料管理

对新老客户都应建立管理卡，对它们的资料进行妥善保管，既作为公司的综合资料，同时也为销售业务人员外出推销提供参考。表 13-10 可供参考。

二、大客户管理

是否建立大客户管理部要视企业的规模而定，对于规模小一点的企业，客户数量较少，大客户则更少，对大客户的工作，就需要企业主管人员亲自来抓；如果企业的大客户有 20 个以上，那么建立大客户管理部就很有必要了。建立大客户管理部，并从以下十个方面做好对大客户的工作，是抓住大客户的有效手段。

1. 优先保证大客户的货源充足

大客户的销售量较大，优先满足大客户的对产品的数量及系列化的要求，是大客户管理部的首要任务。尤其是在销售上存在淡旺季的产品，大客户管理部要随时了解大客户的销售与库存情况，及时与大客户就市场发展趋势、合理的库存量及客户在销售旺季的需货量进行商讨，在销售旺季到来之前，协调好生产及运输等部门，保证大客户在旺季的货源需求，避免出现因货物断档导致客户不满的情况。

表 13-10　　　　　　　　　　　**客户管理卡**

______年______月______日

客户名称		金融状况	往来银行		账号		编号
公司所在地			现金情况				
工厂所在地			资金周转				总号______ 账号______ 路序号____
子公司名称			承办付款人		住址		
负责人：法人		付款情况	付款态度				经营者性格嗜好
负责人：厂长			付款日期				
负责人：经办人			付款支票				
负责人：实权者			使用支票				
公用电话		变更及其他登记	日期	搜索变更资料	登记事项		
业别	组别						
等级							经办付款人性格嗜好
开始交易日期							
使用主要产品							
营业概况：营业项目							
营业概况：营业范围							
营业概况：营业性质							
营业概况：营业状况							
营业概况：销售能力							备注
营业概况：员工人数							
营业概况：营业旺季							
营业概况：最高购买额							
营业概况：月均购买额							

2. 充分调动大客户中的与销售相关的因素

这些因素包括最基层的营业员与推销员。许多营销人员往往陷入一个误区，那就是：只要处理好与客户的中上层主管的关系，就意味着处理好了与客户的关系，产品销售就畅通无阻了，而忽略了对客户的基层营业员、业务员的工作。客户中的中上层主管掌握着产品的进货与否、货款的支付等大权，处理好与他们的关系固然重要，但产品是否能够销售到消费者手中，却与基层的工作人员如营业员、业务员、仓库保管员等有着更直接的关系，特别是对一些技术性较强、使用复杂的大件商品，大客户管理部更要及时组织对客户基层人员的产品培训工作，或督促、监督营销人员加强这方面的工作。充分调动起客户中的一切与销售相关的因素，是提高大客户销量的一个重要因素。

3. 新产品的试销应首先在大客户之间进行

大客户在对一个产品有了良好的销售业绩之后，在它所在的地区对该产品的销售也就有了较强的商业影响力，新产品在大客户之间的试销，对于收集客户及消费者对新产品的意见和建议，具有较强的代表性和良好的时效性，便于生产企业及时作出决策。在新产品试销之前，大客户管理部应提前做好与大客户的前期协调与准备工作，以保证新产品的试销能够在大客户之间顺利进行。

4. 充分关注大客户的一切公关及促销活动、商业动态，并及时给予支援或协助

大客户作为生产企业市场营销的重要一环，大客户的一举一动，都应该给予密切关注，利用一切机会加强与客户之间的感情交流。譬如，客户的开业周年庆典，客户获得特别荣誉，客户的重大商业举措等，大客户管理部都应该随时掌握信息并报请上级主管，及时给予支援或协助。

5. 安排企业高层主管对大客户的拜访工作

一个有着良好营销业绩的公司的营销主管每年大约有1/3的时间的在拜访客户中度过的，而大客户正的他们拜访的主要对象，大客户管理部的一个重要任务就是为营销主管提供准确的信息、协助安排合理的日程，以使营销主管有目的，有计划地拜访大客户。

6. 根据大客户不同的情况，和每个大客户一起设计促销方案

每个客户都有不同的情况，区域的不同、经营策略的差别、销售专业化的程度等；为了使每一个大客户的销售业绩都能够得到稳步的提高，大客户管理部应该协调营销人员、市场营销策划部门根据客户的不同情况与客户共同设计促销方案，使客户感受到他是被高度重视的，他是你们营销渠道的重要因子。

7. 经常性地征求大客户对营销人员的意见，及时调整营销人员，保证渠道畅通

市场营销人员是企业的代表，市场营销人员工作的好坏，是决定企业与客户关系的一个至关重要的因素。市场营销人员的文化水平、生活阅历、性格特性、自我管理能力等方面的差别，也决定了市场营销人员的不同，大客户管理部对负责处理与大客户之间业务的市场营销人员的工作，不仅要协助，而且要监督与考核，对于工作不同不力的人员要据实向上级主管反映，以便人事部门及时安排合适的人选。

8. 大客户制定适当的奖励政策

生产企业对客户采取适当的激励措施，如各种折扣、合作促销让利、销售竞赛、返利等等，可以有效地刺激客户的销售积极性和主动性，对大客户的作用尤其明显。最近，一汽集团就拿出40辆“小红旗”“都市高尔夫”“捷达”轿车、“解放”面包车及40万元现款（合计600万元）重奖营销大户及先进个人。大客户管理部应负责对这些激励政策的落实。

9. 保证与大客户之间信息传递的及时、准确，把握市场脉搏

大客户的销售状况事实上就是市场营销的“晴雨表”，大客户管理部门的很重要的一项工作就是对大客户的有关销售数据进行及时、准确地统计、汇总、分析，上报上级主管，通报生产、产品开发与研究、运输、市场营销策划等部门，以便针对市场变化及时进行调整。这是企业以市场营销为导向的一个重要前提。

10. 组织每年一度的大客户与企业之间的座谈会

每年组织一次企业高层主管与大客户之间的座谈会，听取客户对企业产品、服务、营销、产品开发等方面的意见和建议，对未来市场的预测，对企业下一步的发展计划进行研讨等。这样的座谈会不但对企业的有关决策非常有利，而且可以加深与客户之间的感情，增强客户对企业忠诚度。

大客户管理，是一项涉及生产企业的许多部门、要求非常细致的工作，大客户管理都要与自己的组织结构中的许多部门取得联系——推销人员、运输部门、产品开发与研究部门、产品制造部门等——协调他们的工作，满足客户及消费者的需要。大客户管理工作的成功与否，对整个企业的营销业绩具有决定性的工作。大客户管理部只有调动起企业的一切积极因素，深入细致地做好各项工作，牢牢地抓住大客户，才能以点带面、以大带小，使企业营销主渠道始终保持良好的战斗力和竞争对手的顽强抵御力，在市场竞争日益激烈的今天，屹立潮头，稳操胜券。

第三节　绩 效 评 估

一、绩效评估的含义及内容

推销人员的绩效评估是指企业或推销人员对一定时期内推销工作状况的评定与估价，具体表现为对推销业务的核算，是提高推销人员推销工作效率和分析改进推销计划，进行科学决策的重要手段。

推销人员的绩效评估主要内容包括：收集考评资料、建立绩效标准、选择考评方法和进行具体考评。考评资料主要有推销人员的销售报告、企业销售记录、顾客意见及其他职员的意见。常用的绩效指标主要有：销售量、毛利、访问率、访问成功率、平均订单数目、销售费用、销售费用率、新客户数目等。

二、绩效评估的方法

绩效评估的方法有：

1. 对比分析法

（1）实绩与计划对比：用于检查推销计划完成情况，了解超额完成或未完成计划的原因。其计算公式为：计划实现程度 = 推销实绩/推销计划。这一指标越高，表明推销计划完成得越好。

（2）现在与过去比较：就是用本期有关销售指标与上期或历史同期的有关销售指标对比。这一指标可以说明推销状况的发展水平与趋势，利于改进今后的推销工作。其计算公式为：推销发展状况 = 该指标现期额/该指标历史同期额。

（3）本企业与外企业对比：用本企业推销指标与本地区或国内外同行业企业相同推

销指标对比。这一指标，与本地区同行业比较，可反映本企业的市场占有程度；与国内外同行业企业比较，可反映出本企业落后或先进程度。公式为：企业推销先进程度=本企业某指标实际水平/外企业某指标实际水平。

(4) 结构对比：即对比某个指标的组成部分占该指标的比重变化。这个对比，可以分析出推销指标或现象的内部构成及其变化趋势，如销售收入增长速度与销售利润增长速度比。

2. 分组分析法

这种方法是根据有关推销资料和一定标准，按照同一原则或同质特征把事物整体划分为若干部分，在此基础上分析其状况、特征及动因，如推销速度、推销效益等，都可按一定标准进行分组。它可说明推销工作内部不同层次、不同方面在推销绩效中的地位和作用。

3. 评价分析法

这种方法是把评价对象的主要因素进行分解，并按确定的标准打分，以表示各因素对于推销活动的重要程度，最后以合计总分考察评估对象的优劣。如对推销人员服务质量、经济效益、竞争能力的评估，可分别就影响服务质量、经济效益、竞争能力的各种主要因素，诸如产品数量、质量、品种特性、工作时间、广告效果、服务态度、服务项目、服务技巧等因素，按一定的标准，并根据推销工作各种因素的实际情况给分，以考察各因素对服务质量、经济效益和竞争能力的影响程度，然后根据合计总分评价推销工作绩效的高低。

4. 因素分析法

因素分析法又称连环替代法。这种方法具有说明差异产生原因的优点，是比较分析法不可替代的。其基本思路是：在影响推销活动的几个相互联系的因素中，顺序地把其中一个因素当作可变因素，暂时把其他因素当作不变因素，通过依次替换，来测定各个因素对推销工作绩效的影响程度。

5. 比率分析法

这是一种先计算出数值比率，然后进行分析比较的方法。比率分析通常有 3 种情况。

(1) 构成比率分析。以全体合计数为 100，计算出各部分所占比率。此法主要用于分析推销绩效评估构成内容的合理性及其变动趋势，如企业推销产品品种构成、推销费用项目构成分析等。

(2) 趋势比率分析，也称动态相对数分析，即以基期为 100，计算以后各期发展趋势。比如评估推销发展趋势，就可以用历年（月）推销额（量），计算出销售增长率，也可采用企业销售额与同行企业基期销售额比较，或用计算出的销售增长率与前一期（年、月）的销售增长率比较。如果趋势比率分析值低于 100，则说明推销不力，需要改进。

(3) 相关比率分析，以某项指标与其相关的其他指标进行对比，并求出比率。这种方法多用于评价推销绩效的水平，如将销售指标与费用指标对比，可从中发现推销工作的薄弱环节。

应用比率分析法要明确规定标准，且同一评价标准要统一，才能便于比较分析。

以上介绍了几种推销绩效评估方法。其他常用的方法还有平衡分析法、量本利分析法、平均分析法、综合分析法等。

【本章小结】

推销战略目标的实现需要对推销人员进行有效的组织与管理，推销人员的组织与管理包括推销员的甄选、培训、报酬、激励、监督、评估等环节，推销人员的甄选因企业而异。最复杂的甄选程序一般包括9个步骤：先行接见、填申请表、面谈、测验、调查、体格检查、销售部门初步决定、高层主管最后决定、正式录用。最为重要的为初步淘汰、面谈、测验、调查等环节。其中初步淘汰包括先行接见和填申请表两个阶段，其目是防止明显不合格的人员继续参加各阶段的选拔，以节省甄选的时间及费用，提高效率；面谈是整个甄别工作的核心部分，是一种有目的的谈话，其目的是增进相互了解；测验能以更客观的方式，了解应聘者的个性及能力，并能以定量的方式分出各申请人在各种特性上的高低，便于比较衡量；调查就是在测验合格后，就可对应聘人所提供的资料进行查证，以确认资料的真实性。

推销培训是推销人员组织和管理的必要环节。事实证明，训练有素的推销人员所增加的销售业绩要比培训成本更大。而且，那些未经培训的推销人员其工作并不理想，他们的推销工作很多是无效的。做好推销培训首先要有培训计划，培训计划需要明确以下问题：培训目标、培训时间、培训地点、培训方式、培训师资、培训内容等。制订了培训计划后，就要选择培训方法，常用的培训方法主要有课堂培训法、会议培训法、模拟培训法和实地培训法。

对于推销人员的激励，企业可以通过环境激励、目标激励、物质激励和精神激励等方式来进行。竞赛是企业常用的激励推销人员的工具，它可采取多种形式，充分发挥推销人员的潜力，促进销售工作的完成。激励士气的方法主要有激励问题成员和激励明星业务员。

客户的分析与管理是推销管理的重要环节，其主要包括：客户分析、客户管理和大客户管理等。客户分析包括：建立客户档案、客户分类、客户管理分析。

推销绩效的评估是指企业或推销人员对一定时期内推销工作状况的评定与估价。具体表现为对推销业务的核算。推销绩效评估的具体内容是通过一定的项目或指标系列的核算来实现的，主要是指价值量（金额）、实物量（数量）和劳动量（时间）。推销绩效评估的指标主要有：销售量指标、销售收入指标、销售费用指标、销售利润指标和推销劳效指标。推销绩效评估的主要方法有：对比分析法、分组分析法、评价分析法、因素分析法和比率分析法。

【思考题】

1. 推销人员的组织与管理主要包括哪些内容？
2. 面谈的技巧有哪些？
3. 如何做好推销人员的培训？
4. 试述推销激励对推销工作有何意义。
5. 客户管理的主要工作是什么？

6. 如何做好大客户管理？
7. 什么叫推销绩效评估？其具体内容有哪些？
8. 企业推销绩效评估有何现实意义？

【案例讨论 13-1】

我的财富

某知名大公司欲招聘人才 5 名。经过三轮淘汰，11 位应聘者胜出，他们将参加由总裁亲自面试的最后角逐。而面试当天出现了 12 名考生。“先生，第一轮我就被淘汰了，但我想参加今天的面试。”坐在最后一排的男子站起身说。在场的人都笑了，包括站在门口闲看的一位满头白发的老奶奶。总裁颇有兴趣地问：“你第一关都没过，来这儿有什么意义呢？”

男子说：“我掌握了很多财富，我本人也是财富。虽然我只有本科学历，中级职称，但我有 10 年的工作经验，曾在 16 家公司任过职……”总裁打断他说：“先后跳槽 16 家公司，我并不欣赏。”

男子说：“先生，我没有跳槽，是那 16 家公司先后倒闭了。我很了解那 16 家公司，也曾与大伙努力挽救它们，虽然不成功，但我从它们的错误与失败中学到了许多东西。我只有 32 岁。我认为这就是我的财富！……”站在门口的老奶奶这时走进来，给总裁泡了杯茶。男子离开座位，边走边说：“这 10 年经历的 16 家公司，培养、锻炼了我对人、对事、对未来的敏锐洞察力，举个小例子吧——真正的考官，不是您，而是这位泡茶的老奶奶……”

全场考生一片哗然，惊愕地盯着泡茶的老奶奶，老奶奶乐了：“很好！你被录取了，顺便问一下，我的表演‘失败’在哪里？”

问题：

1. 这名男子为什么会赢得这场面试？
2. 推销人员应该具备哪些能力和素质？

【案例讨论 13-2】

东阿阿胶公司的客户管理

东阿阿胶公司对客户地位的认识有独到的体验。该企业过去片面、僵化地理解“客户是上帝”，造成强调客户利益多，责任、制约少，其结果是“上帝给企业制造了麻烦”。实践让东阿阿胶公司认识到，厂家与经销商是承担相应利益、责任和义务的利益共同体。1999 年，该企业按新标准和过去的经营资料对客户重新筛选后，将客户由 605 家减少至 200 余家，制定了冲货防范措施、新开户标准、规定现款交易数额及批次，把客户回款的时间及数额都与客户的利益紧密联系，并严格规定，把销售任务由业务员转移到客户的身上。客户没有了“上帝的感觉”，但留下来的客户说，这种对客户表面的限制其实为客户营造了一个更好的经营环境，不少客户的积极性更高了。该企业认为，把客户由上帝“降格”为利益共同体，是一种双赢的策略。

问题：

1. 东阿阿胶公司为什么要将605家客户减少到200家？
2. 东阿阿胶公司是如何中止与其中的405家客户的关系的？
3. 你是否赞成东阿阿胶公司的这种做法？

主要参考文献

[1] [美] 菲利普·科特勒，等．营销管理——分析、计划、执行和控制（第9版）[M]．梅汝和，等，译．上海人民出版社，1999.
[2] [美] 罗纳德·B. 马克斯．人员推销（第6版）[M]．郭毅，等，译．中国人民大学出版社，2002.
[3] [美] 杰拉尔德·L. 曼宁，等．当代推销学（第8版）[M]．吴长顺，等，译．电子工业出版社，2002.
[4] 吴健安，王旭，等．现代推销学 [M]．东北财经大学出版社，2014.
[5] 吴之为．现代推销学 [M]．首都经济贸易大学出版社，2002.
[6] 应恩德，等．人员推销 [M]．电子工业出版社，2001.
[7] 周文，包焱．人员推销 [M]．世界知识出版社，2002.
[8] 马必成，马克泰．国际推销大师成功秘诀 [M]．中国国际广播出版社，2002.
[9] 范云峰，姬爱国．推销每个人都要面对 [M]．京华出版社，2004.
[10] 夏光仁．现代推销技术 [M]．科学出版社，1988.
[11] 万后芬，卫平，欧阳卓飞．现代推销学 [M]．经济科学出版社，1992.
[12] 方正松，郭奉元．现代推销学 [M]．中国商业出版社，1994.
[13] 徐育斐．商品推销技巧 [M]．中国商业出版社，1995.
[14] 张崇礼，张变枝．推销秘诀 [M]．中国审计出版社，1996.
[15] 郭奉元．现代推销技术 [M]．高等教育出版社，2000.
[16] 王洪耘．谈判与推销技巧 [M]．中国人民大学出版社，2000.
[17] 陈企华．最成功的推销实例 [M]．中国纺织出版社，2003.
[18] 李桂荣．现代推销学 [M]．中山大学出版社，2003.
[19] [日] 原一平．推销之神原一平 [M]．胡栋梁，等，译．中国经济出版社，1992.
[20] 黄恒学．现代高级推销技术 [M]．湖北科学出版社，1988.
[21] 刘艳. 电子商务时代的推销创新 [J]. 现代经济探讨，2014（12）：66-69.
[22] 聂宇阳. 浅析中国网络促销的发展与困境——由肯德基“秒杀门”想到 [J]. 中国商界，2010（4）：160-161.
[23] 贾利军，许鑫. 谈“大数据”的本质及其营销意蕴 [M]. 南京社会科学，2013（7）：15-21.
[24] 高源，张桂刚. 基于大数据的网络营销对策研究 [M]. 湖北经济学院学报（人文社会科学版），2014，11（2）：66-68.

[25] 藏锋者. 网络营销实战指导：知识 · 策略 · 案例 [M]. 中国铁道出版社，2013：247.
[26] 杨学成，陈章旺. 网络营销 [M]. 高等教育出版社，2014：284.
[27] 苗泽华. 论推销人员的道德与文化素质的提升 [J]. 江苏商论，2010（5）.
[28] 邱立国，赵薇. 浅析推销人员的素质与招聘策略 [J]. 中国集体经济，2010（3X）.
[29] 韦克俭 . 现代礼仪教程 [M]. 清华大学出版社，2010.
[30] 徐美萍. 现代礼仪 [M]. 上海大学出版社，2010.
[31] 杨贺等. 商务礼仪（第 2 版）[M]. 北京理工大学出版社，2016.